RD-I-57

RÜDIGER HAMM · HELMUT WIENERT

Strukturelle Anpassung altindustrieller Regionen im internationalen Vergleich

D1718696

SCHRIFTENREIHE DES RHEINISCH-WESTFÄLISCHEN
INSTITUTS FÜR WIRTSCHAFTSFORSCHUNG ESSEN

NEUE FOLGE HEFT 48

RD-I-57

Strukturelle Anpassung altindustrieller Regionen im internationalen Vergleich

Von

Rüdiger Hamm und Helmut Wienert

Geographisches Institut
der Universität Kiel
ausgesonderte Dublette

Geographisches Institut
der Universität Kiel
Neue Universität

Inv.-Nr. A33686

Duncker & Humblot · Berlin

CIP-Titelaufnahme der Deutschen Bibliothek

Hamm, Rüdiger:
Strukturelle Anpassung altindustrieller Regionen im
internationalen Vergleich / von Rüdiger Hamm u. Helmut
Wienert. [Rhein.-Westfäl. Inst. für Wirtschaftsforschung
Essen]. — Berlin: Duncker u. Humblot, 1990
   (Schriftenreihe des Rheinisch-Westfälischen Instituts für
   Wirtschaftsforschung Essen; N. F., H. 48)
   ISBN 3-428-06861-0
NE: Wienert, Helmut:; Rheinisch-Westfälisches Institut für
   Wirtschaftsforschung 〈Essen〉: Schriftenreihe des Rheinisch-
   Westfälischen . . .

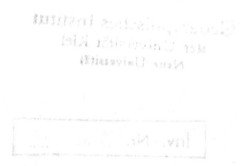

Alle Rechte vorbehalten
© 1990 Duncker & Humblot GmbH, Berlin 41
Druck: Werner Hildebrand, Berlin 65
Printed in Germany

ISSN 0720-7212
ISBN 3-428-06861-0

Vorwort

Lange Zeit waren die Disparitäten zwischen ländlichen Regionen und Verdichtungsräumen das zentrale Thema regionalwirtschaftlicher Diskussionen und Forschungen. Etwa seit Beginn der siebziger Jahre ist aber zunehmend ein neuer regionaler Problemtyp in den Mittelpunkt des Interesses gerückt, für den sich die Bezeichnung "altindustrielle Regionen" durchgesetzt hat. In nahezu allen hochindustrialisierten Volkswirtschaften gibt es solche Regionen, die im Industrialisierungsprozeß eine Vorreiterrolle innehatten, inzwischen aber an Dynamik eingebüßt haben und den Anforderungen, die der strukturelle Wandel an sie stellt, nicht oder nur unzureichend gewachsen sind. Das Rheinisch-Westfälische Institut für Wirtschaftsforschung, das seinen Sitz im Zentrum des Ruhrgebiets hat, hat sich bereits frühzeitig mit diesem "neuen" regionalwirtschaftlichen Themenkomplex auseinandergesetzt. Die vorliegende Arbeit, die als Spezialuntersuchung im Rahmen der Strukturberichterstattung für das Bundesministerium für Wirtschaft entstanden ist, knüpft an diese Erfahrungen an. Sie stellt insofern eine Erweiterung gegenüber den bisherigen Institutsarbeiten dar, als die Beschränkung auf die Ruhrgebietsproblematik aufgegeben und ein internationaler Vergleich altindustrieller Regionen durchgeführt wird. Sie unterscheidet sich von den bisher vorgelegten vergleichenden Studien dadurch, daß alle Vergleichsregionen nach einem - aus zuvor angestellten theoretischen Überlegungen abgeleiteten - einheitlichen Rahmen behandelt werden. Dies ermöglicht sowohl verallgemeinernde als auch differenzierende Schlußfolgerungen. Insgesamt ist der Kenntnisstand über die Hauptursachen der Entwicklungsprobleme der altindustrialisierten Regionen inzwischen beachtlich; erfolgversprechende therapeutische Vorschläge sind dagegen bisher noch kaum greifbar. Hier leistet die Arbeit durch die Diskussion der Zusammenhänge verschiedener Faktoren mit dem Restrukturierungserfolg einen wichtigen Beitrag.

Essen, Dezember 1989

Rheinisch-Westfälisches Institut
für Wirtschaftsforschung

Prof. Dr. Paul Klemmer

Inhaltsverzeichnis

Drittes Kapitel

Zusammenfassender Vergleich und Folgerungen 259

Verzeichnis der Tabellen

Verzeichnis der Schaubilder

Verzeichnis der Karten

Vorbemerkung

Wirtschaftliche Entwicklung in industrialisierten Volkswirtschaften ist untrennbar verbunden mit Strukturwandel. Dieser Wandel hat nicht nur eine sektorale, sondern auch eine regionale Dimension: So wie sich bestimmte Sektoren in bestimmten Entwicklungsphasen oder gesamtwirtschaftlichen Konstellationen dynamischer als andere entwickeln, so weisen auch die Teilräume Entwicklungsdisparitäten auf. Ausdruck der unterschiedlichen Fähigkeit der Teilräume, Produktionsfaktoren zu binden, ist die Ballung, also die Konzentration von Kapital und Arbeitskraft im Raum. Wirtschaftshistorisch trat die Ballung zunächst als Stadt-Land-Differenzierung auf. Mit der Ablösung der Dominanz der Landwirtschaft durch die Industrie im 19. Jahrhundert wurde die teilräumige Gliederung schärfer und komplexer: Industrielle Verdichtungsräume und Peripherie überlagerten die Stadt-Land-Differenzierung. Zugleich wurden die räumlichen Entwicklungen reversibler, denn im Zuge der Dynamik des Industrialisierungsprozesses entstanden neue Produkte und Produktionsverfahren, Transport- und Kommunikationssysteme, Fertigungsstoffe und Märkte, mit der Folge, daß regionale Standortfaktoren umbewertet wurden, alte Verdichtungsräume unter Anpassungsdruck gerieten und neue Ballungszentren entstanden.

In nahezu allen hochentwickelten Ländern lassen sich inzwischen Regionen identifizieren, die einst im Industrialisierungsprozeß eine bedeutende Rolle eingenommen hatten, nun aber eine erheblich geringere Dynamik entfalten als andere industrielle Zentren, so daß ihre wirtschaftliche Bedeutung relativ oder sogar absolut sinkt (altindustrialisierte Regionen). Die Gründe für diese auffällige regionale Entwicklungsschwäche sind Gegenstand der vorliegenden Arbeit. Die bisherigen Studien zu diesem Thema sind meist Fallbeispiele einzelner Regionen oder relativ unverbundene Sammlungen. Ihre Ergebnisse deuten darauf hin, daß die Anpassungsprobleme solcher Regionen weniger aus regionalen Besonderheiten als vielmehr aus ganz ähnlichen Ursachen herrühren. Dabei sind bestimmte Hemmnisse, die einer rascheren oder erfolgreicheren Anpassung entgegenstehen, offenbar von erheblicher Bedeutung. Die folgende vergleichende Untersuchung altindustrieller Regionen in verschiedenen Ländern hat zum Ziel, diese Hemmnisse, die einer strukturellen Anpassung entgegenstehen, genauer zu identifizieren und herauszuarbeiten, inwieweit und durch welche wirtschaftspolitischen Strategien sie in ihrer Wirksamkeit verringert werden können.

Die Arbeit besteht im Kern aus drei Teilen: Zunächst wird ein theoretischer Rahmen entwickelt, der ein allgemeines Verständnis der Entwicklungsprobleme altindustrialisierter Regionen ermöglicht. Die Bausteine für diesen Rahmen werden einerseits theoretischen Ansätzen entnommen, die die Erklärung von Dynamik und Verlauf des sektoralen Strukturwandels der Wirtschaft zum Ziel haben, andererseits solchen Ansätzen, die regionale bzw. urbane Aufstiegs- und Niedergangsprozesse theoretisch zu fassen suchen. Es folgt ein beschreibender Teil, in dem zunächst die Auswahl der Untersuchungsregionen und das einheitliche Analyseraster für diese Regionen begründet wird. Anschließend wird Region für Region gemäß diesem Raster vorgestellt. Im abschließenden dritten Teil der Untersuchung wird versucht, aus theoretischem Rahmen und empirischer Bestandsaufnahme verallgemeinerungsfähige Elemente herauszudestillieren, und zwar in bezug auf Ursachen, Vollzug und Erfolg der regionalen Wandlungen. Ziel ist es dabei insbesondere, Bedingungen und Handlungsstrategien für eine erfolgreiche Revitalisierung herauszuarbeiten.

Erstes Kapitel

Elemente eines theoretischen Rahmens für die Analyse der Probleme altindustrieller Regionen

1. Zum Begriff der altindustriellen Regionen

Die praktische Regionalpolitik in der Bundesrepublik Deutschland, aber auch in anderen hochentwickelten Nationen sieht sich heute einem grundlegend geänderten regionalen Disparitätenmuster gegenüber[1]. Neben die klassischen Problemregionen ländlich-peripherer Prägung, die durch überdurchschnittlich hohe Arbeitslosigkeit, unterdurchschnittliche Entlohnung und Abwanderungstendenzen der deutschen Wohnbevölkerung geprägt sind, treten seit Mitte der siebziger Jahre verstärkt sogenannte altindustrielle Gebiete, die für die Strukturpolitik eine besondere Herausforderung darstellen, da ihre Probleme mit den Modellen der klassischen Raumwirtschaftstheorie nicht ausreichend erklärt werden können. Derartige Industrieregionen mit sektoralen Anpassungsproblemen sind in der Bundesrepublik vor allem die Schiffbaustandorte an der Küste, alte Textilregionen sowie die Montanreviere. Ein Teil dieser Regionen wurde bereits Gegenstand der regionalpolitischen Regelförderung, ein anderer wird durch Sonderprogramme gefördert.

Auch im Ausland ist ein derartiges neues Disparitätenmuster erkennbar und Gegenstand breiter wissenschaftlicher Auseinandersetzung[2]. Bekannt geworden sind

---

1   Vgl. P. Klemmer [I], Regionalpolitik auf dem Prüfstand. Köln 1986, S. 7 bzw. S. 40ff.

2   Vgl. etwa die Beiträge in J.J. Hesse (Ed.), Regional Structural Change and Industrial Policy in International Perspective: United States, Great Britain, France, Federal Republic of Germany. Baden-Baden 1988, bzw. United Nations Industrial Development Organization (Ed.), International Economic Restructuring and the Territorial Community. (UNIDO/IS. 571, V.85-32367.) Wien 1985; Institut für Raumplanung der Universität Dortmund (Hrsg.), Strukturwandel in Verdichtungsgebieten. (IRPUT-Arbeitspapiere, Nr. 1.) Dortmund 1980; P. Cheshire u.a., Urban Problems and Regional Policy in the European Community. Luxemburg 1988; P. Klemmer [II], Anpassungsprobleme alter Industriegebiete - eine ökonomische Ursachenanalyse. Erscheint demnächst.

19

vor allem die Diskussionen um die Region Pittsburgh[3], die West Midlands, den Raum Nord-Pas-de-Calais[4] bzw. Lothringen, die Borinage (Belgien) sowie die Steiermark[5]. Innerhalb der Europäischen Gemeinschaften erließ der Rat auf Vorschlag der Kommission[6] bereits eine Strukturfonds-Verordnung[7], die die Umstellung von Regionen, die von der rückläufigen industriellen Entwicklung schwer betroffen sind, zu einem eigenständigen Ziel (Ziel Nr. 2) erklärte. Aus diesen Diskussionen und politischen Aktivitäten schälen sich eine Reihe von interessanten Hypothesen und Schlußfolgerungen heraus, die im Rahmen dieser Arbeit zusammengefaßt, bewertet und ergänzt werden sollen.

So geläufig der Problemtyp "altindustrialisierte Region" inzwischen in der regionalwirtschaftlichen Diskussion auch ist, eine präzise Definition, die allgemein akzeptiert wird, hat sich bisher nicht herauskristallisiert[8]. Zumeist wird dieser Regionstyp durch folgende Merkmale charakterisiert:

- eine im Gegensatz zu den ländlich-peripheren Gebieten bereits überdurchschnittliche Einwohnerverdichtung, Zentrengröße und Infrastrukturausstattung,

- einen im Vergleich zu anderen Regionen ähnlicher Größenordnung überdurchschnittlich hohen Industriebesatz,

---

3   Vgl. K.R. Kunzmann [I], Pittsburgh - Nichts ist erfolgreicher als der Erfolg. Kurzfassung einer Studie im Auftrag des Bundesministers für Raumordnung, Bauwesen und Städtebau. Dortmund 1988.

4   Vgl. K.R. Kunzmann [II], Die Chancen des Ruhrgebiets: Ein Vergleich der Regionen North West in Großbritannien und Nord-Pas-de-Calais in Frankreich. "Seminarberichte der Gesellschaft für Regionalforschung", Remagen, Bd. 25 (1988), S. 35ff.

5   Vgl. etwa G. Tichy [I], Alte Industriegebiete in der Steiermark - ein weltweites Problem ohne Lösungsansätze. "Berichte zur Raumforschung und Raumplanung", Wien u.a., Bd. 25 (1981), S. 18ff.

6   Vgl. Amtsblatt der Europäischen Gemeinschaften, Nr. C 151 vom 9.6.1988, S. 4.

7   Vgl. Verordnung (EWG) Nr. 2052/88 des Rates vom 24. Juni 1988 über Aufgaben und Effizienz der Strukturfonds und über die Koordinierung ihrer Interventionen untereinander sowie mit denen der Europäischen Entwicklungsbank und der anderen Finanzierungsinstrumente. Amtsblatt der Europäischen Gemeinschaft, Nr. L 185 vom 15.7.1988.

8   Vgl. etwa die Diskussion in G. Tichy [II], A Sketch of Probalistic Modification of the Product-Cycle Hypothesis to Explain the Problems of Old Industrial Areas. In: United Nations Industrial Development Organization (Ed.), S. 83ff.; R.D. Norton and J. Rees, The Product Cycle and the Spatial Decentralization of American Manufacturing. "Regional Studies", New York, vol. 13 (1979), S. 141ff.; P. Hesp, W. Stöhr and B. Stuckey: Introduction. In: United Nations Industrial Development Organization (Ed.), S. 1ff.; P. Klemmer [II]. Hinweise liefern auch Minister für Wirtschaft, Mittelstand und Technologie des Landes Nordrhein-Westfalen (Hrsg.), Bericht der Kommission Montanregionen des Landes Nordrhein-Westfalen. Düsseldorf 1989, bzw. Sachverständigenrat zur Begutachtung der gesamtwirtschaftlichen Entwicklung (Hrsg.)[I], Arbeitsplätze im Wettbewerb. Jahresgutachten 1988/89. Stuttgart und Mainz 1988, Ziffer 378 bis 438.

- einen im Vergleich zu den übrigen Regionen des Landes frühen Zeitpunkt der Industrialisierung,

- eine sektorspezifische Prägung der regionalen Wirtschaftsstruktur ("alt" im Sinne des Dominierens eines Sektors, der sich am Ende eines Produktlebenszyklus befindet),

- eine häufig spezifisch großbetriebliche Ausrichtung der Unternehmensstruktur (hochspezialisierte Großbetriebe) und

- eine mangelnde Regenerationsfähigkeit aus eigener Kraft.

Insbesondere die mangelnde Anpassungsbereitschaft oder -fähigkeit wird neuerdings erkennbar stärker betont, teilweise sogar eine Blockade der endogenen Regenerationsfähigkeit unterstellt[9]. Diese mangelnde Regenerationsfähigkeit überrascht um so mehr, als diese Problemgebiete meistens, aber nicht immer über jene Standortvoraussetzungen (Großstädte, hohe Einwohnerdichte, gute Infrastruktur und Lage) verfügen, die die klassische Regionalforschung als entwicklungsrelevant ansieht und die in ländlichen Räumen fehlen. Wegen dieser Auffälligkeit sollte sich die Kennzeichnung der altindustrialisierten Regionen auf die mangelnde Regenerationsfähigkeit konzentrieren, und die hierauf spezialisierte Regionalforschung hat danach zu fragen, welche Tatbestände in Regionen, die über wichtige Entwicklungsvoraussetzungen verfügen, eine fällige Umstrukturierung zu blockieren vermögen.

Wenn nachfolgend somit von altindustrialisierten Regionen gesprochen wird, handelt es sich um industriegeprägte Gebiete,

- deren dominierende Sektoren mit dem Phänomen rückläufiger Absatzchancen konfrontiert werden und

- deren notwendige sektorale (betriebsgrößenmäßige) Umstrukturierung aus vielfältigen Gründen ausbleibt.

"Alt" wird somit im Sinne von mangelnder struktureller Regenerationsfähigkeit interpretiert. Die Typisierung "altindustrialisierte Problemregion" ist daher stets nur zeitlich bis zur Auflösung des Anpassungsstaus begrenzt, sie gilt also bis zur "aktiven" oder "passiven" Sanierung.

---

9 Vgl. Sachverständigenrat zur Begutachtung der gesamtwirtschaftlichen Entwicklung (Hrsg.)[II], Chancen für einen langen Aufschwung. Jahresgutachten 1984/85. Stuttgart und Mainz 1984, Ziffer 412. Vgl. auch P. Klemmer [III], Adoption Problems of Old Industrialized Areas: The Ruhr Area as an Example. In: J.J. Hesse (Ed.), S. 526.

2. Elemente eines theoretischen Erklärungsrahmens

2.1. Allgemeiner Überblick

Um regionale Entwicklungsvorgänge besser erklären zu können, ist es sinnvoll, einen kurzen Blick auf die räumliche Wachstumstheorie[10] zu werfen[11], interessiert sich doch gerade diese für die Gesetzmäßigkeiten bei der Standortfindung von Konsumption und Produktion. Diese Gesetzmäßigkeiten bringen in marktwirtschaftlichen Systemen vor allem die ökonomischen Entscheidungen von privaten Haushalten und Unternehmen, die im wesentlichen durch Märkte, aber auch durch öffentliche Planungsentscheidungen koordiniert werden, zum Ausdruck. Hierbei kommt den Standortentscheidungen industrieller Akteure besondere Bedeutung zu, da die regionalen bzw. lokalen Entwicklungsprozesse in starkem Maße durch den sog. Sekundärbereich determiniert werden.

Überblickt man die vielfältigen Beiträge, die sich auf die Erklärung regionaler Entwicklungsvorgänge, insbesondere aber auf die Zusammenhänge zwischen den sektoralen und regionalen Veränderungen im Sekundärbereich[12] beziehen, so exi-

---

[10]   Zur allgemeinen Übersicht vgl. etwa W. Isard, Location and Space-Economy. A General Theory Relating to Industrial Location, Market Areas, Land Use, Trade and Urban Structure. Cambridge/Mass. 1956; E. v. Böventer, Theorie des räumlichen Gleichgewichts. Tübingen 1962; H. Siebert, Zur Theorie des regionalen Wirtschaftswachstums. Tübingen 1967; J.H. Müller, Wirtschaftliche Grundprobleme der Raumordnungspolitik. Berlin 1969; E. Lauschmann, Grundlagen einer Theorie der Regionalpolitik. (Taschenbücher zur Raumplanung, Bd.2.) 2.Aufl., Göttingen 1972; H.W. Richardson, Regional Growth Theory. London und Basingstoke 1973; D. Fürst, P. Klemmer und K. Zimmermann, Regionale Wirtschaftspolitik. Tübingen und Düsseldorf 1976; F. Buttler, K. Gerlach und P. Liepmann, Grundlagen der Regionalökonomie. Reinbek 1977; H.-F. Eckey, Grundlagen der regionalen Strukturpolitik. Köln 1978; E. v. Böventer, Standortentscheidung und Raumstruktur. (ARL-Abhandlungen, Bd. 76.) Hannover 1979; E. v. Böventer, J.Hampe und H. Steinmüller, Theoretische Ansätze zum Verständnis räumlicher Prozesse. In: Akademie für Raumforschung und Landesplanung (Hrsg.), Grundriß der Raumordnung. Hannover 1982, S. 63ff.; J. Bröcker, K. Peschel und W. Reimers, Regionales Wachstum und ökonomische Integration. München 1983, bzw. P. Nijkamp and E.S. Mills, Advances in Regional Economics. In: P. Nijkamp (Ed.), Handbook of Regional and Urban Economics. Volume I: Regional Economics. Amsterdam u.a. 1986, S. 1ff.

[11]   Vgl. zum folgenden P. Klemmer unter Mitarbeit von H.-F. Eckey und B. Bremicker, Zur Bestimmung kommunaler Industrialisierungsbesonderheiten. Bochum 1988.

[12]   Vgl. etwa im deutschsprachigen Raum B. Gerlach und K. Liepmann, Konjunkturelle Aspekte der Industrialisierung peripherer Regionen. "Jahrbücher für Nationalökonomie und Statistik", Stuttgart, Bd. 187 (1972), S. 1ff.; J. Strunz, Die Industrialisierung der Oberpfalz in den Jahren 1957-1966. Regensburg 1974; H.D. Hoppen, Industrieller Strukturwandel. Eine empirische Untersuchung der sektoralen und regionalen Veränderungen im Sekundärbereich der Bundesrepublik Deutschland 1960-1972. Berlin 1979; E. Nieth, Industriestruktur und regionale Entwicklung. Eine theoretische und empirische Untersuchung der Bundesrepublik 1960-1972. Berlin 1980; W. Reimers, Produktionswachstum und Raumstruktur. Eine Literaturstudie ökonometrischer Ansätze und empirische Untersuchung für Skandinavien und die Bundesrepublik Deutschland. München 1981; K. Peschel, Der strukturelle Wandel der Industrie in den Regionen der Bundesrepublik Deutschland 1960 bis 1976. In: J.H. Müller (Hrsg.), Determinaten der räumlichen Ent-

stiert in der Zwischenzeit ein beachtlicher Hypothesenvorrat, ohne daß jedoch von einer in sich geschlossenen Theorie räumlicher Industrieentwicklung bzw. regionalen Wachstums gesprochen werden könnte. Dies gilt insbesondere für Theorien, die sich mit den regionalen Umstrukturierungsvorgängen beschäftigen.

Die meisten dieser Theorien konzentrierten sich in der Vergangenheit auf die angebotsseitigen Bedingungen regionaler Wachstumsprozesse. Gemäß diesen Vorstellungen wurde das regionale Sozialprodukt vor allem durch das regional verfügbare Sachkapital (inkl. Infrastrukturkapital), Arbeitskräftevolumen, natürliche Ressourcenangebot (etwa verfügbare Fläche) und technische Wissen determiniert, wobei die meisten Modelle von Cobb-Douglas-Produktionsfunktionen (Substitutionselastizität von 1) ausgingen[13]. Die regionale Wachstumsrate ergibt sich dann aus der Summe der mit ihren partiellen Produktionselastizitäten gewogenen Wachstumsraten der Faktormengen sowie der Wachstumsrate des Hicks-neutralen technischen Fortschritts. Treten Agglomerationsvorteile auf, so wirken sich diese auf die Produktionsfunktion aus (Skaleneffekte), und dies kann einzelne Gebiete (in der Regel Verdichtungsgebiete) begünstigen. Insbesondere erlauben die Agglomerationsvorteile es, die ungleiche räumliche Verteilung des technischen Fortschritts zu begründen. Kommt es dann vor dem Hintergrund einer derartigen angebotsseitigen Struktur zu einem interregionalen Handel, so vermag das Faktorproportionentheorem komparative Vorteile durch verschiedene Faktorausstattungen und -intensitäten und damit auch Richtung und Struktur der interregionalen Güterströme zu erklären.

Derartige Theorien erlauben jedoch noch nicht den intraregionalen Strukturwandel zu analysieren. Dieser muß als Ergebnis von Wachstumsunterschieden von Sektoren und Unternehmen interpretiert werden. Er kann angebots- und nachfrageseitig verursacht sein. Im ersten Fall ist er Folge einer Verschiebung der quantitativen und qualitativen Faktorenstruktur, der sektoral bzw. betriebsgrößenmäßig divergierenden Produktivitätsentwicklung bzw. der Veränderung der Relation regionaler Faktorpreise. Unterstellt man temporäre Komplementarität zwischen verschiedenen Inputs, kann man bereits im Gefolge der Veränderung der relativen Faktor-

wicklung. (Schriften des Vereins für Socialpolitik, N.F. Bd. 131.) Berlin 1983, S. 125ff.; J. Müller, Sektorale Struktur und Entwicklung der industriellen Beschäftigung in den Regionen der Bundesrepublik Deutschland. (Beiträge zur angewandten Wirtschaftsforschung, Bd. 12.) Berlin 1983; F.-J. Bade, Die Standortstruktur großer Industrieunternehmen. Eine explorative Studie zum Einfluß von Großunternehmen auf die regionale Wirtschaftsentwicklung. "Jahrbücher für Nationalökonomie und Statistik", Bd. 196 (1981), S. 341ff.; derselbe, Regionale Beschäftigungsentwicklung und produktionsorientierte Dienstleistungen. (DIW-Sonderheft, Nr. 143.) Berlin 1987; derselbe, Funktionale Arbeitsteilung und regionale Beschäftigungsentwicklung. "Informationen zur Raumentwicklung", Bonn, Jg. 1986, S. 695ff.; H.-P. Canibol und D. Porschen, Zur regionalen Identifikation sektoraler Anpassungsprozesse. "Informationen zur Raumentwicklung", Bonn, Jg. 1986, S. 715ff.; H. Gräber u.a., Zur Bedeutung der externen Kontrolle für die regionale Wirtschaftsentwicklung. "Informationen zur Raumentwicklung", Bonn, Jg. 1986, S. 679ff.; dieselben, Externe Kontrolle und regionale Wirtschaftspolitik. Berlin 1987.

13 Vgl. etwa H. Siebert, S. 21ff., bzw. J. Wackerbauer, Energiepreisinduzierter Strukturwandel und regionale Entwicklung. München 1988, S. 20ff.

preise (etwa im Zusammenhang mit der Energiepreiserhöhung) temporäre regionale Wachstumseinbrüche ableiten[14], die längerfristig jedoch wieder durch Substitutionsprozesse und faktorpreisinduzierten technischen Fortschritt ausgeglichen werden können. Verteilt sich der technische Fortschritt aufgrund der dichteabhängigen Agglomerationsvorteile räumlich ungleich, sind die Verdichtungsgebiete in der Anpassung begünstigt, da sie dann Ausgangspunkt immer neuer Produktlebenszyklen sind. Auf diese Weise vermochte man vor allem das traditionelle und stabile Stadt-Land-Gefälle zu interpretieren.

Nachfrageseitig kommt es zu einem regionalen Strukturwandel, wenn sich die Präferenzen der Wirtschaftssubjekte, deren Realeinkommen und die Preisrelationen der angebotenen Güter ändern. Auch hier wird zumeist die Brücke zur Produktlebenszyklus-Theorie geschlagen. Dies ist vor allem dann der Fall, wenn unterstellt werden kann, daß sog. "junge" Branchen eine Einkommenselastizität der Nachfrage von größer als Eins, "ältere" hingegen eine solche von kleiner als Eins aufweisen. Unterstellt man, daß die Bedingungen für die Einführung neuer Produkte in den Ballungs- und Verdichtungsgebieten besonders gut sind, so müßten hoch verdichtete Industriegebiete im Strukturwandel eigentlich besondere Flexibilitätsvorteile besitzen[15].

Da den Produktlebenszyklen bei der Analyse intraregionaler Strukturänderungen besondere Bedeutung zukommt, soll ihnen im Rahmen des nächsten Abschnitts besondere Aufmerksamkeit zugewendet werden. Ziel der folgenden Ausführungen ist es, Elemente eines theoretischen Erklärungsrahmens für die zu behandelnde Fragestellung zu finden. Eine "Theorie altindustrialisierter Problemregionen" sollte insbesondere erklären können, warum diese Regionen zunächst prosperieren, danach aber fast zwangsläufig Probleme bekommen, und warum sie diese Probleme nicht friktionslos bewältigen können. Selbstverständlich kann solch ein theoretischer Rahmen kein strenges Hypothesengerüst sein, das für jeden konkreten regionalen Untersuchungsfall die jeweils geltende Menge der "Wenn-Dann-Beziehungen" enthält. Es liegt im Wesen der Theoriebildung, daß sie abstrahiert, sich auf wenige, wichtige Faktoren konzentriert. Die meist deduktive theoretische Ableitung stützt sich auf typische, häufig nur langfristig wirksame Einflußgrößen. Die Anwendung so gewonnener Theoreme mit (bestenfalls) synthetisch-durchschnittlichem empirischen Gehalt auf konkrete Anwendungsfälle (Regionen) muß natürlich Modifikationen, Ergänzungen usw. zur Folge haben. Der Versuch, durch Zusammenführung verschiedener vorliegender Theorieelemente ein erweitertes Verständnis für die Ordnung und Bewertung empirischer Fakten zu erhalten, erfolgt vornehmlich mit heuristischer Zielsetzung: Die plausible Erklärung denkmöglicher oder beobachteter Entwicklungen, das Aufzeigen von inneren Entwicklungszwängen bestimmter historischer Konstellationen erleichtert die Orientierung im Meer der Fakten, ermöglicht die Unterscheidung von Allgemeingültigem

---

14 Vgl. D. Larmann, Strukturelle Auswirkungen der Energieverknappung und -verteuerung. Berlin 1984, bzw. J. Wackerbauer, S. 48ff.

15 Vgl. M. Taylor, The Product-Cycle Model: A Critique. "Environment and Planning A", London, vol. 18 (1986), S. 751ff.

und Besonderem und gestattet schließlich auch ein Urteil über den Fächer der künftigen regionalen Optionen. Dies muß zum Schluß in die Frage einmünden, welche Gründe dafür verantwortlich zeichnen, daß in bestimmten Verdichtungs-gebieten die üblicherweise unterstellten neuen Zyklen ausbleiben und Regionen darum im ökonomischen Sinne "alt" werden.

2.2. Entwicklungstheorien

2.2.1. Sektorale Erklärungsansätze

Sektoraler Strukturwandel wird in der Regel als Störung des Wachstumsgleichge-wichts, als diskontinuierlicher Prozeß von (exogenen) Schocks und (endogenen) Anpassungen behandelt. Eine interessante Darstellung dieser Zusammenhänge bietet Pasinetti, der den Strukturwandel endogen als Gleichgewichtsdynamik abbildet. Auf diesen Ansatzpunkt einer allgemeinen Theorie des strukturellen Wandels soll wegen seiner grundsätzlichen Bedeutung für das Verständnis der wirtschaftlichen Entwicklungsdynamik kurz eingegangen werden. Pasinetti hat sein grundlegendes Modell wie folgt zusammengefaßt: "The pure production model ... starts from the assumptions of a very simple technology - practically from the so-called 'fixed-coefficients' technology - but adds the hypothesis that labour productivities change through time at different rates, from sector to sector and from country to country. The consequence is that, with increasing per-capita incomes, also demand is changing at different rates for different commodities and for different countries; and, as a further consequence, that employment is also continually undergoing structural change"[16]. Vorausgesetzt ist dabei, daß die Güterausgaben der Konsumenten einer nicht-linearen Beziehung zum Realein-kommen unterliegen[17]. Die Dynamik des Systems ergibt sich als Anstoß von der Entstehungsseite über die (sektoral unterschiedliche) Produktivitätssteigerung. Da diese gleichbedeutend mit einer Einkommenssteigerung ist und die Einkommens-zuwächse anders als das bisherige Einkommen verausgabt werden, ergibt sich eine fortlaufende Strukturveränderung über die Einkommensverwendung.

Das Aufzeigen der notwendigen Bedingungen für kontinuierliche Gleichgewichte bei wechselnder Struktur verbindet Pasinetti mit der Erwartung, daß diese Bedin-gungen in der Regel in der Realität nicht gegeben sein werden. Die Hauptursache dafür sieht er in der Unsicherheit: Die Konsumenten müssen ihre Präferenzen für die Verausgabung zusätzlicher Einkommen erst in einem Suchprozeß ertasten, die Produzenten müssen in ihren Produktionsplanungen die Ergebnisse dieses offenen Suchprozesses korrekt antizipieren. Für Pasinetti ergibt sich als Schlußfolgerung: "... the growth of an economic system with technical progress is normally, though

---

16   L. Pasinetti [I], Technical Progress and International Trade. "Empirica", Stuttgart, vol. 15 (1988), S. 142.

17   Vgl. L. Pasinetti [II], Structural Change und Economic Growth. Cambridge, N.Y., 1981, S. 70ff.

not inevitably, bound to take place by an alternating succession of expansion waves and pauses"[18].

Die (potentielle) Vollzugsform der wirtschaftlichen Entwicklung als Wellen- oder Schubfolge ist bei Pasinetti rein theoretisch aus wenigen Annahmen und Gleichgewichtsbedingungen deduziert worden. In analoger Weise, wenngleich mit ganz anderen Ausgangspunkten, Hypothesen und methodischen Instrumenten, aber ähnlichen Ergebnissen, entwickelt Schumpeter seine Vorstellungen über die innere Entwicklungsdynamik der (kapitalistischen) Wirtschaft. Für Schumpeter ist Entwicklung vorzugsweise ruckartige Änderung der Daten durch das wirtschaftliche Leben selbst, d.h. endogen, nicht exogen[19]. Anders als Pasinetti setzt Schumpeter dabei ganz auf die Sphäre von Produktion und Handel, nicht aber auf die "Sphäre des Bedarfslebens der Konsumenten der Endprodukte"[20]. Entwicklung ist danach Ergebnis einer neuartigen Kombination von Dingen und Kräften. Für das zu behandelnde Thema ist vor allem der Vollzug solcher neuen Kombinationen entscheidend:

- Die neuen Kombinationen treten neben die alten und konkurrieren sie nieder. Sie entziehen den alten Kombinationen die Produktionsfaktoren.

- Dadurch bedingt sind sozialer Auftrieb und soziale Deklassierung eng verbunden: "es waren ... im allgemeinen nicht die Postmeister, welche die Eisenbahnen gründeten"[21].

Als zentrale Kategorie der Analyse erscheint in diesem Rahmen der Unternehmer als spezielle analytische Konstruktion Schumpeters: Der Unternehmer ist der "Durchsetzer des Neuen" - ihm entgegen stellt Schumpeter den "Produktionsleiter im Kreislauf". Der Produktionsleiter schwimmt mit dem Strom, der Unternehmer dagegen. Dieses Talent ist selten: "Mancher kann sicher gehen, wo noch keiner ging, ein anderer nachfolgen, wo erst einer ging, ein dritter nur im Haufen, aber in diesem unter den ersten"[22]. Hier ist eine Abstufung der Unternehmerfähigkeiten angelegt, die später Heuß zur Grundlage seiner Marktlehre macht. Bei Schumpeter ist der Unternehmer eher Künstler als Wissenschaftler; ein Mensch mit einem "großen Überschuß von Kraft über das Erfordernis des Alltags". Die ihm zugedachte Führungsaufgabe besteht darin, die neuen Möglichkeiten, die häufig schon bekannt sind, durchzusetzen. Sein Lohn, der Pioniergewinn, ist Folge von Wille und Tat und geht "im Strudel der nachströmenden Konkurrenz zugrunde"[23]. Der Unternehmer ist demnach der Auslöser von Entwicklungsschüben: er konkurriert durch Kredit die Faktoren aus alten Verwendungen, setzt das Neue durch, bringt

---

18   L. Pasinetti [II], S. 235.

19   Vgl. J. Schumpeter [I], Theorie der wirtschaftlichen Entwicklung. 5. Aufl., Berlin 1952, S. 94.

20   J. Schumpeter [I], S. 99.

21   J. Schumpeter [I], S. 101.

22   J. Schumpeter [I], S. 121.

23   J. Schumpeter [I], S. 213.

die neuen Produkte auf den Markt, und mit Ablauf der Resorbierungsprozesse setzt neuer Stillstand ein.

Warum werden die neuen Kombinationen nicht kontinuierlich, sondern "scharenweise" gefunden und durchgesetzt? Eine wirklich überzeugende Begründung gelingt Schumpeter nicht. Für Verstärkerprozesse kann er anführen, daß vereinzelte Pioniere die Bahnen brechen, in die sukzessive immer unfähigere Leute eintreten. Im Kern nimmt er offenbar an, daß für entwicklungsrelevante Basisinnovationen das Gesetz der großen Zahl nicht gilt. Schumpeter behauptet auch, der Aufschwung sei nie allgemein, sondern er habe "in einer Branche oder in einigen wenigen Branchen seinen Herd"[24]. Hier ist also ein Ansatz für einen Produkt- oder Branchenzyklus gegeben. Die Depression ist für Schumpeter ähnlich wie für Pasinetti ein "temporärer Zustand relativer Ausgeglichenheit und Entwicklungslosigkeit", damit zugleich auch die Basis für eine neue Innovations- bzw. Wachstumswelle. Das Zeitprofil solcher Wellen ist von Pasinetti kaum thematisiert, von Schumpeter zunächst nur vage und widersprüchlich, später als regelmäßig zyklisch, wenngleich mit verschiedener Periodizität, charakterisiert worden[25]. Für die hier vorliegende Fragestellung kommt es vor allem auf "lange Wellen", also Produktzyklen an. Dazu hat Heuß mit seiner allgemeinen Markttheorie eine interessante Weiterentwicklung der Schumpeter'schen Lehre vom Unternehmer als Bahnbrecher entwickelt[26].

Heuß unterscheidet - wie bei Schumpeter schon angelegt - jeweils zwei Arten von initiativen und konservativen Unternehmern:

		Pionierunternehmer
initiative Unternehmer	=	
		spontan imitierende Unternehmer
		unter Druck reagierende Unternehmer
konservative Unternehmer	=	
		immobile Unternehmer

Das Potential zum Pionier haben nur wenige Menschen[27]. Wichtig ist, ob bzw. wann dieses Potential auch genutzt wird. Die Menschen haben Alternativen zur Betätigung als Unternehmer, z.B. als Künstler, Politiker, Wissenschaftler. Ob sich ein potentieller Unternehmer auch als solcher betätigt, hängt damit durchaus von

---

24   J. Schumpeter [I], S. 344.

25   Vgl. J. Schumpeter [II], Business Cycles: A Theoretical, Historical and Statistical Analysis of the Capitalist Process. New York 1939.

26   Vgl. E. Heuß [I], Allgemeine Markttheorie. Tübingen und Zürich 1965.

27   Nach Heuß kommt auf zwanzig Menschen einer. Die Zahl wird mit Hinweis auf soziologische Studien nur beiläufig begründet.

äußeren Umständen, z.B. der sozialen Wertschätzung des Unternehmers ab[28]. Der Einbau eines solchen Unternehmertyps in die statische Markttheorie bereitet Schwierigkeiten, da seine Aufgabe gerade darin besteht, "den Markt aus den Angeln zu heben, statt sich in ihm zu bewegen ... Hieraus folgt, daß mit der Unternehmertypologie die Markttypologie bereits vorgezeichnet ist"[29].

Heuß geht davon aus, daß alle Industrien bzw. die dazugehörigen Märkte in ihrer Entwicklung die gleichen Phasen durchlaufen, so daß von einem ganz allgemeinen Entwicklungsprozeß gesprochen werden kann. Diese Phasen sind:

- Experimentierungsphase,

- Expansionsphase,

- Ausreifephase,

- Phase der Stagnation oder Rückbildung.

Ähnlich wie bei Pasinetti und Schumpeter sind Aufstieg und Stagnation/Rückbildung notwendig verbunden: das Neue konkurriert das Alte nieder. Basis ist auch hier der Verbrauch; soweit Industrien angesprochen werden, ist unterstellt, daß Produktions- und Absatzraum identisch sind. Als Kriterium für die Abgrenzung der Produkte dient Heuß die Preisinterdependenz: ein Markt ist dadurch gekennzeichnet, daß die Preisänderung eines Unternehmens sich auf dem Markt fortpflanzt. Die detaillierte Analyse der verschiedenen Marktphasen setzt gegenüber Schumpeter einige neue Schwerpunkte. Heuß unterscheidet in der ersten Phase zwischen Erfindung und Marktkreation: Der technischen folgt die ökonomische Erfindung. Dabei zeigt sich, "daß die Marktkreation nicht weniger als die Produktkreation ein Experiment ist. Es ist ein Spiel mit dem Nichtabwägbaren, ein Weg, auf dem das zu erstrebende Ziel eher einer Fata Morgana gleicht, die auftaucht und wieder verschwindet"[30].

Entsprechend dieser Charakterisierung ist der Experimentierungsphase das Vorherrschen des Pionierunternehmers zuzuordnen. In der Expansionsphase, in der stürmische Produktionsausweitungen mit rapiden Preissenkungen einhergehen, rückt der spontan imitierende, in der Ausreifephase auch der unter Druck imitierende Unternehmer in den Vordergrund. "Stellt sich ein Markt als stagnierend oder sogar als rückläufig heraus, so ist es der initiative Unternehmer, der sieht, daß ein solcher Markt keine Entfaltungsmöglichkeiten mehr bietet und daraus die Konsequenzen zieht, indem er diesen Markt aufgibt"[31]. Heuß hält Strukturkrisen von Branchen meist für unternehmertypusbedingt. Die Verbindung von Marktphase und Unternehmertypus ist allerdings nicht streng. Vielmehr gibt es Mischungen, die selbst wiederum - wegen der Fühlbarkeit von Aktion und Reaktion -

---

28   Vgl. E. Heuß [I], S. 12.

29   E. Heuß [I], S. 15.

30   E. Heuß [I], S. 39.

31   E. Heuß [I], S. 107.

ein Element der konkreten Marktstruktur sind. So ergänzen sich Pionier und Imitator z.B. in der Expansionsphase; in der Ausreifephase engt der Imitator dagegen den Spielraum des Pioniers rasch (z.T. zu rasch) ein. Bei dem letztlich möglichen Vorherrschen des konservativen Unternehmers erstarrt der Markt in seiner einmal erschaffenen Form. "An einer solchen Marktversteinerung kann auch eine etwaige Konkurrenz (polypolistische Verhaltensweise) nichts ändern, da sie von sich aus kein qualitativ neues Moment kreieren kann, wenn sie nur von konservativen Unternehmern getragen wird"[32]. Hier klingt ein Wettbewerbskonzept an, das auf Vorstoß und Nachziehen setzt, eine Tendenz zum Kartell erkennt und wirtschaftspolitische Gegensteuerung verlangt[33].

Die stets drohende Gefahr der Marktverkrustung wird durch die Unterscheidung zwischen Iteration und Mutation abgeleitet: "Der Werdegang der oligopolistischen Verhaltensweise wie auch des Kartells stellt einen Vorgang dar, der sich ganz zwangsläufig einstellen muß, nachdem die Marktpartner die Wirkungsweise der polypolistischen Konkurrenz durchschaut haben. Allerdings bedarf es zur Nutzanwendung dieser Erkenntnis oder Erfahrung der Zeit als Iteration, denn nur dann lassen sich Gegenwart und Zukunft mit den in der Vergangenheit gesammelten Erfahrungen in den Griff bekommen"[34]. Mit der Zeit wird alles transparent, was vorher undurchsichtig war; der kreative Akteur wird überflüssig, und der "Automat" betritt die Bühne. Im Gegensatz zur Iteration ist die Mutation ein Novum, etwas in der Vergangenheit nicht Erfahrenes. Bei rascher Folge von Mutationen ist die Herausbildung erfahrungsgeleiteter Reaktionen (also auch die Kartellbildung) erschwert. Heuß unterscheidet exogene, also außerökonomische, und endogene Mutationen. Natürlich ist der kreative Innovator der Träger endogener Mutationen, der konservative Unternehmer Hauptakteur der Iteration. Kartelle setzen auf Iteration, sind "mutationssteril", unterdrücken Mutationen. Kartellierung geht damit weit über überhöhte Preise oder "schiefe Ausrichtung der Produktion hinaus ...; sie würgt die Kräfte ab, welche die ökonomische Entwicklung vorwärtstreiben, so daß die ökonomische Stoßkraft in einer Volkswirtschaft erlahmen muß". Ganz ähnlich auch die Einschätzung der Konzentration; hier gibt es das zunehmende "Eigengewicht der Organisation mit ihrer inhärenten Schwerfälligkeit..., die eine noch so für Neuerungen aufgeschlossene Unternehmensleitung nicht einfach ignorieren kann"[35].

Die Kritik der Großunternehmung geht bei Heuß aber nicht so weit, ihr ökonomische Funktionen abzusprechen. Ähnlich wie es wettbewerbspolitisch auf eine ausgewogene Mischung von Iteration und Mutation ankomme, so auch bei den Betriebsgrößen in der Struktur von Groß und Klein. Die Grenzen der Großunternehmung sollten allerdings eng abgesteckt werden: "Beherrscht sie nämlich das

---

32 E. Heuß [I], S. 132.

33 Vgl. dazu auch E. Heuß [II], Wettbewerb. In: H. Albers u.a. (Hrsg.), Handwörterbuch der Wirtschaftswissenschaften, Bd. 8. Stuttgart u.a. 1980, S. 679ff.

34 E. Heuß [II], S. 223.

35 E. Heuß [II], S. 249.

Feld und läßt sie die Mittel- und Kleinbetriebe bestenfalls nur noch als Satelliten um sich kreisen, so kippt sie in das Gegenteil um. Aus einem Element der Konkurrenz wird sie zu einem der Konkurrenzausschaltung, aus einem der Verschiedenartigkeit zu einem der Überwucherung"[36].

Faßt man die bisher vorgestellten Ansätze von Pasinetti, Schumpeter und Heuß für das hier zu behandelnde Thema zusammen, so ergibt sich das Bild einer marktstrukturell angelegten Entwicklungsdynamik, die sich durch Vorangehen und Nachziehen, Suchen und Finden je nach den konkreten Umständen mehr oder weniger rasch vollzieht. Damit läßt sich die Möglichkeit, wenn nicht sogar die Wahrscheinlichkeit, sektoraler Aufstiegs- und Niedergangsprozesse weitgehend theoretisch begründen. Bleiben in einer Region somit neue Produktlebenszyklen aus, kann man einen regionalen Niedergang über die Phase sektoralen Niedergangs bzw. sektoraler Rückbildung erklären.

Zu ähnlichen Ergebnissen bezüglich sektoraler Entwicklungsprozesse kommen stärker vom empirischen Material ausgehende Autoren, bei denen die Klassifikation von Entwicklungsstadien oder Wellenbewegungen im Vordergrund steht. Empirisch ist natürlich schon frühzeitig beobachtet worden, daß im Zuge des Wachstumsprozesses strukturelle Wandlungen bei Nachfrage und Produktion auftraten. Die Auseinandersetzung mit dem empirischen Material führte einerseits zur Behauptung von sektorspezifisch geprägten Stufen, Stadien, Etappen der wirtschaftlichen Entwicklung bzw. der Industrialisierung, andererseits zur These von den langen Wellen. In seiner Zwischenbilanz der Strukturberichterstattung mißt Löbbe solchen Ansätzen nur heuristische Funktion zu. Direkten Erklärungsgehalt hätten solche zumeist monokausalen, globalen Hypothesen nicht[37]. Dies ist für die in diesem Teil der Arbeit verfolgten Ziele kein Nachteil, vielmehr steht hier gerade die heuristische Funktion im Vordergrund. Dazu bieten die verschiedenen Begründungen für Entwicklungsetappen oder wellenförmige Verläufe vielfältige Anhaltspunkte. Zwar ist die Wellennatur langfristiger Wachstumsschwankungen nach wie vor umstritten; an der Tatsache schubartiger Beschleunigungen des wirtschaftlichen Wachstums in den Industrieländern (mit folgenden Bremsetappen) läßt das empirische Material aber keinen Zweifel zu.

Das Hauptproblem für Stadien- oder Wellentheoreme[38] ist die schlüssige Begründung auslösender und begrenzender Faktoren. Schon bei der Diskussion der Ansätze von Schumpeter und Heuß hat sich gezeigt, daß das scharenweise Auftreten der Unternehmer eher außerökonomisch (psychologisch, soziologisch) erklärt worden ist, während die Erklärung der weiteren Entwicklung über die bekannten ökonomischen Verstärkerprozesse wenig Schwierigkeiten bereitete. Je nach auslö-

---

36   E. Heuß [II], S. 264f.

37   Vgl. K. Löbbe, 10 Jahre Strukturberichterstattung - Eine Zwischenbilanz. "RWI-Mitteilungen", Berlin, Jg. 37/38 (1986/87), S. 465ff.

38   Einen guten Überblick bietet F. Kneschaurek, Wachstum, Innovation und Wettbewerb. "Schweizerische Zeitschrift für Volkswirtschaft und Statistik", Bern, Jg. 123 (1987), S. 249ff.

sendem Moment kann man zwischen Preiszyklen und Produktionszyklen unterscheiden. Hauptvertreter preisinduzierter Wellen sind Kondratiew und Rostow[39], während Realzyklen vor allem von Schumpeter und den in seiner Tradition stehenden Ökonomen begründet worden sind[40]. Für regionale Aufstiegs- und Niedergangsprozesse sind insbesondere Realzyklen von Interesse. Sie werden vor allem auf Wellen von Infrastrukturinvestitionen sowie auf Innovationsballungen zurückgeführt[41]. Der Infrastrukturbegriff wird dabei meist weit gefaßt; er schließt Eisenbahnen, Häfen, Autobahnen, aber auch Flughäfen, Stromversorgungssysteme, Kommunikationssysteme, z.T. auch Stahlwerke, Raffinerieanlagen und ähnliche Grundstoffkomplexe ein. Daß massive Investitionen in diesen Bereichen den Industrialisierungsprozeß begleiten, ist natürlich unbestritten, zu erklären ist aber auch hier das geballte Auftreten solcher Investitionen. In der einen oder anderen Form werden dafür Verhaltensfehler der Wirtschaftssubjekte verantwortlich gemacht: Zunächst wird der Bedarf nicht erkannt oder unterschätzt, dann folgt ein massives Nachholen mit Übersteigerung. Die Überkapazität führt zum Attentimus, bis neue Lücken entstehen.

Im Einzelfall spielen solche Abläufe zweifellos eine Rolle; historisch ist hier insbesondere auf den Eisenbahnbau zu verweisen. Als generelles Erklärungsmuster sind solche langfristigen Überakkumulationsthesen aber wenig überzeugend. Die Infrastruktur ist zudem kein Selbstzweck, sondern der wirtschaftlichen Aktivität der Region eher komplementär zugeordnet. Von daher sind Infrastrukturwellen häufig aus gesamtwirtschaftlichen Expansionsprozessen abgeleitet. Erklärungsversuche dafür setzen meist bei dem gehäuften Auftreten von Innovationen an. Grundlage ist die Beobachtung, daß der Strom wissenschaftlich-technischer Erfindungen relativ kontinuierlich fließt, die Umsetzung in wirtschaftliche Realität (Innovation) aber geballt auftritt. Da Innovationen eine weitreichende Entwicklungskette anstoßen (Ausbreitungseffekte), ist der Bezug zur Wachstumsbeschleunigung evident. Zu erklären ist also die Ballung der Innovation. Nach Mensch sind Innovationsschübe letztlich Reaktionen auf Wirtschaftskrisen, die sich als Folge ausgereifter, alt und unflexibel gewordener Produktionsstrukturen ergeben[42]. Der Innovationsschub bewirkt einen Wachstumsschub, und zwar außerhalb der alten Strukturen. Die neuen Strukturen (Industriezweige, Produkte, Regionen) entwickeln sich, es folgt ein dem Produktlebenszyklus ähnlicher Prozeß, der wieder in die Krise führt[43]. Träger der wirtschaftlichen Wellen sind demnach Basisinnovationen, deren Wachstumsboden durch die Krise vorbereitet wird.

---

39 Siehe insbesondere W.W. Rostow, The World Economy - History and Prospect. Austin und London 1978, S. 625ff.

40 Vgl. M. Marshall, Long Waves of Regional Development. London 1987, S. 19ff.

41 Vgl. dazu D.E. Booth, Regional Long Waves, Uneven Growth, and the Cooperative Alternative. New York 1987, S. 2ff.

42 Vgl. G. Mensch, Das technologische Patt - Innovationen überwinden die Depression. Frankfurt am Main 1975.

43 Vgl. F. Kneschaurek, S. 265, sowie M. Marshall, S. 32ff.

Nach van Duijn ist die Ballung der Innovation Folge der wechselnden Beförderung der unternehmerischen Aktivität durch die "Umwelt" im weitesten Sinne[44]. Soweit damit die wechselnden gesellschaftlichen und politischen Rahmenbedingungen angesprochen sind, ähnelt diese Erklärung der These von der wechselnden Intensität der Verteilungsauseinandersetzung[45] als Wellenauslöser. Kneschaurek meint sogar (noch etwas vager), "daß die Wachstumsschübe, die zugleich mit der kommerziellen Umsetzung neuer Basistechnologien oder grundlegender Marktinnovationen zusammenfallen, von ... Wellen des wirtschaftlichen Liberalismus getragen wurden ..."[46]. Warum ebbt eine solche Welle aber ab? Weil sie Fehlentwicklungen produziert (insbesondere im sozialen Bereich, aber auch im Bereich der Ökologie), die "allmählich nach einem Korrektiv in Form vermehrter staatlicher Eingriffe"[47] rufen. Ergänzend kann auf wirtschaftspolitische Mechanismen verwiesen werden: Wenn das Wachstum zum "Selbstläufer" zu werden scheint, ist die Gefahr groß, daß die Verteilung für die Wählermehrheit wichtiger wird als die Produktion.

Als Zwischenbilanz kann festgehalten werden, daß die empirisch festgestellten Wachstumsbeschleunigungen im Zusammenhang mit Investitions- und Innovationsballungen auftreten, wenngleich die Ursachen bzw. die Periodizität solcher Ballungen eher vage, jedenfalls nicht zwingend erklärt werden können. Innovationen sind stets konkret, betreffen also ein bestimmtes Produkt- bzw. Produktionsverfahren (und damit Produktionsmittel, also wiederum Produkte). Hier ist ein Anknüpfungspunkt zur wechselnden sektoralen Struktur der Produktion gegeben.

Die Industrialisierung wird von einer Reihe von Autoren als Ablösungsfolge bestimmter Leitsektoren angesehen. Der erste Schub wird dabei auf technologische Innovationen bei der Baumwollverarbeitung und der Eisenerzeugung zurückgeführt; zusätzlich ergab sich eine Veränderung der Energiebasis (von der Wasserkraft zur Dampfmaschine). Innovationen im Verkehrswesen (Kanalbau, Eisenbahnen) brachten einen zweiten Schub, Elektrifizierung und Automobilindustrie einen dritten[48]. Die empirische Beobachtung der Ablösung von Leitsektoren im Zuge der Industrialisierung regte eine Auseinandersetzung um ein quasi-biologisches "Altern" von Industriezweigen an. Die Diskussion fand vor allem in den dreißiger Jahren in den Vereinigten Staaten statt[49] und ergab eine weitgehende Übereinstimmung darüber, daß solche Alterungsprozesse aus einer Reihe von Gründen stattfinden. Autoren wie Kuznets, Burns, Schumpeter und Hansen kamen zu dem

---

[44]   Vgl. J.J. van Duijn, The Long Wave in Economic Life. London u.a. 1983.

[45]   Vgl. H.H. Glismann, H. Roemer und H. Wolter, Lange Wellen wirtschaftlichen Wachstums. Replik und Weiterführung. (Kieler Diskussionsbeiträge, Nr 74.) Kiel 1980.

[46]   F. Kneschaurek, S. 269.

[47]   F. Kneschaurek, S. 271.

[48]   Einen Vergleich der Aussagen verschiedener Autoren zu diesen Fragen bietet M. Marshall, S. 99.

[49]   Heuß ist offenbar davon in ähnlicher Weise beeinflußt worden wie von den Berichten der Anti-Trust-Behörden.

Schluß, daß im Zuge des Wachstums- bzw. Industrialisierungsprozesses die "alten" von den "jungen" Industriezweigen verdrängt werden[50]. Regionale Analysen blieben hierbei aber ausgeklammert.

Wegen der Bedeutung dieser Diskussion für die Analyse "altindustrieller" Zweige sollen kurz die wichtigsten Argumente zum "Altern" angeführt werden[51]. Kuznets erklärte den relativen oder absoluten Rückgang der Bedeutung von zuvor wichtigen Sektoren im Entwicklungsprozeß mit den schwindenden Möglichkeiten, technologische Durchbrüche zu erzielen[52]; das Innovationspotential wird also als erschöpfbar angesehen, damit auch die Möglichkeit von Kostensenkungen und Absatzsteigerungen. Burns betonte dagegen stärker die Ablösung der Industrien als Wachstumsträger: Das Vordringen der "neuen" Zweige (die überlegene Konkurrenz der neuen Produkte um die Nachfrage) verursache das (relative) Zurückfallen der "alten" Zweige, sei also ganz normaler Ablösungsvorgang[53]. Die Analyse von Burns ist also gleichgewichtsorientiert[54]; das Vordringen der neuen Zweige kompensiert den Arbeitsplatzverlust in den alten Zweigen (wenngleich nicht notwenigerweise auch in regionaler Hinsicht). Ganz anders dagegen die Einschätzung von Hansen, der den Prozeß der "Alterung" ganz allgemein auf schwindende Investitionsgelegenheiten im Industriesektor (wegen Sättigungstendenzen) zurückführte und daraus die Gefahr einer säkularen Stagnation ableitete[55]. Schumpeter sah das Ergebnis ähnlich, wenngleich aus anderen Gründen: eine "alte" Wirtschaft verliere durch politisch-soziale Einflüsse dynamischen Elan, werde mehr und mehr reguliert und unflexibel, so daß die Wachstumsmöglichkeiten eingeschränkt werden[56].

Vereinfachend zusammengefaßt erbrachte die Debatte um die "Alterung" von Industrien drei potentielle Ursachenkomplexe:

- Sektorspezifisches "Altern" als Folge der Ausschöpfung des (begrenzten) Innovationspotentials.

---

50   Vgl. dazu R.D. Norton, Industrial Policy and American Renewal. "Journal of Economic Literature", Menasha, WI, vol. 24 (1986), S. 1ff. Diese Ergebnisse gerieten nach 1945 (insbesondere in den sechziger Jahren) weitgehend in Vergessenheit oder wurden sogar als vom tatsächlichen Verlauf widerlegt betrachtet, da die starke gesamtwirtschaftliche Expansion auch den relativen Verlierern noch Wachstum gestattete. Erst nach 1975 wurden sie im Zuge einer erneuten Diskussion um Sättigungs- bzw. Erstarrungstendenzen wieder zur Kenntnis genommen.

51   Vgl. R.D. Norton, S. 7.

52   Vgl. S. Kuznets, Secular Movements in Production and Prices - Their Nature and Their Bearing upon Cyclical Fluctuations. Boston 1930.

53   Vgl. dazu auch die analoge Position Pasinettis.

54   Vgl. A. Burns, Production Trends in the United States since 1870. New York 1934.

55   Vgl. A.H. Hansen, Economic Progress and Declining Population Growth. "American Economic Review", Menasha, WI, vol. 29 (1939), S. 1ff.

56   Vgl. J. Schumpeter [II].

- Sektorspezifisches "Altern" als Folge der Verdrängung auf den Faktor- und Absatzmärkten durch "neue" Industrien.

- Altern der Industrie in der Summe als Folge der Erschöpfung rentabler Investitionsmöglichkeiten.

Diese drei Einflüsse lassen sich im Grunde schon für Volkswirtschaften ohne Außenhandel ableiten. Insbesondere der zweite Ursachenkomplex erfährt jedoch angesichts der Existenz von Außenhandel eine wesentliche Erweiterung. Dies wurde im Zusammenhang mit der Produktzyklusthese nach dem zweiten Weltkrieg deutlich herausgearbeitet: Eine Industrie, die ihre Expansionsphase (Ausreifephase) durchlaufen hat, kommt zunehmend auch unter außenwirtschaftlichen Anpassungsdruck. Dieser insbesondere von Vernon ausgearbeitete Zusammenhang betont die wachsende Bedeutung der Arbeitskosten im Zuge der Standardisierung der Produkte und Produktionsverfahren, so daß die Erzeugung in Abhängigkeit vom Produktzyklus von den hochentwickelten Ländern zu den niedriger entwickelten Volkswirtschaften wandert[57]. Vernon ordnete den verschiedenen Phasen des Lebenszyklus eines Produkts also verschiedene (internationale) Standorte zu. Dies hatte zuvor schon Hoover regional für die Vereinigten Staaten in einer "geography of industry aging" getan[58]. Eine neue Industrie ist zunächst räumlich konzentriert, dann erfolgt ein Dispersionsprozeß weg von den alten (teuren) Zentren[59]. Das Abwandern muß nach Hoover nicht zwangsläufig zum regionalen Niedergang führen, denn neue Industriezweige entstehen fortlaufend. Hier ist der Strukturwandel durch Innovation als regionale Perspektive angelegt, allerdings auch die Möglichkeit regionaler Abstiegsprozesse, die später von Marshall und Booth aufgegriffen wird. Bei Hoover und Vernon stehen die Arbeitskosten im Zentrum der Begründung für regionale bzw. internationale Standortwanderungen. Einige Autoren (insbesondere Beenstock) sehen die Entwicklungsländer nicht nur als passive Empfänger von abwandernden Produktionsstätten der entwickelten Industrieländer. Nach 1965 hätten diese Länder eine schubartige Beschleunigung ihres Industrialisierungsprozesses zustande gebracht, die für die hochentwickelten Länder wie ein Angebotsschock wirkte und den "Produktzyklus" bei verschiedenen Erzeugnissen z.T. rasch verkürzte[60].

Mit der These des Produktzyklus sind eine ganze Reihe von Aspekten verbunden (Profitzyklus, Unternehmertypus u.a.). Die ursprünglich streng S-förmig konzi-

---

57 Vgl. R. Vernon, International Investment and International Trade in the Product Cycle. "Quarterly Journal of Economics", Cambridge, MA, vol. 80 (1966), S. 190ff. Vgl. dazu auch H. Giersch, Märkte und Unternehmen in der wachsenden Weltwirtschaft. "Kyklos", Basel, vol. 32 (1979), S. 25ff. Giersch unterscheidet Wettbewerb von oben (Schumpeter-Güter), horizontalen Wettbewerb und Wettbewerb von unten (Heckscher-Ohlin-Güter).

58 Vgl. E.M. Hoover, The Location of Economic Activity. New York 1948.

59 Vgl. auch S. Hirsch, Location of Industry and International Competitivness. Oxford 1967; J.H. Dunning, International Production and the Multinational Enterprise. Hemel Hempstedt 1981; M. Taylor.

60 Vgl. R.D. Norton, S. 11f.

pierte Kurve läßt nach Erreichen des Sättigungspunktes vielfältige Entwicklungs-möglichkeiten offen[61]. Die These ist zwar nicht unwidersprochen geblieben[62], doch hat sie zumindest kognitiven Wert, und auch empirische Relevanz kann ihr nicht grundlegend abgesprochen werden[63]. Insbesondere in jüngster Zeit ist ver-stärkt diskutiert worden, wie weit die hochentwickelten Länder den durch den Produktlebenszyklus angelegten Verlust "alter" Produktionen an die Entwick-lungsländer durch hinreichend viele "neue" Produktionsaktivitäten ausgleichen können. Befürchtet werden insbesondere "nicht auszugleichende Arbeitsplatzver-luste" und eine weitgehende "De-industrialisierung" der hochentwickelten Volks-wirtschaften[64]. Die Frage der Alterung von Industriezweigen ist damit wieder, wie schon bei Hansen und Schumpeter, auf die ganzer Volkswirtschaften (bzw. Re-gionen) übertragen. Dies erinnert zugleich an die Vorstellungen der klassischen Ökonomen, daß das Wachstum schließlich in einen stationären Endzustand über-geht. Ausgearbeitet wurde die These von einer "institutionellen Sklerose" - mit deutlichen Anklängen an Schumpeter - von Kindleberger[65]. Er sieht vor allem so-zialökonomische Grenzen der hochentwickelten Länder, sich den innovativen Er-fordernissen, die aus der Lebenszyklus-These folgen, anzupassen. Andere Autoren betonen stärker eine zunehmende Ausschöpfung des Wachstumspotentials und da-mit in klassischer Tradition eine endogene Entwicklungsbremse. Von den neueren Arbeiten zielen einige auf die aktuelle Entwicklungsschwäche der westeuropäi-schen Volkswirtschaften ("Eurosklerose").

Warum unterbleibt die Anpassung? Diese Frage hat einen gesamtwirtschaftlichen sowie einen regionalen Bezug, wobei sich die beiden Beziehungsebenen nicht im-mer eindeutig trennen lassen. In der Theorie dominieren häufig Untersuchungen mit gesamtwirtschaftlichem Bezug. Bekannt geworden sind vor allem die Thesen von Olson. Er betont in seiner stark beachteten, an Kindlebergers Argumentation anknüpfenden Studie vom Aufstieg und Fall der Nationen die Etablierung und wachsende Bedeutung von Organisationen zur Durchsetzung von Gruppeninteres-sen und sieht hier insbesondere eine Abhängigkeit des entsprechenden Erfolgs von der Länge der Periode relativer Stabilität einer Gesellschaft[66]. Dadurch wird das

---

61   Vgl. J.J. van Duijn, S. 24.

62   Vgl. M. Taylor.

63   Vgl. dazu die Fülle von empirischen Belegen bei P. Graff, Die Wirtschaftsprognose - Empirie and Theorie, Voraussetzungen und Konsequenzen. Tübingen 1977.

64   Vgl. B. Bluestone and B. Harrison, The Deindustrialization of America. New York 1982; F. Blackaby, De-industrialisation. (National Institute of Economic and Social Research, Eco-nomic Policy Papers, no. 2.) London 1979; H. Lindner, Die De-Industrialisierungsthese - Eine Analyse ihrer empirisch-statistischen Grundlagen. (Forschungsberichte des Instituts für ange-wandte Wirtschaftsforschung, Serie A, Nr. 45.) Tübingen 1987.

65   Zur Struktur der zahlreichen Veröffentlichungen von Kindleberger in den siebziger Jahren zu diesem Thema vgl. R.D. Norten, S. 19.

66   Vgl. M. Olson, The Rise and Decline of Nations: Economic Growth, Stagflation, and Social Rigidities. New Haven and London 1982, S. 41. Kritisch zur empirischen Fundierung äußern

wirtschaftliche Klima wachstumsfeindlicher und zur Ursache wirtschaftlichen Niedergangs. Hier liegt ein Verbindungspunkt zu bestimmten Formen der These von den langen Wellen. Die These von der institutionellen Sklerose läßt allerdings keine "automatische" Revitalisierung zu, sondern betont die Gefahr einer dauerhaften oder doch sehr hartnäckigen Verkrustung. Sie ist im Grunde auch in der allgemeinen Markttheorie von Heuß angelegt: Die Zeit als Iteration begünstigt das Kartell; ohne aktive Wettbewerbspolitik droht die Dynamik zu ersticken.

Wegen der aus Sicht der hochentwickelten Industrieländer grundlegend geänderten weltwirtschaftlichen Funktionen wäre mehr Flexibilität gerade im traditionellen Sektor erforderlich. In neueren Arbeiten wird häufig betont, daß die Industrieproduktion immer weniger Arbeitsplätze bereithalten kann, da einerseits die Verbrauchspräferenzen sowie die politisch gesteuerte Kollektivgüternachfrage die Dienstleistungsnachfrage begünstigen und andererseits die (relativ zurückfallende) Industriegüternachfrage zunehmend kostengünstiger von Schwellenländern befriedigt werden kann. Die Tertiärisierung der Produktion und das wachsende Gewicht von Forschungs- und Entwicklungsarbeiten würden eine neue Basis der Aushandlung von Sozialverträgen verlangen, da die Bewertung der Arbeit, die exakte Kodifizierung von Arbeitsregeln, wie sie im traditionellen Industriebereich üblich war, in den expandierenden Produktionsformen nicht mehr greift bzw. die Entwicklung dieser Produktionsformen behindert. Die entwickelten Länder (oder Regionen) verlieren daher Industriearbeitsplätze nicht nur - wie bei Olson - wegen hoher Löhne, sondern auch - wie vor allem von Piore betont - wegen zu restriktiver Arbeitsbestimmungen. Entscheidend für das Aufbrechen von solchen Verkrustungen ist für Heuß die Wettbewerbspolitik; Norton vertritt aus den nordamerikanischen Erfahrungen heraus ein Konzept des regionalen Wettbewerbs: Gerade die regionale Verschiedenheit der Vereinigten Staaten sei bisher Garant für ihre Anpassungsfähigkeit gewesen[67].

Zusammenfassend ergeben sich aus der Literatur über die Entwicklung von Volkswirtschaften bzw. Sektoren folgende Ansatzpunkte für eine allgemeine Begründung des Regionstyps "altindustrialisierte Regionen":

-   Der Prozeß der Industrialisierung stützte sich auf Innovationsballungen, die sektoral geprägte Entwicklungsschübe hervorbrachten.

-   Träger solcher Wellen sind unternehmerische Kräfte, so daß ein durchaus nicht unwichtiges subjektives Moment entwicklungsrelevant sein kann.

-   Sofern das sektorale Innovationspotential begrenzt ist, führt seine zunehmende Ausschöpfung zu Absatzschwäche, wachsendem Wettbewerbsdruck sowie sinkendem Arbeitsplatzangebot; neue Industrien verdrängen die alten.

-   Die wachsende Internationalisierung der Produktion begünstigt die Diffusion standardisierter Produktion in die Schwellenländer; die Industrieländer verlieren traditionelle Märkte.

---

sich J.J. Wallis and W.E. Oates, Does Economic Sclerosis Set in with Age? An Empirical Study of the Olson Hypothesis. "Kyklos", vol. 41 (1988), S. 397ff.

67   Vgl. R.D. Norton, S. 25.

- Die Erschließung alternativer Märkte und Einkommen ist durch Innovationen prinzipiell möglich, häufig aber durch verschiedene Erscheinungsformen einer "institutionellen Sklerose" begrenzt.

2.2.2. Regionalwirtschaftliche Erklärungsansätze

Die bisherige Diskussion konzentrierte sich auf den sektoralen Aspekt des Strukturwandels, wenngleich vereinzelt schon bestimmte regionalwirtschaftliche Konsequenzen angesprochen wurden. Die Industrialisierung selbst hatte von Anfang an eine regionale Dimension; sie stellte sich nicht mehr oder weniger gleichzeitig in verschiedenen Ländern ein, sondern entfaltete sich nach langer Vorbereitungszeit in England (noch kleinräumiger abgegrenzt in der von Liverpool/Manchester dominierten Region), ergriff dann Teile Kontinentaleuropas und Nordamerikas und bestimmt heute die Entwicklung jener Länder, die eben wegen dieses fundamentalen Entwicklungsschritts als "Schwellenländer" bezeichnet werden.

Die Industrialisierung eines Landes oder einer Region setzt bei der jeweiligen Bevölkerung vornehmlich die Fähigkeit voraus, produktionsrelevantes Wissen zu erschließen und zu adaptieren; dazu ist heute ebenso wie früher eine gewisse Informationsdichte erforderlich, wie sie im allgemeinen nur in den urbanen Zentren vorhanden ist. Die Umsetzung dieses Wissens in Produktion knüpft an die vorhandene Verteilung der produktionsrelevanten Ressourcen im Raum an, gestaltet sie andererseits aber auch zunehmend eigenständig, löst also Faktorwanderungen aus. Die konkrete Gestalt dieser raumwirksamen Veränderungen ist einerseits zeitpunktabhängig, und zwar im historischen Sinne, daß die optimale Kombination der Ressourcen (dies ist die betriebswirtschaftliche Determinante der Regionalentwicklung) von der jeweils geltenden Transporttechnik, den jeweils geltenden relativen Preisen und den jeweils gegebenen Restriktionen geprägt wird. Sie ist andererseits aber auch von der Natur des jeweiligen Produktionsprozesses abhängig, also sektorspezifisch (bzw. produktionstechnisch) geprägt.

Spezialisierung bzw. Arbeitsteilung war schon in Vorbereitung der Industrialisierung eine Hauptquelle der Produktivitätssteigerung; mit beginnender Industrialisierung gewinnt dieser Faktor noch an Bedeutung. In bezug auf Einkommenschancen von Regionen hat er ambivalenten Charakter: einerseits ermöglicht Spezialisierung hohe Produktionseffizienz, andererseits bedingt sie bei nachhaltiger Ausprägung Einseitigkeiten und Abhängigkeiten, die im strukturellen Wandel nachteilig sein können. Unter raumwirtschaftlichem Aspekt gilt generell, daß der Grad der Spezialisierung tendenziell mit der Größe der Regionen sinkt. Daraus folgt, daß das produktionsrelevante Wissen mit wachsender Regionsgröße meist vielseitiger wird. Umstrukturierungsprobleme hochspezialisierter kleinräumiger Subregionen werden durch den räumlichen Erfahrungsverbund erleichtert. Liegt ein solcher Verbund nicht vor, weil die gesamte Region einseitig ausgerichtet ist, so sind besonders starke Anpassungsprobleme zu erwarten.

Die regionale Prägung durch Spezialisierung ist im Zuge der Industrialisierungs-
wellen des 19. Jahrhunderts aus naheliegenden Gründen besonders nachhaltig,
zum Teil auch besonders großräumig gewesen:

- Immobile Standortfaktoren wie Rohstoffvorkommen oder günstige Verkehrs-
  lage spielten damals eine erheblich größere Rolle als heute, sie entfalteten
  eine nachhaltige Attraktionskraft für bestimmte Sektoren.

- Die ausgeprägten sektoralen Schwerpunkte der ersten Industrialisierungsschü-
  be begünstigten eine disproportionale Entwicklung, ein weites "Vorpreschen"
  einzelner Regionen auf enger sektoraler Basis.

- Der einmal gewählte sektorale Schwerpunkt der Region war lange (z.T. viele
  Generationen) durchhaltbar, da das Tempo von technischen Innovationen und
  Standortumbewertungen geringer, das nachhaltige Marktwachstum wegen der
  raschen Expansion von Bevölkerung und Pro-Kopf-Einkommen dagegen höher war als heute.

Zum Verständnis der Verteilung der wirtschaftlichen Aktivität im Raum ist zunächst ein Rückgriff auf statische Erklärungsansätze sinnvoll. Christaller und
Lösch haben Ansätze entwickelt, bei denen sich trotz anfänglicher Gleichvertei-
lung der Faktoren im Raum wegen sektoraler Unterschiede bei Transportkosten
und economies of scale Zentren unterschiedlicher Bedeutung herausbilden[68]. Der
Ansatz von Christaller zielt dabei vornehmlich auf die räumliche Verteilung von
(insbesondere auch staatlichen) Dienstleistungen und erbringt eine klare hierarchi-
sche Abfolge von Zentren unterschiedlicher Funktion, während Lösch's Ansatz
eher an Industrieaktivitäten orientiert ist und keine eindeutige Rangfolge der Zentren erbringt. In beiden Fällen ergibt sich eine hexagonale Verteilung der Zentren
im Raum, die näherungsweise im vorindustriellen Städte-Land-Siedlungsmuster
realisiert gewesen sein mag.

Die Stadtfunktion gründete sich in vorindustrieller Zeit angesichts hoher Trans-
portkosten und geringer economies of scale bei der Warenproduktion vornehmlich
auf Dienstleistungs- und Verwaltungsfunktionen sowie natürliche Lagegunst
(Handelszentren); die Agglomerationskraft des urbanen Angebots blieb aus die-
sem Grunde begrenzt. Mit der Industrialisierung wurde der traditionelle Stadt-
Land-Gegensatz vom Industrie-Landwirtschafts-Gegensatz überlagert und zum
Teil sogar mit ihm identifiziert, obwohl die eigenständigen urbanen Funktionen
(Dienstleistungs- und Verwaltungszentrum) selbstverständlich erhalten blieben.

Bereits oben ist der schubartige Ausdehnungsprozeß einzelner Leitsektoren betont
worden. Die räumliche Seite dieser Entwicklung ist das sprunghafte Wachstum
der Bevölkerungsdichte, des Wohnungs-, Infrastruktur- und Produktionsmittelbe-
standes in den räumlichen Zentren dieser Sektoren. Diese Agglomerationen erhiel-

---

68   Vgl. N. Vanhove and L.H. Klaassen, Regional Policy: A European Approach. 2nd Ed., Aldershot
      u.a. 1987, sowie E. v. Böventer, Raumwirtschaft I: Theorie. In: H. Albers u.a. (Hrsg.),
      Handwörterbuch der Wirtschaftswissenschaften, Bd. 6. Stuttgart u.a. 1981, S. 407ff.

ten so eine nachhaltige zeitspezifische Prägung[69]. Sofern die Stadtkerne aufgrund alter Handels-, Dienstleistungs- und Verwaltungsfunktionen ihre eigene Funktionalität behaupten konnten, beschränkte sich die Prägung auf die rasch ausufernden industriellen Vorortgründungen. Im Fall der reinen Industriestädte, die im zuvor ländlich geprägten Raum auf Rohstofflagern (oder wegen der dort verfügbaren billigen Arbeitskräfte) entstanden, dominierten die Erfordernisse der Produktionsbetriebe nahezu vollständig die städtischen Einrichtungen[70]. Manchester, der Prototyp der "alten" Stadt des 19. Jahrhunderts, wuchs innerhalb weniger Jahrzehnte von 100 000 auf 1 Mill. Einwohner[71]; Bauernflecken im Ruhrgebiet wurden in rascher Folge zu Großstädten, die von Anlage, Bausubstanz und Funktion mit den klassischen Städten wenig gemein hatten. Es bildeten sich von den Bedürfnissen der Industrien geprägte Agglomerationsräume heraus, die mit der statischen Theorie der Verteilung der Aktivitäten im Raum nicht mehr angemessen analysiert werden können.

Theoretische Konzeptionen zur Erklärung der Herausbildung von Agglomerationen setzen neben den klassischen Standortfaktoren (Lage, Rohstoffe, Klima) vor allem an der Ballungsproduktivität an. Die Ballung senkt die Informations-, Infrastruktur- und Transportkosten, fördert das Lernen und die Arbeitsteilung[72]. Andererseits entstehen mit zunehmender Ballung auch zunehmende Kosten: Bodenpreise und Mieten steigen; Verkehrskosten, wachsende öffentliche Belastungen und Umweltschäden wirken gleichfalls wachstumsbremsend. Der dynamische Prozeß wird vor allem durch Ungleichgewichte von Ballungserträgen und -kosten getrieben. Wie weit (und in welcher Frist) sich letztlich aus diesem Prozeß regionale Konvergenz oder Divergenz ergibt, ist umstritten. Die in klassischer Tradition stehenden Autoren unterstellen rasche, durch Veränderungen der relativen Preise ausgelöste Faktorwanderungen. Der Grundansatz ist eher komparativ-statisch denn dynamisch; Verstärkerprozesse oder auch regionsprägende unternehmerische Einzelleistungen Schumpeter'scher Art finden kaum besonderes Interesse. Die neoklassischen Raumwirtschaftsansätze ähneln eher der gleichgewichtsorientierten Wachstumstheorie als den verschiedenen Ausprägungen der schubartig-unstetigen Entwicklungstheorie. Deren raumwirtschaftliche Gegenstücke sind Ansätze, die auf Hirschman und Myrdal zurückgehen.

Hirschman hält erhebliche Entwicklungsunterschiede zwischen Regionen auch jenseits klassischer Ausstattungsdiskrepanzen für unvermeidlich[73]: Ungleich-

---

69   Vgl. P. Cheshire u.a., sowie D. Pinder, Regional Economic Development and Policy - Theory and Practice in the European Community. London 1983. Pinder spricht von "all-important formative years".

70   Vgl. H. Häußermann und W. Siebel, Neue Urbanität. (Edition Suhrkamp, N.F. Bd. 432.) Frankfurt am Main 1987, S. 110.

71   Vgl. P. Cheshire u.a., S. 38.

72   Vgl. H. Giersch, Konjunktur- und Wachstumspolitik in der offenen Wirtschaft - Allgemeine Wirtschaftspolitik, Band 2. Wiesbaden 1977, S. 283ff.

73   Vgl. A. Hirschman, The Strategy of Economic Development. New Haven 1958.

gewichte sind notwendige Etappen auf dem Weg zum Gleichgewicht[74]. Zunächst setzt ein Polarisierungsprozeß ein; die Wirtschaft der begünstigten Region wächst rasch und mit ihr die Entwicklungsdiskrepanz, zumal entwicklungsrelevante Faktoren aus der benachteiligten Region abwandern. Die Polarisierung bewirkt im Laufe der Zeit eine Gegenkraft in Form von "trickling down"-Effekten. Zu nennen sind hier insbesondere wachsende Investitionen der bevorzugten Region in der benachteiligten. Wie weit solche Effekte die Polarisierung schließlich verlangsamen oder umkehren können, hängt nach Hirschman davon ab, ob sich die Regionen komplementär ergänzen. Hirschman's Analyse läßt also sowohl Gleichgewichts- als auch Ungleichgewichtsentwicklungen zu. Myrdal betont dagegen die Wahrscheinlichkeit, daß - in seiner Terminologie - die "backwash"- die "spread"-Effekte dominieren[75]. Basierend auf den Arbeiten von Hirschman und Myrdal sind eine Reihe von Ungleichgewichtskonzeptionen entwickelt worden. Neben "harten" ökonomischen Fakten werden für die Polarisierung zunehmend auch Vorurteile, Fehleinschätzungen und Falschinformationen verantwortlich gemacht, die zu Lasten der benachteiligten Regionen wirken. Strategien, die Polarisierungen verhindern wollen, müssen daher sowohl an Faktorkonstellationen als auch an deren zutreffender Einschätzung ansetzen.

Während die Arbeiten von Hirschman und Myrdal regionsvergleichende Analysen darstellen und die Erklärung der räumlichen Disparität zum Gegenstand haben, versucht das Wachstumspolkonzept von Perroux mit Blick auf eine gegebene Region Entwicklungsprozesse zu erklären[76]. Der Ansatz zielt vor allem auf die Erklärung des regionalen Aufstiegsprozesses, doch läßt sich damit in symmetrischer Analogie auch ein Niedergangsprozeß beschreiben, so daß er für die Analyse alt-industrialisierter Regionen von erheblichem Interesse ist. Insbesondere mit Blick auf einst prosperierende, später aber niedergehende Industriezweige wie die Stahl- und Textilindustrie liegt der Übergang von Wachstumspol zum Schrumpfungspol nahe[77].

Allgemeiner Ausgangspunkt des Wachstumspolkonzepts ist die Überlegung, daß es von Zeit zu Zeit besondere Entwicklungschancen gibt, die - einmal genutzt - einen sich selbst tragenden Wachstumsprozeß auslösen. Der Impulsgeber für den Wachstumspol (die "propulsive unit") kann dabei ein Industriesektor, ein Unter-

---

[74] Vgl. dazu D. Pinder, S. 35ff. Einen Überblick gibt auch M. Steiner, Old Industrial Areas: A Theoretical Approach. "Urban Studies", Edingburgh, vol. 22 (1985), S. 387ff., sowie (mit mehr wirtschaftsgeographischer Orientierung) U. auf der Heide, Strukturwandel im Wirtschaftsraum als Folge industriewirtschaftlicher Wachstums-, Stagnations- und Schrumpfungsprozesse untersucht in ausgewählten Agglomerationen Mittel- und Westeuropas. (Europäische Hochschulschriften, Reihe V, Bd. 913.) Frankfurt am Main u.a. 1988.

[75] Vgl. G. Myrdal, Economic Theory and Underdeveloped Regions. London 1957.

[76] Vgl. F. Perroux, Note sur la Notion de Pol de Croissance. "Economie Appliquée", Paris, vol. 7 (1965), S. 307ff..

[77] Vgl. R. Hamm und H.K. Schneider, Wirtschaftliche Erneuerung im Ruhrgebiet - Zum Umstrukturierungsproblem altindustrialisierter Ballungsräume. "List Forum", Düsseldorf, Bd. 14 (1987/88), S. 197f.

nehmen, aber auch ein Infrastrukturelement, ein Flughafen oder eine Universität sein. Um die Rolle möglichst gut ausfüllen zu können, sollte der impulsgebende Bereich im Vergleich zur betrachteten Region

- relativ groß sein,

- relativ schnell wachsen,

- relativ breite Folgeeffekte auslösen[78].

Für die altindustrialisierten Regionen ist wegen ihrer sektoralen Prägung vor allem eine Branche bzw. ein Branchenkomplex als Kristallisationspunkt von Bedeutung. Nach dem Wachstumspolkonzept gibt eine Schlüsselindustrie mehr Impulse an die übrige Wirtschaft ab, als sie selbst empfängt. Eine räumliche Bedeutung erhält sie insbesondere dann, wenn sie auf regional konzentrierten Standortfaktoren beruht und zusätzlich die Ansiedlung vertikal verflochtener Wirtschaftsbereiche in unmittelbarer Nähe ausgelöst wird. Neben den dominanten Industriezweigen entstehen dann Branchen, deren Produktionsprogramm auf die Belieferung der Schlüsselindustrien ausgerichtet ist oder die ihre Erzeugnisse weiterverarbeiten. Diese direkten Anstoßeffekte werden durch die Effekte des Einkommenskreislaufs verstärkt, wie sie in der Export-Basis-Theorie angelegt sind: die im Export-Basis-Komplex entstandenen Einkommen werden regionsintern verausgabt und bewirken durch Multiplikatoreffekte einen indirekten Wachstumsimpuls. Je höher dabei die Absatzorientierung der Schlüsselindustrie auf Märkte außerhalb der Region ist, desto stärker werden die durch den Export ausgelösten Multiplikatorwirkungen in der Region ausfallen und zum Entstehen von Sektoren beitragen, die im wesentlichen die regionale Versorgung übernehmen.

Ein auf bestimmten Sektorstrukturen beruhender regionaler Wachstumspol folgt in der Regel einem dem Produktzyklus vergleichbaren regionalen Lebenszyklus, er erreicht seinen Höhepunkt, wenn sich die wirtschaftlichen Verflechtungskomplexe vollständig herausgebildet haben und ihr Ineinandergreifen der Region ein weitgehend friktionsloses, überdurchschnittliches Wachstum ermöglicht. Der mögliche, wenngleich nicht zwangsläufig notwendige Übergang in die Stagnations- oder Niedergangsphase kann sich mehr oder weniger schnell vollziehen. In vielen Fällen werden exogene Einflüsse, die aus der Region nicht gesteuert werden können, die aber wegen der unterstellten hohen Lieferorientierung der dominanten Industrien auf regionsexterne Märkte die regionalen Entwicklungen stark beeinflussen, die "Blütezeit" eines regionalen Wachstumspols beenden. Solche exogenen Einflüsse können entweder unmittelbar wirken - dies ist beispielsweise der Fall, wenn die weltwirtschaftliche Nachfrage nach dem Produkt der dominanten Branche aufgrund veränderter Konsumentenpräferenzen sinkt -, sie können dies aber auch mittelbar tun, indem sie die bindende Kraft bestimmter, für die Region wichtiger Standortfaktoren unterminieren.

Ein derart ausgelöster Bedeutungsverlust der Schlüsselindustrien (mit möglicherweise sogar absolut abnehmender Wirtschaftstätigkeit) macht zunächst den sekto-

---

78   Vgl. N. Vanhove and L.H. Klaassen, S. 151ff.

ralen Wachstumspol zum Schrumpfungspol. Direkte und indirekte Verflechtungen verstärken in diesem Fall die von den dominanten Branchen ausgehenden negativen Impulse. Die sektoral ausgelösten Schrumpfungsprozesse erhalten eine räumliche Bedeutung, weil die im Verbund arbeitenden Wirtschaftszweige regional konzentriert sind. Der Niedergang der Schlüsselbranchen hat die Lockerung oder gar Auflösung des Verbundes, im ungünstigsten Fall verbunden mit Konkurs oder Abwanderung der verflochtenen Sektoren (passive Sanierung) zur Folge. Die Alternative, die sich hierzu bietet, ist ein Wandel der Strukturen, der zum Entstehen neuer Schlüsselindustrien oder - mit Blick auf Dienstleistungsbereiche - Schlüsselsektoren führt. Dieser Strukturwandel muß nicht zwangsläufig die Herausbildung völlig neuer Verbundstrukturen und das Entstehen völlig neuer Unternehmen bedeuten, sondern er kann sich auch über Umstellung der Produktionsprogramme und Umgestaltung bestehender Verflechtungen in den vorhandenen Betrieben vollziehen.

Die These eines Branchenzyklus legt - wegen der räumlichen Konzentration vieler Branchen - die Erwartung einer analogen regionalen Entwicklung nahe. Die Perspektiven von Regionen mit mehreren dominierenden Komplexen in unterschiedlichen Entwicklungsphasen dürften daher günstiger zu beurteilen sein als die von monostrukturierten Gebieten. Aus einer Abfolge von Branchenzyklen erscheinen regionale Wellen möglich. Solche Vorstellungen sind aktuell von Booth und Marshall in Anknüpfung an die Ergebnisse der Diskussion um lange Wellen der Volkswirtschaft auf Regionen vertreten worden[79]. Die These von den langen regionalen Wellen[80] konkurriert in bezug auf altindustrialisierte Regionen eigentlich nur mit der stärker deterministischen Vorstellung eines notwendigen Niedergangs bzw. der Vorstellung eher zufälliger, daher reparabler Entwicklungsversäumnisse. Da sie für die Fragestellung dieser Arbeit offensichtlich von erheblicher Bedeutung ist, soll auf sie näher eingegangen werden.

Booth begründet lange regionale Wellen aus industriellen Lebenszyklen. "The central argument is that new industries emerge in regions of the country not already dominated by major industries that have risen to prominence in the recent past or in regions of the country that have suffered poor economic growth for an extensive period of time because of the economic decline of older industries. A given regional long wave is fundamentally determined by the life cycle of the industries that emerge at the beginning of the long wave"[81]. Der Lebenszyklus wird als S-förmig angenommen. Warum tauchen neue Industrien nicht in den Regionen auf, die am Ende der industriellen Expansionsphase "ihres" Sektors sind? Zur

---

79 Vgl. D.E. Booth sowie M. Marshall.

80 Ein regionaler Lebenszyklus wird indirekt von M. Steiner, S. 396 konstatiert. Für das Ruhrgebiet vgl. B. Butzin, Zur These eines regionalen Lebenszyklus im Ruhrgebiet. In: A. Mayr und P. Weber (Hrsg.), 100 Jahre Geographie an der Westfälischen Wilhelms-Universität Münster. Paderborn 1987, S. 191ff., sowie W. Noll, Wirtschaftsentwicklung im Ruhrgebiet - Prognostische Studien bis 2010. Essen 1988, als Manuskript des Kommunalverbandes Ruhrgebiet gedruckt.

81 D.E. Booth, S. 6.

Begründung argumentiert Booth in der Tradition von Schumpeter/Heuß: Menschen, die Innovatoren sein könnten, begnügen sich mit komfortablen Positionen in den alten Industrien. Erst wenn deren Niedergang stark genug ist, sind solche Talente zur Suche von Alternativen gezwungen: die, die in der Region bleiben möchten, sind genötigt, unternehmerisch aktiv zu werden. Zentrale Ursache dafür, warum die alten Unternehmen nicht innovativ bleiben, ist die bürokratische Großorganisation, die Konzentration auf Kostenminimierung: "The focus of the enterprise ... turns ... to the managerial task of building a large organization capable of producing at the lowest possible unit costs. In short, mature enterprises lose their facility to be enterpreneurial"[82].

Die theoretisch z.T. recht vage Begründung wird durch Verweis auf empirische Fakten untermauert: Für die Vereinigten Staaten sei gezeigt worden, daß Unterschiede in der Arbeitsplatzbilanz der Regionen nicht durch unterschiedliche Wanderungssalden oder Verluste der alten Industrien bedingt seien. Diese Einflüsse seien regional vielmehr sehr ähnlich. Die kritische Differenz ergäbe sich aus der unterschiedlichen Wachstumsdynamik expandierender Betriebe und aus Betriebsneugründungen. Die Entwicklung von Unternehmen sei ein stochastischer Prozeß, nur wenige der vielen Neugründungen seien letztlich erfolgreich. Deshalb komme es auf möglichst viele Versuche an. Solche Versuche ließen sich kaum traditionell anregen. Z.B. würden neue Firmen nicht Gebiete mit hohem Organisationsgrad meiden, denn dieser sei ohnehin nicht von den alten auf die neuen Zweige übertragbar. Neue, kleine, riskante Unternehmen seien schwer zu organisieren; die Gewerkschaften hätten erst eine Chance, "when markets and technologies have stabilized and the long-term survivors have emerged"[83].

Die Inkubationszeit neuer Firmen sei z.T. beachtlich lang, ein "Klimaumschlag" in der Region wirke sich in der Arbeitsplatzbilanz erst langfristig aus. Ähnliche Beharrungstendenzen wie in den Unternehmen gäbe es auch in Behörden und Organisationen ohne Erwerbscharakter; ähnlich wie erstere könnten aber auch letzte in eine positive Rolle für die regionale Entwicklung hineinwachsen: "Public and nonprofit institutions whose financial health is directly connected to the health of the regions in which they are located ... respond to economic conditions associated with regional long waves"[84]. Deshalb bestehe für sie ein Anreiz, konzertierte Aktionen zur Besserung der Lage anzuregen. Hier liegt eine Wurzel von "public private partnership"-Initiativen.

Bei Booth wird der Grundansatz einer Theorie langer regionaler Wellen deutlich; die recht einseitige Begründung und die Notwendigkeit S-förmiger Aufstiegs-/Niedergangsprozesse ist indes für eine allgemeine Anwendbarkeit hinderlich. Hier führt der Ansatz von Marshall weiter. Basierend auf Arbeiten von Freeman, Clark und Soete betont Marshall, daß Regionen nicht notwendig einer S-förmigen

---

82 D.E. Booth, S. 7.

83 D.E. Booth, S. 31.

84 D.E. Booth, S. 33.

Entwicklungswelle folgen. Ihr Entwicklungsmuster ist vielfältiger und erst nach mindestens drei langen Wellen der Gesamtwirtschaft zu erkennen. Marshall klassifiziert sechs Grundtypen regionaler Abläufe. Dabei geht er von der Beschäftigungsentwicklung aus, die in der Regel linksschief zur realen Umsatzentwicklung verläuft, so daß grundsätzlich eine ähnliche Klassifikation für Umsatzentwicklungen ableitbar ist[85].

In Schaubild 1 sind die sechs Grundtypen regionaler Entwicklungsprozesse dargestellt. Der "carrier" Typ entspricht der klassischen Sektorprägung der Region, ihr Entwicklungsverlauf entspricht dem des prägenden Sektors. Beim "replacement" Typ gelingt die Abfolge mehrerer carrier-Sektoren, die Regionalentwicklung entspricht ungefähr der Vorstellung von Booth. Die Typen "structural decline" bzw. "structural expansion" können z.B. durch die Landwirtschaft bzw. den Dienstleistungssektor geprägt sein. Regionalentwicklungen vom Typ "echo" entsprechen sektoralen Renaissanceversuchen, solche von Typ "buoyant" lassen sich durch eine bleibende Handels- oder Verkehrsfunktion erklären. Marshall erläutert das Wellenschema an Beispielen aus Großbritannien: "The regions of southern England generally exhibit service and manufacturing sectors of a buoyant nature. The midland regions enjoy a succession of carrier sectors which replace each other as the leading regional industry across each long wave. Scotland, Wales and the northern regions of England suffer a historical pattern where the carriertyp growth of their leading sectors is confined to a simple wave of development"[86]. Nach Marshall ist die S-Form sektoraler Entwicklungen eher die Ausnahme als die Regel; die Regionen haben daher (wie die Unternehmen) vielfältige Möglichkeiten, auf Niedergangsprozesse einzuwirken, ohne sie allerdings völlig gegenstandslos zu machen.

Entwicklungsverläufe vom Typ "buoyant" legen im Prinzip eine nähere Beschäftigung mit Dienstleistungen und damit mit urbanen Entwicklungen nahe. Speziell für die altindustrialisierten Regionen ist die spezifische Verbindung von industrieller und städtischer Agglomerationskraft relevant, die in der Literatur wenig Beachtung findet. Die Agglomerationskraft der Industrie beruht im wesentlichen auf economies of scale und Lieferverflechtungen, die der Städte dagegen auf Transportkostenvorteilen sowie spezifischen Funktionen im Dienstleistungs-, Verwaltungs- und Informationsvermittlungsbereich. Zum Teil verstärken sich diese Faktoren im Zusammenwirken, zum Teil sind sie unverbunden. Da den Vorteilen der Agglomeration auch Nachteile gegenüberstehen, ergibt sich ein Gleichgewichtspunkt, bei dem die externen Erträge durch externe Kosten aufgezehrt sind. Je nach Entwicklung dieser beiden Elemente verschiebt sich der Gleichgewichtspunkt, so daß sektorale und/oder räumliche Anpassungen erforderlich sind.

Historisch waren industrielle und städtische Agglomerationskraft in der Regel, wenngleich nicht immer verbunden. Was machte die Städte zunächst zum attraktiven Industriestandort? Erstens boten die Städte zunächst hinreichend Platz für An-

---

85   M. Marshall, S. 108.

86   M. Marshall, S. 135 sowie S. 226f.

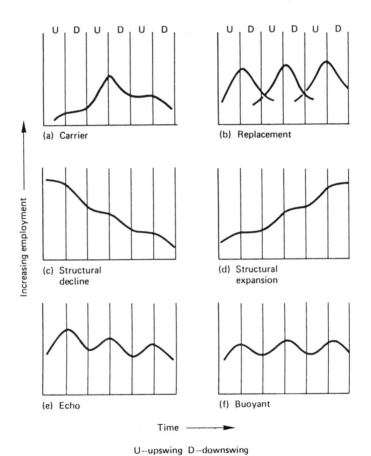

Schematische Darstellung sektoraler Entwicklungsmuster

FIGURE 4.3 *Schematic Typology of Sectoral Employment Patterns over three Long Waves of Economic Development*

Aus M. Marshall, S.108

siedlung und Ausdehnung der Industrie, stellten einige Infrastrukturelemente zur Verfügung, die sonst erst hätten geschaffen werden müssen, und wiesen aufgrund ihrer Lage häufig Transportkostenvorteile auf. Letztere gewannen mit der Entwicklung des Eisenbahnnetzes sogar zunehmendes Gewicht. Zweitens spielt in den ersten Entwicklungsphasen jedes Sektors die Forschungs- und Entwicklungsaktivität, das Aufnehmen und Ausbauen von Vertriebskontakten, die Rückkoppelung mit den Erfahrungen der Anwender eine große Rolle. All dies wird an städtischen Standorten erleichtert. Dadurch entfalteten die Städte insgesamt eine eigenständige Ballungsproduktivität; bedingt durch Fühlungsvorteile, economies of scope, raschen Wissens- und Informationstransfer, Kontakt zu den Verwaltungen - kurz durch Konzentration aller entwicklungsrelevanten Elemente auf kleinstem Raum - wurde die Stadt zugleich Entwicklungs- und Produktionszentrum.

Während die Städte die Entwicklungs-, Dienstleistungs- und Verwaltungsfunktion bis heute behielten und die Bedeutung dieser Funktionen sogar wuchs, wurde die Produktionsfunktion zunehmend untergraben. Einmal durch Veränderungen im Transportwesen bedingt: Mit der Ablösung der Eisenbahnen als zentralem Verkehrsträger durch die Last- und Personenkraftwagen wurde eine stärkere Dezentralisierung von Produktions- und Wohnorten möglich[87]. Die technologische Entwicklung führte zudem zu erhöhtem Raumbedarf der Industrie, so daß die zuvor im Stadtgebiet errichteten Produktionsstätten (damals selbst Vorortgründungen, inzwischen aber von der expandierenden Stadt eingeholt) zu eng wurden. Schließlich unterlag die Industrie im Wettbewerb mit den expandierenden Dienstleistungen um die kostenträchtige Nutzung der Zentren; sie wich zunächst in das Umland, später dann in peripherer gelegene Gebiete mit niedrigeren Bodenpreisen aus. Der Exodus der Industrie aus den Zentren wurde von einer gleichgerichteten Bevölkerungsentwicklung begleitet (Suburbanisierung, Dezentralisierung). Die zuvor rasch wachsenden Zentren befinden sich seit den sechziger Jahren mit wenigen Ausnahmen in einem Schrumpfungsprozeß, der um so stärker ausfällt, je geringer die Entwicklungs-, Dienstleistungs- und Verwaltungsfunktion ausgeprägt ist[88].

Stark industriegeprägte Ballungen unterliegen daher einem erheblichen Anpassungsdruck: De-industrialisierungstendenz und De-zentralisierungstendenz überlagern sich, so daß eine Verringerung der durch inzwischen obsolet gewordene Standortvorzüge erzeugten Ballung unvermeidlich erscheint, zumal dann, wenn die Bevölkerung im Gesamtraum nicht mehr wächst. Wie weit ein solcher "Fall" gehen muß, wie rasch er erfolgt und welches Ergebnis sich einstellt, ist nicht vorherbestimmt, sondern hängt von Vorprägung, Art und Größe des Anpassungszwanges sowie den Reaktionen auf diese Zwänge ab.

---

[87] Vgl. P. Cheshire u.a., S. 39ff. Die Autoren betonen die Bedeutung der Transportkosten auch für Änderungen im internationalen Lokalisationsmuster: "first suburbanisation and then decentralisation ... are the outcome of changing transport technology and changing transport costs, both in absolute terms and in terms of the relative costs of short haul versus long haul freight, and the relative costs of moving goods versus moving people" (S. 47).

[88] Vgl. H. Häußermann und W. Siebel, S. 44ff. sowie S. 117f.

Zum Verständnis dieser Entwicklung ist die Unterscheidung von verschiedenen Faktoren, die eine Ballung (Agglomeration) hervorbringen und halten können, hilfreich:

- Die Agglomerationskraft von Bodenschätzen hat in den hochentwickelten Ländern stark an Bedeutung verloren, da in den später prospektierten Regionen vielfach kostengünstiger zu nutzende Vorkommen erschlossen worden sind. Hinzu kommen gesunkene Transportkosten.

- Die Agglomerationskraft des sekundären Sektors (Industrie) wird im Zuge der volkswirtschaftlichen Entwicklung in den am weitesten fortgeschrittenen Ländern zunehmend untergraben. Produktinnovationen können dies zwar hinausschieben, doch die durch Produktivitätssteigerungen wegfallenden Arbeitsplätze sind damit in der Summe kaum auszugleichen, so daß sie nicht allen Industrieballungen zugleich die Aufrechterhaltung des traditionellen Arbeitsplatzangebots ermöglichen.

- Die Agglomerationskraft des tertiären Sektors (Dienstleistungen) wächst im Zuge des volkswirtschaftlichen Entwicklungsprozesses, die urbane Funktion der Agglomerationen gewinnt daher gegenüber der industriellen an Gewicht.

- Die Agglomerationskraft der Lagegunst schließlich wurde durch die Innovationen im Transportwesen und die Verschiebung der Marktschwerpunkte verändert; einige Zentren konnten ihre Stellung weitgehend behaupten, andere (u.a. einige Küstenstädte) verloren ehemals vorhandene Vorteile.

Das Zusammenspiel der verschiedenen Faktoren - die sicher noch zu ergänzen wären - führt dazu, daß einige Ballungen ihren Stand halten können, weil sie z.B. (schrumpfende) industrielle Funktionen durch (wachsende) Dienstleistungsfunktionen ersetzen können. Anderen gelingt es dagegen nicht, negative Einflüsse zu kompensieren.

Für altindustrialisierte Regionen ist typisch, daß die Agglomerationskraft der regional dominanten Industrie stark nachläßt, häufig sogar verbunden mit negativen Einflüssen von Lagegunst und Bodenschätzen, während die Agglomerationskraft des Dienstleistungsangebots oder noch allgemeiner der urbanen Funktionen meist gering ist oder jedenfalls nicht stark genug wächst, um die Einbrüche bei den zuvor genannten Einflüssen auszugleichen. Ursächlich dafür sind häufig die Narben der vergangenen Faktornutzung. Insbesondere Montanregionen sind häufig rohstofforientiert in zuvor ländlich geprägter Umgebung entstanden, so daß eine städtische Entwicklungstradition nicht bestand. Diese Agglomerationen können z.T. heute noch ihre Genesis aus ehemaligen Industriedörfern nicht verleugnen. Zudem lasten Industrieruinen, z.T. auch Bodenkontaminationen, als schwere Entwicklungshypothek auf diesen Ballungen. Die Folge sind hohe Umwidmungskosten und Imageverluste; die Standortattraktivität im Konkurrenzkampf mit unbelasteten "modernen" Zentren um moderne, neue Arbeitsplätze ist damit in ganz erheblichem Umfang vorbelastet.

Diese Agglomerationen unterliegen daher einem starken Anpassungsdruck; sie können die zuvor gebundenen Faktoren meist nicht mehr voll beschäftigen, und in

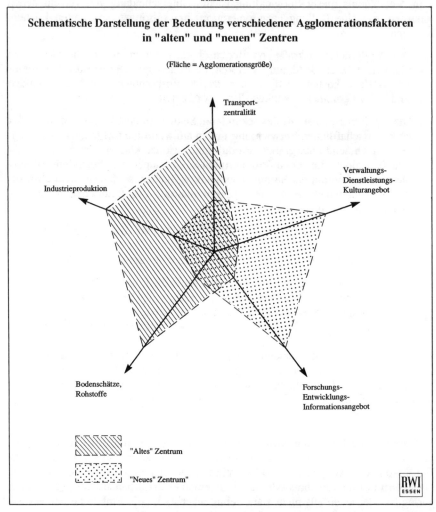

Schematische Darstellung der Bedeutung verschiedener Agglomerationsfaktoren in "alten" und "neuen" Zentren

(Fläche = Agglomerationsgröße)

Transport-
zentralität

Verwaltungs-
Dienstleistungs-
Kulturangebot

Industrieproduktion

Bodenschätze,
Rohstoffe

Forschungs-
Entwicklungs-
Informationsangebot

"Altes" Zentrum

"Neues" Zentrum"

RWI ESSEN

der Folge ergeben sich Abwanderungen oder Arbeitslosigkeit, wobei das Verhältnis zwischen diesen beiden Möglichkeiten entscheidend durch das gesamtwirtschaftliche Umfeld (insbesondere die Höhe des Wachstums) bestimmt ist. Der Anpassungsdruck kann positiv durch Umstrukturierung der betroffenen regionalen Wirtschaft beantwortet werden, d.h. durch die Wandlung von einem "alten" zu einem "neuen" Zentrum (vgl. Schaubild 2). Den durch Angebots- bzw. Nachfrageverschiebungen und Änderungen im Datenkranz verursachten Anpassungserfordernissen stehen indes im Fall der altindustrialisierten Regionen häufig genug regionsinterne Anpassungshemmnisse entgegen. Die allgemein als hoch eingeschätzte Regenerationskraft der Ballungen ist bei vielen altindustriell geprägten Gebieten nur schwach ausgebildet. Ursächlich dafür sind Hemmnisse auf der Angebotsseite, insbesondere Inflexibilitäten und Innovationsdefizite. Steiner kommt zu dem Schluß: "It is essentially the supply side, not lack of demand, which markes industrial areas into old ones"[89]. Nachfragesteigerung würde nicht helfen, da sie von anderen Regionen mit niedrigeren Kosten bedient würde. Diese sehr pointiert vorgetragene These von Steiner deckt sich mit der neueren Literatur über die "institutionelle Sklerose" "alter" Regionen bzw. Gesellschaften. Steiner betont insbesondere die Unfähigkeit der großen Firmen: Alte Industrieregionen "are not old because they have old industries, but because they stayed in the same product cycle, and because their firms do not possess innovative ability, they show a lack of competitiveness, low flexibility and poor adaptability". Ähnlich die Betonung von "strong unions", "low mobility of labor" und "above average wage level".

Zweifellos sind Anpassungshemmnisse, wie eingangs schon betont, gerade in den altindustrialisierten Regionen ein wesentliches Erklärungselement ihres Niedergangs, andererseits darf auch nicht übersehen werden, daß die Angebotsschocks die betreffenden Regionen häufig in sehr starkem Maße trafen und dazu meist in einem ungünstigen gesamtwirtschaftlichen Umfeld. Die Voraussetzungen dafür, mit den nicht oder doch weniger belasteten Regionen in Wettbewerb um neue Märkte einzutreten, sind ohne Hilfe von außen ungünstig. Die altindustrialisierten Regionen stehen daher vor der doppelten Aufgabe, die Anpassungserfordernisse, d.h. in der Regel Schrumpfungserfordernisse, zu akzeptieren und die Anpassungshemmnisse, d.h. endogene Blockaden der Regenerationskraft, zu beseitigen, um die Basis für eine Revitalisierung zu legen.

3. Versuch einer Synthese

Die Betrachtung verschiedener theoretischer Ansätze zur Erklärung sektoraler/regionaler Entwicklungen hat - wie nicht anders zu erwarten - nur eine Reihe von Elementen zu Tage gefördert, die für das Verständnis der Probleme altindustrialisierter Regionen von Bedeutung sind; eine alle Elemente umfassende, in sich geschlossene theoretische Konzeption, die für die Fragestellung dieser Arbeit verwendet werden könnte, fand sich indes nicht. Es ist deutlich geworden, daß - folgt man schematisierten sektoralen Entwicklungstheorien - regionale Aufstiegs- und Stagnations- bzw. Niedergangsprozesse möglich sind, wenn innerbetriebliche bzw. intersektorale Substitutionsprozesse, die zu neuen Produktlebenszyklen führen, ausbleiben.

Geht man, wie in der Regionalforschung üblich, davon aus, daß in den Verdichtungsgebieten die Bedingungen für die Einführung neuer Produkte - etwa positive Externalitäten, räumliche Konzentration des technischen Wissens, unterdurchschnittliche Gründungsrisiken - besonders gut sind, müßten die Ballungsräume sich durch ein besonders hohes Substitutions- und Flexibilitätspotential auszeichnen. Um so erstaunlicher ist es daher, daß diese Substitutionsvorgänge, die einen regionalwirtschaftlichen Niedergang verhindern, in bestimmten Ver-

---

89 M. Steiner, S. 396.

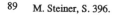

Geographisches Institut
der Universität Kiel
Neue Universität

dichtungsgebieten ausbleiben und diese "alt" werden lassen. Die Ursachen hierfür können sowohl innerhalb der bestehenden Betriebe als auch in der Region liegen.

Versucht man, jene Konstellationen aufzulisten, die Substitutionsvorgänge zu blockieren vermögen, stößt man zunächst auf Komplementaritätsbeziehungen zwischen relevanten Faktoren[90]. Sie induzieren eine bestimmte Form betrieblicher oder regionaler Produktionsfunktionen, die Anpassungsprozesse erschweren, und treten bevorzugt dann auf, wenn eine Region über längere Zeit wirtschaftlich durch wenige Großbetriebe bzw. Sektoren (großbetriebliche und sektorale Spezialisierung) geprägt wurde.

Eine erste wichtige Komplementaritätsbeziehung besteht im regionalen Kontext, wenn sich im Gefolge eines dominanten Produktlebenszyklus Faktorbestände bzw. -qualitäten herausgebildet haben, die eine geringe Polyvalenz bzw. eine hohe Affinität zum traditionellen Wirtschaftsbereich besitzen. Dies ist z.B. der Fall, wenn es in der Vergangenheit zum Aufbau einer spezifischen regionalen Infrastruktur kam, die primär den Zwecken eines Sektors diente, aber heute kaum mehr gebraucht wird. So verlangt z.B. eine schwerindustrielle Produktion eine Verkehrserschließung über Binnenwasserstraßen und Schienen, während "moderne" Sektoren eher auf eine effiziente Straßen- oder Luftverkehrserschließung abstellen. Ist eine regionale Infrastruktur somit Spiegelbild einer Sektoralstruktur von gestern, können Anpassungsprobleme auftreten, die Folge spezifischer Komplementaritätsbeziehungen sind.

Gleiches ist der Fall, wenn die überkommene Produktion lange Zeit recht spezifische Anforderungen an die Arbeitskräfte richtete. Dominierte ein Sektorkomplex (etwa Montanindustrie) die Regionalentwicklung, mußte sich zwangsläufig eine einseitige Qualifikationsstruktur (Betonung körperlicher Leistungsfähigkeit, Bereitschaft zur Teamarbeit usw.) einstellen, die keineswegs immer den Anforderungen anderer Wirtschaftsbereiche gerecht wird. Ähnliches gilt vermutlich auch für das sog. unternehmerische Humankapital. Unternehmer, deren Anstrengungen sich in der Vergangenheit primär auf die Steigerung der Produktionsleistung von Ein-Produkt-Aggregaten und das Absetzen von Mengen über den Preis konzentrierten und deren Ausbildung technisch orientiert war, sind möglicherweise weniger zum Denken in Produktalternativen fähig als Unternehmer, die in der Vergangenheit in einem harten Wettbewerbsklima auf Qualitätsverbesserung und Produktinnovation setzten. Dies ist vor allem dann zu erwarten, wenn Kartelle oder eine staatliche Subventionspolitik den Wettbewerbsdruck minderten und das Aufkommen derartiger Haltungen begünstigten. Insofern vermag ein lange Zeit dominierender Sektor in Verbindung mit staatlichen Aktivitäten innerhalb von Regionen mentale Einstellungen zu induzieren, die sektorspezifischer und flexibilitätsmindernder Natur sind.

Damit sind auch bereits betriebliche Komplementaritätsbeziehungen angesprochen. Gerade in Regionen, deren ökonomisches Schicksal von wenigen Großbe-

---

90   Vgl. zum folgenden P. Klemmer [II].

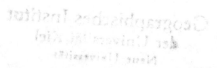

trieben abhängt, spielen nämlich die innerbetrieblichen Substitutionsmöglichkeiten eine große Rolle und hängt das Schicksal eines Teilgebiets entscheidend von der innerbetrieblichen Anpassungsflexibilität ab. Hier kann ein unternehmerisches Humankapital mit geringer Polyvalenz (temporär) limitierend wirken; gleiches trifft auch für das überkommene Realkapital zu, wenn dieses aufgrund einer hohen Spezialisierung kaum alternative Verwendungen zuläßt. Wenn in diesem Sinne die sektoralen Opportunitätskosten divergieren, muß es zu regionalen Problemen bei sektoralen Umstrukturierungsprozessen kommen.

Man kann die bisherigen Überlegungen für die altindustrialisierten Regionen auch als Ausdruck einer negativ wirkenden historischen Komponente ansehen, während in den prosperierenden Zentren eine entsprechende positive Komponente wirkt. Damit wird deutlich, daß spezifische Nutzungen regionaler oder betrieblicher Ressourcen in der Vergangenheit den Handlungsspielraum der Zukunft einzuengen vermögen. Die Vergangenheit wird dann zu einer Belastung der Zukunft bzw. zu einer Altlasten produzierenden Hypothek. Diese Altlasten können - wie eben skizziert - geistiger Natur sein, aber auch den Charakter eines regionalen Ressourcenverbrauchs besitzen. Letzteres ist der Fall, wenn über die Kontaminierung von Böden deren Wiederverwertung eingeschränkt oder nur über sehr hohe Kosten wiederherstellbar ist. Muß dann der jeweilige Eigentümer - losgelöst von der Verursachungsfrage - die Sanierungskosten tragen, wirken letztere wie überhöhte Bodenpreise. Dann kann die Bodenmobilität sinken und ein Flächenengpaß mit entwicklungslimitierender Natur auftreten. Er macht sich insbesondere dann bemerkbar, wenn der Rückgriff auf noch bestehende Freiflächen an Umweltschutzüberlegungen bzw. landesplanerischen Vorgaben scheitert.

Zu einer anpassungsmindernden "Altlast" wird häufig auch das strukturkonservierende Zusammenspiel regionaler Akteure. Wenn Unternehmer, Gewerkschaften, Gebietskörperschaften, Kammern und andere Einrichtungen im falsch verstandenen regionalen Interesse zunächst versuchen, überkommene Strukturen zu konservieren, werden Ansiedlungen konkurrierender Betriebe unterbunden bzw. die planungsrechtliche Aufschließung neuer Gewerbegebiete hinausgezögert. Hier kommen dann institutionelle Flexibilitätsbarrieren zur Entfaltung, wie sie Olson ausführlich beschrieben hat. Nachfolgend soll versucht werden, anhand einer Analyse ausgewählter Industriegebiete die Relevanz all dieser Einflußfaktoren näher zu durchleuchten.

Zweites Kapitel

Wirtschaftliche Entwicklungen
und wirtschaftspolitische Einflußnahme
in ausgewählten altindustriellen Regionen

1. Vorbemerkungen

1.1. Auswahl der Vergleichsregionen

Regionen, die für einen Vergleich struktureller Anpassungsprozesse ausgewählt werden, sollten relativ homogen in dem Sinne sein, daß sie alle mit dem Attribut "altindustrialisiert" beschrieben werden können bzw. konnten. Sie sollten jedoch hinsichtlich anderer Merkmale möglichst heterogen sein. Nur wenn beides in hinreichendem Umfang gewährleistet ist, können - als Ergebnis des Vergleichs - die Bedeutung von Erfolgs- und Mißerfolgsfaktoren und die Übertragbarkeit von Maßnahmen und Revitalisierungskonzepten beurteilt werden.

Erste Kriterien für die Auswahl von Vergleichsgebieten waren die regionale Größe und die traditionelle Branchenstruktur. Für einen Vergleich mit den Montanrevieren im Saarland und an der Ruhr sollten einerseits ähnlich strukturierte Gebiete im Ausland herangezogen werden. Um aber auch prüfen zu können, ob die regionale Regenerationskraft von dem die Region dominierenden Sektor abhängt, schien andererseits die Einbeziehung von Gebieten mit anderem sektoralen Schwerpunkt sinnvoll. Hier bot sich die Textilindustrie an, die im Industrialisierungsprozeß eine ähnliche Vorreiterrolle innehatte wie die Montansektoren, ohne allerdings deren agglomerationsprägende Kraft zu erreichen. Die Einbeziehung von Textilregionen gestattet deshalb Aussagen darüber, ob kleinere Regionen die erforderlichen strukturellen Anpassungen besser bewältigen als große. Trotz ihrer geringeren Agglomerationskraft bot die Textilindustrie in der Vergangenheit ein erhebliches Arbeitsplatzpotential; sie hat in der Zeit von 1960 bis 1985 in der Bundesrepublik beispielsweise mehr Arbeitskräfte freigesetzt als der Bergbau. Aus diesen Überlegungen folgt die Einbeziehung einer deutschen Textilregion, der ähnlich strukturierte Gebiete im Ausland gegenübergestellt werden.

Ein weiteres Kriterium für die Regionsauswahl war der zeitliche Verlauf der Anpassungsprozesse. Es wurden Regionen ausgewählt, die erwarten ließen, daß sie -

was Beginn und zeitliche Verarbeitung der Probleme anbelangt - Unterschiede aufweisen. Dadurch ist gewährleistet, daß die zeitliche Dimension des Umstrukturierungsprozesses analysiert werden kann. Zugleich ergibt sich so möglicherweise eine Gegenüberstellung erfolgreicher bzw. weniger erfolgreicher Anpassung der Regionen, so daß nach den dafür verantwortlichen Faktoren gefragt werden kann. Damit ist schon das letzte Kriterium angesprochen: die wirtschaftspolitische Strategie. Gerade dieser Aspekt rechtfertigt einen internationalen Vergleich. Das theoretische Spektrum der ordnungspolitischen Rahmenbedingungen reicht von der absoluten Nicht-Intervention des Staates in das Marktgeschehen bis zur vollständigen zentralstaatlichen Lenkung. Praktische Wirtschaftspolitik wird indes immer zwischen diesen Extremen liegen, sie kann aber deutlich differieren. Dies legte es nahe, einerseits Regionen für den Vergleich auszuwählen, die in einem stärker zentralistisch geprägten Staat gelegen sind, andererseits aber auch solche zu berücksichtigen, in denen dezentrale Aktivitäten Priorität genießen. Regionen in Frankreich und den Vereinigten Staaten schienen unter diesem Aspekt für den Vergleich mit bundesdeutschen Regionen gut geeignet.

Aufgrund der genannten Kriterien wurden neben dem Ruhrgebiet und dem Saarland drei weitere Montanregionen in die vergleichende Studie einbezogen: Lothringen, Luxemburg und die Region Pittsburgh (vgl. Karte 1 und 2). Lothringen und Luxemburg werden dabei mit dem Saarland zum "Saar-Lor-Lux-Raum" zusammengefaßt. Die wirtschaftspolitischen Bedingungen in den drei Teilregionen dieses Raumes lassen Unterschiede erwarten; wegen der gleichzeitig gegebenen wirtschaftsgeographischen Gemeinsamkeiten erscheint das Herstellen eines Zusammenhangs zwischen Strategie und Erfolg möglich. Unter ähnlichen Gesichtspunkten wurde Pittsburgh einbezogen; die US-amerikanische Region kann als Beispiel einer stark auf regionale Eigeninitiative setzenden Strategie dienen, sie ist aber auch von Interesse, weil dort die Probleme früher offenkundig wurden als in den anderen Gebieten. Zusätzlich wurde die Region West Midlands (Großbritannien) einbezogen. Die West Midlands sind eigentlich längst keine Montanregion mehr, sondern auf den Automobilbau spezialisiert. Unter dem Aspekt der zeitlichen Dimension des Wandels sind die West Midlands ein gutes Beispiel für eine zunächst wandlungsfähige Region, die diese Fähigkeit dann aber eingebüßt zu haben scheint.

Als textilindustriell geprägten Gebiete finden im Vergleich Mönchengladbach, Roubaix-Tourcoing (Frankreich) sowie Lowell, Mass. (Vereinigte Staaten) Berücksichtigung. Die Wahl französischer und amerikanischer Vergleichsregionen erfolgte wiederum aus wirtschaftspolitischen Vorüberlegungen heraus, die Wahl von Lowell zusätzlich unter dem Aspekt einer bereits weitgehend abgeschlossenen Umstrukturierung. Alle drei Textilregionen sind im Vergleich zu den Montanregionen kleine Agglomerationsräume.

1.2. Räumliche Abgrenzung der ausgewählten Analyseregionen

Gegenstand regionalwirtschaftlicher Analysen sind Regionen, d.h. Teile einer übergeordneten Raumgesamtheit, die durch Aggregation von Raumpunkten gebil-

Karte 1

Der Nordosten der Vereinigten Staaten von Amerika

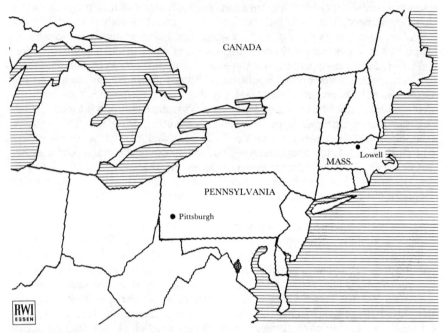

det werden[1]. Im Gegensatz beispielsweise zum Staatsgebiet sind die zu bildenden Regionen im Normalfall jedoch keine vorgegebenen, fest umgrenzten und im Zeitablauf unveränderlichen Raumeinheiten. Ihre Abgrenzung hängt vielmehr vom Zweck der regionalisierten Betrachtungsweise ab, und sie wird je nach Erkenntnisinteresse unterschiedlich ausfallen[2]. Für die hier zu analysierende Fragestellung sind Raumpunkte zusammenzufassen, die in einem räumlichen Nachbarschaftsverhältnis stehen[3], also aneinandergrenzen. Eine En- oder Exklavenbildung sollte dabei ausgeschlossen werden. Für die Abgrenzung derartiger Regionen kommen ganz allgemein drei Kriterien in Betracht[4]:

- Nach dem Homogenitätskriterium werden solche Raumpunkte zusammengefaßt, die in bezug auf bestimmte Merkmale gleichartig oder zumindest ähnlich sind.

---

1   Vgl. D. Fürst, P. Klemmer und K. Zimmermann, S. 14.

2   Vgl. E. Lauschmann, S. 7.

3   Für andere Fragestellungen kann auch z.B. eine Zusammenfassung aller verdichteten Regionen sinnvoll sein.

4   Vgl. E. Lauschmann, S. 18; D. Fürst, P. Klemmer und K. Zimmermann, S. 14.

Mitteleuropa

- Nach dem Funktionalkriterium wird das Hauptgewicht auf die Interdependenzen gelegt, die hinsichtlich wirtschaftlicher Aktivitäten zwischen einem Zentrum und seinem Einfluß- bzw. Ausstrahlungsgebiet bestehen. Es werden also Raumpunkte zusammengefaßt, die über einzelne oder mehrere Stromgrößen intensiv mit dem Zentrum verflochten sind.

- Nach dem Planungskriterium werden Raumpunkte zusammengefaßt, die einer gemeinsamen Planung bzw. Administration unterworfen sind.

Für die Abgrenzung von altindustriellen Regionen haben Homogenitätsaspekte ebenso wie funktionale oder planerische bzw. administrative Gesichtspunkte Relevanz.

Altindustrielle Regionen müssen in sich homogen sein, d.h. eine Unterteilung der betrachteten Raumeinheiten in zwei Teilräume, von denen der eine als altindustriell eingestuft werden kann, der andere aber nicht, sollte nicht mehr möglich sein. Im theoretischen Rahmen wurden Merkmale zur Charakterisierung altindustrieller Problemgebiete herausgearbeitet ("sektorale Prägung", "Anpassungsstau"). Die Homogenitätsbedingung muß folglich diese Aspekte abdecken. Zwei benachbarte altindustrielle Regionen, die sich hinsichtlich der sektoralen Struktur oder des entstandenen Anpassungsstaus unterscheiden, sind daher trotz der räumlichen Nähe getrennt zu untersuchen[5]. Eine solche nach dem Homogenitätsaspekt vorgenommene Abgrenzung muß im Zeitablauf nicht stabil sein. Denkbar ist vielmehr, daß sich die Teile eines Gebiets mit zunächst ähnlichen sektoralen Schwerpunkten durch unterschiedliche Spezialisierungen oder Anpassungsstrategien auseinander entwickeln und somit Modifikationen der Abgrenzung erforderlich werden.

Neben dem Homogenitätsaspekt sollten jedoch auch funktionale Kriterien bei der Regionsbildung berücksichtigt werden. Über Pendlerverflechtungen kann die Entwicklung eines altindustrialisierten Zentrums die Situation auf dem Arbeitsmarkt angrenzender Regionen beeinflussen. Bezieht der im altindustriellen Kern dominierende Sektor hohe Anteile seiner Vorleistungslieferungen aus Nachbarregionen, so sind diese über die Vorleistungverflechtungen ebenfalls von den Problemen des Zentrums mitbetroffen; derartige Ausstrahlungseffekte können sich schließlich auch über Kaufkraftverflechtungen ergeben. In allen drei Fällen ist - je nach Stärke der Verflechtungsbeziehungen - zu überlegen, inwieweit eine ausschließlich nach Homogenitätsaspekten vorgenommene Abgrenzung noch problemadäquat ist. Genau wie bei der Diskussion der Homogenitätskriterien ist auch bei den funktionalen Kriterien die zeitliche Stabilität der so begründeten Abgrenzung fraglich: Im strukturellen Wandel ändert sich die Verflechtungsintensität und macht damit möglicherweise eine Umbildung von Regionen erforderlich[6].

Die Anwendung des Planungskriteriums - und damit die Analyse administrativ abgegrenzter Gebietseinheiten - läßt sich vornehmlich wirtschaftpolitisch und planungsrechtlich begründen. Die Probleme alter Industrieregionen erfordern wirtschaftspolitisches und planerisches Handeln. Soweit dieses Handeln durch die regionalen und kommunalen Verwaltungs- und Entscheidungsinstanzen für die ihnen jeweils zugeordnete räumlich Verwaltungseinheit erfolgt (z.B. Bauplanung, Flächenplanung), legt dies entsprechende räumliche Abgrenzungen nahe. Für die hier zu behandelnden altindustrialisierten Regionen dürften Homogenitäts- und Funktionalkriterium jedoch eine stärkere Relevanz als das Planungskriterium haben.

---

5   Als Beispiel hierfür können in der Bundesrepublik die aneinandergrenzenden Regionen "Ruhrgebiet" und "Niederrhein" gelten. Eine Einstufung als altindustriell ist für beide Gebiete möglich, die strukturellen und wirtschaftsgeschichtlichen Unterschiede verbieten jedoch ihre Zusammenfassung zu einer Raumeinheit.

6   So werden beispielsweise die Abgrenzungen der nach funktionalen Kriterien gebildeten "Metropolitan Statistical Areas" in den Vereinigten Staaten regelmäßig überprüft und bei Bedarf revidiert.

Eine der Problemstellung der Studie angemessene Regionsabgrenzung müßte also in erster Linie Homogenitäts-, in zweiter Linie Funktional- und in dritter Linie Planungsaspekte berücksichtigen. In die Praxis umzusetzen ist ein solches Vorgehen jedoch nicht: Zum ersten würde die gleichzeitige Anwendung mehrere Kriterien nur zufällig zu identischen Abgrenzungen führen. Zum zweiten würden Auswahl und Konkretisierung der Einzelkriterien, ihre Anwendung für die Regionsabgrenzung und die anschließende Datenaufbereitung für die so zusammengefaßten Gebiete - sofern überhaupt hinreichend Daten verfügbar wären - den Rahmen dieser Arbeit sprengen. Die Abgrenzung der Analyseregionen erfolgte daher unter pragmatischen Aspekten. Insbesondere die Datenverfügbarkeit und die in bereits vorliegenden Arbeiten gewählten Abgrenzungen gaben dabei den Ausschlag. Häufig entsprechen die Abgrenzungen den administrativen Raumeinheiten oder stellen Zusammenfassungen davon dar. Damit soll dem Planungskriterium kein Vorrang eingeräumt werden; vielmehr wird implizit von der Annahme ausgegangen, daß die elementaren Ergebnisse durch den Übergang von theoretisch begründbaren auf empirisch überprüfbare Regionen nicht entscheidend verfälscht werden.

1.3. Vorgehensweise

Nachdem die Regionsauswahl und die Abgrenzung der Vergleichsgebiete begründet sind, soll im folgenden auf die Zielsetzung und Vorgehensweise des deskriptiven Teils eingegangen werden. Zielsetzung der Regionsbeschreibungen ist es, die Grundlagen für den im dritten Teil der Arbeit vorzunehmenden Vergleich und die daraus zu ziehenden Schlußfolgerungen zu schaffen. Der zuvor entwickelte theoretische Rahmen legt eine entwicklungsstrategische Orientierung des empirischen Teils nahe, d.h. es ist besonderes Gewicht auf die Herausarbeitung der wesentlichen regionalen Entwicklungsvoraussetzungen, der Entwicklungshemmnisse und des eingeschlagenen Wegs zu legen. Da die Schlußfolgerungen möglichst allgemeingültig sein sollen, schien zur Realisierung dieser Zielsetzung eine stark an primärstatistischem Material orientierte Vorgehensweise bei den Regionsbeschreibungen nicht erforderlich. Zwar ist die Frage, ob z.B. der staatliche Fördersatz für private Investitionen in einer Region 10 vH oder 15 vH beträgt nicht ohne Bedeutung. Von größerem Interesse ist jedoch bei dem hier verfolgten Ziel, ob überhaupt eine regionale Förderung privater Investitionen durch den Staat erfolgt, oder noch allgemeiner, wie die Grundlinien der Regionalpolitik aussehen. In ähnlicher Weise ist zur Beurteilung der Rolle der Infrastrukturausstattung für die Anpassungsprozesse nicht unbedingt die Kenntnis der Zahl der Krankenhausbetten oder Autobahnkilometer je Einwohner Voraussetzung; wichtiger sind vielmehr eine allgemeine Einschätzung der Ausstattung oder gegebenenfalls Informationen über vorhandene Engpässe. Solche Angaben lassen sich für die ausgewählten Regionen in der Regel aus der Literatur erschließen. Der Aufwand für die Sammlung statistischen Materials wurde deshalb auf die Zusammenstellung einiger Eckgrößen konzentriert. Nur ein Teil der Regionsbeschreibungen beruht auf amtlichen Statistiken, der größere Teil ergab sich aus Aufarbeitung, Analyse und Beurteilung umfangreicher Sekundärliteratur. Dennoch waren auch bei der Verarbeitung der Literatur Einschränkungen erforderlich: Einige der Vergleichsregionen (z.B. das Ruhrgebiet oder die West Midlands) sind Gegenstand von so vielen wissenschaftlichen Arbeiten, daß deren vollständige Berücksichtigung hier nicht möglich war.

Ein Regionsvergleich mit möglichst allgemeinen Folgerungen ist am ehesten durchführbar, wenn alle Regionen nach einem einheitlichen Gliederungsrahmen nacheinander abgehandelt werden. Dieser einheitliche Gliederungsrahmen soll vorab dargestellt und begründet werden:

In einem (knapp gehaltenen) einführenden Abschnitt wird die geographische Lage der Region erläutert, anhand von Übersichtskarten dokumentiert, und durch Angaben zur Fläche und zur Einwohnerzahl wird ein Eindruck von der Regionsgröße und ihrer Besiedelungsdichte vermittelt. Der zweite, wesentlich breitere Abschnitt befaßt sich mit der Wirtschaftsgeschichte der jeweiligen Region. Ursachen der Industrialisierung, besondere Standortfaktoren und die wirtschaftlichen Einflüsse politischer Entscheidungen sowie deren Bedeutung für den regionalen Aufstieg werden herausgearbeitet. Das Nachzeichnen der Entwicklungen seit Beginn der Industrialisierung soll insbesondere den anwendungsbezogenen Zusammenhang zu den theoretischen Ausführungen über regionale Lebenszyklen bzw. lange Wellen der regionalen Entwicklung herstellen.

Im dritten Abschnitt wird anhand ausgewählter Indikatoren versucht, einen Eindruck von den jüngeren Veränderungen der Wirtschaftsstrukturen und von der wirtschaftlichen Situation am aktuellen Rand zu vermitteln. Wegen des beabsichtigten internationalen Vergleichs erfordert dies die Wahl gleicher (oder zumindest ähnlicher) Indikatoren für alle Regionen. Das statistische Material läßt eine Wahl völlig gleicher Indikatoren allerdings nicht zu. Schon für die Bundesrepublik ist die Vergleichbarkeit von Arbeitslosenquoten, die auf Bundes- oder Landesebene ermittelt werden, mit regionalen, z.B. für Kreise ausgewiesenen Quoten nicht ohne weiteres möglich. Während die als Bezugsgröße erforderlichen Erwerbstätigenzahlen auf Bundes- und Landesebene auf Basis des Mikrozensus ermittelt werden, wird auf Kreisebene eine Erwerbstätigenzahl geschätzt, der das Erwerbsverhalten der letzten Volkszählung (bis Anfang 1989 noch die von 1970) zugrundeliegt. Dies hat im Saarland beispielsweise zur Folge, daß alle für Kreise ausgewiesenen Arbeitslosenquoten den Landesdurchschnitt übersteigen. Es ist unmittelbar einleuchtend, daß durch die Einbeziehung ausländischer Statistiken weitere Probleme hinzukommen. Dies läßt sich beispielsweise daran erkennen, daß die in den Statistiken der Europäischen Gemeinschaft ausgewiesenen Daten nicht immer mit denen der amtlichen nationalen Quellen übereinstimmen. Zwar sind die Unterschiede selten erheblich, die Frage nach dem exakten Wert bleibt dennoch unbeantwortet. Da das Ziel der empirischen Analyse im Aufzeigen von Entwicklungstendenzen besteht, wurde die Ähnlichkeit der Indikatoren als hinreichend angesehen, methodische Unterschiede im Detail werden nicht erläutert oder diskutiert. Wegen der eingeschränkten interregionalen Vergleichbarkeit der Zahlenangaben wurde versucht, das Ausmaß der regionalen Probleme durch den Vergleich mit dem jeweiligen nationalen Durchschnitt (bzw. mit dem der übergeordneten Regionseinheit) zu verdeutlichen.

Das regionale Strukturbild sollte zur Erleichterung des Vergleichs jeweils für gleiche Stichjahren erstellt werden. Aber auch dabei ergaben sich z.T. Probleme bei der Beschaffung der Daten[7], so daß gewisse Unterschiede bei der zeitlichen Abgrenzung der Analysezeiträume akzeptiert werden müssen. Aus diesen Überlegungen wurden Angaben für die folgenden Größen und Zeiträume für alle Vergleichsregionen zusammengetragen:

- die Bevölkerungsentwicklung 1960 bis 1985,

- die Beschäftigungsentwicklung 1960 bis 1985,

- die Entwicklung der Arbeitslosenquote seit Anfang der siebziger Jahre und

- die sektoral differenzierte Beschäftigungsentwicklung 1980 bis 1986.

Die Einbeziehung weiterer Kenngrößen (z.B. Produktions-, Produktivitäts- oder Investitionsentwicklung) wäre unter verschiedenen Aspekten sicherlich wünschenswert. Eine Beschränkung auf die genannten Größen zum Nachzeichnen der Problemlage und zur Ermittlung der Anpassungserfolge erschien jedoch vertretbar und unter arbeitsökonomischem Aspekt auch geboten.

An die empirische Bestandsaufnahme schließt sich als vierter Abschnitt die Analyse der regionalen Anpassungsvoraussetzungen an. Aufgrund der theoretischen Vorüberlegungen werden in den altindustriellen Gebieten vielfältige Anpassungshemmnisse auf Seiten der Produktionsfaktoren vermutet. Bezogen auf den Produktionsfaktor Arbeit ist zu fragen, inwieweit die regionale Lohnhöhe, die Qualifikationsstruktur der Arbeitskräfte und Konflikte zwischen den Arbeitskräften und den Unternehmesleitungen zu Anpassungsverzögerungen geführt haben. Unter dem Produktionsfaktor Kapital wird auch der dispositive Faktor subsumiert. Hier werden Fragen nach der Verfügbarkeit von Kapital und nach der Investitionsbereitschaft, aber auch nach unternehmerischer Risikobereitschaft, Innovationsfähigkeit und Verkrustungserscheinungen aufgeworfen. Beim Produktionsfaktor Boden ist an unzureichende Gewerbeflächenverfügbarkeit oder an die Belastungen der Böden als Folge früherer Nutzung zu denken. Schließlich ist auch auf die regionale Ausstattung mit Infrastruktur und das Image der Region einzugehen. Neben diesen allgemeinen Faktoren kann es Regionsspezifika geben, die entweder Verzögerungen im Anpassungsprozeß ausgelöst oder aber sich begünstigend auf die Bewältigung des Anpassungsprozesses ausgewirkt haben.

Sind die Hemmnisse und Besonderheiten bei der Verarbeitung des Anpassungsdrucks herausgearbeitet, so stellt sich unmittelbar die Frage, welche Maßnahmen von Seiten der Politik und von Seiten der Unternehmen ergriffen wurden, um Engpässe zu beseitigen oder auf andere Weise zur regionalen Erneuerung beizutragen. Der fünfte Abschnitt befaßt sich deshalb jeweils mit den regionalen Revitalisierungsbestrebungen. Im Kern geht es darum, politische Strategien nachzuzeichnen, wobei einerseits der Handlungsrahmen (z.B. Ordnungspolitik, Umfeld)

---

7 So liegen z.B. für Teilregionen Nordrhein-Westfalens zwischen 1970 und 1976 keinerlei Angaben zu den Gesamtbeschäftigtenzahlen vor.

und die Wechselwirkungen zwischen Regionalpolitik und anderen Politikberei-
chen anzusprechen sind, andererseits ist aber auch auf konkretere Einzelmaßnahmen einzugehen. Auf Basis dieser "institutionellen" Bedingungen werden die
Wege und gegebenenfalls die Erfolge der Revitalisierungsbemühungen geprüft.
Eine bewertende Zusammenfassung wesentlicher Ergebnisse beschließt die einzelnen Regionsbeschreibungen.

Besondere Kriterien für die Abfolge der Regionsteile liegen nicht vor, den Anfang
machen die Montanregionen, und zwar als vergleichsweise erfolgreiche Region
zunächst Pittsburgh, dann - z.T. als Kontrast - Lothringen, Luxemburg und das
Saarland. Es folgt das Ruhrgebiet, und schließlich werden die West-Midlands behandelt. Bei den Textilregionen beginnt die Darstellung wieder mit der erfolgreichsten, nämlich Lowell, es folgen als Kontrast Roubaix und abschließend
Mönchengladbach.

2. Pittsburgh

2.1. Lage, Größe und Bevölkerung

Die Stadt Pittsburgh liegt im Südwesten des US-Staates Pennsylvania am Zusammenfluß von Allegheny und Monongahela zum Ohio (Golden Triangle). Sie bildet
sowohl das Zentrum des Allegheny County als auch das der Pittsburgh Primary
Metropolitan Statistical Area (PMSA)[8], zu der neben dem Allegheny County drei
weitere Counties gehören[9]: Washington, Westmoreland und Fayette (vgl. Karte
3).

Die Pittsburgh-PMSA hat eine Fläche von knapp 9 000 km^2, was einem Anteil an
der Gesamtfläche der Vereinigten Staaten von weniger als 0,1 vH entspricht. In
dem Gebiet lebten 1985 etwas mehr als 2,1 Mill. Menschen bzw. knapp ein Prozent der US-amerikanischen Bevölkerung. Die Bevölkerungsdichte übersteigt damit den amerikanischen Durchschnitt erheblich, sie liegt aber unter dem Wert für
die europäischen Vergleichsregionen. Das bevölkerungsreichste der vier Counties
ist Allegheny, wo allein 1,4 Mill. Menschen leben, etwa 400 000 davon in der
Stadt Pittsburgh (vgl. Tabelle 1).

---

[8]   Die Metropolitan Statistical Areas sind Regionen, die aus einem bevölkerungsreichen Zentrum
       und denjenigen benachbarten Gemeinden (bzw. Counties) bestehen, die starke ökonomische und
       soziale Verflechtungen mit dem Zentrum aufweisen. Vgl. US Departement of Commerce,
       Bureau of the Census (Ed.), Statistical Abstract of the United States. Washington, D.C., 1986, S.
       867.

[9]   Bis 1980 gehörten zu der - bis dahin als Standard Metropolitan Statistical Area (SMSA)
       bezeichneten - Region die Counties Allegheny, Beaver, Washington und Westmoreland. In der
       neuen Abgrenzung wurde Beaver durch Fayette ersetzt.

Karte 3
Pittsburgh (PMSA)

2.2. Abriß der Wirtschaftsgeschichte[10]

Aufgrund der strategisch günstigen Lage am Zusammenfluß von Allegheny und Monongahela zum Ohio wurde von den Engländern auf dem Gebiet der heutigen Stadt Pittsburgh im Jahre 1758 eine große Befestigungsanlage errichtet. In der Nähe dieser Befestigung entstand wenige Jahre später ein Handelsposten, zu dem nach und nach eine kleine Zahl von Geschäften kam. Die Bewohner der Ansiedlung waren Kaufleute, Pelzhändler und Wachpersonal der Befestigungsanlage. Mit dem Ende des Unabhängigkeitskrieges (1783) verstärkte sich die Erschließung des Landes westlich der Appalachen sprunghaft. Die westwärts ziehenden

---

10 Die folgenden Ausführungen orientieren sich an E.K. Muller, Historical Aspects of Regional Structural Change in the Pittsburgh Region. In: J.J. Hesse (Ed.), S. 17ff.; A. Markusen, Neither Ore, nor Coal, nor Markets: A Policy Oriented View of Steel Sites in the USA. "Regional Studies", vol. 20 (1986), S. 449ff.; M. Köppel, "Alte" Industrieregionen: Ein internationaler Vergleich. In: Rheinisch-Westfälisches Institut für Wirtschaftsforschung (Hrsg.), Nordrhein-Westfalen in der Krise - Krise in Nordrhein-Westfalen? (Schriftenreihe des Rheinisch-Westfälischen Instituts für Wirtschaftsforschung, N.F. Heft 46.) Essen 1985, S. 57ff.; K.R. Kunzmann [I], S. 6ff.

Tabelle 1

	Allegheny County	Stadt Pittsburgh	Fayette County	Washington County	Westmoreland County	Pittsburgh (PMSA)
Pittsburgh - Fläche und Bevölkerung						
Fläche						
in km²	1 891	143	2 072	2 220	2 655	8 838
Anteil an USA						
(in vH)	0,02	0,002	0,02	0,02	0,03	0,09
Bevölkerung (1985)						
in 1000	1 386	403	157	213	384	2 143
Anteil an USA						
(in vH)	0,6	0,2	0,1	0,1	0,2	0,9
Bevölkerungsdichte (1985)						
Einwohner						
je km²	733	2 818	76	96	145	242
USA = 100	2 932	11 272	304	384	580	968

Nach Angaben des U.S. Department of Commerce, Bureau of the Census (Ed.), Statistical Abstract of the United States 1986. Washington, D.C., 1986; U.S. Department of Commerce, Bureau of the Census (Ed.), County and City Data Book 1956, A Statistical Abstract Supplement. Washington, D.C., 1957.

RWI
ESSEN

Siedler und die Armee wurden dabei u.a. auch von den Pittsburgher Händlern mit Waren versorgt. Um den Handel mit dem Osten zu erleichtern, wurden Flußschiffe gebaut, und man konnte nun Güter produzieren, die zuvor für einen Transport mit dem Wagen über die Berge zu sperrig gewesen waren. Die Stadt prosperierte und schien in der zweiten Hälfte des 18. Jahrhunderts zu einem Handelszentrum am Ohio aufzusteigen.

Die Handelszentralität Pittsburghs wurde in der ersten Hälfte des 19. Jahrhunderts beeinträchtigt, weil neue Straßen und Kanäle, später auch die Eisenbahnen zu einer Verlagerung der Warenströme weg von den Flußläufen führten und die so beschleunigten Transporte nun an den Pittsburgher Zwischenhändlern vorbeiliefen. Die Bedeutung der Stadt als Handelsplatz sank, und der produzierende Sektor rückte in den Vordergrund. Während bis dahin die Produzenten häufig entweder gleichzeitig Händler waren oder ausschließlich für den ortsansässigen Handel produzierten, gewannen nun reine Produktionsbetriebe an Bedeutung. Sie stellten zunächst vor allem Glas, Holz sowie Leder- und Textilerzeugnisse her; da Erz, Holz und Kohle in der Region vorhanden waren, kamen auch Eisenschmelzen hinzu, die Roheisen erzeugten, das zu Nägeln und Werkzeugen weiterverarbeitet wurde.

Bereits um 1860 war die Region durch die energieintensive Metall- und Glaserzeugung geprägt. Die ersten Hochöfen und Schienenwalzwerke waren Ende der fünfziger Jahre entstanden und begründeten die neue, industrielle Ära. Der sich entwickelnde Stahlkomplex zog qualifizierte Arbeitskräfte an und trug als damaliger High-Tech-Sektor gleichzeitig zur Weiterqualifikation bei. Die Nachfrage nach Pittsburgher Stahl stieg durch Eisenbahn-, Schiffs- und Brückenbau. Nachdem der zunächst bestehende technologische Rückstand gegenüber anderen US-Stahl-Regionen mit der Einführung des Bessemer-Verfahrens[11] wettgemacht werden konnte, führte die Lagegunst sowohl in Hinblick auf die Absatzmärkte als auch auf die Rohstoffbasis seit etwa 1870 zu einer steilen Aufwärtsentwicklung der Region. 1868 gab es 465 Gießereien, 31 Walzwerke, 50 Glasfabriken und 33 Maschinenfabriken. Entlang der drei Flüsse entstanden in dichter Folge Gießereien und integrierte Hüttenwerke; die Region Pittsburgh wurde zur "Forge of the Universe".

Mit der Eisen- und Stahlindustrie wuchs der Kohlenbergbau, denn zur Produktion von einer Tonne Roheisen wurden damals noch bis zu zwei Tonnen Koks benötigt[12]. Im Südwesten von Pennsylvania - zwischen Greensburg und Connellsville - entstanden Kokereien, die zeitweilig die Hälfte der US-Koksproduktion erzeugten. Kohlezüge und -schiffe transportierten den Koks von den in der Region verteilt liegenden Koksöfen in die Flußtäler von Ohio, Allegheny und Monongahela und von dort zu den Hochöfen. Allein im Kohlenbergbau der Region waren zur Jahrhundertwende mehr als 80 000 Menschen beschäftigt.

Bereits zur Mitte des 19. Jahrhunderts war im Nordwesten von Pennsylvania Öl entdeckt worden. Diese Ölfunde waren ausschlaggebend dafür, daß im Tal des Allegheny auch Raffinerien entstanden. Nach der relativ raschen Ausbeutung der Ölvorkommen hat die Ölindustrie zwar wieder an Bedeutung verloren, aber dennoch blieben Impulse, da sie die Zulieferproduktion angeregt hatte; die Region blieb ein wichtiger Hersteller von Röhren und Maschinen für die Erdölgewinnung und -verarbeitung. Die Herstellung von Glas nahm bis etwa 1880 zu, danach blieb lediglich die Flachglasproduktion erhalten. Dafür kamen die Aluminiumverarbeitung und die Elektroindustrie, die insbesondere Leitungen und Kraftwerkseinrichtungen produzierte, hinzu.

Seine Blütezeit erreichte das Pittsburgher Industriegebiet in der Dekade des 1. Weltkrieges. 40 vH aller Beschäftigten arbeiteten zu jener Zeit in Gruben, Kokereien und Hüttenwerken; Pennsylvania hatte einen Anteil von etwa 50 vH an der US-amerikanischen Stahlproduktion, der größte Teil davon wurde in Pittsburgh und Umgebung erzeugt. Die Stadt war Hauptquartier der US-Steel Corporation - eines der damals größten Unternehmen der Welt -, das allein über 93 Hochöfen, 700 Eisen- und Stahlwerke und 2000 km Eisenbahnnetz verfügte.

In der darauf folgenden Zeit veränderten sich die Standortfaktoren zu Lasten der Region: Transportkostenvorteile gingen verloren, die Verminderung des Koksein-

---

11 Zu den technischen Prozessen in der Stahlindustrie vgl. Verein deutscher Eisenhüttenleute (Hrsg.), Gemeinfassliche Darstellung des Eisenhüttenwesens. 17. Auflage, Düsseldorf 1971.

12 Heute beträgt der Kokseinsatz nur noch rund 500 kg je Tonne; der "optimale" Standort hat sich daher von der Kohle weg entwickelt.

satzes bei der Stahlerzeugung aufgrund technischer Verbesserungen lockerte die Standortbindung. Weiter sind in diesem Zusammenhang regionale Verlagerungen der Stahlnachfrage durch das Entstehen neuer stahlverarbeitender Betriebe in anderen Regionen und steigende Kosten der Infrastruktur - nicht zuletzt wegen der starken Umweltverschmutzung - zu nennen.

Die eigentlich erforderlichen sektoralen Anpassungen wurden durch das Basing-Point System (Pittsburgh-Plus), das im Jahre 1906 eingeführt worden war, zunächst verzögert. Nach diesem durch zusätzliche Kartellabsprachen gestützten System mußten alle Anbieter von Stahl den Kunden einen faktisch einheitlichen Preis plus die Transportkosten von Pittsburgh bis hin zum Abnehmer in Rechnung stellen. Somit bestand für die Stahlkunden kein Vorteil darin, den Stahl von näher gelegenen Werken zu beziehen. Obwohl die größere Kundennähe den Stahlproduzenten bei sonst gleichen Kosten Gewinnmöglichkeiten eröffnet hätte, zogen diese den billigeren Weg zur Expansion am alten Standort vor. Eine frühe Dezentralisierung der US-Stahlindustrie wurde dadurch behindert. Auch die Standortwahl der Stahlverarbeiter wurde durch dieses System verzerrt: die weiter von Pittsburgh entfernt angesiedelten Verarbeiter mußten einen höheren Preis für Stahl zahlen und waren so im Wettbewerb benachteiligt. Die Folge war, daß Stahlerzeugung und -verarbeitung, die ohnehin zur Komplexbildung neigen, noch enger verschweißt wurden und ihre dominante Rolle die Region für andere Sektoren als Ansiedlungsort wenig interessant machte. Das "Pittsburgh-Plus System" brach 1924 zusammen, als die Stahlverarbeiter in zunehmendem Maße - aus anderen als Frachtkostengründen - Standorte fernab von Pittsburgh wählten. Fabrikanten in Chicago weigerten sich, weiterhin den überhöhten Preis zu zahlen, zumal in den neuen Verbrauchszentren Stahlwerke entstanden waren, die durch die Berechnung der fiktiven Frachtkosten ab Pittsburgh äußerst profitabel arbeiteten. In der Folgezeit siedelten sich die modernen Verarbeitungsbetriebe kaum noch in Pittsburgh, sondern in anderen Landesteilen an, insbesondere in Chicago und an den transportkostengünstigen großen Seen.

Seit den dreißiger Jahren ging es mit dem Industriezentrum Pittsburgh kontinuierlich bergab. Der Anteil Pittsburghs an der US-Stahlproduktion sank. Pittsburgh galt als häßliche Industriestadt mit einem überdurchschnittlich hohen Lohnniveau und häufigen Arbeitskonflikten. Auch die in Pittsburgh ansässigen Unternehmen begannen verstärkt, in anderen Teilen der Vereinigten Staaten zu investieren; sie beließen allerdings meist ihre Unternehmenszentralen in der Stadt und schufen so eine wichtige Voraussetzung für den späteren Wandel Pittsburghs zu einer der bedeutendsten "US-Headquarter Cities".

Erste Bestrebungen zur Unterstützung des Wandels setzten bereits früh ein, wobei von Anfang an die Zusammenarbeit zwischen privaten Unternehmen und öffentlicher Hand eine wesentliche Rolle spielte. Im Jahre 1943 wurde die Allegheny Conference on Community Development (ACCD) gegründet und damit die erste Phase der regionalen Erneuerung - häufig als Renaissance I bezeichnet - eingeleitet. Ziel der Anstrengungen der ACCD war es, Vorschläge zur Verbesserung der Infrastruktur und zur Lösung von Umweltproblemen zu erarbeiten und Maßnahmen zur Stadterneuerung vorzuschlagen. Die Umsetzung der Vorschläge blieb nicht ohne Erfolg, wenngleich sich dieser nur allmählich einstellte. Immerhin nahm Pittsburgh als zwölftgrößte Stadt der Vereinigten Staaten schon in den fünfziger Jahren nach der Zahl der Verwaltungsbeschäftigten den vierten Platz unter den US-amerikanischen Städten ein.

Dieser Erfolg wurde in Frage gestellt, als die Stahlindustrie, die ihre Lage in den sechziger Jahren stabilisiert hatte, Mitte der siebziger Jahre erneut unter Anpassungsdruck geriet. Bedingt durch ein niedrigeres gesamtwirtschaftliches Aktivitätsniveau und damit geringeren Investitionsbedarf war der Stahlverbrauch in den westlichen Industrieländern scharf eingebrochen. Hinzu kam die wachsende Konkurrenz effizienterer Stahlerzeuger im Ausland, aber auch in anderen Regionen der Vereinigten Staaten, zumal technische Neuerungen die Produktionsaufnahme in lokalen Verbrauchszentren mehr und mehr erleichterten[13]. Eine besondere Betroffenheit der Region Pittsburgh von den Anpassungen im Stahlbereich ergab sich zusätzlich dadurch, daß die amerikanischen Stahlunternehmen die angesichts der Absatzschwäche erforderlichen Werksschließungen von den bei den Arbeitern erzielten Zugeständnissen abhängig machten: Je mehr Zugeständnisse (bei Löhnen und Arbeitsbedingungen), desto höher die Chance auf Erhalt einer Hütte. Da die Gewerkschaften in Pittsburgh traditionell eine starke Position besitzen, waren Zugeständnisse der Arbeitnehmer dort weniger weitgehend als anderswo, mit der Folge, daß Pittsburgh von Hüttenschließungen überdurchschnittlich stark betroffen war. Der seit Ende der siebziger Jahre eingetretene Bedeutungsverlust der Pittsburgher Stahlindustrie hat andere Industriezweige der Region wegen der bestehenden Verflechtungen über Vorleistungslieferungen bzw. über die Verausgabung der Einkommen stark mitbetroffen.

2.3. Empirischer Befund der Wirtschaftsstruktur

2.3.1. Demographische Entwicklung

Die Entwicklung der Einwohnerzahlen der Region Pittsburgh (PMSA) zeigt gegenüber der des US-Staates Pennsylvania und der Vereinigten Staaten zwischen 1960 und 1985 deutliche Entwicklungsunterschiede (vgl. Tabelle 2). Während die Bevölkerung der Vereinigten Staaten in diesem Zeitraum um ein Drittel (fast 60 Mill. Menschen) gestiegen und in Pennsylvania eine Zunahme von knapp 5 vH (ca. 550 000 Menschen) festzustellen ist, ist die Einwohnerzahl der Pittsburgher PMSA um 9,5 vH (ca. 225 000 Menschen) gesunken. Der Rückgang der Bevölkerungszahl war fast ausschließlich durch die Entwicklung im Allegheny County bedingt; Fayette und Washington weisen nur leichte Bevölkerungsrückgänge auf, Westmoreland verzeichnete sogar eine deutliche Zunahme. Allein die Stadt Pittsburgh verlor über 200 000 Einwohner, genau ein Drittel ihrer Bevölkerung aus dem Jahr 1960.

---

13 Vgl. H. Wienert, Längerfristige Entwicklungstendenzen auf dem Weltstahlmarkt - Bestandsaufnahme, Perspektiven und einige stahlpolitische Folgerungen. "RWI-Mitteilungen", Jg. 37/38 (1986/87), S. 65ff.

Tabelle 2

Bevölkerungsentwicklung in der Region Pittsburgh, Pennsylvania und den Vereinigten Staaten
1960 bis 1985

| | Bevölkerung (in 1000) | | | | Veränderung der Bevölkerungszahl | | | | | |
| | 1960 | 1970 | 1980 | 1985 | 1960 bis 1970 | | 1970 bis 1980 | | 1980 bis 1985 | |
					in 1000	in vH	in 1000	in vH	in 1000	in vH
Pittsburgh (PMSA)	2368	2348	2219	2143	-20	-0,9	-129	-5,5	-75	-3,4
darunter Allegheny County	1629	1605	1450	1386	-24	-1,4	-155	-9,7	-64	-4,4
darunter Pittsburgh (Stadt)	604	520	424	403	-84	-13,9	-97	-18,5	-21	-4,9
Pennsylvania	11319	11801	11865	11864	482	4,3	64	0,5	-1	-0,0
Vereinigte Staaten	179323	203302	226546	238741	23979	13,4	23244	11,4	12195	5,4

Nach V.P. Singh, S. 22.

RWI ESSEN

Der Bevölkerungsrückgang vollzog sich allerdings nicht gleichförmig. Von 1960 bis 1970 ging die Einwohnerzahl der Stadt Pittsburgh um 84 000, die des Allegheny County, zu dem die Stadt gehört, jedoch nur um etwa 24 000 zurück. Dies deutet darauf hin, daß ein Teil der Bevölkerungsverluste der Stadt auf Wanderungen aus der Stadt in die Vororte und andere Teile des Allegheny County zurückzuführen ist. Diese Wanderungen innerhalb des Counties dürften stärker durch die Suche nach besseren Wohnverhältnissen als durch einen Wechsel des Beschäftigungsverhältnisses begründet gewesen sein[14].

Zwischen 1970 und 1980 sank die Einwohnerzahl in Pittsburgh (Stadt) um 96 000, die im Allegheny County sogar um 155 000. Die Zahl der Personen, die das Allegheny County verlassen haben, hat also deutlich zugenommen. Die Menschen sind mithin weniger als im Jahrzehnt davor auf der Suche nach besseren Wohnverhältnissen aus der Stadt abgewandert, sie haben vielmehr auf der Suche nach neuen Beschäftigungsmöglichkeiten der Stadt und der Region den Rücken gekehrt.

Auch in den Jahren nach 1980 hat der Bevölkerungsrückgang angehalten. Allerdings deuten die Daten darauf hin, daß die Einwohnerzahl der Stadt Pittsburgh langsamer sinkt als in der Vergangenheit. Das Allegheny County verlor dagegen auch in der Zeit von 1980 bis 1985 noch weitere 64 000 Einwohner, und auch in den bevölkerungsärmeren übrigen Counties der PMSA begann die Zahl der Einwohner zu sinken - wenn auch wegen höherer Geburtenraten und geringerer Abwanderungen schwächer als im Allegheny County[15]. Möglicherweise sind diese jüngsten Bevölkerungsentwicklungen Ausdruck des später noch zu erörternden unterschiedlichen Revitalisierungserfolgs: Die Bewältigung der Strukturprobleme in der Stadt Pittsburgh ist offenbar bereits sehr viel weiter vorangeschritten als insbesondere im Tal des Monongahela.

Die Veränderung der Bevölkerungszahlen blieb nicht ohne Einfluß auf die Altersstruktur. Da die Bereitschaft zur Aufnahme eines neuen Beschäftigungsverhältnisses außerhalb der Region normalerweise bei jüngeren Arbeitskräften höher ist als bei den älteren, sind vor allem jüngere Menschen abgewandert, und der Anteil der über 60-jährigen in der Region Pittsburgh ist kontinuierlich gestiegen. Die Geburtenrate in Pittsburgh liegt erheblich unter dem US-Durchschnitt, und nach Bevölkerungsprognosen wird auch in Zukunft der Anteil der Jüngeren sinken, die Zahl der Erwerbsfähigen (über 16 bis 64 Jahre) wird zurückgehen, und die Relation zwischen Erwerbsfähigen und abhängigen Personen (übrige Altersgruppen) wird sich verschlechtern[16].

---

14   Vgl. V.P. Singh and S. Borzutzky, The State of the Mature Industrial Regions in Western Europe and North America. "Urban Studies", vol. 25 (1988), S. 215.

15   Vgl. V.P. Singh, Regionaler Strukturwandel in internationaler Perspektive - Partnerschaften zwischen dem öffentlichen und privaten Sektor sowie den Universitäten zur regionalen Neubelebung. (Diskussionspapiere der Friedrich-Ebert-Stiftung zur Wirtschaftspolitik.) Bonn 1987, S. 21ff.

16   Vgl. V.P. Singh, S. 23ff.

2.3.2. Beschäftigung und Arbeitslosigkeit

Die Entwicklung der Beschäftigtenzahlen in der Region Pittsburgh ist sowohl langfristig als auch in jüngster Zeit ungünstiger verlaufen als in den Vereinigten Staaten insgesamt. Wie Tabelle 3 zeigt, hat sich die Zahl der Beschäftigten in den Vereinigten Staaten zwischen 1953 und 1985 annähernd verdoppelt, während in der Region Pittsburgh nur eine Zunahme von gut 5 vH festzustellen ist. Betrachtet man einzelne Abschnitte des Gesamtzeitraums, so fällt auf, daß in den Vereinigten Staaten insgesamt stets Beschäftigungszuwächse festzustellen sind, daß diese in den sechziger und siebziger Jahren jedoch prozentual höher ausgefallen sind als in den fünfziger Jahren und als in der ersten Hälfte der achtziger Jahre. In Pittsburgh hat die Beschäftigung zwischen 1960 und 1979 ebenfalls zugenommen, wenn auch mit erheblich niedrigerer Rate; zwischen 1953 und 1960, aber auch zwischen 1980 und 1985 sind dagegen Beschäftigungsabnahmen zu verzeichnen. Die Differenz zwischen regionaler und nationaler Änderungsrate ist in allen vier Teilzeiträumen nahezu konstant und beträgt etwa 16 Prozentpunkte. Dies spricht dafür, daß Pittsburgh proportional in die nationalen Entwicklungen eingebunden ist, aber einem ungünstigen Standorttrend in ungefähr dieser Größenordnung unterliegt.

Die regionale Beschäftigungsentwicklung der letzten Jahre zeigt denn auch eine angesichts dieser Sachlage nicht überraschende deutliche Ähnlichkeit mit dem Konjunkturzyklus der Vereinigten Staaten[17]. 1974 und 1980 waren die Jahre mit den jeweils höchsten Beschäftigtenzahlen, aber selbst in diesen Jahren lag der Anstieg der Beschäftigung in Pittsburgh erheblich unter dem Durchschnitt. Pittsburghs Anteil an der gesamten Beschäftigung ist dementsprechend langfristig zurückgegangen, und diese Tendenz hält noch an.

Die Arbeitsmarktlage ist in Pittsburgh erst seit Beginn der Rezession von 1981 ungünstiger gewesen als in den Vereinigten Staaten. Wie Tabelle 4 zeigt, lagen in der Zeit davor die Arbeitslosenquoten meist etwa im Durchschnitt der Vereinigten Staaten, Mitte der siebziger Jahre sogar recht deutlich darunter. Ursächlich dafür ist, daß Arbeitsplatzverluste mit Bevölkerungsverlusten einhergingen. Die Arbeitslosenquote in Pittsburgh erreichte 1983 einen Wert von fast 15 vH gegenüber 9,6 vH in den Vereinigten Staaten; mehr als 170 000 Personen waren zu Beginn des Jahres 1983 in der Region arbeitslos gemeldet. Auffällig ist, daß mit dem 1983/84 beginnenden Aufschwung die Arbeitslosenquote in Pittsburgh zwar mit leichter Verzögerung, dann aber überdurchschnittlich stark zurückgegangen ist. 1986 lag die Quote in Pittsburgh bei 8 vH und damit nur noch geringfügig über dem Durchschnitt. Abweichung und Angleichung der Arbeitslosenquoten dürften zum erheblichen Teil auf die Entwicklung der Stahlindustrie zurückzuführen sein: 1983 war ein noch von einer starken Rezession dieses Sektors gekennzeichnetes Jahr, 1986 war die Stahlproduktion dagegen kräftig gestiegen.

---

[17]   Vgl. V.P. Singh and S. Borzutzky, S. 215.

Tabelle 3

Langfristige Beschäftigungstendenzen in Pittsburgh und den Vereinigten Staaten 1953 bis 1985; Veränderung der Beschäftigtenzahl in vH		
	Pittsburgh[1]	Vereinigte Staaten
1953 bis 1960	-8,4	7,9
1960 bis 1969	12,6	29,9
1969 bis 1979	9,8	27,6
1979 bis 1985	-7,2	8,7
1953 bis 1985	5,1	94,4

Nach L. Jacobsen, Labor Mobility and Structural Change in Pittsburgh. "American Planners Association Journal", vol. 53 (1987), S. 440. - [1]Die Zahlen für Pittsburgh beziehen sich zum Teil auf die SMSA, zum Teil auf die PMSA.

RWI ESSEN

2.3.3. Sektorale Beschäftigungsentwicklung und -struktur

Die Ausführungen zur Wirtschaftsgeschichte von Pittsburgh haben deutlich gemacht, daß die Wirtschaft der Region in der Vergangenheit durch das Verarbeitende Gewerbe mit einem klaren sektoralen Schwerpunkt in der Stahlerzeugung und -verarbeitung geprägt war. Die Bedeutung des Verarbeitenden Gewerbes im allgemeinen und der Stahlindustrie im besonderen hat jedoch in den letzten 30 Jahren kontinuierlich abgenommen. Der Anteil der Industriebeschäftigten an der Zahl der insgesamt in der Region[18] Beschäftigten ist von 44 vH im Jahr 1953 auf 18 vH im Jahr 1985 gesunken. Lag der Beschäftigungsanteil der Industrie in der Region im Jahre 1953 noch um fast 10 Prozentpunkte über dem US-Durchschnitt, so war der Abstand 1969 bereits auf 5 Prozentpunkte zurückgegangen, und 1985 hatte Pittsburgh einen Industrieanteil, der unter dem Durchschnitt lag. Die Zahl der Industriebeschäftigten ist in der Zeit zwischen 1953 und 1985 mit einer jahresdurchschnittlichen Rate von rund 2,5 vH gesunken. Die Industriebeschäftigung der Vereinigten Staaten hat im gleichen Zeitraum dagegen um etwa 0,3 vH pro Jahr zugenommen.

Bereits diese wenigen Zahlen machen deutlich, in welchem Umfang strukturelle Veränderungen in der Region erfolgt sind. Von den größeren Industriezweigen war die Stahlindustrie am stärksten betroffen. Obwohl der Anteil der Pittsburgher Stahlindustrie an der US-Stahlerzeugung schon in der ersten Hälfte dieses Jahrhunderts zurückgegangen war, betrug er 1950 immerhin noch 25 vH. Seither hat die Pittsburgher Stahlindustrie nochmals kräftig an Bedeutung verloren; 1983 trug

---

18 Die Angaben beziehen sich auf die PMSA bzw. SMSA, gleiche Entwicklungstendenzen sind aber auch in der größer abgegrenzten Region South-West-Pennsylvania und im Allegheny County festzustellen. Vgl. hierzu R.S. Ahlbrandt, Regional Change: The Impact on People and Places. In: M.A. Greenwald (Ed.): Perspectives on Pittsburgh. Pittsburgh 1984, S. 50, und R.L. Reaves, Regional Economic Planning Response to Structural Change: The American Approach via Allegheny County, Pennsylvania. Paper presented to the Conference on "Regional Structural Change in International Perspective". Essen 1986, S. 22.

Tabelle 4

Entwicklung der Arbeitslosenquoten in Pittsburgh und den Vereinigten Staaten
1974 bis 1986

	Pittsburgh[1]	Vereinigte Staaten
1974	4,7	5,6
1975	6,8	8,5
1976	6,6	7,7
1977	6,6	7,1
1978	6,1	6,1
1979	6,0	5,9
1980	7,3	7,2
1981	7,4	7,6
1982	12,3	9,7
1983	14,6	9,6
1984	11,3	7,6
1985	9,3	7,3
1986	8,0	7,1

Nach Angaben des US Departement of Labor, Bureau of Labor Statistics (Ed.), Employment and Earnings. Washington, verschiedene Jahrgänge, und V.P. Singh, S. 31. - [1]Bis 1983 für SMSA, danach PMSA.

RWI ESSEN

sie nur noch 12 vH zu der zudem stark gesunkenen Stahlerzeugung der Vereinigten Staaten bei[19].

Aber nicht allein im Stahlbereich hat die Beschäftigtenzahl erheblich abgenommen. Auch andere Sektoren - wie Steine, Erden, Glas bzw. der Maschinenbau - haben in den siebziger Jahren einen allmählichen, seit Beginn der achtziger Jahre sich stark beschleunigenden Beschäftigungsrückgang hinnehmen müssen. Tabelle 5 gibt Auskunft über die jüngeren Entwicklungen der einzelnen Wirtschaftszweige und die damit einhergehenden strukturellen Veränderungen. Zwischen 1979 und 1986 ist die Zahl der Beschäftigten in der Pittsburgh PMSA um 8 vH zurückgegangen; dies entspricht einem Verlust von mehr als 72 000 Arbeitsplätzen. Die Abnahme der Beschäftigung im Verarbeitenden Gewerbe lag erheblich über dem gesamtwirtschaftlichen Rückgang. Um mehr als 40 vH ist die Zahl der Beschäftigten in der Industrie gesunken, mehr als 95 000 industrielle Arbeitsplätze gingen verloren.

Innerhalb der Industrie war die Abnahme der Beschäftigtenzahlen in der Öl- und Kohleverarbeitung (-78 vH), in der Hüttenindustrie (-62 vH) und im Fahrzeugbau (-57 vH) überdurchschnittlich hoch. Am gesamten Arbeitsplatzabbau in der Industrie hatten diese Sektoren zusammen einen Anteil von fast 60 vH, die Hüttenindustrie allein von über 47 vH. Günstiger als im Durchschnitt der Industrie verlief

---

19   Vgl. V.P. Singh, S. 33.

Tabelle 5

Beschäftigungsstruktur in Pittsburgh (PMSA)
1979 und 1986

	1979		1986		Veränd. 1979 bis 1986 in vH
	in 1000	Anteil in vH = 100,0	in 1000	Anteil in vH = 100,0	
Bergbau	12,6	1,4	6,7	0,8	-46,8
Verarbeitendes Gewerbe	224,5	24,5	129,3	15,3	-42,4
davon:					
Steine, Ton, Glas	16,5	7,3	10,3	8,0	-37,6
Hüttenindustrie	72,1	32,1	27,3	21,1	-62,1
Herstellung von Metallwaren	20,7	9,2	11,6	9,0	-44,0
Maschinenbau	23,3	10,4	16,5	12,8	-29,2
Elektrotechnik	22,8	10,2	12,6	9,7	-44,7
Fahrzeugbau	13,6	6,1	5,8	4,5	-57,4
Feinmechanik und Optik	7,3	3,3	6,0	4,6	-17,8
Nahrung und Genuß	10,8	4,8	7,9	6,1	-26,9
Textil und Bekleidung	3,8	1,7	2,1	1,6	-44,7
Papiererzeugung	2,9	1,3	2,0	1,5	-31,0
Druckerei	8,9	4,0	8,9	6,9	0,0
Chemische Industrie	9,9	4,4	9,3	7,2	-6,1
Öl- und Kohleerzeugnisse	3,6	1,6	0,8	0,6	-77,8
Gummi, Kunststoff	3,4	1,5	4,3	3,3	30,3
Sonstige Industrie	4,7	2,1	3,8	2,9	-19,1
Bau	46,4	5,1	40,2	4,8	-13,4
Verkehr und öffentliche Versorgung	58,8	6,4	44,7	5,3	-24,0
Handel	203,5	22,2	213,3	25,3	4,8
Banken, Versicherungen, Immobilien	44,7	4,9	51,5	6,1	15,2
Sonstige Dienstleistungen	206,2	22,5	252,5	29,9	22,4
Staat	116,5	12,7	103,7	12,3	-11,0
Insgesamt (ohne Landwirtschaft)	916,0	100,0	843,7	100,0	-7,9

Nach V.P. Singh, S. 35.

die Beschäftigungsentwicklung insbesondere in den Sektoren Gummi- und Kunststoffverarbeitung (+30 vH), bei den Druckereien (konstante Beschäftigung) und in der Chemischen Industrie (-6 vH). Insgesamt sind die Rückgänge im Bereich der Verbrauchsgüterindustrien niedriger als in den Grundstoff- und Investitionsgüterindustrien ausgefallen.

Vergleicht man die industriellen Strukturen von 1979 und 1986 miteinander, so fällt auf, daß eine gleichmäßigere Verteilung der Beschäftigten auf die Industriezweige entstanden ist. Die Hüttenindustrie, die 1979 mit einem Anteil an der Industrie von fast einem Drittel, der industriell dominierende Sektor gewesen ist, hat einen deutlichen Anteilsverlust hinnehmen müssen, auch wenn sie noch immer der beschäftigungsstärkste Industriezweig ist. An Bedeutung gewonnen haben der Maschinenbau, die Chemische Industrie und einige kleinere Verbrauchsgüterindustrien.

Die Einbußen an industriellen Beschäftigungsmöglichkeiten konnten in der Region Pittsburgh zwischen 1979 und 1986 nur zum Teil durch Beschäftigungssteigerungen in den übrigen Wirtschaftsbereichen kompensiert werden. Dies liegt daran, daß bis 1983 die Beschäftigung auch im nicht-industriellen Bereich - insbesondere im Baugewerbe und im Verkehrssektor, aber auch im öffentlichen Sektor und im Handel - abgenommen hat. Von 1983 bis 1986 war der Zuwachs an Beschäftigung - insbesondere im tertiären Bereich - jedoch höher als die Beschäftigungsverluste im Verarbeitenden Gewerbe. Mehr als 32 000 Arbeitsplätze - davon 25 000 allein im Dienstleistungsbereich - sind in dieser Zeit in den nicht-industriellen Sektoren neu entstanden. Die einzigen Wirtschaftszweige, die in beiden Teilzeiträumen - also zwischen 1979 und 1983 und zwischen 1983 und 1986 - ähnlich hohe Steigerungsraten aufwiesen, waren die weniger konjunkturempfindlichen Sektoren Banken und Versicherungen sowie die sonstigen Dienstleistungsbereiche.

2.4. Regionale Anpassungsvoraussetzungen

Das Nachzeichnen der historischen Entwicklungslinie hat gezeigt, daß die Stahlindustrie in der Region Pittsburgh die Rolle eines sektoralen Wachstumspols übernommen hatte und damit entscheidend zur Entstehung dieser Industrieregion beigetragen hat. Veränderungen in diesem regional dominierenden Industriezweig waren es denn auch, die den strukturellen Anpassungsbedarf und damit die Probleme der Region ausgelöst haben. Zwei Anpassungsphasen dieses Industriezweigs können unterschieden werden: Die erste beginnt bereits etwa 1920 mit Veränderungen der Standortbedingungen für die Stahlindustrie innerhalb der Vereinigten Staaten und ist insbesondere mit einem relativen Bedeutungsverlust für die regionale Wirtschaft verbunden. Die zweite Phase beginnt Mitte der siebziger Jahre, sie wurde ausgelöst durch weltwirtschaftliche Veränderungen und hatte einen starken absoluten Bedeutungsverlust - zumindest vorübergehend, möglicherweise noch fortdauernd - für Pittsburgh zur Folge.

Die zunächst eher defensive Reaktion auf die Anpassungszwänge wird von Singh wie folgt zusammengefaßt[20]: "Man erkannte schließlich in der Region, daß allein das Grübeln über den Niedergang der Stahlindustrie das wirtschaftliche Überleben nicht sicherstellen kann". Entsprechend begann man darüber nachzudenken, ob und wie der Region Prosperität ohne (bzw. mit weniger) Stahl gesichert werden könnte. Bevor geschildert wird, in welcher Form diese Überlegungen erfolgten und welche Ergebnisse sie bislang erbracht haben, soll jedoch auf die Voraussetzungen der Revitalisierung eingegangen werden.

2.4.1. Anpassungshemmnisse bei den Produktionsfaktoren

Pittsburgh galt lange Zeit als Region mit starken Gegensätzen zwischen Arbeitnehmerschaft und Management. In der Phase der Industrialisierung waren die Arbeitsbedingungen z.T. ausgesprochen schlecht, und den Unternehmen gelang es lange Zeit, den Organisationsgrad der Arbeitnehmer auf einem niedrigen Niveau zu halten. Das Verhältnis zwischen den Unternehmensleitungen und der Arbeitnehmerschaft war aus diesen Gründen angespannt und durch gegenseitiges Mißtrauen geprägt. Das Entstehen starker Gewerkschaften nach 1930 hat zwar dazu beigetragen, die Arbeits- und Einkommensbedingungen zu verbessern, das Spannungsverhältnis zwischen Arbeitnehmern und Unternehmensleitungen blieb jedoch lange Zeit bestehen. Noch in den fünfziger Jahren lag die Anzahl von Arbeitsniederlegungen und Streiks in Pittsburgh über dem nationalen Durchschnitt, was von vielen Autoren als Standortnachteil bewertet wird[21].

Daneben hatte Pittsburgh lange Zeit den abträglichen Ruf einer Hochlohn-Region. Das überdurchschnittlich hohe Lohnniveau in den dominanten Branchen beeinflußte die Löhne in anderen Wirtschaftszweigen und erschwerte die Ansiedlung von anderen Unternehmen und somit auch eine frühzeitige Diversifizierung der Wirtschaftsstruktur[22]. Die Pro-Kopf-Einkommen der Region lagen bis etwa 1970 über dem Durchschnitt der Vereinigten Staaten, sie näherten sich diesem Durchschnitt aber immer mehr an[23], da sie langsamer als im Gesamtraum zunahmen. Nach 1970 ist in der Pittsburgh-PMSA das Pro-Kopf-Einkommen wieder stärker als im nationalen Durchschnitt gestiegen. Der Wandel von der Industrie- zur Dienstleistungsregion hat mithin nicht dauerhaft zu einer Verschlechterung der relativen Einkommenssituation beigetragen[24].

---

20   V.P. Singh, S. 38.

21   Vgl. E.K. Muller, S. 29ff.

22   Vgl. B. Chinitz, Contrasts in Agglomeration: New York and Pittsburgh. "American Economic Review", vol. 51 (1961), Papers and Proceedings, S. 286.

23   Vgl. F. Giarratani, Perspective on Regional Structural Change: Pittsburgh and the United States. In: M.A. Greenwald (Ed.), S. 29ff., sowie F. Giarratani and B.B. Houston, Economic Change in the Pittsburgh Region. In: J.J. Hesse (Ed.), S. 52f.

24   Vgl. L. Jacobsen, Labor Mobility and Structural Change in Pittsburgh. "American Planners Association Journal", Washington, D.C., vol. 53 (1987), S. 440.

Schließlich war der Arbeitsmarkt in Pittsburgh durch eine hohe Zahl von "blue-collar" Arbeitskräften mit spezifischen, auf die Montansektoren ausgerichteten Qualifikationen gekennzeichnet. Den von den "neuen" Sektoren des Verarbeitenden Gewebes und den Dienstleistungssektoren gestellten Anforderungen konnten diese Arbeitskräfte ohne Umschulungsmaßnahmen nicht gerecht werden. Dies dürfte mit zur starken Abwanderung beigetragen haben.

Nach vorn gerichtete unternehmerische Reaktionen auf den Anpassungsdruck wurden durch die Oligopolisierung der Stahlindustrie und durch das Basing-Point System eingeschränkt und verlangsamt. Chinitz vermutet, daß die Dominanz eines oligopolistisch strukturierten Sektors in Pittsburgh negative Einflüsse auf den Unternehmergeist und die "Geburtenrate" neuer Unternehmen in der Region gehabt hat[25]. Die durchschnittliche Betriebsgröße war in den fünfziger Jahren in Pittsburgh doppelt so hoch wie in den Vereinigten Staaten[26]. Die Möglichkeiten der Kapitalbeschaffung außerhalb der Regionsgrenzen sind für große Unternehmen besser als für kleinere Unternehmen, so daß eine Substitution von regionalen durch außerregionale Investitionen für große Unternehmen leichter als für kleine Unternehmen ist[27]. Expansive oder diversifizierende Investitionen der alten Pittsburgher Firmen außerhalb von Pittsburgh wurden durch diesen Umstand begünstigt.

Die Verfügbarkeit von Gewerbeflächen scheint nach den vorliegenden Arbeiten zur Situation in Pittsburgh keine große Rolle als entwicklungsbegrenzender Faktor zu spielen. Dagegen werden die Existenz von Industriebrachen und auch die Verschmutzung der Umwelt[28] als gravierende, imageverschlechternde Aspekte bewertet. Pittsburghs Image außerhalb der Region wird zumeist als ein negativer Faktor bei der Anziehung neuer Aktivitätsfelder angesehen. Pittsburghs Infrastruktur galt lange Zeit als veraltet und stark auf die Belange der Stahlindustrie ausgerichtet. Die Anforderungen dieses Industriezweigs an die Infrastrukturausstattung sind andere als die der modernen Industrie- und Dienstleistungsbereiche. Hinzu kommt, daß Teile der Infrastruktur und auch der Dienstleistungen von den großen Unternehmen intern bereitgestellt wurden, so daß die Angebote den Unternehmen anderer Wirtschaftszweige oder möglichen Neuansiedlungen nicht zur Verfügung standen. Ein wesentlicher Teil der Agglomerationsvorteile von Ballungsgebieten existierte in Pittsburgh daher nur in vergleichsweise geringem Umfang[29].

---

25 Vgl. B. Chinitz, S. 284f. Diese Vermutung deckt sich mit Schlußfolgerungen etwa von Heuß oder Olson. Vgl. dazu das erste Kapitel.

26 Vgl. E.K. Muller, S. 28f.

27 Vgl. B. Chinitz, S. 285f.

28 Vgl. B. Chinitz, S. 288.

29 Vgl. B. Chinitz.

2.4.2. Weitere, den Anpassungsprozeß bestimmende Faktoren

Die Anpassungshemmnisse bei den Produktionsfaktoren sind entscheidende Bestimmungsgründe für die Art der Verarbeitung des strukturellen Anpassungsdrucks. Für Pittsburgh scheinen jedoch einige weitere Aspekte erwähnenswert, die - wie sich noch zeigen wird - die Anpassungsrichtung bzw. das Anpassungsergebnis mit beeinflußt haben.

Dabei soll zunächst auf die Gegensatzbildungen innerhalb der Region eingegangen werden. Ein Gegensatz existiert zum einen zwischen der Stadt Pittsburgh selbst und den im Umland gelegenen "mill-towns"[30]. In der Vergangenheit hatte die Zufriedenheit der Umlandbewohner mit der jeweiligen für sie zuständigen Gemeinde dazu geführt, daß zwischen Pittsburgh und den vielen kleineren Städten in der Umgebung nur ein sehr loser Kontakt bestand. Auch die Verbreitung des Kraftfahrzeugs und der Bau von Schnellstraßen haben hieran nicht viel geändert. Selbst die Einkaufsfahrt in das Zentrum der Region blieb eher die Ausnahme. Soziale Unterschiede zwischen den "mill-towns", in denen insbesondere Arbeiter wohnten, und den städtischen Vororten, dem bevorzugten Wohngebiet der Angestellten, verstärkten den Gegensatz. Schließlich hat der Erfolg der Renaissance I-Phase, der weitgehend auf die Stadt beschränkt blieb, auch nicht zum Abbau der Gegensätze beigetragen.

Zum anderen gibt es aber auch ausgeprägte Gegensätze zwischen den einzelnen "mill-towns", die nicht allein auf die bereits angesprochene Zersplitterung der kommunalpolitischen Zuständigkeiten zurückzuführen sind[31]. Diese Gegensätze haben ihren historischen Ursprung in den topographischen Gegebenheiten: Die Trennung einzelner Gemeinden durch Flußläufe und Gebirgszüge sowie die fehlenden Verkehrseinrichtungen führten zu einer starken Verbundenheit mit der Stadt, in der man lebte. Verstärkt wurde diese Bindung dadurch, daß viele der Städte im Allegheny County von einzelnen, häufig im Wettbewerb stehenden Unternehmen beherrscht wurden; teilweise gaben diese Unternehmen den Städten sogar die Namen. Obwohl sich die Verkehrsbedingungen verbesserten, blieb die Identifikation der Bevölkerung mit "ihrem" Unternehmen und mit "ihrer" Stadt erhalten und förderte so die Herausbildung von Gegensätzen.

Als zweite Besonderheit soll die Bedeutung der Stadt als Sitz von Unternehmensleitungen ("headquarter-city") hervorgehoben werden. Als die in der Region ansässigen Großunternehmen durch Verlagerung ihrer Investitionsaktivitäten in andere Teilgebiete aus der Region herauswuchsen, beließen sie ihre Unternehmensleitungen in der Stadt Pittsburgh. Bereits früh erlangte die Stadt damit auch den Ruf als Verwaltungszentrum. Heute haben vierzehn der 500 größten US-amerikanischen Unternehmen ihren Hauptsitz in Pittsburgh[32]. Sie bilden zusam-

---

30 Vgl. E.K. Muller, S. 33f.

31 Vgl. E.K. Muller, S. 31ff.

32 Vgl. K.R. Kunzmann [I], S. 30f.

men mit der dazugehörigen Dienstleistungsinfrastruktur einen wirtschaftlichen Schwerpunkt der Stadt.

Als dritte Besonderheit für die Art der Verarbeitung des Anpassungsdrucks sind die erfolgreichen Bemühungen bei der Kooperation von privater und öffentlicher Seite zu nennen. Die Zusammenarbeit von privater Wirtschaft und Vertretern der Kommunen ("public-private partnership") hat in Pittsburgh Tradition. Die Allegheny Conference on Community Development ist auf privatwirtschaftliche Initiative zurückzuführen, aber sie bezieht die öffentlichen Entscheidungsträger ein. Die Maßnahmenvorschläge dieses Gremiums brachten in der Renaissance I-Phase (1943 bis etwa Ende der sechziger Jahre) "den Niedergang der Innenstadt zum Halten, stärkten das Engagement der großen Unternehmen für die Stadt und schafften vor allem einen 'spirit of optimism' in der Region"[33].

2.5. Revitalisierungsbestrebungen

2.5.1. Der wirtschaftspolitische Rahmen

Die Regional- und Stadtentwicklungsplanung ist in den Vereinigten Staaten Aufgabe der kommunalen Instanzen und der Bundesstaaten; die raumplanerischen und regionalpolitischen Interventionen der Zentralregierung sind dementsprechend begrenzt. Eine zentralstaatliche Regionalpolitik bzw. "Sub-National-Area"-Politik, die darauf zielt, notleidenden Regionen z.B. durch Infrastrukturmaßnahmen, Stadtbildverbesserungen oder durch spezielle Investitionsanreize zu helfen, wird zwar praktiziert, sie ist aber nicht zentral koordiniert, und die eingesetzten Mittel sind relativ bescheiden. Die Zentralregierung subventioniert vor allem Aktivitäten der Regionen, sie gibt aber keine eigenen Anstöße. Unter der Reagan-Administration wurden einerseits Einschnitte in das Fördervolumen vorgenommen, und es wurde andererseits versucht, die bestehenden Hilfsprogramme flexibler einzusetzen. Dies geschieht insbesondere über sogenannte "block grant funds" mit relativ flexiblen Vergabevoraussetzungen und großem Ermessensspielraum der lokalen Behörden bei der Verwendung der Mittel. Es besteht somit ein Vorrang der kommunalen vor der zentralstaatlichen Aktivität mit dem Ziel, einen Wettbewerb der Gebietskörperschaften zu fördern[34].

Die US-Bundesstaaten haben in der Vergangenheit die wirtschaftliche Entwicklung meist in der Weise gefördert, daß sie den Rahmen für das Funktionieren der Marktwirtschaft gestaltet und für den Erhalt der Marktbedingungen gesorgt ha-

---

33 K.R. Kunzmann [I], S. 9.

34 Zu diesen Ausführungen vgl. Organisation for Economic Cooperation und Development (Ed.), Managing Urban Change. Vol. II, The Role of Government. Paris 1983, S. 20 und S. 101; N.I. Fainstain and S.S. Fainstain, Federal Policy and Spatial Inequality. In: G. Sternlieb and J.W. Hughes (Ed.), Revitalizing the Northeast - Prelude to an Agenda. New Brunswick 1978, S. 205ff.

ben[35]. Sektorale Wirtschaftskrisen haben in den einzelnen Staaten zu unterschiedlichen Reaktionen geführt. Der Staat Pennsylvania, zu dem Pittsburgh gehört, verfolgt inzwischen die Strategie, möglichst wenig zugunsten spezieller Sektoren und Regionen zu intervenieren - und dies, obwohl Pennsylvania in besonderer Weise von sektoralen Krisen betroffen war. Ausschlaggebend für diese Politik dürfte u.a. der Mißerfolg bei der zwischenzeitlich betriebenen Politik gewesen sein, die versuchte, durch Anreize Großunternehmen in die Region zu ziehen: Zwar gelang es, einen europäischen Automobilhersteller mit hohem Aufwand zur Ansiedlung im Westmoreland County zu bewegen. Die Produktion dort ist inzwischen aber wieder eingestellt worden. Das Schwergewicht der neuen Politik des Staates Pennsylvania liegt auf der Verbesserung der Anpassungsbedingungen und des wirtschaftlichen Klimas. Schaffung von Arbeitsplätzen ist das Ziel, aber es soll durch private Aktivität zu minimalen Kosten des Steuerzahlers und nicht durch teure staatliche Arbeitsbeschaffung erreicht werden.

Für die kommunalpolitischen Aktivitäten in Pittsburgh ist kennzeichnend, daß die Zuständigkeiten stark zersplittert[36] sind. Allein im Allegheny County gibt es 130 Gemeinden, jede mit eigenem Gemeinderat und jede mit der Möglichkeit zur Flächenplanung und zur Durchführung regionaler Wirtschaftsförderungsprogramme ausgestattet. Eine übergeordnete Instanz zur Koordination der Planungen existiert dagegen nicht, so daß zwischen den Gemeinden ein Wettbewerb um arbeitsplatzschaffende Flächennutzungen besteht. Mehrere Dutzend von Institutionen mit speziellen Aufgabenbereichen sowie Wirtschaftsförderungsgesellschaften - wenig koordiniert mit teilweise sich überschneidenden Zuständigkeiten - kommen hinzu.

Obwohl diese politische Zersplitterung der Region den verschiedenen gesellschaftlichen Gruppen vielfältige Möglichkeiten zur politischen Betätigung bietet, waren es in der Vergangenheit doch immer wieder die Vertreter der Wirtschaft, die die Geschicke der Region letztlich lenkten und prägten[37]. Sie räumten ökonomischen Aspekten den Vorrang ein, betonten die privatwirtschaftliche Initiative und die Unantastbarkeit des Privateigentums, zeigten jedoch häufig ein ausgeprägtes Interesse an Fragen der Regionalentwicklung. Dies hat zur Folge, daß die Kommunen auch immer wieder die Hilfe der Wirtschaft suchten, wenn es um Fragen der regionalen Wirtschaftsentwicklung ging.

2.5.2. Wege zur Revitalisierung

Die Ausführungen zum wirtschaftspolitischen Rahmen, in dem die regionalen Anpassungsprozesse ablaufen, haben deutlich gemacht, daß die Region Pittsburgh auf zentralstaatliche Hilfen in größerem Umfang nicht setzen konnte. Sie war viel-

---

35   Hierzu und zum folgenden vgl. S.B. Hansen, State Governments and Industrial Policy in the United States: The Case of Pennsylvania. In: J.J. Hesse (Ed.), S. 91ff.

36   Vgl. R.L. Reaves, S. 1f.

37   Vgl. E.K. Muller, S. 19ff.

mehr auf die von privatwirtschaftlicher und von kommunaler Seite ausgehenden Initiativen angewiesen. Die positiven Erfahrungen, die die Region - insbesondere die Stadt - schon in der Vergangenheit mit "public-private partnerships" gemacht hatte, legten es nahe, dieses Instrument auch zur Bewältigung der in den siebziger Jahren entstandenen Anpassungsprobleme einzusetzen. Unter "public-private partnership" werden dabei alle Aktivitäten verstanden, die zwischen den Polen vorwiegend staatlicher und vorwiegend unternehmerischer Tätigkeit einzuordnen sind[38]. Die Idee dieser "partnerships" basiert auf dem "lokalen Neokorporatismus"[39], bei dem versucht wird, auf lokaler Ebene die verschiedenen Wirtschaftsgruppen und den Staat mit Planern zusammenzuführen, um kompromißfähige Entscheidungen zu fällen; beim Neokorporatismus erfolgt dieser Prozeß in der Regel unter privatwirtschaftlicher Leitung.

Die erste in Pittsburgh gegründete derartige Partnerschaft[40] war die schon erwähnte, noch heute existierende Allegheny Conference on Community Development (1943). Sie hat wesentlich dazu beigetragen, daß die Probleme der Luftverschmutzung und der Flußüberflutungen weitgehend ohne staatliche Hilfe gelöst werden konnten. Da diese Organisation jedoch vornehmlich entstanden war, um Vorschläge zur Verbesserung von Umwelt und Infrastruktur zu erarbeiten und sich der Kreis von Problemen zunehmend erweiterte, kamen weitere Partnerschaften hinzu, wobei einer stärkeren Beteiligung der beiden Pittsburgher Universitäten besondere Bedeutung beigemessen wurde. Von diesen neueren "public-private partnerships" seien hier nur die wichtigsten mit ihren Aufgaben genannt:

- Regional Industrial Development Corporation
  Sie wurde 1955 von der Allegheny Conference ins Leben gerufen. Ihre Aufgabe besteht in der Umsetzung der Vorschläge in praktisches Handeln, insbesondere in der Ansiedlung neuer Unternehmen. Sie betreibt inzwischen drei Industrieparks und hilft den Unternehmen von der Abwicklung von Finanzierungsfragen bis hin zur Gewerbeflächenbereitstellung. Sie ist praktisch der "Entwicklungsarm" der eher planenden Allegheny Conference.

- Penn's Southwest Association
  Die Penn's Southwest Association wurde ebenfalls von der Allegheny Conference eingerichtet (1972), um bei Unternehmen aus dem In- und Ausland für eine Ansiedlung in Pittsburgh zu werben. Sie unterhält eigene Büros in Übersee, so z.B. auch in der Bundesrepublik, und ist praktisch der "Marketingarm" der Conference.

---

38 Vgl. H. Tank, Public-Private Partnership - ein neuer Weg zur Bewältigung struktureller Probleme und Wandlungen. Unveröffentlichtes Arbeitspapier, Bonn 1988, S. 39f.

39 Vgl. C. Weaver and M. Dennert, Economic Development and the Public-Private-Partnership, "American Planners Association Journal", vol. 53 (1987), S. 433.

40 Zu den Ausführungen über die in Pittsburgh bestehenden "public-private partnerships" vgl. H. Tank, S. 22ff., und R.S. Ahlbrandt and C. Weaver, Public Private Institutions and Advanced Technology Development in Southwestern Pennsylvania. "American Planners Association Journal", vol. 53 (1987), S. 449ff.

- Ben Franklin Partnership Program des Staates Pennsylvania
  Das wesentliche Ziel des seit 1982 laufenden Programms besteht darin, die regional verfügbaren Ausbildungskapazitäten effizienter zu nutzen. Es fördert eine kooperative Finanzierung von Technologiezentren (in Pittsburgh das Western Pennsylvania Advanced Technology Center) durch Staat und private Wirtschaft bei starker Beteiligung der Universitäten.

- Enterprise Corporation of Pittsburgh
  Sie bemüht sich seit 1983 um den Informationsaustausch zwischen jungen technologieorientierten Unternehmen und vermittelt Venture-Kapital.

- Pittsburgh High Technology Council
  Dieser ebenfalls 1983 gegründete Rat soll zum Entstehen eines starken High-Tech Sektors in der Region beitragen.

Es muß betont werden, daß all diese Partnerschaften nicht unabhängig voneinander arbeiten, sondern daß sie durch ihre Aktivitäten, durch ihre Mitglieder und durch ein System von formellen und informellen Verbindungen miteinander verflochten sind. Sie sind aus der Einsicht heraus entstanden, daß eine gegenseitige Zusammenarbeit allen Beteiligten Chancen eröffnet: dem öffentlichen Sektor die Chance auf eine solide wirtschaftliche Basis in der Region, den Unternehmen die Chance, Einfluß zu nehmen, aber auch soziale Verantwortung zu zeigen, und den Universitäten die Chance zur Erweiterung ihrer Forschungsaktivitäten. Interessant ist auch die Art der Finanzierung vieler dieser privat-öffentlichen Aktivitäten. Für jeden Dollar öffentlicher Gelder muß wenigstens ein Dollar an privatem Kapital mobilisiert werden[41].

Die Zusammenarbeit staatlicher und privater Träger blieb nicht auf rein ökonomische Fragen begrenzt. Vielmehr hatten sich bereits in den siebziger Jahren Nachbarschaftsinitiativen zusammengefunden, um durch eine Kombination von öffentlichen Geldern und Eigenleistung zur Verbesserung des Stadtbilds und des Wohnumfelds beizutragen und so gleichzeitig das Image von Stadt und Region aufzupolieren. Auch die Förderung der Kultur erfolgt durch "public-private partnerships", da man erkannt hat, daß das Kultur- und Freizeitangebot die Standortqualität und das Image einer Region erheblich beeinflußt[42].

Da die Anpassungsprozesse in Pittsburgh noch nicht abgeschlossen sind, ist eine endgültige Bewertung des Erfolgs der Partnerschaften verfrüht. Es wird jedoch in fast allen Veröffentlichungen betont, daß sie zur Verbesserung von Umwelt und Infrastruktur sowie des wirtschaftlichen Klimas, zum Entstehen eines High-Tech Sektors und zur Verbreiterung der Grundlagenforschung und insbesondere zu anwendungsorientierten Forschungsaktivitäten beigetragen haben und die ersten Arbeitsplatzeffekte spürbar geworden seien. Trotzdem sind einige kritische

---

41 Vgl. R. Vondran, Erst Bürgersinn aktivierte die brachliegenden Kräfte - Wie das amerikanische "Stahl-Tal" seine Krise zu meistern versucht. "Westdeutsche Allgemeine Zeitung", Essen, Ausgabe vom 19. September 1988.

42 Vgl. K.R. Kunzmann [I], S. 26ff.

Anmerkungen angebracht[43]: "Public-private partnerships" können sich einer demokratischen Legitimation und einer externen Kontrolle weitgehend entziehen; sie fördern eine Übertragung wichtiger Aufgabenbereiche an "unelected leaders". Es besteht die Gefahr, daß einzelne gesellschaftliche Gruppen - wie in Pittsburgh z.B. die Gewerkschaften - von der Teilnahme an den "partnerships" ausgeschlossen werden oder zumindest in ihnen unterrepräsentiert sind.

Zwei Phasen der Revitalisierung sind in Pittsburgh zu unterscheiden: Die Renaissance I - sie begann Mitte der vierziger Jahre und galt gegen Ende der sechziger Jahre als abgeschlossen - und die seit Ende der siebziger Jahre noch immer andauernde Renaissance II. Die Schwerpunkte der Revitalisierungsbestrebungen waren in beiden Phasen deutlich unterschiedlich. In der Renaissance I zielten die Maßnahmen zum ganz überwiegenden Teil auf eine Steigerung der Standortattraktivität der Region. Dadurch und durch Maßnahmen zur Imageverbesserung versuchte man die Probleme bei der Umstrukturierung in den Griff zu bekommen.

Maßnahmen im Infrastrukturbereich und zur Erhöhung der Standortattraktivität (Kultur- und Freizeitangebot) spielen zwar auch in der zweiten Revitalisierungsphase noch eine Rolle, hinzugekommen ist jedoch die erklärte Zielsetzung der Region, sich auf Produkte und Dienstleistungen zu spezialisieren, bei denen komparative Vorteile vermutet werden, und den dazu erforderlichen Umstrukturierungsprozeß zu unterstützen. Als Bereiche, die für eine solche Spezialisierung in Frage kommen, erkannte man ganz allgemein den Dienstleistungssektor und die Herstellung von humankapital- und technologieintensiven Produkten. Der Wandel vom Industrie- zum Dienstleistungszentrum schien aufgrund der "headquarter"-Funktion in der Stadt Pittsburgh naheliegend. Voraussetzungen für einen Wandel in Bereiche der Spitzentechnologie waren durch das Vorhandensein von Ausbildungs- und Forschungseinrichtungen ebenfalls gegeben. Pittsburgh verfügt über zwei Universitäten mit internationalem Ruf in einer Reihe von Disziplinen. Diese Voraussetzungen galt es weiterzuentwickeln und zu fördern. Eine entsprechende Zielrichtung weisen die in jüngerer Zeit ergriffenen speziellen Maßnahmen auf[44]: Förderung des Wissens- und Technologietransfers aus der Universität in die private Wirtschaft, Gründung der von Universitäten und Privatwirtschaft gemeinsam geführten Technologiezentren, Förderung von Firmengründungen, Managementverbund im Hochtechnologiebereich, Kapitalhilfefonds, Programme zur Verbesserung des Außenhandels, zur Steigerung beruflicher Qualifikationen und Maßnahmen zur Umschulung und Weiterbildung.

2.5.3. Bisherige Anpassungserfolge

Auch wenn der Umstrukturierungsprozeß in der Region fortdauert, können die Anpassungen zumindest insoweit als erfolgreich betrachtet werden, als die Stadt Pittsburgh inzwischen nicht mehr als Montanzentrum, sondern als Zentrum für

---

43 Vgl. H. Tank, S. 44.

44 Vgl. V.P. Singh, S. 42f.

Dienstleistungen sowie Forschung und Entwicklung gilt[45]. Der historische Gegensatz zwischen der Stadt Pittsburgh und den im Umland gelegenen "mill-towns" mag eine Erklärung dafür sein, daß die Anpassungserfolge in den Städten im Tal des Monongahela wesentlich kritischer zu beurteilen sind. Die strukturelle Anpassung in der Stadt begann früher und ist entsprechend weiter vorangeschritten. Die Umlandgemeinden blieben länger vom Stahl abhängig und kamen zu Beginn der achtziger Jahre in eine schwere Krise. Ein Stahlwerk nach dem anderen wurde geschlossen - mit zum Teil katastrophalen Auswirkungen auf die Beschäftigung, aber auch auf die Haushaltslage einzelner Gemeinden. Zum Ende des Jahres 1982 - dem Zeitpunkt, zu dem die regionalen Arbeitslosenquoten die höchsten Werte erreichten - lag die Arbeitslosenquote in allen Counties der PMSA erheblich über der der Stadt Pittsburgh - in Fayette war sie mehr als doppelt so hoch. Die Auswirkungen auf die kommunalen Haushalte drückten sich in zum Teil drastischen Reduzierungen des öffentlichen Leistungsangebots aus.

Während die Revitalisierungsmaßnahmen in der Renaissance I und zu Beginn der Renaissance II zu einem großen Teil ausschließlich der Stadt zugute kamen, ist man inzwischen auch im Umland aktiv geworden. Das Hauptproblem wird von den lokalen Verantwortlichen dabei im schlechten Image des Monongahela-Tales gesehen; obwohl die Umweltprobleme in der Region weitgehend als gelöst betrachtet werden könnten, hätte sich das Image dieser Teile der Region Pittsburgh noch nicht geändert. Bei der Erarbeitung einer Strategie für die Gemeinden des Monongahela-Tales wählte man das gleiche Vorgehen wie in Pittsburgh[46]: Mit der Mon Valley Commission wurde eine "public-private partnership" ins Leben gerufen, die Empfehlungen für die Revitalisierung erarbeitet hat. Im Vordergrund dieser Vorschläge stehen Maßnahmen zur Erhöhung der Attraktivität der Gemeinden als Wohnstandort und als Sitz kleinerer Unternehmen. Die Chancen zur raschen Schaffung von Ersatzarbeitsplätzen durch die Großindustrie werden als gering eingeschätzt. Da private Investoren das Interesse an der Region weitgehend verloren haben, soll der Staat durch Infrastrukturverbesserung, Beseitigung von Industriebrachen und Verbesserung der beruflichen Ausbildung die Region für privatwirtschaftliche Investitionen zunächst attraktiver gestalten.

Diese Vorschläge machen deutlich, daß eine neue Rolle, in die diese Städte hineinwachsen könnten, noch nicht gesehen wird. Anders als die Stadt Pittsburgh mit ihren Funktionen als Verwaltungs- und Forschungszentrum, verfügen sie nicht über ein entwicklungsfähiges Fundament, auf dem neue Strukturen aufbauen könnten. Hinzu kommt, daß die Zersplitterung der kommunalpolitischen Zuständigkeiten ein Hemmnis bei diesen Revitalisierungsversuchen ist. Der Koordination einzelner Entwicklungsvorstellungen kommt deshalb entscheidende Bedeutung zu. Diese Koordination ist um so wichtiger, als einzelne Gemeinden, die von der Schließung eines dominanten Unternehmens betroffen sind, so gut wie keinen finanziellen Handlungsspielraum mehr haben und diesen nur durch Kooperation

---

45   Vgl. K.R. Kunzmann [I], S. 29.

46   Vgl. K.R. Kunzmann [I], S. 21ff.

und regionale Aufgabenteilung mit anderen Gemeinden (möglicherweise erst durch eine Gebietsreform) bekommen können.

2.6. Zusammenfassende Bewertung

Sowohl das Entstehen als auch die wirtschaftliche Blüte verdankt die Industrieregion Pittsburgh der Stahlindustrie, die die Rolle des sektoralen Wachstumsmotors in der Region übernommen hatte. Regionale Verschiebungen der US-Stahlnachfrage und in jüngerer Zeit einschneidende Veränderungen auf dem Weltstahlmarkt haben die Stahlindustrie zum Schrumpfungspol werden lassen und die Region zur strukturellen Anpassung gezwungen. Das Ergebnis dieser Anpassung war ein starker Bedeutungsverlust der Industrie, aber auch ein deutlicher Rückgang der Bevölkerung, d.h. ein Teil der Anpassung ist über passive Sanierung erfolgt. Da der Zentralstaat und der Bundesstaat Pennsylvania nur wenig direkte Hilfestellung bei regionalen Anpassungserfordernissen bieten, war die Region auf Initiativen der lokalen Behörden und der privaten Wirtschaft angewiesen. Dabei erwies sich die Kooperation dieser beiden Seiten in "public-private partnerships" als besonders erfolgreich, und sie wurde in Pittsburgh fast zur Ideologie erhoben. Dienstleistungen und moderne Technologien, bei denen die Region komparative Vorteile aufzuweisen hat, sind als Richtung, in die der Wandel verlaufen sollte, vorgegeben worden. Die Einzelmaßnahmen setzen bei Hemmnissen im Infrastrukturbereich und bei der Qualifikationsstruktur der Arbeitskräfte an, und sie versuchen das Wissen der Universitäten und die Erfahrungen der Industrie zusammenzuführen.

Die Bilanz der bisherigen Erfolge der strukturellen Anpassungen in Pittsburgh muß zwiespältig ausfallen. In der Stadt selbst ist die Anpassung weitgehend gelungen, wenngleich sie im Laufe der letzten 25 Jahre ein Drittel ihrer Bevölkerung verloren hat. Sie ist zum Zentrum für Dienstleistungen und Verwaltungsfunktionen, aber auch für moderne Technologien geworden. Weite Teile der übrigen Region, insbesondere die kleineren, bisher ausschließlich auf die Stahlindustrie ausgerichteten "mill-towns", sind noch lange nicht so weit vorangekommen. Da sie auch keine zentralörtlichen Funktionen wie die Stadt Pittsburgh ausüben, muß bezweifelt werden, ob ihnen eine aktive Strukturanpassung in großem Umfang überhaupt gelingen kann. Sollte dies der Fall sein, so wird ein hoher Zeitbedarf erforderlich sein; die für diese Gebiete derzeit vorgeschlagenen Maßnahmen (Imageverbesserung, Infrastrukturverbesserung) sind in der Stadt Pittsburgh bereits vor mehr als dreißig Jahren eingeleitet worden.

3. Der Saar-Lor-Lux-Raum

3.1. Abriß der Wirtschaftsgeschichte[47]

Die Wirtschaftsgeschichte der Regionen Saarland, Lothringen und Luxemburg weist so viele Gemeinsamkeiten auf, daß der Raum beim Nachzeichnen der historischen Entwicklungen als eine Einheit betrachtet werden sollte. Dabei sind die seit der Industrialisierung eingetretenen wirtschaftlichen Entwicklungen untrennbar mit den politischen und militärischen Auseinandersetzungen zwischen Deutschland und Frankreich verbunden.

Nach den Pariser Verträgen (1814 und 1815) war Lothringen Teil des französischen Staates, das Saarland stand zum Teil unter preußischer Hoheit, zum Teil gehörte es zur Pfalz, die Mitglied im Bayerischen Zollverein wurde; Luxemburg schließlich war als unabhängiges Herzogtum Mitglied des Deutschen Bundes. Entscheidende Veränderungen an dieser Aufteilung traten mit dem Frankfurter Frieden nach dem Krieg von 1870/71 ein: Lothringen wurde geteilt, das Mosel-Département kam unter preußische Hoheit, so daß das Saarland nicht mehr Grenzregion war. Nach Beendigung des Ersten Weltkrieges fiel das Mosel-Département an Frankreich zurück; zugleich wurde das Saarland zum "Völkerbundgebiet" unter französischer Verwaltung erklärt. Aufgrund der Ergebnisse einer Volksabstimmung wurde das Saarland nach 1935 wieder Teil des Deutschen Reiches. Der Zweite Weltkrieg brachte erneute Veränderungen der Grenzen in der Region: Das Mosel-Département wurde vom Deutschen Reich annektiert, und nach 1945 fiel das Saarland an Frankreich. Erst nach erneuter Volksabstimmung und einer Übergangszeit unter französischer Verwaltung wurde das Saarland 1959 Teil der Bundesrepublik Deutschland. Dieser knappe Abriß der politischen Veränderungen, denen der Saar-Lor-Lux-Raum ausgesetzt war, ist für das Verständnis seiner Wirtschaftsgeschichte von Bedeutung, weil die Veränderungen der Grenzziehungen die wirtschaftsgeographisch eigentlich naheliegende Herausbildung enger wirtschaftlicher Beziehungen, einheitlicher Absatzmärkte und stärkerer Unternehmensverflechtungen behinderten.

Kohleförderung und Metallerzeugung haben im Saar-Lor-Lux-Raum eine jahrhundertelange Tradition. Bereits zur Römerzeit wurde an der Saar Eisen geschmolzen. Im Mittelalter existierten Eisenschmelzen sowohl im Saarland (Dillingen, Neunkirchen) als auch in Luxemburg und im Norden des Mosel-Départements. Basis für diese Eisenschmelzen war die in der waldreichen Gegend reichlich verfügbare Holzkohle. Die Steinkohleförderung geht im Saarland bis in

---

47 Die folgenden Ausführungen orientieren sich an F. Reitel, Krise und Zukunft des Montandreiecks Saar-Lor-Lux. Frankfurt u.a. 1980, S. 26ff.; H.-W. Herrmann und G.W. Sante, Geschichte des Saarlandes. Würzburg 1973, S. 59ff.; H. Quasten, Die Wirtschaftsformation der Schwerindustrie im Luxemburger Minette. (Arbeiten aus dem Geographischen Institut der Universität des Saarlandes, Band 13.) Saarbrücken 1970, S. 210ff.; D. Burtenshaw, Saar-Lorraine. (Problem Regions of Europe.) Oxford 1976, S. 10ff.

das 14. Jahrhundert zurück[48]. Zunächst wurde dort, wo die Kohleflöze zu Tage traten, nach Kohle gegraben. Die ersten Stollenbergwerke wurden vom Tal waagerecht zu den Flözen getrieben. Die ersten senkrechten Schachtanlagen entstanden zu Beginn des 19. Jahrhunderts. Eingesetzt wurde die so geförderte Kohle in Schmieden und Glashütten. Grundlegende Kenntnisse für die Kohleförderung und Metallerzeugung waren folglich zu Beginn der industriellen Revolution im Saar-Lor-Lux-Raum vorhanden. Die Menschen waren es seit alters her gewohnt, Eisen herzustellen und zu verarbeiten. Technische Innovationen und Markterweiterungen führten in der Mitte des 19. Jahrhunderts zur Herausbildung der Eisenindustrie. In allen Teilen der Region (Burbach, Neunkirchen, Mont-Saint-Martin, Stiring-Wendel und Esch) entstanden Hochöfen, die zunehmend Steinkohlenkoks statt Holzkohle einsetzten. Dies trug neben den verbesserten Abbautechnologien und dem fortschreitenden Ausbau des Eisenbahnnetzes erheblich zur Steigerung der Kohleförderung bei.

Entscheidende Veränderungen für die Montanindustrie im Saar-Lor-Lux-Raum traten in der zweiten Hälfte des 19. Jahrhunderts ein. An der Saar waren die lokalen Erzvorkommen nahezu erschöpft, so daß man sich dort um neue Bezugsquellen bemühen mußte. Der naheliegende Bezug lothringischer Minette-Erze war nicht nur wegen der Grenzlage, sondern auch wegen des hohen Phosporgehalts dieser Erze problematisch, denn das 1855 erfundene Bessemer-Verfahren zur Stahlerzeugung, das gegenüber dem zuvor dominierenden Puddel-Verfahren ganz erhebliche Produktivitätssteigerungen ermöglichte, ließ den Einsatz phosporreicher Erze nicht zu. Aus diesen Gründen gerieten die Hütten an der Saar und in Lothringen gegenüber dem Ruhrgebiet ins Hintertreffen. Die Zuordnung von Teilen Lothringens zum Deutschen Reich (1871) und die Erfindung des Thomas-Verfahrens für die Stahlproduktion auf Basis phosporreichen Roheisens (1878) trugen zur Lösung dieser Probleme bei. Die veränderte Grenzziehung erlaubte eine einfachere Belieferung der saarländischen Hütten mit lothringischen Minette-Erzen; die technologische Neuerung ermöglichte eine wettbewerbsfähige Stahlerzeugung auf Basis dieser Erze. Damit war die Grundlage für eine neue Phase wirtschaftlicher Expansion geschaffen. Eisen- und Stahlindustrie sowie die Erz- und Kohleförderung entwickelten sich in der Folgezeit stetig aufwärts. Durch den Zollanschluß an das Deutsche Reich partizipierte auch Luxemburg von dieser Entwicklung, allerdings verlief der Aufschwung dort etwas langsamer als in den beiden anderen Teilregionen, weil man lange Zeit bemüht war, die eigenen Erzreserven zu schonen. Zwischen dem Saarland und Lothringen entwickelte sich eine Arbeitsteilung, die Luxemburg einschloß: Die lothringischen Hütten übernahmen die rohstoffintensiven ersten Stufen der Eisen- und Stahlgewinnung, die saarländischen und z.T. auch die luxemburgischen Werke spezialisierten sich stärker auf die Herstellung von Qualitätsstahl und Walzwerksprodukten. Saarland, Luxemburg und das Mosel-Département bildeten eine in das deutsche Zollgebiet integrierte wirtschaftliche Einheit und ein weltweit bedeutendes stahlindustrielles

---

48 Die Kohleförderung wurde in Lothringen aufgrund ungünstigerer geologischer Gegebenheiten erst wesentlich später als im Saarland aufgenommen.

Zentrum. Mit einer Rohstahlproduktion von 8,5 Mill. t hatte die Region 1913 einen Anteil am Weltmarkt von fast 11 vH[49].

Von der Produktionssteigerung der Hüttenindustrie im Saar-Lor-Lux-Raum profitierte in erster Linie der lothringische und der saarländische Bergbau. Die Kohleförderung im Saarland stieg zwischen 1850 und 1900 von 0,6 Mill. t auf 9,9 Mill. t; die Zahl der Beschäftigten verzehnfachte sich im gleichen Zeitraum annähernd und betrug um 1900 etwa 42 000. In Lothringen stieg die Produktion des Bergbaus von 0,3 Mill. t im Jahr 1873 auf 2,1 Mill. t im Jahr 1906. Daneben wurden Zulieferindustrien für die Montansektoren auf- bzw. ausgebaut, Banken und Sparkassen entstanden, die Handelsverflechtungen zwischen den Teilregionen nahmen zu, und die konsumnahen Produktionsbereiche expandierten wegen steigender Bevölkerungszahlen und der verbesserten Möglichkeiten zur Einkommenserzielung.

Der Erste Weltkrieg stellt das Ende dieser steilen Aufwärtsentwicklung dar. Mit Kriegsende verloren die Saarunternehmer[50] die zwischenzeitlich in Lothringen erworbenen Erzfelder und Hütten. Stahlwerke an der Saar gingen in französische und luxemburgische Mehrheiten über. Die luxemburgischen Hütten, die zu einem großen Teil Zulieferfunktionen für die deutschen Werke übernommen hatten, waren zugleich gezwungen, ihr Produktionsprogramm zu ändern und neue Absatzmärkte zu suchen. Ihnen gelang es durch Exporte nach Nordamerika, Japan und China, ihren Anteil am Weltstahlmarkt zwischen den beiden Kriegen zu stabilisieren. Die Wirtschaft im Saarland und im Mosel-Département war gezwungen, sich an den Erfordernissen des französischen Marktes zu orientieren, deutsche Absatzgebiete gingen teilweise verloren. Zudem geriet die Kohleförderung in der Region nach der Modernisierung des im Krieg zerstörten nordfranzösischen Kohlereviers unter Wettbewerbsdruck. Die Wiedereingliederung des Saarlandes ins Deutsche Reich (1935) verlangte von den Produzenten in dieser Region eine erneute Umorientierung. Insgesamt blieb die wirtschaftliche Entwicklung der Saar-Lor-Lux-Region zwischen den Weltkriegen hinter der vergleichbarer Industriereviere zurück.

Der Zweite Weltkrieg stellt einen weiteren tiefen Einschnitt in die Wirtschaftsentwicklung der Region dar. Die Produktionsanlagen waren in erheblichem Umfang zerstört. Der Wiederaufbau im Saarland erfolgte zunächst nur zögernd, weil Kapital und Arbeitskräfte fehlten und Frankreich dem Wiederaufbau Lothringens Vorrang einräumte. Nach Überwindung von Anlaufschwierigkeiten war die wirtschaftliche Entwicklung des Saarlandes - ebenso wie die Lothringens - durch den Wiederaufbau- und Nachholbedarf in Frankreich bestimmt. Die Folge war die Reaktivierung der Vorkriegsstrukturen und eine durch die Wiederaufbauphase begünstigte Expansion der regionalen Wirtschaft, die jedoch deutlich schwächer ausfiel als in der neu geschaffenen Bundesrepublik Deutschland. In Luxemburg wa-

---

49 Die Produktion im Ruhrgebiet erreichte 1913 rund 10 Mill. t Rohstahl.

50 Z.T. waren auch Ruhrunternehmen (z.B. Thyssen) stark betroffen. Vgl. W. Treue, Die Feuer verlöschen nie. August-Thyssen-Hütte 1890-1926. Düsseldorf 1966.

Der Saar-Lor-Lux-Raum

ren nach dem Krieg zunächst ebenfalls die Kriegszerstörungen zu beseitigen. Danach setzte eine allmähliche Aufwärtsentwicklung der Stahlindustrie ein, die wegen des zunächst weitgehenden Ausfalls der Lieferungen der europäischen Konkurrenten insbesondere überseeische Märkte belieferte.

Die gegenwärtigen Probleme der Saar-Lor-Lux-Region begannen mit der Krise des Bergbaus zum Ende der fünfziger Jahre. Auf die aktuellere wirtschaftsgeschichtliche Entwicklung wird im folgenden getrennt nach Regionen eingegangen.

3.2. Lothringen

3.2.1. Lage, Größe und Bevölkerung

Lothringen ist eine von insgesamt 22 französischen Programmregionen, die zum Zweck der regionalen Wirtschaftsförderung gebildet wurden. Diese Region setzt sich aus den vier Départements Meurthe et Moselle, Moselle, Meuse und Vosges zusammen (vgl. Karte 4). Die montanindustriellen Zentren liegen im Norden Lothringens in der Umgebung der Städte Longwy, Briey und Thionville sowie in der Umgebung von Nancy, d.h. hauptsächlich in den beiden zuerst genannten Départements.

Tabelle 6 zeigt, daß Lothringen von der Fläche her gesehen fast zehnmal so groß ist wie das Saarland. Auf dieser Fläche leben aber nur 2,3 Mill. Menschen, d.h. etwas mehr als doppelt so viele wie im Saarland. Damit ist die Bevölkerungsdichte in Lothringen erheblich geringer als im bundesdeutschen Teil der Saar-Lor-Lux-Region und sogar niedriger als im französischen Durchschnitt. Nur in den beiden montanindustriell geprägten Départements Moselle und Meurthe et Moselle liegt die Bevölkerungsdichte über dem Durchschnitt Frankreichs. In diesem Teil Lothringens leben 1,7 Mill. Menschen, etwa eine halbe Million davon im eigentlichen Stahlrevier.

3.2.2. Die jüngere Wirtschaftsgeschichte

Drei der wichtigsten lothringischen Wirtschaftsbereiche kamen nacheinander in Schwierigkeiten. Die Probleme begannen im Kohlenbergbau. Noch 1957 wurde eine Förderung von 14 Mill. t Kohle erreicht, aber unmittelbar danach begann der Abstieg des Kohlenbergbaus, und zwar hervorgerufen durch die Konkurrenz von Öl und Gas. Die Nachfragerückgänge bei der Kohle führten zu Rationalisierungsprogrammen und zur Konzentration auf die produktivsten Zechen[51]. Alle Rationalisierungsmaßnahmen waren Bestandteil von Plänen der französischen Regierung, die auf eine deutliche Reduzierung des Bergbaus hinausliefen (Jeanneny-Plan, Bettencourt-Plan)[52]. Erschwert wurde die Lage der lothringischen Kohlewirtschaft durch den Saarvertrag[53], in dem Frankreich über 25 Jahre hinweg die Belieferung von jährlich 2 Mill. t Saarkohle festgeschrieben hatte. Nach Beginn der

---

51 Wurde 1957 noch in zehn lothringischen Zechen Kohle gefördert, so war die Zahl bis 1974 auf die Hälfte zurückgegangen.

52 Vgl. D. Burtenshaw, S. 13f.

53 Vgl. F. Reitel, S. 37.

Tabelle 6

Lothringen - Fläche und Bevölkerung

	Meurthe et Moselle	Moselle	Meuse	Vosges	Lothringen insgesamt
Fläche					
in km^2	5241	6216	6216	5874	23547
Anteil an Frankreich					
(in vH)	1,0	1,1	1,1	1,1	4,3
Bevölkerung (1986)					
in 1000	712	1009	198	394	2313
Anteil an Frankreich					
(in vH)	1,3	1,8	0,4	0,7	4,2
Bevölkerungsdichte (1986)					
Einwohner je km^2	136	162	32	67	98
Frankreich = 100	135	160	31	66	97

Nach Angaben des Institut National de la Statistique et des Etudes Economiques (Ed.), Annuaire Statistique de la France 1987. 92^e Volume. Paris 1987.

RWI ESSEN

Kohlekrise erwies sich diese Vereinbarung als Bumerang, weil die lothringische Kohleförderung unter dieser Importfestlegung litt.

Seit etwa 1960 veränderte sich die Wettbewerbssituation der Eisenerzgruben; die Erzexporte, die bis dahin gestiegen waren, fingen an zu fallen, weil überall reichhaltigere und reinere Erze den Minette-Erzen vorgezogen wurden, zumal diese auch preislich nicht mehr konkurrieren konnten. Zwischen 1960 und 1972 ging die Erzförderung im Département Moselle um 17 vH, im Département Meurthe et Moselle um 31 vH zurück; die Erzexporte aus den Départements sanken um ein Drittel bzw. die Hälfte. Die Belegschaften im Erzbergbau wurden verringert, und man versuchte, nur die Gruben mit den eisenhaltigsten Erzen und den höchsten Produktivitäten bzw. Möglichkeiten zur Produktivitätssteigerung offen zu halten[54].

Vom Niedergang der Erzgruben mitbetroffen war die Stahlindustrie: Der Vorzug preiswerten Erzbezugs schwand, die Erzkosten entwickelten sich sogar als Standortnachteil gegenüber der küstennäheren Konkurrenz. Der Anteil Lothringens an der französischen Rohstahlerzeugung ist von 66 vH (1953) auf 44 vH (1977) zurückgegangen[55]. Die Ursachen für die Probleme der französischen - und im besonderen der lothringischen - Stahlindustrie sind z.T. in Entwicklungen und Veränderungen auf den Weltstahlmärkten zu sehen, sie liegen aber auch in nationalen

---

54   Vgl. D. Burtenshaw, S. 16f.

55   Vgl. F. Reitel, S. 74.

und regionalen Besonderheiten begründet[56]: So war die französische Stahlindustrie - nicht zuletzt durch zu niedrige Preissetzungen der Regierung - hoch verschuldet, ein großer Teil der Umsätze wurde für den Schuldendienst benötigt. Daneben war die Produktivität der französischen und dabei gerade der lothringischen Anlagen im internationalen Vergleich nicht ausreichend[57]. Um dies zu ändern, setzte die französische Planung auf neue Großstahlwerke. Insbesondere der Bau eines modernen Stahlwerkes in Fos (bei Marseille) im Jahre 1970 hat nicht nur zu Überkapazitäten geführt, sondern auch dazu beigetragen, daß die dort investierten Beträge für Modernisierungen der lothringischen Stahlwerke fehlten. Dieser Aspekt leitet unmittelbar zu den regionalen Faktoren über, die zur Ausweitung der Krise beigetragen haben: Die Umstrukturierung der Stahlunternehmen verlief zu langsam, was sich z.T. durch die starke Zersplitterung und Rivalität zwischen den Unternehmen und das mangelnde Interesse an Kooperation und gemeinsamen Projekten erklärt. Die Spezialisierung war nicht hinreichend, es wurden zu viel einfache Stahlqualitäten produziert, und Kuppelprodukte (z.B. Schlacke) wurden nicht in ausreichendem Maße verwertet. Der technische Stand der lothringischen Stahlwerke war in vielen Fällen völlig veraltet. Außerdem hatte man in den Phasen der expansiven wirtschaftlichen Entwicklung zu wenig auf das Entstehen einer komplementären Infrastruktur geachtet, und auch Stahlverarbeiter waren in der Region nur in unzureichender Zahl vorhanden; weitere Diversifizierung fand kaum statt. Noch bis in die jüngste Vergangenheit arbeiteten im Süden Lothringens moderne Stahlwerke mit veralteten Anlagen zur Verarbeitung zusammen, während im Norden das Umgekehrte der Fall war.

3.2.3. Empirischer Befund der Wirtschaftsstruktur

3.2.3.1. Demographische Entwicklung

Die Zahl der Einwohner in Lothringen ist zwischen 1960 und 1985 um mehr als 150 000 gestiegen (vgl. Tabelle 7). Während die Bevölkerung in Frankreich aber um mehr als 21 vH gewachsen ist, entsprach die Zunahme in Lothringen nur etwa 7 vH. Von dieser - im Vergleich zum französischen Durchschnitt - ungünstigen Entwicklung der Einwohnerzahl waren alle vier lothringischen Départements betroffen. Mit einer Zunahme der Bevölkerung von fast 14 vH schnitt das bevölkerungsreichste Département Moselle noch am besten ab; in Meurthe et Moselle entsprach die Entwicklung ungefähr dem lothringischen Durchschnitt; in den Vogesen stagnierte die Einwohnerzahl annähernd, während sie im kleinsten Département Meuse um fast zehn Prozent gesunken ist.

Die im Vergleich zu Frankreich ungünstige Bevölkerungsentwicklung Lothringens ist im wesentlichen auf Wanderungsverluste zurückzuführen, die durch nach

---

56 Zu den folgenden Ausführungen vgl. R. Gendarme, Sidérurgie Lorraine - Les Coulées du Futur. Nancy und Metz 1985, S. 22ff.

57 1976 erforderte die Produktion einer Tonne Stahl in Frankreich zwölf Stunden, in der Bundesrepublik neun Stunden, in Japan sogar nur fünf Stunden Arbeit.

Tabelle 7

Bevölkerungsentwicklung in Lothringen, den lothringischen Départements und Frankreich
1960 bis 1985

| | Bevölkerung (in 1000) | | | | Veränderung der Bevölkerungszahl | | | | | |
| | 1960 | 1970 | 1980 | 1985 | 1960 bis 1970 | | 1970 bis 1980 | | 1980 bis 1985 | |
					in 1000	in vH	in 1000	in vH	in 1000	in vH
Lothringen	2164	2304	2313	2316	140	6,5	9	0,4	3	0,1
davon										
Meurthe et Moselle	668	716	717	713	48	7,2	1	0,1	-4	-0,5
Meuse	219	207	197	199	-12	-5,7	-10	-4,8	2	1,1
Moselle	887	990	1001	1009	103	11,6	11	1,1	8	0,8
Vosges	390	391	398	395	1	0,3	7	1,7	-4	-0,9
Frankreich	45355	50524	53589	55063	5169	11,4	3064	6,1	1474	2,8

Eigene Berechnungen nach Angaben des Institut National de la Statistique et des Etudes Economiques (Ed.), Annuaire Statistique de la France. Paris, verschiedene Jahrgänge.

RWI ESSEN

wie vor hohe Geburtenüberschüsse verdeckt werden. Vom Ende des Zweiten Weltkrieges bis in die sechziger Jahre hinein hatte Lothringen sowohl Geburtenüberschüsse als auch einen positiven Wanderungssaldo. Die demographische Entwicklung war das Spiegelbild der ökonomischen Entwicklung. Besonders die beiden stärker industrialisierten Départements Moselle und Meurthe et Moselle profitierten von den zunächst günstigen Entwicklungen bei Kohle und Stahl. Dies änderte sich in den sechziger Jahren: Zwar ist der weitaus größte Teil der Bevölkerungszuwächse, die von 1960 bis 1985 festzustellen sind, zwischen 1960 und 1970 eingetreten, dennoch lag die Zuwachsrate bereits damals deutlich unter dem französischen Durchschnitt. Ursache hierfür war das Auftreten von Wanderungsverlusten. Detaillierte Wanderungsanalysen für die sechziger Jahre[58] zeigen, daß die Stahl- und Kohlereviere im Norden und in hohem Maße die stärker ländlich geprägten Gebiete im Département Meuse von Wanderungsverlusten betroffen waren, während insbesondere die Städte Metz und Nancy sowie deren Umgebung positive Wanderungssalden aufwiesen.

In den siebziger und achtziger Jahren hat sich der Bevölkerungszuwachs bis zur Stagnation abgeschwächt. Während in Frankreich noch eine Bevölkerungszunahme von 6 vH bzw. 3 vH verzeichnet wurde, betrug der Anstieg in Lothringen nur 0,4 vH bzw. 0,1 vH. Obwohl es zumeist die jüngeren Erwerbstätigen sind, die aus wirtschaftlichen Gründen eine Region verlassen und damit auch indirekt zu einer Überalterung der Bevölkerung beitragen, ist Lothringen - wegen der hohen Geburtenrate - eine "junge" Region geblieben: Der Anteil der Personen unter 20 Jahren lag 1982 deutlich über dem französischen Durchschnitt, der Anteil der über 66-jährigen darunter. Nach den Prognosen wird der Anteil der jungen Menschen zwar sinken, aber er wird in den neunziger Jahren den Durchschnittswert für Frankreich nicht unterschreiten.

3.2.3.2. Beschäftigung und Arbeitslosigkeit

Die Gesamtzahl der Beschäftigten in Lothringen ist zwischen 1954 und 1986 um 2,7 vH gesunken (vgl. Tabelle 8), während sie in Frankreich um mehr als 8 vH gestiegen ist. Die ungünstige Beschäftigungsentwicklung Lothringens ist jedoch nicht kennzeichnend für den gesamten betrachteten Zeitraum. Von 1954 bis 1962, d.h. solange die lothringische Wirtschaft vom französischen Wiederaufbau profitierte und Stahl und - mit Einschränkung seit Ende der fünfziger Jahre - Kohle die Wachstumsträger der Region waren, stieg die Beschäftigung in Lothringen erheblich stärker als in Frankreich. Von 1962 bis 1970 hat sich das Bild dann völlig gewandelt: Während nun die Beschäftigung in Frankreich rasch expandierte, war in Lothringen ein stark verlangsamtes Beschäftigungswachstum feststellbar. Seit 1970 zeigt sich eine überdurchschnittliche Reagibilität der lothringischen

---

58 Vgl. D. Burtenshaw, S. 25f.; für die erste Hälfte der siebziger Jahre vgl. C. Augustin u.a., Die wirtschaftliche und soziale Entwicklung im Grenzraum Saar-Lor-Lux. (Schriftenreihe der Regionalkommission Saarland-Lothringen-Luxemburg-Rheinland-Pfalz, Band 6.) Saarbrücken 1978, S. 12ff. und S. 134.

Tabelle 8

Langfristige Beschäftigungstendenzen in Lothringen und Frankreich 1954 bis 1986; Veränderung der Beschäftigtenzahl in vH		
	Lothringen	Frankreich
1954 bis 1962	3,9	1,1
1962 bis 1970	1,8	6,2
1970 bis 1976	1,3	2,2
1976 bis 1982	-5,4	-1,2
1982 bis 1986	-3,7	-0,3
1954 bis 1986	-2,7	8,5

Eigene Berechnungen nach Angaben des Statistischen Amtes der Europäischen Gemeinschaften (Hrsg.), Jahrbuch Regionalstatistik. Luxemburg, verschiedenen Jahrgänge; Institut National de la Statistique et des Etudes Economiques (Ed.), Zoom sur l'emploi. (Supplément à Economie Lorraine, Dossier no. 3.) Nancy 1987; Kommission der Europäischen Gemeinschaften (Hrsg.), Die regionale Entwicklung in der Gemeinschaft. Luxemburg 1971.

RWI ESSEN

Beschäftigtenzahlen in bezug auf die des Gesamtraums, d.h. der Rückgang ist in gesamtwirtschaftlichen Schwächeperioden besonders stark ausgeprägt.

Es wäre naheliegend, daß diese Beschäftigungsentwicklungen nicht ohne Auswirkungen auf Arbeitslosenzahl und -quote blieben. Tabelle 9 stellt die für Lothringen und für Frankreich ausgewiesenen Arbeitslosenquoten für ausgewählte Jahre gegenüber. Dabei fällt auf, daß die Arbeitslosenquoten zu Beginn der siebziger Jahre nur etwa 1 vH betrugen. In der Folge nahmen die Quoten zu; allerdings lagen die Arbeitslosenquoten Lothringens während der siebziger Jahre stets unter dem französischen Durchschnitt. 1986 betrug die Arbeitslosenquote in Frankreich 10,5 vH; in Lothringen wurde - wie in den meisten Jahren seit 1981 - eine geringfügig höhere Quote festgestellt. Angesichts der wirtschaftlichen Probleme der Region ist auffällig, wie wenig die lothringische Quote über dem französischen Durchschnitt liegt. Ursache hierfür dürften neben "versteckter" Arbeitslosigkeit nicht zuletzt die später noch anzusprechenden beschäftigungspolitischen Maßnahmen der französischen Regierung sein.

3.2.3.3. Sektorale Beschäftigungsentwicklung und -struktur

Das Produzierende Gewerbe bildete - historisch gesehen - den Schwerpunkt der lothringischen Wirtschaft. Die Hüttenindustrie sowie der Erz- und Kohlenbergbau waren lange Zeit die Sektoren, die die wirtschaftlichen Entwicklungen dominierten. Die Bedeutung des sekundären Sektors ist jedoch in den letzten 30 Jahren

Tabelle 9

	Lothringen	Frankreich
Entwicklung der Arbeitslosenquoten in Lothringen und Frankreich 1970 bis 1986		
1970	0,8	1,2
1975	2,9	3,8
1977	4,3	4,8
1979	4,5	6,0
1981	8,2	7,7
1982	8,2	8,7
1983	8,7	8,9
1984	10,6	10,0
1985	10,6	10,5
1986	10,7	10,7

Nach Angaben des Statistischen Amtes der Europäischen Gemeinschaft (Hrsg.), Jahrbuch Regionalstatistik. Luxemburg, verschiedene Jahrgänge; Statistisches Amt der Europäischen Gemeinschaft (Hrsg.), Beschäftigung und Arbeitslosigkeit. Luxemburg 1988, o.V., Bilan 1987 - Quelques Signes d'Amelioration. "Economie lorraine", Nancy, no. 69, Juin 1988.

RWI ESSEN

deutlich gesunken. 1954 fanden noch fast 53 vH[59] aller lothringischen Beschäftigten ihren Arbeitsplatz im produzierenden Bereich - der Anteil lag damit fast 18 Prozentpunkte über dem französischen Durchschnitt. 1986 war der Anteil des sekundären Sektors an der Gesamtwirtschaft - gemessen wiederum an der Beschäftigtenzahl - auf 40 vH gesunken; der Abstand zum französischen Durchschnitt war auf weniger als 7 Prozentpunkte zurückgegangen.

Bis in die siebziger Jahre hinein handelte es sich jedoch ausschließlich um einen relativen Bedeutungsverlust von Industrie, Bergbau und Baugewerbe. Die Beschäftigtenzahlen dieser Bereiche waren gestiegen, allerdings mit geringerer Rate als die des tertiären Sektors. Seit Mitte der siebziger Jahre ist auch ein absoluter Bedeutungsverlust festzustellen; zwischen 1975 und 1986 ist die Zahl der Beschäftigten im Produzierenden Gewerbe der Region um jahresdurchschnittlich mehr als 3 vH gesunken[60] und damit doppelt so stark wie im französischen Durchschnitt. Nur bis etwa 1978 konnte die Ausdehnung der Beschäftigung im Dienstleistungsbereich große Teile der Beschäftigungsverluste im sekundären Sektor kompensieren, danach stellte sich eine deutliche Verlangsamung der

---

59 Die Anteilsberechnungen basieren auf Angaben von M. Szwarc, La Lorraine mal préparée pour la Crise. "Cahiers Economiques de Nancy", Nancy, no. 11 (1983), S. 8. Grunddaten sind Erwerbstätigenzahlen.

60 Die Änderungsraten wurden nach folgenden Quellen berechnet: Statistisches Amt der Europäischen Gemeinschaft (Hrsg.), Jahrbuch Regionalstatistik. Luxemburg, verschiedene Jahrgänge. M. Szwarc, S. 8, und Institut National de la Statistique et des Etudes Economiques (Ed.) [I], Zoom sur l'emploi. (Supplément à Economie Lorraine, Dossier no. 3.) Nancy 1987.

Dienstleistungsexpansion[61] ein, so daß der Rückgang in der Industrie auf die Gesamtzahl der Beschäftigten durchschlug.

Unter den industriellen Sektoren waren die Hüttenindustrie, der Kohlenbergbau, der Erzbergbau und die Textilindustrie am stärksten von Beschäftigungsrückgängen betroffen. In der - insbesondere im Département Vosges angesiedelten - Textilindustrie gingen von 1954 bis 1985 rund 36 000 Arbeitsplätze verloren[62]. Die im Rahmen dieser Untersuchung für Lothringen stärker interessierenden Montansektoren reduzierten ihre Beschäftigung im gleichen Zeitraum um über 110 000 davon fast 70 000 in der Hüttenindustrie, 25 000 in den Eisenerzgruben und 17 000 im Kohlenbergbau. Von diesen Beschäftigungsverlusten waren die Départements Moselle und Meurthe et Moselle am stärksten betroffen.

Tabelle 10 zeigt die Entwicklung der Zahl der abhängig Beschäftigten für die einzelnen Sektoren in der jüngsten Vergangenheit. Von 1982 bis 1986 ist die Gesamtzahl der Beschäftigten im Verarbeitenden Gewerbe um mehr als 28 000 zurückgegangen. Neben der - gemessen an der Zahl ihrer Beschäftigten - unbedeutenden Mineralölverarbeitenden Industrie (-61 vH) waren insbesondere die Metallerzeugung und -bearbeitung (-18 vH), die Textil- und Bekleidungsindustrie (-16 vH) sowie der Sektor Holz, Papier und Druck (-15 vH) die am stärksten von Beschäftigungsrückgängen betroffenen Industriezweige[63]. Obwohl der Anteil des Sektors Metallerzeugung und -bearbeitung bis 1986 kontinuierlich zurückgegangen ist, sind in Lothringen noch immer drei von zehn Industriebeschäftigten in diesem Industriezweig tätig. Neben dieser Anteilsverschiebung ist insbesondere der wachsende Anteil des Fahrzeugbaus erwähnenswert. Weitere starke Verschiebungen sind nicht festzustellen - die übrigen Industriesektoren Lothringens sind von den Problemen bei Kohle und Stahl in hohem Maße miterfaßt und schrumpften im betrachteten Zeitraum annähernd in gleicher Größenordnung wie die dominierenden Sektoren.

Von den nicht-industriellen Sektoren schneidet, wie angesichts seiner Einbindung in die regionale Wirtschaft zu erwarten, das Baugewerbe am ungünstigsten ab; um 12 000 wurde die Beschäftigtenzahl in diesem Wirtschaftszweig verringert. Ganz offensichtlich hatte auch der Handel unter den Schwierigkeiten der Industrie mitzuleiden. Bei den Banken und Versicherungen sowie den handelsfähigen Dienstleistungen ist die Beschäftigtenzahl gestiegen. Den stärksten Zuwachs weisen die zum größten Teil staatlich bereitgestellten nicht-handelsfähigen Dienste auf.

---

61 Vgl. Institut National de la Statistique et des Etudes Economiques (Ed.) [II], Apercu sur la situation économique et démographique. Nancy, ohne Jahr, S. 8.

62 Zu den Zahlenangaben vgl. Institut National de la Statistique et des Etudes Economiques (Ed.) [II], S. 5.

63 Vorläufige Angaben für 1987 zeigen eine Fortsetzung des Beschäftigungsabbaus. Insgesamt gingen 1987 rund 8 500 Arbeitsplätze verloren, allein 7 500 im Bereich Metallerzeugung und -bearbeitung.

Tabelle 10

Beschäftigungsstruktur in Lothringen
1982 und 1986

	1982		1986		Veränd. 1982 bis 1986 in vH
	in 1000	Anteil in vH	in 1000	Anteil in vH	
Landwirtschaft, Forstwirtschaft, Fischerei;	7,2	1,0	6,4	0,9	-12,0
Bergbau	23,7	3,2	21,4	3,0	-9,7
Energie	7,9	1,1	8,1	1,1	2,6
Verarbeitendes Gewerbe	239,0	32,5 = 100,0	210,7	29,7 = 100,0	-11,9
davon:					
Mineralölverarbeitung	0,7	0,3	0,3	0,1	-61,1
Metallerzeugung und -bearbeitung	78,9	33,0	64,4	30,6	-18,4
Steine, Erden, Glas	12,7	5,3	10,9	5,2	-14,1
Chemie	10,3	4,3	8,9	4,2	-14,0
Maschinenbau	17,5	7,3	15,4	7,3	-12,0
Elektrotechnik	11,0	4,6	10,9	5,2	-0,7
Fahrzeugbau (inkl. Schiffbau)	15,6	6,5	17,5	8,3	12,2
Textil, Bekleidung, Leder	32,2	13,5	27,1	12,9	-15,9
Holz, Papier, Druck	30,6	12,8	26,1	12,4	-14,7
Kunststoff, Gummi	6,6	2,8	6,5	3,1	-1,8
Nahrung und Genuß	22,8	9,5	22,6	10,7	-0,7
Bau	58,5	7,9	46,6	6,6	-20,3
Handel (inkl. Gaststätten)	100,3	13,6	95,1	13,4	-5,2
Verkehr, Nachrichten	45,7	6,2	45,9	6,5	0,4
Banken, Versicherungen, Immobilien	16,8	2,3	17,8	2,5	5,9
Handelsfähige Dienste	87,4	11,9	91,5	12,9	4,7
Nicht-handelsfähige Dienste	149,7	20,3	165,4	23,3	10,5
Insgesamt	736,2	100,0	708,9	100,0	-3,7

Eigene Berechnungen nach Angaben des Institut National de la Statistique et des Etudes Economique (Ed.), Zoom sur l'emploi. (Supplément à Economie Lorraine, Dossier no. 3.) Nancy 1987.

RWI ESSEN

Von den 17 Arbeitsmarktregionen (zones de l'emploi) Lothringens weisen die Stahlregionen Briey, Longwy und Thionville - neben einigen Teilgebieten der Vogesen, deren ungünstige Beschäftigungsentwicklung insbesondere auf die Textilindustrie zurückzuführen ist - die stärksten prozentualen Beschäftigungsrückgänge auf. Demgegenüber schneiden die beiden großen Städte (Metz, Nancy) und deren Umgebung, gemessen an der Entwicklung der Beschäftigtenzahlen, günstig ab - in Metz ist sowohl die Industrie- als auch die Gesamtbeschäftigung gestiegen[64].

3.2.4. Regionale Anpassungsvoraussetzungen

Das Ineinandergreifen von Erzförderung, Kohleförderung und Stahlerzeugung hatte der Region Lothringen zum wirtschaftlichen Aufstieg verholfen. Da nach dem Ende des Zweiten Weltkrieges in ganz Frankreich ein hoher Wiederaufbaubedarf bestand, konnten diese drei Sektoren der Region zunächst weiterhin Prosperität und hohes Wachstum sichern. Diese erste Phase der lothringischen Nachkriegsentwicklung endete mit Beginn der sechziger Jahre, als die Erz- und Kohleförderung unter Anpassungsdruck geriet. Mitte der siebziger Jahre verstärkte sich der Anpassungsdruck auf die Region, weil auch die Stahlindustrie mehr und mehr zur Krisenbranche wurde. Die Anpassungsvoraussetzungen in und für Lothringen sind Gegenstand der folgenden Abschnitte.

3.2.4.1. Anpassungshemmnisse bei den Produktionsfaktoren

Die Daten zur Lohn- und Einkommenssituation[65] in Lothringen erlauben nicht den Schluß, daß es sich bei dieser Region um eine Hochlohnregion handelt. Lohnkosten und Bruttoinlandsprodukt je Beschäftigten erreichen in Lothringen ungefähr den französischen Durchschnitt, für einige Sektoren liegen die Werte sogar darunter. Zum Teil ist dieses Ergebnis zwar auf die Sonderstellung des Pariser Beckens zurückzuführen, wo die Einkommen den Durchschnitt erheblich überschreiten, aber auch im Vergleich mit anderen französischen Regionen nimmt Lothringen allenfalls eine Position im oberen Drittel, aber keine Spitzenposition ein - es gibt auch außerhalb von Paris und Umgebung Gebiete mit ähnlich hohen Einkommen wie in Lothringen. Hinsichtlich des Ausbildungsstands gilt für Lothringen, daß sektorspezifische Qualifikationen vorhanden sind, die aber mit den Problemen des betreffenden Sektors und der Freisetzung der Arbeitskräfte obsolet werden. Es ist mithin in der Vergangenheit ein erheblicher Verlust an Humankapital eingetreten. Der verfügbare Arbeitskräftebestand kann daher ohne zusätzliche Qualifikationsmaßnahmen allenfalls Niedriglohnarbeitsplätze anzie-

---

64   Vgl. Institut National de la Statistique et des Etudes Economiques (Ed.) [I].

65   Angaben existieren in den Veröffentlichungen des Statistischen Amtes der Europäischen Gemeinschaft und bei C. Augustin u.a., S. 45ff.

hen[66], nicht jedoch die in Lothringen ohnehin unterrepräsentierten Beschäftigungsmöglichkeiten im Forschungs- und Dienstleistungsbereich, die andere, zumeist auch höhere Qualifikationen erfordern.

Betriebsansiedlungen auf privatwirtschaftlicher Grundlage sind angesichts des gesamtwirtschaftlichen Umfelds in der ersten Hälfte der achtziger Jahre ohnehin selten gewesen. Der Standort Lothringen war zusätzlich noch durch z.T. gewalttätige Auseinandersetzungen belastet. Es kam zu Streiks und blutigen Auseinandersetzungen, in deren Verlauf Verkehrswege blockiert wurden und sogar ein Stahlwerk in Brand gesteckt wurde. Solche Vorgänge führen unabhängig von der möglichen Berechtigung der verfolgten Ziele zu einer Abwertung von Standorten, und sie können auch zu einer langfristigen Imageschädigung der Region beitragen. Soweit der so erzeugte Druck den Staat veranlaßt, Betriebsansiedlungen zu betreiben, stellt sich die Frage, ob deren wirtschaftlicher Erfolg dauerhafter Natur ist.

Durch die Verstaatlichung der zuvor schon staatlich beeinflußten Stahlindustrie zu Beginn der achtziger Jahre hat sich der staatliche Industrieanteil - gemessen an der Zahl der Beschäftigten - in Lothringen auf etwa 40 vH verdoppelt. Von den industriellen Investitionen werden sogar fast zwei Drittel durch den Staat getätigt[67]. Bedenkt man ferner, daß eine ganze Reihe von Betrieben in der Region Zulieferfunktionen für die verstaatlichten Unternehmen wahrnehmen dürfte, so wird deutlich, daß differenzierte unternehmerische Reaktionen auf den entstandenen Anpassungsdruck gar nicht zu erwarten sind. Unternehmerreaktion ist in Lothringen durch staatliche Reaktion ersetzt worden. Den privaten Unternehmern werden in altindustriellen Regionen häufig Vorwürfe wegen mangelnder Innovationsfähigkeit, zu geringer Flexibilität oder auch wegen Subventionsmentalität und der Neigung zur Kartellbildung gemacht. Die Schwierigkeiten, die sich aus dem hohen Verstaatlichungs- und Interventionsgrad nach dem Urteil vieler Beobachter ergeben, sind ähnlicher Natur[68]: So wird moniert, daß die verstaatlichte Industrie zu wenig Forschungsaktivitäten entfalte und daß der Unternehmergeist, der für Innovationen erforderlich ist, in Lothringen unterentwickelt sei. Hochschulabsolventen würden eine Beschäftigung im Verwaltungsbereich einer mit mehr Unsicherheiten behafteten Tätigkeit vorziehen. Die Vorteile, die durch eine weitreichende Verstaatlichung der Industrie im Bereich der Kooperation mit anderen staatlichen Unternehmen möglicherweise erzielt werden könnten, würden nur unzureichend oder gar nicht genutzt. Das verstaatlichte Bankensystem sei zu inflexibel für die Bereitstellung von Risikokapital, der bürokratische Aufwand hierfür zu hoch. Schließlich habe sich auch in den nicht verstaatlichten Branchen eine Unternehmermentalität herausgebildet, die dadurch gekennzeichnet ist, daß der "Jagd nach Prämien"

---

66 Vgl. S. Zukin, Markets and Politics in France's Declining Regions. "Journal of Policy Analysis and Management", New York, vol. 5 (1985), S. 44.

67 Vgl. R. Gendarme, S. 268f.

68 Vgl. R. Gendarme, S. 152ff. und S. 274ff.

und der "Subventionsmaximierung" Vorrang vor dem Erdenken neuer Produkte und Produktionsverfahren eingeräumt werden.

Das Problem von Flächenengpässen hat in einer Region wie Lothringen, in der sich hochverdichtete, aber relativ kleine Teilgebiete und geringer verdichtete, relativ große Teilräume abwechseln, kaum Bedeutung. Die Industriebrachen werden dagegen als Anpassungshemmnis verschiedentlich betont[69]. Diese Brachflächen bzw. nicht genutzten Industrieareale liegen z.T. in den Zentren der Agglomerationsräume, denen sie vorher zu Prosperität und Wachstum verholfen hatten. Der genaue Umfang dieser Flächen ist nicht bekannt[70]. Angesichts der Tatsache, daß zwischen 1959 und 1981 insgesamt 129 Stahlwerke, 77 Textilbetriebe und 35 Zechen ihre Aktivitäten eingestellt haben[71], muß aber von erheblichen ökologischen Problemen ausgegangen werden. Zweifellos stellen die Industriebrachen auch einen imageverschlechternden Faktor dar. Unerwünschte kumulative Prozesse ergeben sich, wenn die Industriebrache zum Fortzug der Wohnbevölkerung führt[72]. Wohnungsleerstände als Folge von Arbeitsplatzverlusten betreffen zusätzliche Wirtschaftsbereiche, und es besteht die Gefahr, daß neue Brachen entstehen, während gleichzeitig die kommunalen Steuereinnahmen und mit ihnen die Möglichkeiten zur Flächensanierung abnehmen. Hauptproblem bei der Beseitigung der Brachflächen sind die Kosten: Den Unternehmen fehlt der Anreiz zur Sanierung von Flächen, da sie kaum wirtschaftlich zu verwerten sind und im derzeitigen Zustand keine Kosten verursachen. Die starke Zersplitterung der Zuständigkeiten auf Kommunen und verschiedene Ministerien hat die Lösung des Problems ebenfalls erschwert.

Hinsichtlich der Infrastrukturausstattung erhält Lothringen meist schlechte Bewertungen. Der Ausbau von Transportwegen erfolgte zu spät und unzureichend, die Verkehrsanbindung Lothringens an die Bundesrepublik ist besser als die nach Zentralfrankreich und wegen der Autobahngebühren in Frankreich auch preiswerter, ein internationaler Flughafen fehlt der Region[73]. Das kulturelle Angebot läßt zu wünschen übrig. Zwar gilt in Frankreich generell, daß die kulturellen Aktivitäten stark zentralisiert (Paris) sind. Aber auch im Vergleich mit anderen Großstädten haben Metz und Nancy in dieser Hinsicht wenig zu bieten[74]. Der Freizeitwert der Landschaft in der näheren Umgebung (Elsaß, Vogesen) ist hoch,

---

69 Vgl. R. Gendarme, S. 249ff., und Ministère de l'équipement, du logement, de l'aménagement du territoire et des transports (Ed.), Les grandes friches industrielles: Rapport du groupe de travial interministériel. Paris 1986, S. 9ff.

70 Nach Schätzungen gibt es in Lothringen etwa 2 300 ha Industriebrache. Vgl. Ministère de l'équipement, du logement, de l'aménagement du territoire et des transports, S. 9.

71 Vgl. R. Gendarme, S. 250.

72 Vgl. R. Gendarme, S. 254ff.

73 Vgl. F. Reitel, S. 134ff.

74 Vgl. F. Reitel, S. 129.

doch reichte dies trotz werbewirksamer Aktionen (grünes Lothringen[75]) bislang nicht aus, um die Region für Ansiedlungen von außen attraktiv zu machen. Lothringens Image blieb - innerhalb und außerhalb der Region - schlecht.

3.2.4.2. Weitere, den Anpassungsprozeß bestimmende Faktoren

Neben den Anpassungshemmnissen bei den Produktions- bzw. Standortfaktoren, die für den Verlauf des Anpassungsprozesses mitentscheidend sind, gibt es zumindest zwei zusätzliche spezifische Faktoren, die die strukturellen Anpassungen in Lothringen erschwert haben.

Der erste betrifft die räumliche Struktur Lothringens. Lothringen ist kein einheitlicher Agglomerationsraum wie z.B. das Ruhrgebiet. Lothringen wird auch nicht - wie z.B. Pittsburgh oder die West-Midlands - von einer Metropole dominiert. Neben relativ großen, niedrig verdichteten Gebieten gibt es in Lothringen vielmehr zwei Agglomerationsräume: Zum einen den Raum Longwy-Thionville-Metz[76] im Norden, zum anderen die Umgebung von Nancy, weiter im Süden gelegen. Beide Agglomerationsräume besitzen ein Oberzentrum (Metz, Nancy), aber es hat zu keiner Zeit eine klare planerische Konzeption darüber gegeben, welcher der beiden Städte eine zukünftige Metropolfunktion eingeräumt werden sollte. Metz[77] ist heute Sitz wichtiger regionaler Verwaltungen, es gibt eine relativ neue Gewerbezone mit modernen Dienstleistungs- und Industriebetrieben (Technopole 2000), und die Beschäftigungsentwicklung ist - wie bereits erwähnt - in jüngster Zeit recht günstig verlaufen. Nancy[78] nimmt dagegen stärker intellektuelle Funktionen wahr - hier gibt es die ältere Universität und Spezialhochschulen. Beide Städte stehen traditionell in Konkurrenz zueinander, und stets, wenn raumplanerische Entschlüsse der Zentralregierung einer der beiden Städte eine Präferenz einräumten, gelang es der jeweils anderen Stadt, erfolgreich zu intervenieren[79].

Zweites Problem Lothringens ist seine Grenzlage. Diese hat dazu beigetragen, daß sich keine neuen Wachstumsindustrien angesiedelt haben, daß stahlverarbeitende Unternehmen nur in geringem Umfang existieren, so daß der erzeugte Stahl nahezu vollständig außerhalb Lothringens abgesetzt werden muß, daß die Region

---

75 Vgl. R. Gendarme, S. 153.

76 Reitel behandelt den Raum Longwy als eigenständigen Agglomerationsraum, dessen Oberzentrum Luxemburg ist. Wegen der Staatsgrenzen erscheint diese - ansonsten plausible - Zuordnung jedoch problematisch. Vgl. F. Reitel, S. 109ff.

77 Metz hatte 1982 rund 120 000 Einwohner, der Agglomerationsraum der Stadt umfaßte rund 190 000 Einwohner; in weiterer Abgrenzung als nordlothringisches "bassin sidérurgique" sind rund 510 000 Einwohner angegeben. Vgl. Institut National de la Statistique et des Etudes Economiques (Ed.), Annuaire Statistique de la France 1987, S. 11f.

78 Nancy hatte 1982 rund 100 000 Einwohner, der Agglomerationsraum der Stadt umfaßte rund 310 000 Einwohner.

79 Vgl. F. Reitel, S. 148ff.

Geographisches Institut
der Universität Kiel
Neue Universität

selbst in Zeiten wirtschaftlich günstiger Entwicklungen nicht als bedeutender Absatzmarkt angesehen wurde und daß tertiäre Funktionen bis heute unterrepräsentiert sind[80].

3.2.5. Revitalisierungsbestrebungen

3.2.5.1. Der wirtschaftspolitische Rahmen

Der Rahmen, in dem Regional- und Raumordnungspolitik in Frankreich agieren, ist zu Beginn der achtziger Jahre einer weitreichenden Reform unterworfen worden. In der Beschreibung wird daher zunächst auf die Bedingungen vor der Reform, anschließend auf die inzwischen wirksam gewordenen Veränderungen eingegangen[81].

Seit der Französischen Revolution ist Frankreich durch ein stark zentralisiertes Verwaltungssystem gekennzeichnet. In die regionalwirtschaftliche Entwicklung wird von zentralstaatlicher Seite eingegriffen, die ökonomische Regulierung wird von ihr entwickelt, koordiniert und durchgeführt. Kommunen, Départements und die im Jahre 1955 durch die Zusammenfassung einzelner Départements als Einheiten für die Wirtschafts- und Raumplanung gebildeten 22 Programmregionen hatten bis zum Beginn der Reformen nur begrenzte Selbstverwaltungsmöglichkeiten. Die nationalen Entscheidungen dominierten die regionalen; die Entscheidungswege verliefen in vertikaler Richtung von Paris in die Regionen.

Für die Umsetzung der zentral geplanten Politik verfügten die zentralstaatlichen Stellen über eine Reihe von Institutionen: Zunächst gab - und gibt es noch heute - "Zweigstellen" der wichtigen Ministerien in den Départements und Regionen. In diesen "Zweigstellen" wird versucht, die zentralen Regelungen den lokalen Besonderheiten anzupassen. Die Beamten in den "Zweigstellen" sehen sich deshalb zum Teil auch als Vertreter der örtlichen Interessen gegenüber dem jeweiligen Ministerium. Daneben gab es in den Regionen und Départements den Präfekten als obersten "Lehnsherrn" der Zentralregierung. Der Präfekt wurde vom Ministerrat ernannt und sorgte für die Ausführung der Beschlüsse der zentralen Raumordnungsinstanzen. Neben den jeweiligen Fachministerien ist die DATAR (Délégation á l'Aménagement du Territoire et á l'Action Régionale) die wichtigste dieser Instanzen. Sie wurde 1963 als staatliche Raumordnungsbehörde mit eigenen Haushaltmitteln zur Regionalförderung geschaffen und wirkt bei raumwirksamen politischen Entscheidungen mit. Alle bislang genannten Organe standen mehr oder weniger direkt unter zentralstaatlicher Kontrolle. Anders die 1972 ins Leben gerufenen Regionalräte: Sie waren insbesondere für die Verab-

---

80 Vgl. F. Reitel, S. 114.

81 Zu den folgenden Ausführungen vgl. B. Aust, Die staatliche Raumplanung im Gebiet der Saar-Lor-Lux-Regionalkommission. (Arbeiten aus dem Geographischen Institut der Universität des Saarlandes, Sonderheft 4.) Saarbrücken 1983, S. 49ff.; P. Engels u.a., Wirtschaftlicher Strukturwandel und regionale Förderpolitik in der Region Nord-Pas-de-Calais. Essen 1988, S. 21ff.

schiedung des regionalen Haushalts zuständig und setzten sich aus regionalen Parlamentsvertretern und Vertretern der Départements und Kommunen zusammen; allerdings wurden die Regionalräte nicht direkt gewählt. Daneben wurden - als rein beratende Organe - die Wirtschafts- und Sozialausschüsse eingerichtet, in denen Gewerkschaften, Unternehmen und andere wichtige gesellschaftliche Gruppen vertreten waren.

Die 1982/83 von Präsident Mitterand eingeleiteten Reformmaßnahmen hatten das Ziel, die Verantwortlichkeit für Regionalpolitik und Raumplanung stärker zu dezentralisieren. Die Maßnahmen waren sicher nicht zuletzt deshalb erforderlich, weil regionale Vertreter immer weniger bereit waren, die in Paris erdachten Pläne zu diskutieren, ohne selbst Einfluß auf sie ausüben zu können. Im einzelnen wurden folgende Kompetenzverlagerungen vorgenommen: Der Zuständigkeitsbereich des Präfekten wurde begrenzt, der der Regionalräte, die inzwischen auch direkt gewählt werden, wurde ausgeweitet. Die Vorherrschaft der DATAR wurde aufgegeben und die Bedeutung lokaler Initiativen stärker betont. Die Wirtschaftsförderung ging in die regionale Zuständigkeit über; neben der Gewährung von direkten und indirekten Hilfen für ansiedlungswillige, aber auch bedrohte Unternehmen gehört die Planung und Entwicklung der Verkehrsinfrastruktur nun in den regionalen Zuständigkeitsbereich. Auch das System der "Planification" wurde überdacht. Der bislang allein maßgebliche nationale Plan wurde ergänzt durch regionale Pläne und durch Pläne für die verstaatlichten Unternehmen. Eine wichtige Rolle im Prozeß der Plankoordination kommt den Planverträgen zu: Nachdem die Regionalräte die regionalen Pläne aufgestellt haben, erfolgt eine Abstimmung über die Finanzierung konkreter Projekte zwischen regionaler und zentralstaatlicher Seite. Dabei hat der Zentralstaat durch seine Zustimmung oder Ablehnung einer bestimmten Finanzierung zwar nach wie vor hohen Einfluß auf die regionalen Planungen, dennoch haben die Reformen die Kompetenzen der regionalen Entscheidungseinheiten erhöht und auch ihren finanziellen Spielraum erweitert.

3.2.5.2. Wege zur Revitalisierung

Das französische Wirtschaftssystem ist durch eine große Zahl staatlicher Eingriffe und Reglementierungen gekennzeichnet. Daher kann es kaum erstaunen, wenn die Regionen bei ihren Bemühungen, Probleme zu lösen, die Unterstützung von staatlicher Seite erwarten. Dennoch verblüfft es, daß in fast keiner Arbeit über Probleme der Region Lothringen Aussagen darüber enthalten sind, ob und wie eine Umstrukturierung der Industrie bzw. der Wirtschaft durch unternehmerisches Handeln, d.h. durch die Schaffung neuer Produkte und Produktionsverfahren, erfolgt ist[82]. Stattdessen werden die von staatlicher Seite ergriffenen Maßnahmen diskutiert und kritisiert, als könne allein der Staat für eine Revitalisierung alter Industrieregionen sorgen. Wegen der zentralen Rolle, die dem Staat damit im Umstrukturierungsprozeß Lothringens übertragen wird, sollen im folgenden die staat-

---

82 Angesprochen wird die Thematik bei Gendarme, allerdings mehr unter dem Aspekt, was getan werden könnte, als unter dem, was geschehen ist. Vgl. R. Gendarme, S. 165ff.

lichen Maßnahmen vorgestellt werden, die zur Revitalisierung Lothringens beitragen sollten.

Seit dem Ende des Zweiten Weltkrieges sah sich die französische Regionalpolitik mit drei Problembereichen konfrontiert[83]: Der erste ist das fortbestehende Ungleichgewicht zwischen dem Pariser Raum, in dem neben der zentralen Verwaltung auch die modernen, innovativen Industriezweige konzentriert sind, und dem Rest des Landes. Der zweite Problembereich steht im Zusammenhang mit dem Beschäftigungsabbau in der Landwirtschaft, der insbesondere Regionen in Westfrankreich betraf. Schließlich sind seit Beginn der sechziger Jahre die Probleme der traditionellen Industriegebiete, zu denen auch Lothringen gehört, dazugekommen.

Raumordnungspolitik wird in Frankreich seit 1945 betrieben, wobei - entsprechend der damaligen regionalpolitischen Problemlage - die Industriedezentralisierung im Vordergrund der Anstrengungen stand. Das Übergewicht des Pariser Raumes sollte reduziert und die Disparitäten zwischen den dünn besiedelten wirtschaftsschwachen Regionen im Süden und Westen Frankreichs und den übrigen Teilräumen abgebaut werden. Mitte der sechziger Jahre wurden die monostrukturierten Gebiete im Norden und Osten Frankreichs als Förderregionen in diese Politik der Industriedezentralisierung einbezogen - über die Dezentralisierung sollten die Wirtschaftsstrukturen Lothringens verändert werden.

Mit der Durchführung dieser Politik sind zentralstaatliche Stellen - in jüngerer Zeit in zunehmendem Maße die Regionalentwicklungsgesellschaften und eine ständig steigende Zahl regionaler Förderinstitutionen - beauftragt. Wichtigstes Instrument der Dezentralisierungspolitik war zum ersten die Genehmigungspflicht für Ansiedlungen in und in der Umgebung von Paris. Zum zweiten wurde Industriebetrieben, die bereit waren, von Paris in die Provinz zu übersiedeln, eine Reihe finanzieller Unterstützungen gewährt. Diese reichten von Darlehen über Zinsvergünstigungen, Dezentralisierungsprämien und Umstellungshilfen bis hin zu regionalen Prämien für kleine und mittlere Unternehmen, wobei ein Teil der Maßnahmen speziell zur Förderung der traditionellen französischen Industriegebiete eingesetzt wird[84]. Drittens schließlich versuchte man die Infrastruktur in den Fördergebieten zu verbessern.

Um die Wirksamkeit der Dezentralisierungspolitik bei der Revitalisierung altindustrieller Regionen beurteilen zu können, reicht die ausschließliche Betrachtung dieser regionalpolitischen Zielsetzung nicht aus; vielmehr sind die für die Gesamtwirtschaft verfolgten, ebenfalls raumwirksamen industriepolitischen Ziele in die Überlegungen einzubeziehen. Diese waren in den sechziger und siebziger Jahren stärker auf die Förderung moderner Wachstumsindustrien ausgerichtet, als daß sie ihr Augenmerk auf strukturellen Wandel in altindustriellen Regionen gerichtet

---

83 Vgl. N. Vanhove and L.H. Klaassen, S. 268.

84 Vgl. B. Wardeck, Ziele und Konsequenzen der industriellen Dezentralisierung in Ostfrankreich. Dissertation, Heidelberg 1985, S. 46f.

hätten[85]. Neben der Förderung von staatlich klassifizierten Spitzen- und Zukunftstechnologien wurde in einigen Industriezweigen die Unternehmenskonzentration durch staatliche Hilfen unterstützt. Die stark sektoral orientierte Politik führte insgesamt zu einer Verschärfung der regionalen Problemlage. Die staatlichen Investitionen in der Stahlindustrie begünstigten das Entstehen neuer regionaler Industriepole außerhalb Lothringens[86]. Beispiel hierfür ist der Bau großer Stahlwerke in Küstenstandorten (Fos, Dünkirchen). Die regionalen Konsequenzen dieser Entwicklungen in Lothringen versuchte man vornehmlich durch sozialpolitische Maßnahmen - Vorruhestandsregelungen, Anreize zur Einstellung von Arbeitskräften, Umzugsbeihilfen - zu lindern. Der offensichtlich zwischen den regionalpolitischen und industriepolitischen Zielsetzungen bestehende Widerspruch blieb auch nach dem Regierungswechsel im Jahre 1981 erhalten. Die staatlich gelenkte Modernisierung der Industrie blieb die zentrale Zielsetzung der französischen Wirtschaftspolitik. Im Mittelpunkt standen die Förderung neuer Technologien, insbesondere der Kommunikationstechnologien, und die Förderung von Forschung und Entwicklung. Stärker als in der Vergangenheit sollte jedoch versucht werden, Industriepolitik und Regionalpolitik miteinander zu verbinden[87]. Nachdem durch die Reform der Regionalpolitik die Kompetenzen in diesem Politikbereich stärker dezentralisiert wurden, sollten die Regionalpläne und die zugehörigen Planverträge die Funktion eines derartigen Bindeglieds übernehmen.

Der erste Regionalplan enthielt die in der Region für Lothringen entwickelten Zielsetzungen für die Jahre 1984 bis 1988[88]: Die traditionellen Industriezweige - erwähnt sind Kohle, Stahl, Chemie und Textil - sollen erhalten werden; aus der Landwirtschaft und dem landwirtschaftlichen Nahrungsmittelbereich soll ein Bio-Technologie-Sektor hervorgehen; im Informatik-, Automations- und Elektronikbereich soll ein neuer Entwicklungspol entstehen; der Energiesektor und das Freizeitgewerbe sollen - auch zum Nutzen der Bauindustrie - erweitert werden.

Diese Zielsetzungen wurden seitens des Zentralstaates auch durch neue Instrumente zu erreichen versucht, wobei es allerdings so scheint, als würden dieselben Dinge wie zuvor, aber in anderer Verpackung angeboten[89]: So wurden in Frankreich 14 "Pôles de Conversion" eingerichtet, denen bei der Vergabe öffentlicher Hilfen Priorität eingeräumt werden soll. Zwei dieser Gebiete - Longwy-Thionville-Briey und Nancy - sind in Lothringen gelegen. Die Einzelmaßnahmen, die in diesen "Polen des Wandels" ergriffen werden können, weisen wie zuvor einen

---

85   Vgl. S. Zukin, S. 41.

86   Vgl. M. Daynac und A. Millien, Reconversion des Zones de Tradition Industrielle - Nouvelles Mesures ou Nouveaux Objectifs? "Revue d'Economie Régionale et Urbaine", Paris, Jg. 1984, S. 605ff.

87   Vgl. S. Zukin, S. 44.

88   Vgl. R. Gendarme, S. 222.

89   Vgl. R. Gendarme, S. 231ff.; M. Daynac und A. Millien, S. 610ff.

Vorrang sozialpolitischer Regelungen[90] (Beschäftigungsgesellschaften, Solidaritätsverträge zur Verringerung der Arbeitslosigkeit, Wiedereinstellungshilfen, Vorruhestandsregelungen u.ä.) auf, der insbesondere durch gewerkschaftlichen Druck zustande gekommen ist. Daneben werden Unterstützungen für den Ausbau der Infrastruktur, Investitionsanreize und Steuererleichterungen eingesetzt. Außer den "Pôles de Conversion" wurde eine "Contribution exceptionelle de l'Etat á la création d'emplois dans la région lorraine" eingeführt. Diese Maßnahme war sowohl zeitlich (bis Ende 1986) als auch räumlich (auf die Départements Meurthe et Moselle und Moselle) begrenzt. Gezahlt wurde eine direkte Lohnsubvention für die Bereitstellung neuer Arbeitsplätze.

Zusammenfassend lassen sich zwei Phasen einer anpassungsfördernden Politik für altindustrielle Regionen (hier: Lothringen) in Frankreich unterscheiden: Die erste - seit Mitte der sechziger bis zu Beginn der achtziger Jahre - verfolgte die Anpassung im Rahmen der allgemeinen Dezentralisierungspolitik. Sie ist durch Widersprüche zwischen regionaler und sektoraler Strukturpolitik, aber auch durch den Widerspruch zwischen einer Förderung bislang ländlich strukturierter Gebiete und altindustrieller Gebiete gekennzeichnet. Die zweite Phase beginnt mit der Reform der Zuständigkeiten in der Regionalpolitik (1982), und sie ist durch die Entwicklung von Zielsetzungen in den Regionen für die Regionen und den Versuch einer besseren Abstimmung von Regional- und Sektoralpolitik geprägt. Die Maßnahmen, die in beiden Phasen zum Einsatz kamen, unterscheiden sich kaum - stets hatten sozialpolitische Aspekte ein hohes Gewicht; allenfalls läßt sich in jüngerer Zeit eine stärkere Konzentration auf die Probleme altindustrieller Regionen - früher wurden sie bei der Industriedezentralisierung "mitbehandelt" - erkennen.

3.2.5.3. Bisherige Anpassungserfolge

Die Bewertung der Dezentralisierungspolitik als Instrument zur Förderung des strukturellen Wandels in Lothringen reicht in der Literatur von "extrem teuer und ineffizient"[91] bis zu "relativ erfolgreich"[92] insofern, als ohne diese Politik die Beschäftigungsverluste noch höher ausgefallen wären. Kritisiert wird vor allem der zu stark defensive, auf soziale Abfederung ausgerichtete Charakter der ergriffenen Maßnahmen, die Gefahr, daß sich hinter den relativen Erfolgen hohe Mitnahmeeffekte[93] verbergen, und die starke Vermehrung von Institutionen, die sich mit Fragen der (regionalen) Wirtschaftsförderung befassen[94]. Einige Ein-

---

90 Die arbeitsmarkt- und sozialpolitischen Regelungen sind ausführlich beschrieben bei G. Bosch, "Reconversion" der Beschäftigten in Frankreich. "Sozialer Fortschritt", Berlin, Jg. 38 (1989), S. 36ff.

91 Vgl. M. Daynac und A. Millien, S. 605.

92 Vgl. die Ausführungen bei B. Wardeck, S. 151, und M. Szwarc, S. 4.

93 In Frankreich spricht man von "Chasseurs de Primes".

94 Gendarme meint sarkastisch, daß in Lothringen der Staat mehr Verwaltungsarbeitsplätze, die sich mit der Schaffung von Arbeitsplätzen beschäftigen, geschaffen habe als unmittelbar produktive Beschäftigungsmöglichkeiten. Vgl. R. Gendarme, S. 229.

zelmaßnahmen verdeutlichen exemplarisch den vergleichsweise geringen Erfolg, z.T. auch die Ursachen für die Erfolglosigkeit:

- Erstes Beispiel sind die Ende der sechziger Jahre als Bestandteil der Industriedezentralisierung geschaffenen "Métropoles d'équlibre" (Ausgleichsmetropolen). Ausgehend von Überlegungen der Wachstumspoltheorie sollten einige französische Städte ein Gegengewicht zu Paris bilden. Vorgesehen war auch eine Ausgleichsmetropole in Lothringen, die sowohl die Funktion einer Hauptstadt als auch die eines regionalen Attraktionspoles haben sollte. Die Umsetzung dieses Konzeptes in die Praxis bereitete allerdings wegen der angesprochenen Streitigkeiten zwischen Metz und Nancy gerade in Lothringen Schwierigkeiten. Nach langem Tauziehen wurde das Konzept aufgegeben, weil die "Nicht-Metropolen-Bewohner" befürchteten, daß Investitionen dann ausschließlich der Metropole zugute kämen. Inzwischen werden Konzepte für kleinere und mittlere Städte entwickelt[95], was angesichts der relativ günstigen Entwicklungen von Metz und Nancy, der dort vorhandenen besseren Infrastruktur- und Dienstleistungsausstattung und der auch in Zukunft hohen Bedeutung urbaner Funktionen wenig überzeugend ist.

- Das zweite Beispiel soll die beschränkten Möglichkeiten einer zentralstaatlichen Lenkung verdeutlichen. Ende der sechziger Jahre hatte man die Hoffnung, die Automobilindustrie könne den Platz schrumpfender Industriezweige einnehmen und man könnte diese Branche dazu bewegen, in den traditionellen Industriegebieten zu expandieren. Dies gelang in Lothringen jedoch nur teilweise. Die Automobilindustrie zeigte wenig Bereitschaft zum Standortwechsel, und Mitte der siebziger Jahre geriet sie selbst in Schwierigkeiten. Andererseits traten auch seitens der Unternehmer und der Gewerkschaften in der Region Widerstände auf. In jüngerer Zeit hat sich die Elektroindustrie erfolgreich einer vom Staat initiierten Ansiedelung in Lothringen widersetzt[96].

- Als drittes Beispiel können die arbeitsmarktpolitischen Maßnahmen dienen. Sie waren im wesentlichen darauf ausgerichtet, einen unternehmensexternen Strukturwandel zu fördern. Weiterqualifikation und Umschulung müssen in diesem Prozeß eine besondere Rolle spielen. Dennoch ist in jüngerer Zeit die Bedeutung der "Qualifikation als Transporteur von Vermittlungserfolgen ... deutlich in den Hintergrund getreten"[97]. Ursache hierfür sind finanzielle Restriktionen: Eine kurzfristige Vermittlung ist zumeist preiswerter als Weiterbildungsmaßnahmen. Möglicherweise spielt auch eine gewisse Enttäuschung über den bisherigen Erfolg der Strategie mit. Die Weitergebildeten müssen auf das Komplement von Unternehmern treffen, die die Qualifikationen nutzen. Daran scheint in Lothringen großer Mangel zu herrschen.

---

95   Vgl. F. Reitel, S. 146ff.

96   Vgl. S. Zukin, S. 51f.

97   G. Bosch, S. 43.

Eine Erfolgsbeurteilung der in jüngerer Zeit ergriffenen Maßnahmen kann - gemessen an den für Lothringen aufgestellten Zielsetzungen - kaum positiv ausfallen. Die nach wie vor sinkenden Beschäftigtenzahlen in den traditionellen Industrien zeigen, daß es nicht gelungen ist, diese Sektoren zu erhalten - eine Reduzierung im Anspruch der Zielsetzung erscheint hier allerdings ohnehin angebracht. Die Zukunftsindustrien - Biotechnologie, Automation, Informatik, Elektronik - weisen zwar ausgehend von einem sehr niedrigen Niveau positive Entwicklungen auf; die eingetretenen Arbeitsplatzverluste können sie jedoch bei weitem (noch) nicht kompensieren[98]. Positive Entwicklungen sind im Freizeitgewerbe festzustellen. In Hagondange ist ein großer Freizeitpark (Le nouveau monde de Schtroumpf) auf einem ehemals von der Stahlindustrie genutzten Gelände entstanden. Ob er den für die Region erwarteten Zustrom von Kaufkraft tatsächlich erreichen kann, wird sich aber erst in Zukunft zeigen.

Soweit man von Erfolgen in der Region sprechen kann, dürfte dies vornehmlich für die beiden Städte Metz und Nancy gelten. Die Beschäftigungsentwicklung verlief hier in jüngerer Zeit günstiger als in den übrigen Teilregionen, Technologiezentren sind entstanden, Universitäten sind vorhanden, die einen Wissenstransfer ermöglichen, und auch die staatlich als Zukunftsindustrien eingestuften Branchen haben hier ihre Entwicklungschancen besser genutzt als in den übrigen Teilregionen Lothringens. Positiv zu bewerten ist aber auch, daß man sich zuletzt stärker der Bedeutung von Industriebrachen als Imagefaktor bzw. ganz allgemein als Standortfaktor bewußt zu werden scheint. Die Berücksichtigung dieser Aspekte im Planvertrag zwischen Zentralstaat und Region[99] und die Entschlossenheit, die damit verbundenen Probleme in Angriff zu nehmen, werden auf mittlere Sicht vermutlich günstige Auswirkungen haben.

3.2.6. Zusammenfassende Bewertung

Kohle- und Erzvorkommen bildeten in Lothringen die Basis für das Entstehen der Stahlindustrie; der Verbund dieser drei Sektoren ermöglichte der Region den Aufstieg zu einem bedeutenden Industrierevier. Nachdem die Montanindustrie durch den französischen Wiederaufbau nach dem Ende des Zweiten Weltkrieges eine Renaissance erlebte, kamen nacheinander die vier wichtigsten Industriezweige der ostfranzösischen Region in Schwierigkeiten: Die Textilindustrie - deren Probleme an dieser Stelle nicht behandelt wurden -, der Kohlenbergbau, der Erzbergbau und schließlich die Stahlindustrie. Die Folge waren Beschäftigungsrückgänge, Bedeutungsverlust der Industrie und Abwanderungen aus der Region.

Der Staat hat zunächst im Rahmen einer Industriedezentralisierungspolitik erfolglos versucht, auch die regionalen Disparitäten, die sich zwischen den traditionellen Industrierevieren und den übrigen Regionen herausbildeten, abzubauen.

---

98   Vgl. R. Gendarme, S. 121ff.

99   Vgl. Ministère de l'équipement, du logement de l'aménagement du territoire et des transports (Ed.), S. 76ff.

Seit 1982 haben die Regionen in größerem Umfang eigene Kompetenz zur regionalen Wirtschaftsplanung und -förderung erhalten. Für Lothringen wurden als Ziele fomuliert: weitgehender Erhalt traditioneller Industrien, Ausbau von Zukunftstechnologien und Erweiterung des Freizeitgewerbes. Bisher überwiegt der Abbau bei weitem den Aufbau. In der Praxis dominieren sozialpolitische Hilfen, die Freisetzungen erleichtern.

Die Erfolge bei der Revitalisierung Lothringens sind bisher bescheiden. Zu lange gab es Widersprüche zwischen den verfolgten regional- und industriepolitischen Zielen, zu lange standen andere Regionen stärker im Interesse der zentralstaatlichen Stellen. Flankierende sozialpolitische Maßnahmen hatten häufig demotivierende Wirkungen. Die in jüngerer Zeit in der Region erarbeiteten Ziele der Revitalisierung zeigen möglicherweise einen Weg aus der Krise, aber sie sind zu anspruchsvoll, als daß sie kurz- oder mittelfristig erreicht werden könnten. Erste Anpassungserfolge sind allenfalls in den beiden lothringischen Großstädten Metz und Nancy festzustellen.

3.3. Luxemburg

3.3.1. Lage, Größe und Bevölkerung

Das an die Bundesrepublik, an Belgien und an Frankreich angrenzende Großherzogtum Luxemburg ist das kleinste Mitgliedsland der Europäischen Gemeinschaft; flächenmäßig ist es so groß wie das Saarland. Allerdings leben in seinen Grenzen weniger Einwohner, so daß die Bevölkerungsdichte niedriger als im Saarland ist (vgl. Tabelle 11). Das Zentrum der luxemburgischen Stahlindustrie im Süden des Großherzogtums liegt an der lothringischen Grenze. Größte Städte des Industriegebiets sind Esch-sur-Alzette (ca. 25 000 Einwohner), Dudelange (ca. 14 000 Einwohner) und Differdange (ca. 8 500 Einwohner).

3.3.2. Die jüngere Wirtschaftsgeschichte

Die luxemburgische Wirtschaft wurde später als die der beiden angrenzenden Regionen Saarland und Lothringen von strukturellem Anpassungsdruck erfaßt. Zwar wurde auch in Luxemburg Minette-Erz abgebaut, aber deutlich rückläufige Produktions- und Beschäftigtenzahlen sind im Erzbergbau erst seit Mitte der sechziger Jahre festzustellen, und außerdem war dieser Sektor - mit etwa 2 100 Beschäftigten im Jahr 1960 - nach dem Zweiten Weltkrieg nicht mehr von übergeordneter Bedeutung für die Gesamtwirtschaft der Region.

Die jüngere Geschichte der luxemburgischen Stahlindustrie ist die Geschichte eines Konzerns - der ARBED (Aciéries Réunies de Burbach-Eich-Dudelange): Nachdem die Hüttenindustrie Luxemburgs lange Zeit in den Händen kleinerer Gesellschaften gewesen ist, entwickelte sich die ARBED durch Übernahme anderer regionaler Stahlerzeuger und durch die Beteiligung an belgischen Stahlunternehmen zum regional dominanten, multinationalen Konzern. Bereits frühzeitig be-

Tabelle 11

Luxemburg - Fläche und Bevölkerung	
Fläche in km^2	2 586
Bevölkerung (1986) in 1000	370
Bevölkerungsdichte (1986) Einwohner je km^2	143

Nach Angaben des Service Central de la Statistique et des Etudes Economiques (Ed.), Annuaire Statistique du Luxembourg 1987/88. Luxemburg 1987.　RWI ESSEN

mühte sich die ARBED darum, konkurrenzfähig zu bleiben: Kleinere Hochöfen wurden stillgelegt, man begann die Stahlerzeugung, die 1960 noch zu 98 vH auf Basis des Thomasverfahrens erfolgte, auf das modernere Oxygenstahlverfahren umzustellen, und man versuchte die Erzversorgung aus Lothringen und aus Übersee (Brasilien) zu verbessern[100]. Dies dürfte mit dazu beigetragen haben, daß die Stahlproduktion bis Mitte der siebziger Jahre noch deutlich gestiegen ist. Die Krise der Stahlindustrie in Luxemburg begann 1975, als die Produktion gegenüber dem Vorjahr um fast 30 vH zurückging. Seither ist die Zahl der Hochöfen von 30 auf 9, die der Stahlwerke von 9 auf 3 zurückgegangen; die Produktionsmengen sind Mitte der achtziger Jahre auf das Niveau von 1960 zurückgefallen[101].

Den ungünstigen Entwicklungen der Stahlindustrie stehen - anders als etwa in Lothringen - erfolgreiche bzw. erfolgversprechende Entwicklungen in anderen Bereichen der luxemburgischen Wirtschaft gegenüber. Bereits in den fünfziger Jahren erkannte man im Großherzogtum die Gefahren einer monostrukturierten Industrie, und es setzten Bestrebungen zur Diversifizierung ein. Insbesondere die Stadt Luxemburg als Hauptstadt des Landes wurde durch ihre erfolgreichen Bemühungen, Sitz wichtiger europäischer Gremien zu werden, sowie durch die internationale Orientierung des Bankensektors zu einem Zentrum für Dienstleistungen.

3.3.3. Empirischer Befund der Wirtschaftsstruktur

3.3.3.1. Demographische Entwicklung

Die Einwohnerzahl Luxemburgs ist zwischen 1960 und 1985 um mehr als 50 000 gestiegen. Sowohl in den sechziger als auch in den siebziger Jahren hat die Bevölkerung deutlich zugenommen (vgl. Tabelle 12). Während zwischen 1960 und 1970 der Anstieg der Einwohnerzahlen sowohl auf einen - im Zeitablauf aller-

---

100 Vgl. F. Reitel, S. 76f.

101 Vgl. Ministère de l'économie (Ed.), L'économie industrielle du Luxembourg 1966-1983. (Cahiers économiques, no. 73.) Luxemburg 1987, S. 158ff.

Tabelle 12

Bevölkerungsentwicklung in Luxemburg
1960 bis 1985

Bevölkerung in 1000	
1960	315
1970	340
1980	365
1985	367
Veränderung der Bevölkerungszahl	
1960 bis 1970	
in 1000	25
in vH	7,9
1970 bis 1980	
in 1000	25
in vH	7,4
1980 bis 1985	
in 1000	2
in vH	0,6

Nach Angaben des Service Central de la Statistique et des Etudes Economiques (Ed.), Annuaire Statistique du Luxembourg 1987/1988. Luxemburg 1987.

RWI ESSEN

dings sinkenden - Geburtenüberschuß als auch auf einen - mit Ausnahme des Jahres 1967 - positiven Wanderungssaldo zurückzuführen ist, trat zwischen 1970 und 1980 ein natürlicher Bevölkerungsverlust ein, der jedoch durch die Wanderungsgewinne mehr als kompensiert wurde. In der ersten Hälfte der achtziger Jahre ist das Bevölkerungswachstum fast in Stagnation übergegangen; zwar gibt es seit 1979 wieder einen geringen Geburtenüberschuß im Großherzogtum, die Wanderungsgewinne liegen jedoch deutlich unter dem Durchschnitt der siebziger Jahre.

Betrachtet man die Entwicklung der Einwohnerzahlen in den größten luxemburgischen Städten, so fällt auf, daß in den Städten des Stahlreviers (Esch, Dudelange, Differdange) bereits zwischen 1960 und 1970 Stagnation, seit 1970 ein deutlicher Rückgang festzustellen ist. Die Bevölkerung in der Hauptstadt hat zwar zugenommen, allerdings mit geringerer Rate als im Landesdurchschnitt. Überdurchschnittliche Bevölkerungszuwächse sind dagegen in der Umgebung der Hauptstadt (z.B. Strassen) sowie in Städten, die weiter im Norden des Landes gelegen sind (z.B. Ettelbruck, Diekirch), zu verzeichnen.

3.3.3.2. Beschäftigung und Arbeitslosigkeit

Die Zahl der Beschäftigten ist in Luxemburg seit Ende des Zweiten Weltkrieges um etwa 10 vH gestiegen. Wie Tabelle 13 zeigt, waren die Entwicklungen in den Teilzeiträumen jedoch sehr unterschiedlich. Deutliche Beschäftigungseinbußen in

Tabelle 13

Langfristige Beschäftigungstendenzen in Luxemburg	
1947 bis 1985; Veränderung der Beschäftigtenzahl in vH	
1947 bis 1960	-4,3
1960 bis 1970	0,6
1970 bis 1980	12,8
1980 bis 1985	1,8
1947 bis 1985	10,6

Eigene Berechnungen nach Angaben des Service Central de la Statistique et des Etudes Economiques (Ed.), Annuaire Statistique du Luxembourg 1987/88. Luxemburg 1987. RWI ESSEN

der Landwirtschaft haben zwischen 1947 und 1960 dazu geführt, daß auch die Gesamtbeschäftigung zurückgegangen ist. Im darauf folgenden Jahrzehnt blieb die Zahl der Beschäftigten nahezu unverändert. Eine starke Zunahme ist dagegen in der Zeit von 1970 bis 1980 zu verzeichnen. Insbesondere in der ersten Hälfte der siebziger Jahre sind viele neue Beschäftigungsmöglichkeiten entstanden, aber auch nach 1975 ist die Zahl der Beschäftigten noch gestiegen, obwohl die Krise der Stahlindustrie begonnen hatte und mit ihr ein zunächst allmählicher, dann sich beschleunigender Belegschaftsabbau in der Stahlindustrie einsetzte.

Im internationalen Vergleich extrem niedrige Arbeitslosenquoten sind ein besonderes Kennzeichen der luxemburgischen Wirtschaft (vgl. Tabelle 14). Bis Mitte der siebziger Jahre gab es so gut wie keine Arbeitslosen im Großherzogtum - die Arbeitslosenquote lag 1975 noch bei 0,2 vH, nur 260 Personen waren als arbeitslos gemeldet. Seither ist die Arbeitslosenquote zwar gestiegen, sie blieb aber stets erheblich niedriger als in allen anderen Staaten der Europäischen Gemeinschaft. Seit 1983 liegt die Arbeitslosenquote in Luxemburg geringfügig über 1,5 vH, 1984 wurde mit 1,8 vH der höchste Wert verzeichnet. Damals waren offiziell 2 600 Personen auf der Suche nach einem Arbeitsplatz.

3.3.3.3. Sektorale Beschäftigungsentwicklung und -struktur

Drei Phasen struktureller Veränderungen lassen sich für die luxemburgische Wirtschaft seit 1947 unterscheiden. In der ersten Phase (1947 bis 1960) ist die Zahl der Beschäftigten in der Landwirtschaft erheblich gesunken. Trotz steigender Beschäftigtenzahlen im Produzierenden Gewerbe und im tertiären Sektor ging die Gesamtzahl der Beschäftigten zurück; der Anteil des sekundären und tertiären Sektors an der Gesamtbeschäftigung stieg, während der der Landwirtschaft von fast 26 vH auf 15 vH abnahm. Von 1960 bis 1975 - in der zweiten Phase - blieb der Beschäftigungsanteil der Industrie bei steigender Gesamtbeschäftigung nahezu unverändert, der Dienstleistungsanteil nahm jedoch weiterhin zu Lasten des primären Sektors zu. Die dritte Phase struktureller Veränderungen - beginnend mit dem Jahr 1975 - ist durch einen deutlichen Anteilsrückgang des Produzierenden Gewerbes gekennzeichnet. 1975 lag sein Anteil an der Gesamtbeschäftigung noch bei fast 45 vH, 1985 war nur noch etwa jeder Dritte Beschäftigte im sekundären

Tabelle 14

Entwicklung der Arbeitslosenquote in Luxemburg 1970 bis 1987	
1970	0,0
1975	0,2
1976	0,3
1977	0,5
1978	0,8
1979	0,7
1980	0,7
1981	1,0
1982	1,3
1983	1,6
1984	1,8
1985	1,7
1986	1,5
1987	1,7

Nach Angaben des Statistischen Amtes der Europäischen Gemeinschaft (Hrsg.), Beschäftigung und Arbeitslosigkeit. Luxemburg 1988.

RWI ESSEN

Sektor tätig; der Anteil des Verarbeitenden Gewerbes ist im gleichen Zeitraum von 32 vH auf 24 vH zurückgegangen. Gleichzeitig mußte auch der Agrarbereich weitere Anteilsverluste hinnehmen, die jedoch schwächer ausfielen als zuvor. Im tertiären Sektor der luxemburgischen Wirtschaft sind inzwischen mehr als 60 vH aller Arbeitskräfte beschäftigt.

Der Eckpfeiler des nationalen Wohlstands im Großherzogtum ist über lange Zeit hinweg die Stahlindustrie gewesen. Der Anteil der Stahlindustrie an der Gesamtbeschäftigung betrug 1974 noch 15,5 vH; fast jeder zweite Industriebeschäftigte war in der Stahlindustrie tätig. Nach 1974 ist die Zahl der Beschäftigten in diesem Industriezweig erheblich - bis 1985 um fast 45 vH - zurückgegangen. Tabelle 15 informiert über die jüngeren Beschäftigungsentwicklungen der einzelnen Wirtschaftszweige und die damit verbundenen Strukturverschiebungen. Von 1980 bis 1985 ist die Gesamtzahl der Beschäftigten in Luxemburg um 2 800 bzw. 1,8 vH gestiegen. Deutlich ungünstiger war die Beschäftigungsentwicklung im Verarbeitenden Gewerbe, wo 3 200 Arbeitsplätze verloren gingen. Auffällig ist jedoch, daß ohne den Beschäftigungsrückgang in der Stahlindustrie die Industriebeschäftigung gestiegen wäre. Anders als in einigen der Vergleichsregionen sind in Luxemburg demnach die übrigen Industriezweige weniger stark von den Stahlproblemen mitbetroffen worden, bzw. sie haben sich dieser Mitbetroffenheit besser entziehen können.

Innerhalb der Industrie weist naturgemäß der Sektor Metallerzeugung und -bearbeitung - insbesondere die Stahlindustrie - die ungünstigste Beschäftigungsentwicklung auf. Mehr als 20 vH der Arbeitskräfte in diesem Industriezweig verloren ihren Arbeitsplatz; der Anteil des Sektors an der Gesamtbeschäftigung betrug 1985 nur noch 9,6 vH. Von den übrigen Industriezweigen weisen lediglich der

Tabelle 15

Beschäftigungsstruktur in Luxemburg
1980 und 1985

	1980 in 1000	1980 Anteil in vH	1985 in 1000	1985 Anteil in vH	Veränd. 1980 bis 1985 in vH
Landwirtschaft, Fischerei, Forstwirtschaft	8,5	5,4	6,9	4,3	-18,8
Energie und Wasser	1,5	0,9	1,4	0,9	-6,7
Bergbau	0,4	0,3	-	-	-100,0
Verarbeitendes Gewerbe	41,7	26,3 = 100,0	38,5	23,9 = 100,0	-7,7
davon:					
Metallerzeugung und -bearbeitung	19,3	46,3	15,4	40,0	-20,2
Steine, Erden, Glas	2,7	6,5	3,0	7,8	11,1
Chemische Industrie	0,7	1,7	0,6	1,6	-14,3
Herst. v. Metallerzeugnissen	2,4	5,8	2,6	6,8	8,3
Maschinenbau	3,7	8,9	3,5	9,1	-5,4
Elektrotechnik	1,1	2,6	1,5	3,9	36,4
Fahrzeugbau	0,5	1,2	0,4	1,0	-20,0
Nahrung und Genuß	3,7	8,9	3,7	9,6	0,0
Verbrauchsgüter	7,6	18,2	7,8	20,3	2,6
Baugewerbe	16,4	10,4		8,4	-17,1
Handel u. Gaststätten	33,2	21,0		22,0	6,9
Verkehr u. Nachrichten	10,7	6,8		6,6	0,0
Banken u. Versicherungen	8,1	5,1		6,8	35,8
Nicht-handelsfähige Dienste	19,7	12,4		14,8	20,8
Andere Dienstleistungen	18,0	11,4		12,2	8,9
Insgesamt	158,2	100,0	161,0	100,0	1,8

Eigene Berechnungen nach Angaben des Service Central de la Statistique et des Etudes Economiques (Ed.), Annuaire Statistique du Luxembourg 1987/88. Luxembourg 1987.

RWI ESSEN

Fahrzeugbau, die Chemische Industrie und der Maschinenbau Beschäftigungsrückgänge - von zusammen allerdings nur 400 Arbeitskräften - auf. Alle übrigen
Industriezweige haben die Beschäftigtenzahlen erhöht; hervorzuheben sind hierbei
die Elektrotechnik und die zu den Verbrauchsgüterindustrien zählende Gummi-
und Kunststoffverarbeitende Industrie.

Ein Vergleich der Industriestrukturen von 1980 und 1985 macht deutlich, daß die
Stahlindustrie trotz allem ihre hervorgehobene Stellung behalten hat. An Bedeutung gewonnen haben insbesondere die Verbrauchsgüterindustrien, in denen
inzwischen jeder fünfte Industriebeschäftigte einen Arbeitsplatz findet. Der Verlust an Beschäftigungsmöglichkeiten in der Industrie und im sich ebenfalls ungünstig entwickelnden Baugewerbe konte durch die Beschäftigungssteigerungen im
Dienstleistungsbereich mehr als kompensiert werden. Insbesondere im Bankenbe-
reich und bei den nicht-handelsfähigen Diensten sind neue Arbeitsplätze entstanden - einerseits bedingt durch die wachsende Bedeutung Luxemburgs als internationaler Bankplatz, andererseits sicherlich auch hervorgerufen durch die in
Luxemburg (Stadt) angesiedelten Institutionen der Europäischen Gemeinschaft.

3.3.4. Regionale Anpassungsvoraussetzungen

Die empirische Bestandsaufnahme für die luxemburgische Wirtschaft hat deutliche Unterschiede zu den Vergleichsregionen aufgezeigt: Struktureller Wandel
hat bislang in hinreichendem Umfang stattgefunden. Diese Anpassungen erfolgten
in Luxemburg ohne die andernorts anzutreffenden Begleiterscheinungen. Die Arbeitslosenquoten erreichten zwar Werte, wie sie dem Großherzogtum vorher nicht
bekannt waren, aber im Vergleich zu anderen europäischen Staaten oder gar altindustriellen Regionen sind diese Werte extrem niedrig. Auch die z.T. drastischen
Beschäftigungsrückgänge oder die deutlichen Bevölkerungsverluste durch Abwanderung, die in den Vergleichsregionen festzustellen sind, blieben dem Großherzogtum erspart. Aus diesen Gründen erscheint es weniger interessant, nach den
Anpassungshemmnissen zu suchen, als vielmehr eine Antwort auf die Frage zu
finden, welche Faktoren die Entwicklungen derart positiv beeinflußt haben und
wieso es gelang, den Anpassungsdruck relativ problemlos zu verarbeiten.

3.3.4.1. Anpassungsvoraussetzungen bei den Produktionsfaktoren

Die Arbeitskosten, die in Luxemburg noch 1974 über dem Durchschnitt der
Länder der Europäischen Gemeinschaft lagen, sind bis 1981 auf den Durchschnittswert gesunken[102]. Die Stundenverdienste der Arbeitnehmer weisen in dem
Zeitraum die geringsten Steigerungsraten unter den EG-Ländern auf. Die Einkommenssituation der Luxemburger hat sich im internationalen Vergleich jedoch nicht
verschlechtert; denn gemessen in Kaufkraftäquivalenten gehört Luxemburg zu den

---

102 Bruttostundenlohn der Arbeiter in ECU; aktuellere Angaben lagen aus EG-Statistiken nicht vor.

europäischen Ländern mit den höchsten Steigerungsraten der Stunden-verdienste[103].

Innerhalb des Großherzogtums war im Jahre 1970 der Kanton Esch die einzige Region, in der die Löhne und Gehälter der Industriebeschäftigten über dem Durchschnitt des Landes lagen. Ursache hierfür dürfte jedoch im wesentlichen die Industriestruktur des Kantons, d.h. die Dominanz der Stahlindustrie gewesen sein. Inzwischen haben sich die regionalen Differenzen bei den Einkommen deutlich verringert, andere Kantone (Vianden, Luxemburg und Mersch) haben aufgeholt, und der Kanton Esch hat seine Spitzenposition z.T. eingebüßt[104]. Auch diese Ent-wicklung dürfte eher Ausdruck des sich verringernden Gewichts der Stahlindu-strie sein als Folge einer Anpassung der Löhne unter regionalen Aspekten. Sicher-lich hat die Existenz einer gut bezahlenden Stahlindustrie in den südlichen Lan-desteilen eine frühzeitige Ansiedlung von anderen Unternehmen kaum begünstigt. Die gerade in jüngerer Zeit feststellbaren Ansiedlungserfolge im Süden Luxem-burgs wurden durch die Bereitschaft der Arbeitskräfte, auch nicht stahltypische Löhne zu akzeptieren, vermutlich gefördert, können aber wohl nicht hauptsächlich als Ergebnis einer stärkeren regionalen Lohndifferenzierung angesehen werden.

Größere Probleme als bei Löhnen und Lohnnebenkosten ergeben sich aus der Qualifikationsstruktur der Arbeitskräfte. Die Ergebnisse einer Unternehmensbe-fragung[105] in den Ländern der Europäischen Gemeinschaft machen deutlich, daß die luxemburgischen Unternehmer weit weniger als ihre Kollegen in den anderen EG-Ländern der Ansicht sind, daß die Lohnnebenkosten Neueinstellungen ver-hinderten. Sie sehen - und auch hier weichen sie deutlich vom EG-Durchschnitt ab - die Verbesserung der Qualifikation der Arbeitsplatzsuchenden als dringendste Aufgabe an. Dies erscheint unmittelbar plausibel, denn die Umsetzung eines Stahlarbeiters in einen der stark expandierenden Dienstleistungssektoren oder in ein modernes anderes Industrieunternehmen dürfte kaum ohne Umschulungsmaß-nahmen möglich sein.

Die Überlegungen zum Produktionsfaktor Arbeit abschließend sei darauf hinge-wiesen, daß die Zahl der durch Arbeitskonflikte verlorenen Arbeitstage deutlich unter dem europäischen Durchschnitt liegt[106]. Dies dürfte unter anderem durch die auf sozialen Frieden ausgerichtete luxemburgische Politik bedingt sein und dazu beigetragen haben, die Attraktivität der Region bei ausländischen Investoren - insbesondere im Vergleich zum benachbarten Lothringen - zu steigern.

---

103 Vgl. zu diesen Angaben Statistisches Amt der Europäischen Gemeinschaften (Hrsg.), Review 1974-1983. Luxemburg 1985, S. 140ff.

104 Vgl. Ministère de l'économie (Ed.), S. 56f.

105 Vgl. R. Weides, Problemes de l'emploi: Opinions de chefs d'entreprise et des travailleurs politique du marche de l'emploi. "Bulletin du STATEC", Luxemburg, vol. 33 (1987), S. 3ff.

106 Vgl. Statistisches Amt der Europäischen Gemeinschaften (Hrsg.), S. 132.

Auf der Unternehmensseite sind zwei Faktoren von besonderer Bedeutung für den relativ reibungslosen Verlauf der Anpassungsprozesse: Zum ersten ist die Beschaffung von Kapital - auch von Risikokapital - in Luxemburg mit seinem stark ausgeprägten Bankensektor ein geringeres Problem als anderswo. Die Ansiedlung ausländischer Unternehmen wird möglicherweise erleichtert, wenn diese wissen, daß sie bei ihrer Ansiedlung die Unterstützung einer Bank aus ihrem Herkunftsland finden. Zum zweiten ist Luxemburg seit jeher darauf angewiesen, seine Erzeugnisse zu einem großen Teil auf ausländischen Märkten abzusetzen. Handelsschranken, Autarkiebestrebungen und Überlegungen zur Rohstoffsicherung sind dem Land allein wegen seiner Größe unbekannt, und die Unternehmen wissen um die Bedeutung ihrer Wettbewerbsfähigkeit und handeln dementsprechend[107]. Dies wird auch im Verhalten der Stahlindustrie deutlich, die lange vor der Krisensituation die Notwendigkeit zur sektorinternen Umstrukturierung erkannte und versuchte, ihr durch Konzentration und Modernisierung gerecht zu werden. Die Anpassungsbemühungen erfolgten bis etwa 1980 weitgehend ohne staatliche Hilfe[108].

Flächenengpässe und Brachflächen scheinen in Luxemburg kaum anpassungshemmende Effekte zu haben. Die Infrastrukturausstattung gilt als relativ gut und ist in jüngerer Zeit - beispielsweise im Verkehrsbereich - weiter verbessert worden. Luxemburg besitzt den größten Flughafen im Saar-Lor-Lux-Gebiet. Das kulturelle Angebot ist insbesondere in der Hauptstadt gut und z.T. wegen der dort lebenden Angestellten der europäischen Institutionen auch international zugeschnitten. Freizeitmöglichkeiten existieren im Norden des Landes, für den der Tourismus eine immer stärkere Bedeutung erlangt hat.

3.3.4.2. Weitere, den Anpassungsprozeß bestimmende Faktoren

Der Anpassungsprozeß in Luxemburg ist durch politische Faktoren günstig beeinflußt worden. Die politischen Instanzen des Großherzogtums hatten lange vor Beginn der Stahlkrise die Gefahren einer einseitigen Wirtschaftsstruktur erkannt und auch damit begonnen, die Diversifizierung der Wirtschaft zu fördern. Ebenso wichtig war aber auch, daß die Entwicklung seit der Krise sozialpolitisch flankiert wurde und daß der Staat in diesem Stadium die Gewerkschaften und die Unternehmen durch eine Art von konzertierter Aktion in die Entscheidungsfindungsprozesse einbezog.

Daneben hat sich Luxemburg auf europäischer Ebene frühzeitig günstige Startpositionen für den Anpassungsprozeß verschafft. Bereits 1958 stellte die Landeshauptstadt den Antrag, Sitz der Montan-Union zu werden, deren Verwaltung sie seit 1952 zunächst vorläufig beherbergt hatte. Begünstigt durch die geographische

---

107 Vgl. o.V., Drei Wege einer Region. "Wirtschaftswoche", Düsseldorf, Jg. 42 (1988), Heft 4, S. 31.

108 Vgl. Organisation for Economic Co-operation and Development (Ed.), Economic Surveys - Belgium, Luxembourg. Paris 1986, S. 62.

Lage im Zentrum Europas und durch die Zweisprachigkeit der Bevölkerung kamen weitere Einrichtungen hinzu, so daß die Stadt heute nicht nur ein nationales, sondern auch ein internationales Dienstleistungszentrum geworden ist. Diese Funktion der Stadt wird in jüngster Zeit vor allem durch die Expansion des Bankenbereichs unterstrichen. Die zunehmende Internationalisierung der Finanzmärkte, die geringe Regulierungsdichte im Bankensektor des Landes, das Fehlen zentralbankpolitischer Auflagen und die strengen Geheimhaltungspflichten sind Faktoren, die Luxemburg zum internationalen Bankplatz haben werden lassen. Die Zahl der Banken mit Sitz oder Niederlassung in Luxemburg ist von 23 im Jahr 1966 auf 123 im Jahr 1987 gestiegen; daneben gibt es noch 293 Gesellschaften (1966: 24), die im Anlagegeschäft tätig sind[109]. Diese Entwicklung ist Erfolg und Gefahr zugleich: Zum einen sind Beschäftigungsmöglichkeiten im Bankensektor entstanden, zum anderen wächst das Risiko, von einer monostrukturierten Stahlregion zur monostrukturierten Bankenregion zu werden.

3.3.5. Revitalisierungsbestrebungen

3.3.5.1. Der wirtschaftspolitische Rahmen

Das Großherzogtum Luxemburg unterscheidet sich von den Vergleichsgebieten insbesondere dadurch, daß es sich bei dieser Region um einen souveränen Staat handelt. Aufgrund der Größe des Landes sind mithin regionale und nationale Probleme kaum voneinander zu trennen. Die Probleme der Stahlindustrie, die zunächst unmittelbar den südlichen Teil Luxemburgs betrafen, waren wegen der Bedeutung der betroffenen Branche für die Gesamtwirtschaft in hohem Maße ein Problem der nationalen Wirtschaft. Bei den Ausdehnungen des Großherzogtums - etwa 85 km in nord-südlicher und 60 km in ost-westlicher Richtung - sind auch die Anforderungen an die Mobilität der Arbeitskräfte relativ gering, falls in anderen Teilen des Landes neue Arbeitsplätze geschaffen werden können.

Obwohl damit raumplanerische Aufgaben ein geringeres Gewicht haben dürften und die Probleme auch leichter zu lösen sein dürften als z.B. in Frankreich oder der Bundesrepublik, ist die luxemburgische Regierung seit 1974 gesetzlich zur Raumplanung verpflichtet. Vier Raumordnungsregionen - Nord (Oesling), Ost (Moseltal und angrenzende Gebiete), Süd (Industrieregion um Esch) und Zentrum (Umgebung der Landeshauptstadt) - wurden gebildet[110]. Ziel ist die Vereinheitlichung der "materiellen und moralischen" Lebensbedingungen, sowie die "ausgewogene Erschließung des Staatsgebiets durch eine bestmögliche Nutzung und Entwicklung der vorhandenen Ressourcen zu fördern"[111]. Zuständig für raumplanerische Entscheidungen ist der Ministerrat, mit der Durchführung ist der Staats-

---

109 Zu den Zahlenangaben vgl. Service Central de la Statistique et des Etudes Economiques (Ed.), Annuaire Statistique du Luxembourg 1987/88. Luxemburg 1987, S. 277ff.

110 Vgl. F. Reitel, S. 151.

111 B. Aust, S. 74.

minister beauftragt, der vom Raumordnungssekretariat und einen interministeriellen Ausschuß für Raumordnung unterstützt wird.

In der Vergangenheit hat die Regierung sowohl aus strukturpolitischen als auch aus regionalpolitischen Motiven heraus des öfteren versucht, die wirtschaftlichen Prozesse zu beeinflussen. Dies geschah insbesondere in der Weise, daß der Staat Anreizinstrumente einsetzte, die Verantwortlichkeit und Entscheidungsfreiheit jedoch bei den Unternehmen beließ[112]. Sozialpolitische Aspekte und die Erhaltung des sozialen Friedens innerhalb des Landes spielten dabei stets eine wichtige Rolle. Vorteilhaft bei diesen Aktivitäten ist sicherlich die Bündelung der Zuständigkeit. Struktur-, Regional-, Beschäftigungs- und Sozialpolitik werden von der luxemburgischen Regierung durchgeführt, die wegen der geringen Größe des Großherzogtums stets die hinreichende Problemnähe hat. Die Koordinierung von Maßnahmen der verschiedenen Politikbereiche ist damit erheblich einfacher, eine Abstimmung mit anderen regionalen Instanzen ist - außer in der Bebauungsplanung mit den größeren Kommunen[113] - nicht erforderlich, der Zeitbedarf für die Entscheidungsfindung ist relativ gering.

3.3.5.2. Wege zur Revitalisierung

Die einseitige Industriestruktur des Landes war der Grund dafür, daß alle luxemburgischen Regierungen seit Beginn der fünfziger Jahre eine Politik zur Förderung der Diversifikation betrieben haben. Sieht man von einigen Schwerpunktverlagerungen, die im Rahmen dieser Politik im Laufe der Jahre erfolgt waren, ab, so lassen sich zwei Phasen unterscheiden: Die erste Phase - von 1950 bis zum Beginn der Stahlkrise - sah die Hauptaufgaben der Umstrukturierung auf unternehmerischer Seite; der Staat gibt lediglich Anreize zur Beeinflussung des unternehmerischen Verhaltens. In der zweiten Phase - seit Mitte der siebziger Jahre - werden die staatlichen Eingriffe massiver, ohne die bisherigen Anliegen der Strukturpolitik aufzugeben. Es erfolgten konzentrierte stahlpolitische Eingriffe, die Koordination mit Gewerkschaften und Unternehmen wurde verstärkt und der sozialpolitische Flankenschutz ausgebaut.

Die Politik der Diversifizierung der Wirtschaftsstruktur begann im Jahre 1950/51 mit der Ansiedlung eines Reifenwerkes im nördlichen Teil des Großherzogtums (Colmar-Berg). Diese Industrieansiedlung war zum einen ein sichtbares Erfolgsbeispiel für andere ausländische Unternehmen, sie hat zum anderen dazu beigetragen, die in der Landwirtschaft und in den traditionellen Handwerkszweigen des Nordens (Gerberei, Lederverarbeitung) freigesetzten Arbeitskräfte wieder in den Produktionsproezß zu integrieren. Im Laufe der Jahre ist ein beachtlicher

---

112 Vgl. R. Weides und N. Weydert, Mutations structurelles et politique de diversification économique. "Bulletin du STATEC", vol. 33 (1987), S. 166.

113 Vgl. B. Aust, S. 75.

Industriepol in diesem Gebiet entstanden[114]. Eine Systematisierung der so begonnenen Politik sowie die Formulierung von Zielvorgaben erfolgte jedoch erst einige Jahre später mit dem Rahmengesetz von 1962 (Loi-cadre d'expansion économique): Stimulierung des Wachstums, Verbesserung der Wirtschaftsstruktur und des regionalen Gleichgewichts durch die Schaffung neuer Unternehmen und die Umstrukturierung und Rationalisierung bestehender Unternehmen werden dort genannt. Während dieses erste Rahmengesetz auf die Förderung von Industrieunternehmen begrenzt war, wurde 1968 eine andere Schwerpunktsetzung vorgenommen - das damals verabschiedete Mittelstandsgesetz (Loi-cadre des classes moyennes) dient der Förderung von kleinen und mittleren Betrieben in Handel und Handwerk. 1973 wurden durch das neue Rahmengesetz die Dienstleistungsbetriebe mit "motorischer Bedeutung für die Wirtschaft"[115] in die Förderung einbezogen.

Etwa seit Beginn der siebziger Jahre wurde die Ansiedlung neuer Unternehmen auch in Luxemburg zunehmend schwieriger. Die weltweite Investitionsschwäche, aber auch ein Mangel an Facharbeitern und wachsende ökologische Bedenken im Großherzogtum haben zu dieser Entwicklung beigetragen. Als sich die Probleme der Stahlindustrie verschärften, wurde eine Überarbeitung der bisherigen strukturpolitischen Linien erforderlich. Die Konsolidierung bereits bestehender Unternehmen gewann gegenüber der Förderung neuer Aktivitäten an Gewicht. Die sich zum Teil ergänzenden Zielsetzungen waren die Förderung der Ansiedlung von Industrie- und Dienstleistungsunternehmen sowie der Modernisierung kleiner und mittlerer Unternehmen, aber auch - und hierin bestehen die Unterschiede zu der bis dahin verfolgten Politik - die Förderung von Forschung und Entwicklung in bestehenden Unternehmen und Umstrukturierung der Stahlindustrie, wobei den sozialen Aspekten dieser Umstrukturierung ganz besonderes Augenmerk galt.

Die luxemburgische Strukturpolitik war wegen des Zusammenfallens von Nation und Region gleichzeitig eine Politik für die Region. Besondere regionalpolitische Differenzierungen bei dieser Politik gab es - sieht man einmal davon ab, daß in der ersten Phase Ansiedlungen im ländlich geprägten Norden präferiert wurden - bis 1986 nicht. Erst das dann verabschiedete neue Rahmengesetz verfolgt durch regional gestaffelte Fördersätze einen stärker auf die Teilregionen eingehenden Ansatz. Regionaler Förderschwerpunkt ist das altindustrialisierte Gebiet im Süden Luxemburgs.

Das in den beiden Phasen der Strukturpolitik eingesetzte Instrumentarium unterscheidet sich gemäß den abweichenden Zielformulierungen. In der ersten Phase wurden die Investitionen als alleinige Schlüsselgröße angesehen. Durch eine Verringerung der Investitionskosten sollten das Investitionsvolumen gesteigert und neue Aktivitäten angeregt werden; durch die allgemeinen Multiplikatoreffekte sollte das Wirtschaftswachstum erhöht, durch die strukturellen Effekte die Diversifikation erreicht werden. Die Erweiterung dieses Instrumentariums im

---

114 Vgl. R. Weides und N. Weydert, S. 166.

115 R. Weides und N. Weydert, S. 168.

Jahre 1977 wurde gemeinsam von Regierung, Gewerkschaften und Unternehmen erarbeitet: Gründung von Industriezonen, Förderung von immateriellen Investitionen (Studien, Recherchen, Verwaltung), Programme zur Förderung von Forschung und Entwicklung, Umschulungshilfen und eine verstärkte Werbung für das Großherzogtum im Ausland gehörten zu den neuen Maßnahmen. Daneben wurde die Société Nationale de Crédit et d'Investissement (SNCI) gegründet, die mit attraktiven Konditionen im Bereich der Kredit- und Darlehnsvergabe tätig ist und sich auch selbst an Unternehmen beteiligen kann[116].

Die Erweiterung des strukturpolitischen Instrumentariums wurde durch sozialpolitische Maßnahmen ergänzt[117], die die Umstrukturierung der Stahlindustrie erleichtern sollten, ohne daß sich die Arbeitslosigkeit zu stark erhöht. Zu nennen sind in diesem Zusammenhang insbesondere die "Traveaux extraordinaires d'interêt général" (TEIG), die mit Unterbrechung von 1975 bis 1985 durchgeführt wurden. Um die Entlassungen in der Stahlindustrie aufzufangen, wurden Arbeitskräfte mit anderen Tätigkeiten wie z.B. Ausbesserungsarbeiten an Straßen, Brücken und Gebäuden oder Reinigung von Flußläufen beschäftigt. Bis zu 1 500 Arbeitskräfte konnten in den einzelnen Jahren so vor dem Verlust des Arbeitsplatzes bewahrt werden. Daneben wurde 1977 die "Division Anti-Crise" (DAC) gebildet. Sie nahm die nach Rationalisierung überschüssigen Arbeitskräfte auf, solange diese in- und außerhalb der Stahlindustrie nach neuen Beschäftigungsmöglichkeiten suchten. Die Löhne wurden derweil - erst von den Stahlgesellschaften, später vom Staat - weitergezahlt, die Arbeitskräfte wurden mit Erhaltungs- und Gelegenheitsarbeiten beschäftigt, z.T blieben sie aber auch als "Überschußarbeitskräfte" im Stahlbereich tätig. Zwischen 1981 und 1983 gehörten im Durchschnitt mehr als 3 000 Personen, das sind rund 2 vH der Beschäftigten, der Anti-Krisen-Division an, für weitere 2 000 Arbeitskräfte erhielt die Stahlindustrie vom Staat Lohnkostenzuschüsse. TEIG und DAC wurden ergänzt um Vorruhestandsmaßnahmen und Hilfen zur Steigerung der Arbeitskräftemobilität sowie Umschulungs- und Weiterbildungsmaßnahmen. Dies konnte nicht ohne finanzielle Hilfe des Staates[118] geschehen, aber es hat auch dazu beigetragen, daß trotz der Probleme der Stahlindustrie die Arbeitslosenquoten niedrig gehalten werden konnten.

3.3.5.3. Bisherige Anpassungserfolge

Der Erfolg der Anpassungsbestrebungen läßt sich in Luxemburg bereits aus dem empirischen Material ablesen. Bei immer noch steigender Gesamtbeschäftigung und niedriger (offizieller) Arbeitslosigkeit haben sich sowohl die wirtschaftlichen als auch insbesondere die industriellen Strukturen verändert. Seit dem Beginn der Politik der Diversifizierung mit dem Rahmengesetz von 1962 haben sich in Luxemburg weit über 100 neue Industrieunternehmen angesiedelt. Sektorale

---

116 Vgl. Ministère de l'économie (Ed.), S. 30ff.

117 Vgl. Ministère de l'économie (Ed.), S. 185ff.

118 Zu Angaben über die dabei entstandenen Kosten vgl. Ministère de l'économie (Ed.), S. 191.

Schwerpunkte der Neugründungen waren die Kunststoff- und Gummiverarbeitung, die Chemische Industrie, aber auch die Metallverarbeitung und der Maschinenbau. 1986 war fast ein Drittel aller luxemburgischen Industriebeschäftigten in Unternehmen tätig, die in jüngerer Zeit entstanden waren. Die Beschäftigtenzahlen der neuen Unternehmen sind insbesondere vor 1974 gestiegen, dann schließt sich eine Phase der Stagnation bis 1980 an, danach haben durch weitere Neugründungen die Beschäftigtenzahlen der jungen Unternehmen wieder zugenommen. Hinsichtlich ihrer regionalen Verteilung innerhalb des Großherzogtums lassen sich deutliche Verschiebungen erkennen: Während bis Mitte der siebziger Jahre insbesondere der Norden von Neugründungen profitierte, sind von den seit 1980 gegründeten Unternehmen mehr als die Hälfte im Süden angesiedelt. Die Umstrukturierung der Industrie scheint also auch im luxemburgischen Stahlrevier Fortschritte zu machen[119].

Auf die Rolle des Bankensektors bei den Umstrukturierungen wurde bereits eingegangen. Es sei hier nur nochmals hervorgehoben, daß der Anteil des Sektors Banken und Versicherungen an der Wertschöpfung von 1,4 vH im Jahre 1960 auf 13,3 vH im Jahre 1986 zugenommen hat, der Beschäftigungsanteil hat sich von 1970 bis 1986 mehr als verdoppelt. Auch der Handel und die übrigen Dienstleistungsbereiche haben ihre Bedeutung steigern können[120].

Die verblüffend niedrige Arbeitslosenquote in Luxemburg gibt dagegen nur bedingt einen Eindruck der tatsächlichen Situation, da sie durch den Aufbau von "Beschäftigungsgesellschaften" und andere sozialpolitische Interventionen des Staates erreicht wurde. Obwohl durch solche Maßnahmen im Grunde das wirkliche Ausmaß der Betroffenheit nur verschleiert wird, muß ein Aspekt hervorgehoben werden: Es scheint tatsächlich zu gelingen, die genannten Maßnahmen zeitlich zu befristen - TEIG ist bereits ausgelaufen, die Zahl der von DAC aufgenommenen Personen wurde gegenüber dem Höhepunkt der Krise deutlich reduziert[121]. Dies dürfte im wesentlichen darauf zurückzuführen sein, daß dem Abbau von Arbeitsplätzen in der Stahlindustrie der Aufbau neuer Beschäftigungsmöglichkeiten in anderen Sektoren mit nur geringer Verzögerung folgte.

Eine Relativierung dieses Erfolgs gegenüber der zu leistenden Aufgabe erscheint dennoch angebracht. Als altindustrielle Region im Sinne der einleitend angestellten Überlegungen kann im Grunde nur ein Teil des Großherzogtums betrachtet werden. Dieser ist von seiner Einwohnerzahl mit Gebieten wie Pittsburgh, den West-Midlands oder dem Ruhrgebiet überhaupt nicht vergleichbar - das Ausmaß der Probleme ist vergleichsweise gering. Die südlichen Teile Luxemburgs haben unter den Entwicklungen weit stärker leiden müssen als der Rest des Landes; beispielsweise ist die Zahl der Industriebeschäftigten im Kanton Esch von 1974 bis

---

119 Vgl. R. Weides und N. Weydert, S. 173ff.

120 Vgl. R. Weides und N. Weydert, S. 157ff.

121 1981 gehörten der DAC 3 619 Personen an, 1985 war die Zahl auf 610 gesunken. Vgl. Ministère de l'économie (Ed.), S. 187.

1982 um ein Drittel gesunken. Die passive Sanierung (Bevölkerungsverluste), die damit fast unvermeidbar verbunden war, läßt sich jedoch auf das ganze Großherzogtum bezogen als solche nicht erkennen, solange andere Regionen die Arbeitskräfte aufnehmen können. Allein dieser letzte Tatbestand ist zwar schon positiv zu beurteilen, die Zusammenhänge verdeutlichen jedoch, daß die Probleme möglicherweise einschneidender waren und vielleicht noch sind, als die Betrachtung der Gesamtregion es andeutet. Die stärkere Regionalisierung der luxemburgischen Strukturpolitik im Rahmengesetz von 1986 scheint diese Hypothese zu bestätigen.

Eine zweite Relativierung des Erfolgs ist zwar nicht gegenwärtig, möglicherweise jedoch zukünftig bedeutsam. Luxemburg ist dabei, sich von seiner stahldominierten Monostruktur zu lösen und eine bankendominierte Monostruktur aufzubauen. Wichtig ist daher, die Diversifikationsbestrebungen beizubehalten und nicht nach der Konsolidierung des Stahlsektors als abgeschlossen zu betrachten, zumal die Standortvorteile des Bankensektors auf hoheitlichen Regelungen beruhen, die im gemeinsamen Binnenmarkt wegfallen könnten.

3.3.6. Zusammenfassende Bewertung

Aufbauend auf den eigenen Erzvorkommen und den nahegelegenen Kohlevorräten ist im Süden Luxemburgs ein von der Stahlindustrie geprägtes Industriegebiet entstanden, das dem Großherzogtum bis zum Beginn der Stahlkrise Mitte der siebziger Jahre Wohlstand sichern konnte. Bereits mehrere Jahre vor Beginn der Stahlkrise erkannte man in Luxemburg die Gefahren einer einseitigen Wirtschaftsstruktur und bemühte sich sowohl von privater Seite als auch mit staatlichen Anreizinstrumenten um eine Diversifizierung der Strukturen. Der frühe Zeitpunkt war sicher ein erster wesentlicher Faktor für den Erfolg der Umstruktierung; die spätere Kooperation von Staat, Unternehmen und Gewerkschaften bei der Erarbeitung der Anpassungsstrategie und des einzusetzenden Instrumentariums war vermutlich ein zweiter. Der Erfolg der Bemühungen läßt sich an der Ansiedlung einer relativ großen Zahl neuer Industrieunternehmen, am Aufbau eines wichtigen internationalen Bankplatzes in der Stadt Luxemburg und an der Erweiterung des Dienstleistungsangebots ablesen. Mit diesen Umstrukturierungen ist eine regionale Verlagerung des wirtschaftlichen Schwerpunkts innerhalb des Großherzogtums verbunden: Das im Süden gelegene Industrierevier verliert, die Landeshauptstadt und deren nähere Umgebung mit ihren vielfältigen Dienstleistungsfunktionen gewinnen an Bedeutung. Positiv hervorzuheben ist, daß die Umstrukturierungen bei steigender Gesamtbeschäftigung erfolgten. Dies begünstigte den sozialverträglichen Abbau von Arbeitsplätzen in der Stahlindustrie bei niedriger (offizieller) Arbeitslosigkeit und die Rückführung der Zahl von - in Beschäftigungsgesellschaften tätigen - "versteckten" Arbeitslosen. Bedeutsam für die Bewältigung der Probleme dürfte aber auch ihr Ausmaß gewesen sein. Luxemburg ist die mit Abstand kleinste der verglichenen Montanregionen, von den Problemen des Stahlbereichs ist wiederum nur ein Teil des Großherzogtums betroffen. Die Möglichkeit einer uneingeschränkten Übertragung der in Luxemburg verfolgten Anpassungsstrategie auf größere Montanregionen erscheint deshalb fraglich.

3.4. Das Saarland

3.4.1. Lage, Größe und Bevölkerung

Das Saarland ist seit 1957 Teil der Bundesrepublik Deutschland. Der kleinste Flächenstaat gliedert sich in den Stadtverband Saarbrücken sowie die Kreise Merzig-Wadern, Neunkirchen, Saarlouis, Saar-Pfalz und St. Wendel. Das montanindustrielle Zentrum der Region ist dabei auf Teile des Stadtverbands (Völklingen, Saarbrücken) und Teile der Kreise Neunkirchen und Saarlouis (Dillingen) beschränkt.

Tabelle 16 zeigt, daß das Saarland nur einen Anteil von 1 vH an der gesamten Fläche des Bundesgebiets hat. Knapp die Hälfte dieser Fläche entfällt auf die stärker industriell geprägten Teile des Bundeslands. Der Bevölkerungsanteil des Saarlandes an der Bundesrepublik liegt mit 1,7 vH über dem Flächenanteil; die Bevölkerungsdichte ist mithin höher als im Bundesdurchschnitt. Etwa zwei Drittel der saarländischen Bevölkerung lebt im Stadtverband Saarbrücken sowie in den Kreisen Neunkirchen und Saarlouis. Die Bevölkerungsdichte ist im Stadtverband Saarbrücken am höchsten, aber auch im Kreis Neunkirchen wird der Bundesdurchschnitt noch deutlich überschritten.

3.4.2. Die jüngere Wirtschaftsgeschichte

Entscheidendes Datum in der jüngeren Geschichte des Saarlandes ist das Jahr 1955, in dem die saarländische Bevölkerung aufgerufen war, über das Saarstatut abzustimmen. Mit ihrem "Nein" zum Saarstatut, das ein politisch unabhängiges Saarland, in der Außen- und Verteidigungspolitik vertreten durch einen "europäischen Kommissar", aber in Wirtschaftsgemeinschaft mit Frankreich vorsah[122], entschieden sich die Wähler gleichzeitig für den Anschluß des Saarlandes an die Bundesrepublik. Die politische Rückgliederung erfolgte 1957, die wirtschaftliche nach einer Übergangsfrist im Jahre 1959. Die Ausgangsbedingungen für die wirtschaftliche Entwicklung der Region waren ungünstig. Vom französischen Anteil an der Marshallplanhilfe hatte das Saarland nur unterdurchschnittlich profitiert. Bei den staatlich gelenkten französischen Investitionen hatte die Region ebenfalls keine bevorzugte Behandlung erfahren, und schließlich war ihre interregionale Verkehrsanbindung schlecht[123]. Durch die veränderte nationale Zuordnung hatte das Saarland Schwierigkeiten, da die Produktionskapazitäten z.T. auf die französische Nachfrage ausgerichtet waren; eine Umorientierung der Lieferverflechtungen vom französischen zum deutschen Markt war deshalb erforderlich. Zu diesen Problemen gesellte sich seit 1957 auch noch die Krise in einem für die Region überaus wichtigen Wirtschaftszweig - dem Bergbau.

---

122 Vgl. A.H Kraus, Der Europa-Gedanke in der Saar-Politik seit 1945. "IHK-SaarWirtschaft", Saarbrücken, Jg. 1988, S. 762.

123 Vgl. P. Dörrenbächer, F. Bierbrauer and W. Brücher, The External and Internal Influences on Coal Mining and Steel Industry in the Saarland/FRG. "Zeitschrift für Wirtschaftsgeographie", Frankfurt, Jg. 32 (1988), S. 209.

Tabelle 16

Saarland - Fläche und Bevölkerung

	Stadtverband Saarbrücken	Kreis Merzig-Wadern	Kreis Neunkirchen	Kreis Saarlouis	Saar-Pfalz-Kreis	Kreis St. Wendel	Saarland insgesamt
Fläche in km²	411	555	249	459	420	476	2569
Anteil am Bundesgebiet in vH	0,2	0,2	0,1	0,2	0,2	0,2	1,0
Bevölkerung (1985) in 1000	354	100	147	205	150	90	1046
Anteil am Bundesgebiet in vH	0,6	0,2	0,2	0,3	0,2	0,1	1,7
Bevölkerungsdichte (1985) Einwohner je km²	862	180	590	448	359	188	407
Bundesgebiet = 100	351	73	240	183	146	77	166

Nach Angaben des Statistischen Amtes des Saarlandes (Hrsg.), Statistisches Handbuch für das Saarland 1986. Saarbrücken 1986.

RWI ESSEN

In Anbetracht dieser Ausgangssituation ist es nicht verwunderlich, daß der zu den übrigen Gebieten der Bundesrepublik bestehende Entwicklungsrückstand in den ersten Jahren nach dem Wiederanschluß nicht ab-, sondern zugenommen hat, zumal im Saarland neben dem Bergbau mit der Stahlindustrie eine zweite Branche dominierte, deren Wachstum auch im übrigen Bundesgebiet nur unterdurchschnittlich ausfiel und die stets starken Nachfrageschwankungen im Konjunkturverlauf unterlag. Dieses Entwicklungsgefälle verringerte sich erst Ende der sechziger Jahre. Begünstigt durch die konjunkturelle Entwicklung nach der Rezession 1967/68 stellten sich Erfolge bei der Industrieansiedlung ein. Die Zahl der Arbeitsplätze nahm zu Beginn der siebziger Jahre zu, und die Disparitäten zwischen dem Saarland und dem übrigen Bundesgebiet verringerten sich.

Diese Phase dauerte indes nur bis Mitte der siebziger Jahre, als die Krise der Stahlindustrie begann. Sie traf die saarländischen Stahlwerke besonders hart[124], denn die Stahlindustrie des Saarlandes hat - ähnlich wie die Lothringens - nur geringe intraregionale, vorwärts- und rückwärtsgerichtete Lieferverflechtungen. Nur etwa 10 vH des regional erzeugten Stahls werden im Saarland weiterverarbeitet. Den Transportkosten kommt angesichts dieser Sachlage eine ganz besondere Bedeutung zu. Sie sind schon geographisch bedingt höher als die bei vielen Wettbewerbern. Hinzu kommt, daß die Kanalisierung der Saar zu spät in Angriff genommen wurde. Dieser Tatbestand sowie die z.T. wohl auch damit zu erklärenden relativ niedrigen Investitionen der Stahlindustrie, die wiederum Verzögerungen bei der Umstellung auf modernere Verfahren der Stahlerzeugung und kleine, im Saarland verstreut angesiedelte Produktionseinheiten zur Folge hatten, waren ausschlaggebend dafür, daß die Produktivität der saarländischen Hütten hinter der der Hütten im übrigen Bundesgebiet deutlich zurückblieb, was wiederum ihre Stellung im nationalen und internationalen Wettbewerb erschwerte.

Ergebnis war, daß seit etwa 1975 die Stahlindustrie trotz erheblicher staatlicher Hilfen Arbeitskräfte freigesetzt hat und dieser Prozeß bis heute noch nicht als abgeschlossen angesehen werden kann, obwohl von 1974 bis 1987 rund 23 000 Beschäftigte oder fast 60 vH ihren Arbeitsplatz in der Stahlindustrie verloren haben.

3.4.3. Empirischer Befund der Wirtschaftsstruktur

3.4.3.1. Demographische Entwicklung

Im Zeitraum zwischen 1960 und 1985 ist die Zahl der Einwohner im Saarland um etwa 15 000 bzw. 1,4 vH zurückgegangen. Die Bevölkerungszahl der Bundesrepublik ist demgegenüber im gleichen Zeitraum um mehr als 10 vH gestiegen. Wie die in Tabelle 17 für die saarländischen Kreise ausgewiesenen Zahlen zeigen, waren insbesondere der Stadtverband Saarbrücken und der Kreis Neunkirchen von der ungünstigen Bevölkerungsentwicklung betroffen - die Rückgänge betrugen

---

124 Vgl. P. Dörrenbächer, F. Bierbrauer and W. Brücher, S. 215.

Tabelle 17

Bevölkerungsentwicklung im Saarland, in den Kreisen des Saarlandes und der Bundesrepublik
1960 bis 1985

| | Bevölkerung | | | | Veränderung der Bevölkerungszahl | | | | | |
| | in 1000 | | | | 1960 bis 1970 | | 1970 bis 1980 | | 1980 bis 1985 | |
	1960	1970	1980	1985	in 1000	in vH	in 1000	in vH	in 1000	in vH
Saarland	1061	1121	1066	1046	60	5,7	-55	-4,9	-20	-1,9
davon										
Kreis Saarbrücken[1]	395	397	365	354	2	0,4	-32	-8,0	-11	-3,1
Merzig-Wadern[1]	92	101	100	100	9	10,1	-1	-1,0	-1	-0,7
Neunkirchen[1]	160	162	151	147	2	1,2	-12	-7,2	-4	-2,5
Saarlouis[1]	197	211	208	206	15	7,4	-3	-1,6	-2	-1,1
Saar-Pfalz-Kreis[1]	142	156	152	151	14	9,8	-4	-2,4	-2	-1,2
St. Wendel[1]	87	92	90	90	6	6,5	-2	-2,0	-1	-0,7
Bundesrepublik	55433	61001	61658	61020	5568	10,0	657	1,1	-638	-1,0

Eigene Berechnungen nach Angaben des Statistischen Amtes des Saarlandes (Hrsg.), Statistisches Handbuch für das Saarland. Saarbrücken, verschiedene Jahrgänge. – [1]Die für die Kreise ausgewiesenen Zahlen für 1960 und 1970 sind Volkszählungsergebnisse von 1961 und 1970, die übrigen Angaben beziehen sich auf das Jahresende.

RWI ESSEN

dort 10,5 vH bzw. 8,3 vH. In den übrigen Kreisen sind die Einwohnerzahlen dagegen gestiegen, wenn auch nicht mit gleicher Rate wie im Bundesgebiet.

Die Betrachtung von Teilzeiträumen macht unterschiedliche Entwicklungen deutlich; allerdings gilt stets, daß die Bevölkerungsentwicklung im Saarland nicht mit der im übrigen Bundesgebiet Schritt halten konnte. Von 1960 bis 1970 hatten Geburtenüberschüsse zusammen mit dem bis Mitte des Jahrzehnts positiven Wanderungssaldo[125] dazu geführt, daß die Einwohnerzahlen im Saarland und auch in allen seinen Teilgebieten gestiegen sind. Daß dieser Zuwachs geringer ausgefallen ist als im Bundesgebiet, ist nahezu ausschließlich auf die Entwicklungen in den stärker verdichteten saarländischen Teilgebieten zurückzuführen. So stagnierten zu dieser Zeit die Einwohnerzahlen im Stadtverband Saarbrücken, und der Bevölkerungsanstieg im Kreis Neunkirchen fiel mit 1,2 vH sehr niedrig aus. In den Kreisen (Merzig-Wadern und Saar-Pfalz) wurden hingegen ähnliche Steigerungsraten wie im Bundesgebiet erreicht. Wie detailliertere Untersuchungen der Wanderungsbewegungen[126] für diese Zeit - und auch für die siebziger Jahre - zeigen, ist der Anteil von Erwerbspersonen bei den Fortzügen aus der Region höher als bei den Zuzügen. Dies erlaubt den Schluß, daß es im wesentlichen berufliche Gründe waren, die die Menschen zum Verlassen der Region bewegten, daß aber für den Entschluß, ins Saarland zu ziehen, andere, z.B. familiäre Gründe ein relativ stärkeres Gewicht hatten.

Zwischen 1970 und 1980 sind die Einwohnerzahlen im Saarland, aber auch in allen seinen Teilregionen, gesunken; im Bundesgebiet war dagegen noch ein geringfügiger Bevölkerungsanstieg zu verzeichnen. Steigende Geburtendefizite und hohe negative Wanderungssalden - zwischen 1973 und 1978 überstieg die Zahl der Fortzüge die der Zuzüge um durchschnittlich 4 500 pro Jahr - haben zu diesem ungünstigen Resultat im Saarland geführt. Wiederum war die Bevölkerungsentwicklung im Stadtverband Saarbrücken und im Kreis Neunkirchen deutlich ungünstiger als im Saarland. Die schlechten wirtschaftlichen Entwicklungen in diesem industriellen Kerngebiet der Saar dürften hierfür ausschlaggebend gewesen sein.

In den fünf letzten Jahren des Beobachtungszeitraums scheint sich der Entwicklungsabstand zwischen dem Saarland und dem Bundesgebiet zu verringern. Zwar sind die Einwohnerzahlen im Saarland weiterhin rückläufig, aber die Abnahmerate von 1,9 vH ist nur noch geringfügig höher als die im Bundesgebiet. Nach wie vor weist das Bundesland ein Geburtendefizit auf, die Wanderungsbilanz ist aber in einzelnen Jahren (1980 und 1984) positiv ausgefallen.

---

125 Vgl. Statistisches Amt des Saarlandes (Hrsg.), Statistisches Handbuch für das Saarland 1986. Saarbrücken 1986, S. 9.

126 Vgl. C. Albrecht, Wirtschaftsstruktur, Bevölkerungsstruktur, Struktur der Arbeitslosigkeit im Saarland. (Diskussionspapier des Wissenschaftszentrums Berlin für Sozialforschung, IIM/dp 80-76.) Berlin 1980, S. 12ff.

Tabelle 18

Langfristige Beschäftigungstendenzen im Saarland und in der Bundesrepublik

1951 bis 1986; Veränderung der Beschäftigtenzahl in vH

	Saarland	Bundesrepublik
1951 bis 1961	5,9	21,7
1961 bis 1971	-1,3	1,1
1971 bis 1980	-1,1	-1,7
1980 bis 1986	-4,8	-2,2
1951 bis 1986	-1,6	18,3

Eigene Berechnungen nach Angaben der Arbeitskammer des Saarlandes, Daten zur Lage der Arbeitnehmer 1988. Saarbrücken 1988; Statistisches Amt des Saarlandes (Hrsg.), Statistisches Handbuch für das Saarland 1963. Saarbrücken 1963.

RWI
ESSEN

3.4.3.2. Beschäftigung und Arbeitslosigkeit

Tabelle 18 zeigt, daß sich die Beschäftigtenzahl im Saarland zwischen 1951 und 1986 sehr viel ungünstiger als im Bundesgebiet entwickelt hat: Während sie im Bundesgebiet in diesem Zeitraum um 18 vH gestiegen ist, ist sie im Saarland um 1,6 vH gesunken. Dieses Ergebnis ist vornehmlich Folge der starken Unterschiede in der Zeit von 1951 bis 1961, als das Saarland noch zu Frankreich gehörte. Dort konnte eher als in der Bundesrepublik, die unmittelbar nach Kriegsende noch von Demontagen betroffen war und deren Neugründung erst vier Jahre nach Beendigung des Krieges erfolgte, mit dem Wiederaufbau begonnen werden, so daß möglicherweise die Beschäftigungszuwächse zwischen 1945 und 1951 im Saarland höher waren. Entscheidender ist der starke Zustrom von Flüchtlingen aus den deutschen Ostgebieten gewesen, der kaum in das damals französische Saarland geflossen ist; die Notwendigkeit, Arbeitsplätze zu schaffen, war folglich in der Bundesrepublik höher als im saarländischen Raum.

Zwischen 1961 und 1971 ist die Zahl der im Saarland beschäftigten Personen um etwas mehr als 1 vH gesunken; die Freisetzungen im Bergbau konnten demnach in dieser Zeit, in der die Beschäftigtenzahlen im Bundesgebiet noch leicht gestiegen sind, nicht vollständig durch die Schaffung neuer Arbeitsplätze kompensiert werden. Auffällig ist, daß die Beschäftigungsentwicklung im Saarland gerade in den Jahren direkt nach der Wiedereingliederung in die Bundesrepublik (1961 bis 1964) vergleichsweise ungünstig gewesen ist. Dies spricht dafür, daß neben der Bergbaukrise auch die eingetretenen politischen Veränderungen zur ungünstigen Entwicklung beitrugen. In den siebziger Jahren verlief die Beschäftigungsentwicklung in der Bundesrepublik schlechter als im Saarland. Das relativ gute Abschneiden des Saarlandes ist zum großen Teil auf Erfolge bei der Industrieansiedlung zu Beginn der siebziger Jahre zurückzuführen. Von 1980 bis 1986 war die Beschäftigungsentwicklung dann an der Saar wieder deutlich schlechter als bundesweit.

Tabelle 19

	Entwicklung der Arbeitslosenquote im Saarland und in der Bundesrepublik 1970 bis 1986	
	Saarland	Bundesrepublik
1970	1,1	0,7
1975	6,1	4,7
1976	6,7	4,6
1977	7,2	4,5
1978	7,6	4,3
1979	6,5	3,8
1980	6,5	3,8
1981	8,1	5,5
1982	9,7	7,5
1983	11,8	9,1
1984	12,7	9,1
1985	13,4	9,3
1986	13,3	9,0

Nach Angaben der Arbeitskammer des Saarlandes (Hrsg.), Daten zur Lage der Arbeitnehmer im Saarland 1988. Saarbrücken 1988.

RWI
ESSEN

Im Durchschnitt des Jahres 1986 waren im Saarland 53 000 Personen arbeitslos; die Arbeitslosenquote lag mit 13,3 vH um fast 50 vH über dem Bundesdurchschnitt. Vergleicht man die Arbeitslosenquote des Saarlandes mit der des Bundesgebiets (vgl. Tabelle 19) über einen etwas längeren Zeitraum, so fällt auf, daß die saarländische Quote in allen Jahren die des Bundesgebietes deutlich übersteigt. Innerhalb des Saarlandes sind zwar deutliche regionale Unterschiede bei den Arbeitslosenquoten festzustellen. So sind die Arbeitsamtsnebenbezirke Völklingen (18,7 vH), Stadt Saarbrücken (18,3 vH), Wadern (17,6 vH) und Stadt Neunkirchen (17,0 vH) deutlich stärker als im Durchschnitt des Saarlandes von Arbeitslosigkeit betroffen; allerdings lag die Arbeitslosenquote in keiner Arbeitsamtsnebenstelle unter 11 vH[127]. Diese Zahlen sind zwar mit den Angaben für Bundesländer und das Bundesgebiet wegen der unterschiedlichen Berechnungsmethode nur eingeschränkt vergleichbar, sie verdeutlichen aber sowohl die besondere Betroffenheit des saarländischen Industriegebiets, als auch die Tatsache, daß die übrigen Landesteile von den Problemen des Montanreviers stark in Mitleidenschaft gezogen werden.

Hinsichtlich der Struktur der Arbeitslosigkeit fällt auf, daß die Altersgruppe der 20- bis 30-jährigen Arbeitslosen seit etwa 1984 ihren Anteil an der Gesamtzahl der Arbeitslosen verringern konnte, auch wenn er noch immer über dem Bundes-

---

127 Zu diesen Angaben vgl. Arbeitskammer des Saarlandes (Hrsg.), Daten zur Lage der Arbeitnehmer im Saarland 1988. Saarbrücken 1988, S. 63

durchschnitt liegt[128]. Etwa doppelt so hoch wie im Bundesgebiet ist der Anteil der
älteren Arbeitslosen, was z.T. wohl auch Ausdruck der überdurchschnittlich hohen
Inanspruchnahme der Arbeitslosenunterstützung zur Überbrückung der Zeit bis
zum (Vor-)Ruhestand ist. Die durchschnittliche Dauer der Arbeitslosigkeit ist in
den letzten Jahren gestiegen und liegt ebenfalls erheblich über dem Bundesdurchschnitt.

3.4.3.3. Sektorale Beschäftigungsentwicklung und -struktur

Die Anteile von primärem, sekundärem und tertiärem Sektor an der Gesamtzahl
der Beschäftigten haben sich seit den fünfziger Jahren im Saarland in ähnlicher
Weise verändert wie in der Bundesrepublik. Der Anteil der Landwirtschaft ist insbesondere in den fünfziger und sechziger Jahren stark zurückgegangen. 1951 war
etwa jeder sechste Beschäftigte im Saarland in der Landwirtschaft tätig, 1970 nur
noch jeder vierzigste. Der Anteil der Dienstleistungen hat erheblich zugenommen:
1951 hatte der Anteil noch unter 30 vH gelegen, 1984 war mehr als die Hälfte der
Erwerbstätigen im Dienstleistungsbereich, im Handel oder im öffentlichen Sektor
beschäftigt. Das Produzierende Gewerbe, in dem 1951 mehr als 55 vH aller saarländischen Beschäftigten einen Arbeitsplatz fanden, hat an Bedeutung verloren,
aber auch Mitte der achtziger Jahre betrug sein Anteil an der Gesamtbeschäftigung noch mehr als 45 vH.

Schwerpunkt innerhalb des Produzierenden Gewerbes war und ist noch immer die
Montanindustrie, obwohl das Ausmaß der Beschäftigungsverluste in den Montansektoren gewaltig war. So ist die Zahl der Beschäftigten zwischen 1960 und 1970
im Bergbau ausgehend von etwa 56 000 halbiert worden, während sie in der Stahlindustrie um 10 vH auf 40 000 schrumpfte. Da in der gleichen Zeit andere Industriezweige - insbesondere die Investitionsgüterindustrien wie der Straßenfahrzeugbau, die Elektrotechnik, aber auch der Stahl- und Maschinenbau - expandierten, ging die Industriebeschäftigung in der Summe stark gedämpft zurück. Die
Entwicklungsunterschiede zwischen Montanindustrie einerseits und Investitionsgüterindustrie andererseits führten zur These einer bipolaren Produktionsstruktur[129] der Saarwirtschaft. Verflechtungen bestehen danach zwar innerhalb der
Montanindustrien und der Nicht-Montanindustrien, aber nicht zwischen diesen
beiden.

Die Stahlindustrie mußte insbesondere nach 1975 Arbeitskräfte freisetzen. 1975
gab es etwa 35 000 Beschäftigte in der Eisen- und Stahlindustrie des Saarlandes,
1987 waren es nur noch 16 500. Der Umfang der strukturellen Verschiebungen als
Folge der Montankrise wird deutlich, wenn man bedenkt, daß der Anteil der
Montansektoren (Bergbau, Eisenschaffende Industrie, Gießereien und Stahlver-
formung) an der Industrie von 61 vH im Jahr 1960 auf 37 vH im Jahr 1986 gesun-

---

128 Vgl. Arbeitskammer des Saarlandes (Hrsg.), S. 66.

129 Vgl. J.H. Müller unter Mitarbeit von P. Klemmer u.a., Probleme der Wirtschaftsstruktur des
Saarlandes. (Regional- und wirtschaftspolitische Schriftenreihe.) Luxemburg 1967, S. 120.

Tabelle 20

Beschäftigungsstruktur[1] im Saarland
1980 und 1986

	1980		1985		Veränd. 1980 bis 1985 in vH
	in 1000	Anteil in vH	in 1000	Anteil in vH	
Landwirtschaft, Fischerei, Forstwirtschaft	1,4	0,4	1,7	0,5	21,4
Bergbau	22,3	6,3	22,2	6,7	-0,4
Energie	6,4	1,8	6,9	2,1	7,8
Verarbeitendes Gewerbe	148,3	41,8 = 100,0	129,2	38,8 = 100,0	-12,9
davon:					
Eisen und Stahl	26,6	17,9	19,3	14,9	-27,4
Gießereien, Ziehereien	15,9	10,7	12,4	9,6	-22,0
Steine, Erden, Glas	10,3	6,9	7,8	6,0	-24,3
Chemie	2,6	1,7	2,6	2,0	0,0
Stahlbau	11,7	7,9	9,8	7,6	-16,2
Maschinenbau	11,3	7,6	11,4	8,8	0,9
Fahrzeugbau	20,3	13,7	21,6	16,7	6,4
Elektrotechnik	8,6	5,8	9,0	7,0	4,7
EBM-Waren	6,1	4,1	7,3	5,7	19,7
Leder, Textil, Bekleidung	5,6	3,8	3,8	2,9	-23,7
Holz, Papier, Druck	10,4	7,0	7,8	6,0	-25,0
Kunststoff	7,0	4,7	6,1	4,7	-12,9
Nahrung und Genuß	11,8	8,0	10,5	8,1	-11,0
Bau	26,3	7,4	20,8	6,3	-20,9
Handel	45,2	12,7	40,5	12,2	-10,4
Verkehr, Nachrichten	13,8	3,9	13,3	4,0	-0,4
Banken, Versicherungen	10,7	3,0	11,4	3,4	6,5
Sonstige Dienstleistungen	55,0	15,5	59,2	17,8	7,6
Organisationen ohne Erwerbscharakter	4,9	1,4	5,9	1,8	20,4
Staat	20,3	5,7	21,7	6,5	6,9
Insgesamt	354,7	100,0	332,8	100,0	-6,2

Eigene Berechnungen nach Angaben der Arbeitskammer des Saarlandes (Hrsg.), Daten zur Lage der Arbeitnehmer im Saarland 1988. Saarbrücken 1988. - [1]Es handelt sich um Sozialversicherungspflichtig Beschäftigte; dies erklärt mögliche Unterschiede zu Tabelle 23; dort wurden Erwerbstätigenzahlen als Basis verwendet.

RWI ESSEN

ken ist. Tabelle 20 verdeutlicht die sektoralen Verschiebungen der Beschäftigungsstruktur im Saarland im Detail. Von 1980 bis 1986 ist die Gesamtzahl der Beschäftigten um fast 22 000 bzw. 6,2 vH gesunken. Allein im Verarbeitenden Gewerbe gingen mehr als 19 000 Arbeitsplätze oder 13 vH des Anfangsbestands verloren. Von den einzelnen Industriezweigen hat sich die Eisen- und Stahlindustrie am ungünstigsten entwickelt; ihre Beschäftigtenzahl ging um mehr als ein Viertel zurück. Ähnlich schlecht waren die Beschäftigungsentwicklungen bei den Gießereien und Ziehereien sowie in den Bereichen Steine, Erden und Glas, Holz, Papier und Druck, sowie Leder, Textil, Bekleidung. Auffällig ist auf der anderen Seite, daß auch in jüngerer Zeit weite Bereiche der Investitionsgüterindustrie (EBM-Waren, Fahrzeugbau, Elektrotechnik, sowie in geringem Umfang der Maschinenbau) ihre Beschäftigung ausgeweitet haben.

Inzwischen hat der Fahrzeugbau die Stahlindustrie als beschäftigungsstärksten Industriezweig abgelöst. Bezieht man Gießereien und Ziehereien, wie manchmal üblich, in den Stahlbereich ein, so liegt der Anteil dieser Sektoren am Verarbeitenden Gewerbe allerdings noch immer bei 25 vH. Außerhalb des Verarbeitenden Gewerbes konnten der Bergbau und der Energiebereich ihre Beschäftigung halten bzw. sogar leicht erhöhen. Im Baugewerbe ging jeder fünfte Arbeitsplatz, im Handel jeder zehnte verloren. Banken, Versicherungen, sonstige Dienstleistungen, Organisationen ohne Erwerbscharakter und Staat erhöhten ihre Beschäftigung zwar um 6 400, dies reichte jedoch bei weitem nicht aus, um die Arbeitsplatzverluste der anderen Sektoren auszugleichen.

3.4.4. Regionale Anpassungsvoraussetzungen

Wie in den beiden anderen Teilregionen des Saar-Lor-Lux-Raumes hat die Montanindustrie auch im Saarland in entscheidender Weise zum Entstehen des industriellen Verdichtungsgebietes und zum wirtschaftlichen Aufstieg beigetragen. Nach Ende des Zweiten Weltkrieges war der erste tiefe Einschnitt die Krise des Bergbaus, deren Beginn zeitlich in etwa mit der Eingliederung des Saarlandes in die Bundesrepublik zusammenfällt. Die Krise der Stahlindustrie Mitte der siebziger Jahre fiel in eine Zeit, als Erfolge bei der Bewältigung der Folgen der Kohlekrise sichtbar geworden waren.

3.4.4.1. Anpassungshemmnisse bei den Produktionsfaktoren

Die Frage, ob eine zu geringe Differenzierung der Löhne in regionaler, sektoraler und qualifikatorischer Hinsicht Beschäftigungsmöglichkeiten gerade in den altindustriellen Regionen verbaue, nimmt in den wirtschaftspolitischen Diskussionen in der Bundesrepublik einen breiten Raum ein[130]. Häufig wird in diesen Diskus-

---

130 Aus der Fülle der Literatur seien hier nur die Gutachten des Sachverständigenrates erwähnt. Vgl. Sachverständigenrat zur Begutachtung der gesamtwirtschaftlichen Entwicklung (Hrsg.) [III], Auf dem Weg zu mehr Beschäftigung. Jahresgutachten 1985/86. Stuttgart und Mainz 1986,

sionen von der Behauptung ausgegangen, die schwerindustriell geprägten Gebiete - wie das Saarland oder das Ruhrgebiet - seien traditionell Hochlohnregionen. Eine schlechtere Entlohnung für vergleichbare Tätigkeiten könne dazu beitragen, die Beschäftigungssituation in diesen Gebieten zu verbessern[131]. In der Tat zeigt ein Vergleich der Bruttostundenlöhne im Warenproduzierenden Gewerbe zwischen dem Saarland und dem Bundesgebiet, daß der im Durchschnitt gezahlte Stundenlohn im Saarland höher ist. Eine Betrachtung der Löhne in den Branchen ergibt jedoch, daß im überwiegenden Teil der Sektoren die im Saarland gezahlten Löhne niedriger sind als im Bundesgebiet. Dieser auf den ersten Blick widersprüchliche Befund erklärt sich dadurch, daß die gut bezahlenden Wirtschaftszweige im Saarland stärker vertreten sind als im Bundesgebiet, ansonsten aber vergleichbare Tätigkeiten im Saarland schlechter bezahlt werden[132]. Regionale Lohndifferenzierung in der geforderten Richtung ist also vorhanden. Allerdings ist eine Verringerung der Differenzen in den letzten Jahren feststellbar. Der Lohnkostenvorteil des Saarlandes als Argument im Ansiedlungsprozeß hat damit an Gewicht verloren[133].

Hinsichtlich des Qualifikationsniveaus der Arbeitskräfte wird im Saarland meist noch immer ein Aufholbedarf konstatiert. Dieser ist zum einen durch den Strukturwandel selbst verursacht, weil in diesem Prozeß alte Qualifikationen obsolet werden. Es kommt aber hinzu, daß es sich bei einem Großteil der Neuansiedlungen zu Beginn der siebziger Jahre um Zweigbetriebe gehandelt hat. Zentrale Unternehmensfunktionen wie Management, Vertrieb, insbesondere aber auch Forschung und Entwicklung sind daher unterrepräsentiert. Nicht zuletzt dadurch bedingt liegt im Saarland der Anteil der Angestellten unter dem Bundesdurchschnitt[134].

Der von gewerkschaftlicher Seite erhobene Vorwurf, die saarländischen Stahlunternehmen hätten eine frühzeitige Ansiedlung anderer Industriezweige verhindert, damit die Beschäftigten ihre Arbeits- und Entlohnungsbedingungen nicht mit denen anderer Sektoren vergleichen können[135], ist umstritten. Weit weniger strittig ist jedoch, daß die Eigentumsverhältnisse in diesem Sektor die erforderlichen Anpassungsmaßnahmen, die Modernisierung oder Kooperation einzelner Stahl-

---

Ziffer 290; Sachverständigenrat zur Begutachtung der gesamtwirtschaftlichen Entwicklung (Hrsg.) [II], Ziffer 341ff.

131 Vgl. z.B. E. Gundlach, Gibt es genügend Lohndifferenzierung in der Bundesrepublik Deutschland? "Die Weltwirtschaft", Tübingen, Jg. 1986, Heft 1, S. 84.

132 Vgl. J. Warnken, Löhne und Gehälter in Nordrhein-Westfalen als Krisenfaktor? - Ein interregionaler Vergleich. "RWI-Mitteilungen, Jg. 36 (1985), S. 170; Landesentwicklungsprogramm Saar, Teil 2: Wirtschaft 1990. Amtsblatt des Saarlandes U 1260 A. Saarbrücken 1984, S. 791.

133 Vgl. Landesentwicklungsprogramm Saar, Teil 2: Wirtschaft 1990, S. 792.

134 Vgl. Regierung des Saarlandes (Hrsg.), Saar-Memorandum 1986. Saarbrücken 1986, S. 19.

135 Vgl. R. Judith, Zur Strukturpolitik an der Saar. In: R. Judith u.a. (Hrsg.), Die Krise der Stahlindustrie - Krise einer Region. Das Beispiel Saarland. Köln 1980, S. 59.

werke lange verzögert oder verhindert haben[136]. Die Möglichkeit, aus einer Zusammenarbeit Vorteile zu ziehen, wurde nicht genutzt, ein frühzeitiger sektorinterner Wandel unterblieb. Damit kamen alte, überholte Betriebsformen in der Stahlindustrie und neuangesiedelte Zweig- und Tochterbetriebe, die kaum eigene Forschungs- und Entwicklungsaktivitäten in der Region entfalteten, zusammen. Innovative Klein- und Mittelbetriebe sind dagegen im Saarland unterrepräsentiert. Die unternehmerische Innovationskraft wird daher bis heute einhellig als relativ niedrig eingestuft[137].

Flächenengpässe, Industriebrachen und Altlasten sind Probleme, von denen der saarländische Verdichtungsraum in ähnlicher Weise betroffen ist wie die meisten anderen altindustriellen Regionen. Ein Mangel an geeigneten Freiflächen für gewerbliche Nutzung im südlichen Teil des Bundeslandes könnte zwar teilweise dadurch überbrückt werden, daß die nördlichen, bisher wenig industrialisierten Landesteile gewerbliche und industrielle Funktionen übernehmen. Unter dem Aspekt des damit unweigerlich verbundenen Landschaftsverbrauchs wird jedoch dem Gewerbeflächenrecycling Vorrang eingeräumt[138]. Dabei stellt sich das Problem der Bergschäden und der Bodenkontaminierung in ganz ähnlicher Weise wie im Ruhrgebiet. Zwar gibt es keine genauen Angaben über das Ausmaß der Vergiftung von Böden durch Altlasten, der mittelfristige Finanzaufwand wird aber auf etwa 1 Mrd. DM geschätzt. Da die Verursacher häufig nicht mehr feststellbar oder zur Schadensbeseitigung nicht in der Lage sind, wären Land und Kommunen bei der Finanzierung der Sanierungsmaßnahmen gefordert. Aufgrund der ohnehin angespannten Haushaltslage des Landes hofft die Regierung des Saarlandes auf eine bundesgesetzliche Regelung dieser Probleme[139].

In einer detaillierten Studie der Saarwirtschaft aus dem Jahr 1967 wurden für das Saarland gravierende Mängel in der Infrastrukturausstattung festgestellt[140]. Insbesondere hatte die Region durch den fehlenden Anschluß an eine leistungsfähige Wasserstraße Nachteile beim Transport von Massengütern. Auch im übrigen Transportbereich wurden Defizite aufgezeigt; das Bildungswesen - von besonderer Bedeutung für eine Region im Wandel - wies hinsichtlich der Ausbildungseinrichtungen Schwächen auf. Inzwischen hat sich die Situation weitgehend gewandelt. Mit der Fertigstellung der Saarkanalisierung im Jahr 1987 hat die Region den lange Jahre geforderten Anschluß an das Wasserstraßensystem bekommen. Auf die Umstrukturierung innerhalb der Montanindustrie kann diese Wasserstraße

---

136 Vgl. P. Dörrenbacher, F. Bierbrauer and W. Brücher, S. 215; aber auch in Äußerungen der Industrie- und Handelskammer werden die zersplitterten Eigentumsverhältnisse als Hemmnis für den sektorinternen Wandel gesehen.

137 Vgl. Regierung des Saarlandes (Hrsg.), S. 19f. An der Erarbeitung dieses Memorandums waren im übrigen die Landesregierung, die Arbeitskammer, die Handwerkskammer und die Industrie- und Handelskammer beteiligt.

138 Vgl. Regierung des Saarlandes (Hrsg.), S. 37.

139 Vgl. Regierung des Saarlandes (Hrsg.), S. 44.

140 Vgl. J.H. Müller unter Mitarbeit von P. Klemmer u.a., S. 55ff. und S. 120ff.

zwar kaum noch Einfluß nehmen, aber auch für andere Wirtschaftszweige ist sie von Bedeutung. Die Fernstraßenverbindungen sind entscheidend verbessert worden; noch bestehende Lücken innerhalb der Verbindungen zu anderen Industrieräumen liegen nicht im Saarland und sind vom Land nur im Rahmen der Bundesverkehrswegeplanung zu beeinflußen. Auch im Bereich der Schienenverbindungen sind Verbesserungen eingetreten, zusätzlich setzt man für die Zukunft auf eine Schienenschnellverbindung, die das Saarland mit dem südwestdeutschen Raum (Mannheim) und Zentralfrankreich (Paris) verbinden soll. Ein positiver Standortfaktor dürfte der Flughafen in Saarbrücken sein, der insbesondere den Anschluß an die fehlenden internationalen Flugverbindungen herstellt[141]. Das Bildungsangebot ist verbessert worden, ein Netz von Berufsbildungszentren und eine "Weiterbildung in dualer Form" in Anlehnung an die Berufsausbildung sind entstanden. Das kulturelle Angebot - insbesondere in der Landeshauptstadt Saarbrücken - kann als gut bezeichnet werden. Trotz intensiver Bemühungen um den Ausbau einer forschungsnahen Infrastruktur und einer Reihe beachtlicher Erfolge in diesem Bereich weist das Saarland bei überregionalen Forschungsinstituten ein Defizit auf. Auch der Nachholbedarf an wirtschaftsnaher Forschung konnte bisher nicht abgebaut werden[142]. Die Infrastrukturausstattung als anpassungshemmender Faktor hat damit insgesamt an Bedeutung verloren. Zweifel erscheinen allenfalls daran angebracht, ob alle diese Verbesserungen hinreichend in das Bewußtsein der Öffentlichkeit und der unternehmerischen Entscheidungsträger gelangt sind[143]. Ähnlich wie in anderen alten Stahlrevieren erweist sich das schlechte Image als zählebig hinderlich.

3.4.4.2. Weitere, den Anpassungsprozeß bestimmende Faktoren

Unter den spezifischen Faktoren, die den Anpassungsprozeß im Saarland mitbestimmt haben, sind an erster Stelle der viermalige Wechsel zwischen deutschem und französischem Wirtschaftsraum und die relativ späte Eingliederung in die Bundesrepublik zu nennen. Bei jedem Wechsel änderten sich die rechtlichen und wirtschaftlichen Rahmenbedingungen; Investitionen in der Region waren mit höheren Risiken verbunden als anderswo, eine stetige Wirtschaftsentwicklung wurde erschwert. Die späte Eingliederung hatte zur Folge, daß das Saarland aus einer im Vergleich zu anderen Bundesländern schlechteren Position starten mußte.

Als zweiter die Anpassungen und Entwicklungen der Region besonders behindernder Faktor ist die Lage des Saarlandes an der Peripherie der Bundesrepublik, umgeben von schwach entwickelten Räumen zu nennen. Die Transportwege zu den Absatzmärkten sind damit weit, die Transportkosten entsprechend hoch. Es

---

141 Vgl. H. Georgi, An die Saar und zurück - Verkehrsprobleme und ihre Lösungen. "IHK-Saar-Wirtschaft", Jg. 1988, S. 661.

142 Vgl. V. Giersch, Wachstumsimpulse durch Forschungsausbau und Technologietransfer. "IHK-SaarWirtschaft", Jg. 1988, S. 704ff.

143 Vgl. H. Georgi, S. 662.

kommt hinzu, daß die Grenzlage den Aktionsradius der Wirtschaft trotz des EG-Marktes einschränkt. Die wirtschaftlichen und rechtlichen Bedingungen jenseits der Grenzen sind andere, die Möglichkeiten für Handwerker, aber auch Freiberufler, z.B. Rechtsanwälte oder Architekten, dort aktiv zu werden, sind von daher begrenzt. Besondere Hoffnungen setzt das Saarland deshalb auf die Einführung des Europäischen Binnenmarktes, der aus der Region in der Peripherie der Bundesrepublik eine Region im Zentrum Europas machen kann. Allerdings ist anzumerken, daß die geographische Zentralität nicht mit wirtschaftlicher Zentralität gleichgesetzt werden kann.

Ein drittes Regionsspezifikum ist die Tatsache, daß zwischen dem noch immer gewichtigen Montansektor und den übrigen Wirtschaftszweigen nur wenig intraregionale Verflechtungen bestehen und in der Vergangenheit auch nicht bestanden haben; der Anteil der Weiterverarbeitung ist entsprechend gering. Die Gründe dafür sind schwer verständlich. Die Orientierung der Stahlindustrie auf den Weltmarkt mit seinen extremen zyklischen Ausschlägen hätte eigentlich die Entwicklung einer Weiterverarbeitung ebenso nahegelegt wie die Transportkostenbelastung, die bei höherer Wertschöpfung leichter tragbar ist. Daß dies unterblieb, liegt wohl einmal an dem offenkundig ungünstigen Standortbedingungen der Saar, andererseits aber wohl auch an dem Mangel an weitblickenden Unternehmern. Die nur schwachen Verbundbeziehungen haben inzwischen allerdings auch positive Aspekte gezeigt: Die Diversifizierung der Industriestruktur war im Saarland einfacher als in einer im engen regionalen Verbund produzierenden Wirtschaft mit starken vorwärts- und rückwärtsgerichteten Lieferbeziehungen. Allerdings hat sich durch die Diversifizierung die Abhängigkeit der Region von externen Entwicklungen nur zum Teil verringert, da die neuangesiedelten Betriebe häufig Zweig- oder Tochterbetriebe sind, deren Managemententscheidungen außerhalb der Region gefällt werden.

3.4.5. Revitalisierungsbestrebungen

3.4.5.1. Der wirtschaftspolitische Rahmen

Das Saarland versteht sich nach der Landesverfassung als "sozialer Rechtsstaat in der Bundesrepublik Deutschland"[144]. Es besitzt wegen seiner Staatlichkeit anders als die übrigen Vergleichsregionen[145] ein hohes Maß an politischer Autonomie und hat über den Bundesrat Mitwirkungsrechte bei Entscheidungen, die das gesamte Bundesgebiet betreffen.

Leitlinien der saarländischen Wirtschaftspolitik[146] sind - wie in der Bundesrepublik insgesamt - die Grundsätze der sozialen Marktwirtschaft. Der Staat hat im

---

144 Vgl. hierzu W. Schütz, Die Saar als Bundesland. "IHK- SaarWirtschaft", Jg. 1988, S. 638.

145 Mit Ausnahme von Luxemburg.

146 Vgl. hierzu Landesentwicklungsprogramm Saar, Teil 2: Wirtschaft 1990, S. 801.

wesentlichen die Aufgabe, einen Ordnungsrahmen herzustellen, ohne zu bestimmen, wie das marktgerechte Produktprogramm, das effizienteste Produktionsverfahren und der geeignete Standort aussehen sollen. Staatliche Eingriffe in die wirtschaftlichen Abläufe können unter sozialen Aspekten oder dort, wo die Vermutung gerechtfertigt ist, daß der Marktmechanismus zu Fehlallokationen führt, erfolgen. Der Ausgleich zwischen den Teilgebieten der Bundesrepublik ist denn auch eine der raumordnungs- und regionalpolitischen Zielsetzungen in der Bundesrepublik. Für die Regionalpolitik kommen zwei weitere Zielsetzungen hinzu[147]: Unter wachstumspolitischen Aspekten sollen die in den Regionen latent vorhandenen Produktionsreserven optimal für ein gleichgewichtiges gesamtwirtschaftliches Wachstum genutzt werden[148]; das Stabilitätsziel beinhaltet die Verringerung der konjunkturellen und strukturellen Krisenanfälligkeit.

Die Kompetenz für die Raumordnungs- und Regionalpolitik liegt primär bei den Bundesländern[149]; jedoch gibt es - beginnend mit punktuellen Notstandsprogrammen in den fünfziger Jahren - eine länderübergreifende Regionalpolitik. Diese wurde im Jahre 1969 durch das Gesetz über die Gemeinschaftsaufgabe "Verbesserung der regionalen Wirtschaftsstruktur" systematisiert und gesetzlich geregelt. Danach bleibt die Förderung der regionalen Wirtschaft zwar Aufgabe der Länder, der Bund beteiligt sich jedoch an der Rahmenplanung und an der Finanzierung. Über diese gemeinsam betriebene Regionalpolitik hinaus haben die Bundesländer die Möglichkeit, eigene Programme zu planen und durchzuführen, soweit diese nicht mit den Zielen der Gemeinschaftsaufgabe in Widerspruch stehen. Die Kompetenzverteilung in Fragen der Raumordnung entspricht der für die regionale Wirtschaftspolitik beschriebenen[150]: Der Bund erläßt als Rahmen das Raumordnungsgesetz, die Länder sind verpflichtet, Raumordnungsprogramme und -pläne aufzustellen.

Daneben haben die Kommunen - wenn auch nur in begrenztem Umfang - Möglichkeiten, die Verteilung der Produktion im Raum zu beeinflussen. Dazu stehen ihnen einerseits Wirtschaftsförderungsmaßnahmen zur Verfügung, andererseits können sie dies im Rahmen der Bauleit- und Flächennutzungsplanung tun. Was die Wirtschaftsförderung betrifft, sind die Kommunen jedoch zu "bundes- und landestreuem Verhalten"[151] verpflichtet.

---

147 Eine solche Zielformulierung findet sich beispielsweise in Der Bundesminister für Wirtschaft (Hrsg.), Strukturbericht 1969 der Bundesregierung. Deutscher Bundestag, Drucksache V/4564. Bonn 1969, S. 4f., oder in Unterrichtung durch die Bundesregierung [I], Siebzehnter Rahmenplan der Gemeinschaftsaufgabe "Verbesserung der regionalen Wirtschaftsstruktur". Deutscher Bundestag, Drucksache 11/2362. Bonn 1988, S. 7.

148 Eine ganz ähnliche Zielsetzung ist im Landesentwicklungsprogramm des Saarlandes genannt. Vgl. Landesentwicklungsprogramm Saar, Teil 2: Wirtschaft 1990, S. 804.

149 Vgl. Unterrichtung durch die Bundesregierung [I], S. 8f.

150 Vgl. B. Aust, S. 19ff.

151 Vgl. Unterrichtung durch die Bundesregierung [I], S. 14.

3.4.5.2. Wege zur Revitalisierung

Der im Saarland verfolgte Weg zur Verarbeitung des entstandenen Anpassungsdrucks und zur Gestaltung des strukturellen Wandels deutet sich in der Beschreibung des wirtschaftspolitischen Rahmens bereits an: Die erforderliche Umstrukturierung sollte zunächst und im wesentlichen aus den Unternehmen heraus kommen. Allerdings erwies sich der Anpassungsdruck bald als so groß und von so
erheblichen negativen sozialen Folgen begleitet, daß staatliche Interventionen in
erheblichem Umfang erfolgten. Ohne zu verkennen, daß auch Anpassungen aus
privater Initiative resultierten, soll der Schwerpunkt der folgenden Ausführungen
auf diesen staatlichen Aktivitäten liegen.

Ziele der saarländischen Wirtschaftspolitik in den ersten Jahren nach der Eingliederung in die Bundesrepublik waren der Abbau des Entwicklungsgefälles gegenüber den anderen Bundesländern und ein regional hoher Beschäftigungsstand.
Um diese Ziele zu erreichen, wurde die Absicherung des Montankomplexes und
eine Beschäftigungssteigerung in den Wachstumsbereichen der Industrie angestrebt[152]. Daran hat sich bis heute wenig geändert. In dem von Regierung sowie
Unternehmens- und Arbeitnehmervertretungen gemeinsam erarbeiteten Saar-Memorandum 1986[153] werden zwei Aufgaben genannt, um ein hohes Beschäfti-
gungsniveau, konjunkturelle und strukturelle Stabilität und einen Abbau von Ein-
kommensunterschieden gegenüber anderen Bundesländern zu erreichen: Der
Montankern ist zu sichern, und die Bemühungen um einen umfassenden strukturellen Wandel sind verstärkt fortzusetzen. Für die Nachzeichnung der praktizierten Wirtschaftspolitik ist eine Untergliederung der Strukturpolitik in zwei Bereiche sinnvoll, nämlich in die sektorale und die regionale Strukturpolitik.

Die von den jeweiligen Landesregierungen betriebene sektorale Strukturpolitik
hatte stets das Ziel, den notleidenden Sektoren der Saarwirtschaft Hilfen zu geben.
Derartige Maßnahmen hatten insbesondere in den sechziger Jahren deutlichen
Vorrang gegenüber den Umstrukturierungsbemühungen. Aber auch die staatliche
Unterstützung der ARBED bei ihrem Versuch der Restrukturierung der saarländischen Stahlindustrie sowie die spätere Sanierung der Saarstahl AG mit öffentlichen Geldern liegen in dieser Linie. Ähnliche Auswirkungen hat auch die in der
Bundesrepublik betriebene Kohlepolitik, die auf den Erhalt eines aufgrund geologischer Besonderheiten international nicht mehr wettbewerbsfähigen Steinkohlen-
bergbaus zielt. Alle genannten Maßnahmen haben und hatten einen strukturerhaltenden Charakter oder sollten zumindest die strukturellen Anpassungen zeitlich
strecken. Dies läßt sich zwar mit der Begründung rechtfertigen, daß so soziale
Härten gemildert werden. Dieser Kurs birgt indes erhebliche wirtschaftspolitische
Risiken in sich, zumal wenn er zu Wettbewerbsverzerrungen zwischen den Regionen führt und im Endeffekt weniger effiziente Standorte erhalten bleiben, die effizienten aber verlorengehen.

---

152 Vgl. P. Dörrenbächer, F. Bierbrauer and W. Brücher, S. 209.

153 Vgl. Regierung des Saarlandes (Hrsg.), S. 20.

Die Beurteilung gezielter sektoraler Interventionen muß demnach zwiespältig ausfallen. Im Saarland hatten sie in der Vergangenheit eine hohe Bedeutung: Allein das Saarland hat bis 1984 - ohne Berücksichtigung der Hilfen des Bundes - 4 Mrd. DM für seine notleidenden Montanindustrien aufgebracht[154]; 3 Mrd. DM haben Bund und Land zwischen 1978 und 1988 für die Unterstützung der saarländischen Stahlindustrie bereitgestellt. Trotzdem ist ein Ende der Restrukturierungen in diesem Industriezweig noch nicht absehbar, und der Zusammenschluß der Saarstahl AG mit der Dillinger Hütte könnte neue Subventionstatbestände auslösen.

Im Vergleich hierzu sind die Dotierungen der regionalpolitischen Maßnahmen - Gemeinschaftsaufgabe und Landesförderprogramm - bescheiden; sie betrugen zwischen 1978 und 1986 etwa 1,1 Mrd. DM[155]. Dabei ist das Instrumentarium dieser Programme[156] stärker auf die Unterstützung des Wandels gerichtet, wenngleich allgemeine ordungspolitische Bedenken gegen eine derartige Form regionaler Wirtschaftspolitik[157] und Verbesserungsvorschläge für das Instrumentarium der Gemeinschaftsaufgabe[158] nicht verschwiegen werden sollen.

Zum Mißverhältnis zwischen sektoralen und regionalen Maßnahmen kommt hinzu, daß das Saarland, das im Rahmen der Gemeinschaftsaufgabe; zunächst eine ähnliche Sonderstellung wie das Zonenrandgebiet einnahm, zwischenzeitlich (1981 bis 1986) aber nicht mehr zum normalen Fördergebiet der Gemeinschaftsaufgabe gehörte. Ursache hierfür war die Abgrenzung der Förderregionen mit Hilfe von Indikatoren, die zur Ermittlung von Gebieten, in denen das Ausgleichsziel verletzt ist, besser geeignet sind als zur Bestimmung von Regionen mit strukturellen Anpassungsproblemen. Das Saarland blieb zwar Fördergebiet "sui generis"[159] und wurde auch im Rahmen des Stahlstandorteprogramms[160] unterstützt, das Mittelvolumen wurde aber deutlich reduziert. 1981 wurde deshalb ein ergänzendes Landesförderprogramm beschlossen, das die entstandene Lücke jedoch nicht schließen konnte. Seit 1986 ist das Saarland wieder "kriterienmäßiges" Fördergebiet.

---

154 Vgl. Regierung des Saarlandes (Hrsg.), S. 21.

155 Vgl. die Angaben bei Regierung des Saarlandes (Hrsg.), S. 24.

156 Finanzielle Hilfen für Investitionen der gewerblichen Wirtschaft und Hilfen für Verbesserungen der Infrastruktur, z.B. für Industriegeländeerschließung, im Verkehrswesen, in der Energieversorgung, für die Abwasserbeseitigung, zur Einrichtung von Aus- und Weiterbildungsmöglichkeiten, in der Industriebrachensanierung bis hin zum Ausbau von Technologiezentren und Telematikeinrichtungen.

157 Vgl. z.B. U. v. Suntum, Regionalpolitik in der Marktwirtschaft. Baden-Baden 1981, S. 52ff.

158 Diese Vorschläge sind z.B. beschrieben bei P. Klemmer [I], S. 94f.

159 Vgl. Regierung des Saarlandes (Hrsg.), S. 23ff.

160 Das Stahlstandorteprogramm fördert die Bereitstellung von Ersatzarbeitsplätzen außerhalb der Stahlindustrie.

Neben diesen beiden wesentlichen strukturpolitischen Maßnahmebereichen hat das Saarland sich in der Vergangenheit insbesondere um die Verbesserung seiner Infrastruktur bemüht und versucht, die Basis von Klein- und Mittelbetrieben zu verbreitern. Insbesondere in jüngerer Zeit ist ein neuer Förderschwerpunkt im Bereich Innovation und Technologie hinzugekommen[161]. Ersichtlich ist dies an steigenden Haushaltsansätzen, die im wesentlichen dem Ausbau der Technologieberatung und der Verbesserung des Technologietransfers von der Hochschule zu kleinen und mittleren Unternehmen zugute kommen sollen. Schließlich wurde vom Saarland ein landeseigenes Ausbildungsförderungsprogramm geschaffen, das zur Verbesserung der Ausbildungschancen Jugendlicher beitragen soll.

Insgesamt jedoch ist der bislang verfolgte Weg zur Anpassung der saarländischen Wirtschaftsstruktur durch ein Übergewicht von sektoralen Hilfen gekennzeichnet. Diese werden durch ein regionalpolitisches Instrument (Gemeinschaftsaufgabe) ergänzt, das in seinem Schwerpunkt nicht für altindustrielle Gebiete konzipiert ist und diese Regionen deshalb kaum systematisch, sondern im wesentlichen durch Ausnahmeregelungen fördert, dessen Mitteleinsatz rückläufig war und das der Gefahr ausgesetzt ist, durch Landesprogramme der "wohlhabenden" Bundesländer konterkariert zu werden.

3.4.5.3. Bisherige Anpassungserfolge

Angesichts des beschriebenen Anpassungswegs und seiner aufgezeigten Schwächen sind die Anpassungserfolge des Saarlandes erstaunlich. Die Entwicklung des Bruttoinlandsprodukts je Erwerbstätigen hielt mit der Bundesentwicklung Schritt. Allerdings konnte ein wesentliches Ziel - den Rückstand in der Wirtschaftskraft gegenüber dem Bundesdurchschnitt abzubauen - nicht erreicht werden; noch immer liegen die entsprechenden Werte des Saarlandes etwa 10 vH unter den Bundeswerten. Ein leichtes Aufholen ist allerdings festzustellen, wenn Bruttosozialprodukt oder Volkseinkommen auf die Einwohnerzahl bezogen werden[162].

Die saarländische Industrie hat ihr Bild verändert. Die Montansektoren haben an Bedeutung eingebüßt[163], im Verarbeitenden Gewerbe dominieren inzwischen die Investitionsgüterindustrien und innerhalb dieser Hauptgruppe die Automobilproduzenten. Ein Teil dieser Erfolge wird im Saarland auf das Konto der Gemeinschaftsaufgabe gebucht. Sie wird nach den Ansiedlungserfolgen in den frühen siebziger Jahren für äußerst wirkungsvoll gehalten. Die zwischenzeitliche Mittelkürzung wird dementsprechend bedauert - sie habe zu einem Rückstau bei den Anträgen auf Investitionsförderung geführt; eine Ausweitung des Fördervolumens

---

161 Vgl. Regierung des Saarlandes (Hrsg.), S. 26.

162 Vgl. Statistisches Landesamt Baden-Württemberg (Hrsg.), Volkswirtschaftliche Gesamtrechnungen der Länder, Heft 15. Stuttgart 1986, S. 281ff.

163 Auch innerhalb der Stahlindustrie hat inzwischen ein erheblicher Wandel in Richtung Produktdifferenzierung, Spezialisierung und Qualitätssteigerung eingesetzt. Vgl. P. Dörrenbächer, F. Bierbrauer and W. Brücher, S. 218f.

wird angestrebt[164]. Auch die Strukturen der Gesamtwirtschaft haben sich verändert: der Dienstleistungsanteil ist gestiegen, allerdings schwächer als im übrigen Bundesgebiet, und insbesondere der Handel hatte in jüngerer Zeit mit großen Schwierigkeiten zu kämpfen.

Mit den sektoralen Veränderungen sind auch gewisse regionale Verschiebungen innerhalb des Saarlandes eingetreten. Am stärksten wurde Neunkirchen in negativer Weise betroffen: Zechen wurden geschlossen, Hochöfen wurden ausgeblasen und Stahlkonverter stillgelegt. Auch der Stadtverband Saarbrücken mit den Stahlstandorten Völklingen, Brebach und Burbach gehört trotz der urbanen Funktionen der Landeshauptstadt und den davon ausgehenden expansiven Effekten (vor allem im Dienstleistungsbereich) zu den relativen Verlierern. Günstiger sind die Entwicklungen dagegen im mittleren Saartal (Dillingen, Saarlouis) verlaufen, nicht zuletzt deshalb, weil hier mit der Dillinger Hütte ein vergleichsweise gut strukturiertes Stahlunternehmen besteht und dieser Raum von den Neuansiedlungen überdurchschnittlich stark profitiert hat.

Die bisherigen Erfolge dürfen nicht darüber hinwegtäuschen, daß die Umstrukturierungsbestrebungen fortgesetzt werden müssen. Lücken scheinen insbesondere hinsichtlich der Innovationskraft, der Modernität und des Technologiegehalts der saarländischen Wirtschaft zu bestehen. Die Arbeitslosenquote im Saarland ist deutlich höher als im Bundesdurchschnitt, die Sanierung der Stahlindustrie ist noch nicht abgeschlossen, und der Erhalt von Kohle und Stahl auf dem jetzigen Niveau ist fraglich. Ähnlich wie in Lothringen erscheint der Anspruch "Rückführung von Kohle und Stahl auf ein wettbewerbsfähiges Niveau" realistischer als die Sicherung des derzeitigen Umfangs. Ein neues Problemfeld steht möglicherweise mit den bisherigen Erfolgen in engem Zusammenhang. Wie erwähnt, sind eine Reihe der im Saarland angesiedelten Unternehmen Zweigbetriebe, deren Unternehmensleitungen ihren Sitz außerhalb der Region haben. Ähnliches gilt für die noch verbliebenen, inzwischen zusammengeschlossenen Stahlwerke, so daß das Saarland in hohem Umfang von regionsextern getroffenen Entscheidungen abhängt.

3.4.6. Zusammenfassende Bewertung

Der Verbund von Kohle und Stahl sowie die Kooperation mit lothringischen Erzlieferanten waren Faktoren, die das Saarland zu einer bedeutenden montangeprägten Industrieregion haben werden lassen. Der häufige Wechsel zwischen Deutschland und Frankreich hat in diesem Gebiet jedoch eine stetige Entwicklung verhindert. Das zeitliche Zusammentreffen der Eingliederung des Saarlandes ins Bundesgebiet mit dem Beginn der Bergbaukrise hatte eine ungünstige Startposition zur Folge. Im Vergleich zum übrigen Bundesgebiet war die Region infrastrukturell schlecht ausgestattet, die Industrieanlagen waren nicht immer auf dem modernsten Stand. Dennoch konnte das Saarland die durch den Rückgang des

---

164 Vgl. Regierung des Saarlandes (Hrsg.), S. 25.

Bergbaus entstandenen Anpassungsaufgaben durch Ansiedlungserfolge in anderen Branchen relativ gut lösen.

Die wirtschaftliche Strategie setzte auf Erhalten und "Aufforsten". Sicherung des Alten war Ziel der sektoralen Interventionen, Wandel sollte das Ergebnis der regionalpolitischen Eingriffe sein. Die Wirksamkeit der Sektoralpolitik muß angesichts der nach wie vor schwierigen Lage der saarländischen Stahlindustrie bezweifelt werden. Trotz erheblicher Subventionszahlungen konnte ein weitgehender Abbau der Arbeitsplätze nicht verhindert werden. Ein stärkerer Einsatz dieser Mittel in Richtung auf rascheren sektoralen Wandel hätte die Umstrukturierung vermutlich beschleunigt. Immerhin ist auch so eine Umstrukturierung der Wirtschaft festzustellen, die Dominanz der Montanindustrie ist gebrochen. Die im Verlauf der letzten 20 Jahre erheblich verbesserte Infrastruktur, die Bemühungen um Innovationsförderung und der Wissenstransfer aus dem Hochschulbereich bilden heute eine bessere Basis zur Lösung der noch anstehenden schwierigen Aufgaben.

3.5. Grenzüberschreitende Aktivitäten im Saar-Lor-Lux-Raum

Die Probleme und Lösungsstrategien der drei benachbarten Regionen Saarland, Lothringen und Luxemburg wurden in den vorangehenden Abschnitten separat behandelt. Abschließend sollen die Gemeinsamkeiten der drei Gebiete betont werden. Sie sind in der ähnlichen wirtschaftsgeographischen Lage und der weitgehenden Prägung durch die Montanindustrie begründet. Wegen der durch den Saar-Lor-Lux-Raum verlaufenden Grenzziehungen und den damit in den Teilgebieten unterschiedlichen rechtlichen und wirtschaftlichen Gegebenheiten sind die Regionen bei der Bewältigung der Montanprobleme teilweise zu Konkurrenten geworden, denn wegen des sektoralen Wettbewerbs drohte der Erfolg des einen Gebiets zum Mißerfolg des anderen zu werden. Auf der anderen Seite ist der gesamte Saar-Lor-Lux-Raum Teil der Europäischen Gemeinschaft (EG) und bietet sich deshalb für eine grenzüberschreitende europäische Kooperation an.

Die EG betreibt seit einer Reihe von Jahren eine eigenständige Regionalpolitik. Begründet wird diese damit, daß einzelstaatliche Maßnahmen zum Abbau räumlicher Disparitäten in einem gemeinsamen Wirtschaftsraum nicht ausreichen, daß die EG verantwortlich ist, wenn andere Gemeinschaftspolitiken räumlich unterschiedliche Auswirkungen haben, und daß eine Koordination der in den Mitgliedsstaaten ergriffenen regionalpolitischen Maßnahmen wegen der Gefahr des Überbietungswettbewerbs unerläßlich ist[165]. Wesentliches Instrument dieses Koordinierungsanspruchs ist die "gemeinschaftliche Kontrolle der nationalen Beihilfen", die der EG die Möglichkeit eröffnet, mit Hilfe feststehender Indikatoren zu prüfen, ob die von einzelnen Mitgliedsstaaten gewährten regionalen Hilfen auf Regionen beschränkt sind, die im Vergleich zur gesamten Gemeinschaft ernsthafte

---

165 Vgl. Kommission der Europäischen Gemeinschaften (Hrsg.), Die europäische Regionalpolitik. Brüssel 1987, S. 4.

Probleme aufweisen[166]. Kommt die Prüfung zu dem Ergebnis, daß dies nicht der Fall ist, so kann die nationale Entscheidung durch die EG angefochten werden. Diese massive Einflußnahmemöglichkeit auf die Regionalpolitik einzelner Staaten kann wegen der verwendeten Kriterien gerade für altindustrielle Gebiete in "reichen" Ländern eine Untersagung nationaler Fördermaßnahmen zur Folge haben. Daneben hat die EG eigene sektorale und regionale Förderkonzeptionen entwickelt. Als wesentliche Maßnahmen seien hier die durch die Europäische Gemeinschaft für Kohle und Stahl (EGKS) gewährten Hilfen zur Modernisierung der Stahlindustrie und zur Schaffung von Ersatzarbeitsplätzen in den Stahlrevieren, sowie der Europäische Fond für Regionale Entwicklung (EFRE) genannt[167].

Die Tendenz der EG, sich stärker in die von nationaler Seite betriebene Regionalpolitik einzumischen, wird z.T. recht kritisch beurteilt[168]. Sie schränkt die nationalen Entscheidungskompetenzen ein, sie widerspricht aber auch den feststellbaren Dezentralisierungstendenzen in der Regionalpolitik. Ein stärkerer Mitspracheanspruch der EG artikuliert sich auch im Bedeutungswandel des EFRE, der ursprünglich nur die Funktion einer Ausgleichskasse hatte, inzwischen jedoch so umgestaltet wurde, daß Gemeinschaftsprogramme in den Vordergrund rücken, bei denen die EG mehr als die Rolle des Mitfinanzierers übernimmt.

Von den EGKS- und EFRE-Maßnahmen waren auch die Regionen Saarland, Lothringen und Luxemburg begünstigt. In der Zeit von 1980 bis 1985 flossen im Durchschnitt der Jahre etwa 15 vH der gesamten EGKS-Fördermittel in den Saar-Lor-Lux-Raum, der weit überwiegende Teil davon nach Lothringen. Der Anteil an den Mitteln des EFRE lag in allen drei Regionen dagegen unter 1 vH, auch er war jedoch in Lothringen am höchsten[169]. Im Saarland gibt es seit 1984 ein die Anpassungen in der Stahlindustrie flankierendes Programm, das gemeinsam von der EG, dem Land und den Gemeinden finanziert wird und zur Sanierung von Industriebrachen, für Investitionshilfen und zur Innovationsförderung in kleinen und mittleren Unternehmen eingesetzt werden kann. Mittel für das "Gemeinschaftsprogramm zugunsten der Umstellung von Eisen- und Stahlrevieren" (RESIDER) sind vom Saarland beantragt, ein Programmentwurf mit Schwerpunkt auf der Industriebrachensanierung wurde 1988 in Brüssel vorgelegt[170].

---

166   Vgl. P. Klemmer [I], S. 111ff.

167   Der Regionalfond hat seit seiner Gründung im Jahr 1975 bis 1986 etwa 17,5 Mrd. ECU aufgewandt, um entweder durch Gemeinschaftsprogramme (grenzüberschreitend) oder durch die Unterstützung nationaler Programme Infrastruktur und endogenes Entwicklungspotential in einzelnen Regionen zu verbessern. Vgl. Kommission der Europäischen Gemeinschaften (Hrsg.), S. 6ff.

168   Vgl. P. Klemmer [I], S. 115ff.; S. Zukin, S. 49.

169   Vgl. Statistisches Amt der Europäischen Gemeinschaften (Hrsg.), Finanzbeiträge der Gemeinschaft für Investitionen 1985. Luxemburg 1987, S. 60ff.

170   Vgl. K. Gerstner, RESIDER - Ein Umstrukturierungsprogramm der EG für Stahlreviere. "IHK-SaarWirtschaft", Jg. 1988, S. 321.

Eine intensive Zusammenarbeit von Saarland, Lothringen und Luxemburg findet bislang nur unzureichend statt. Dabei hat es Ansätze für eine Kooperation, die auch wegen der zwischen den drei Teilräumen über die Staatsgrenzen hinweg existierenden Pendlerverflechtungen naheliegt, bereits recht früh gegeben[171]. 1970 konstituierte sich die Regionalkommission Saar-Lor-Lux, die sich aus Regierungsvertretern der drei Regionen zusammensetzte. Im Rahmen der von ihr initiierten Arbeitsgruppen wurden wirtschaftliche und soziale Fragen, Verkehrs- und Umweltprobleme sowie eine grenzüberschreitende Raumordnung diskutiert. Da die Kommission nur beratende Funktion hatte und stets mit den Problemen, die sich aus den unterschiedlichen rechtlichen und wirtschaftlichen Bedingungen ergaben, kämpfen mußte, diente sie vor allem dem Erfahrungs-, Informations- und Meinungsaustausch. Die mangelnden Kompetenzen bei der Durchführung konkreter Projekte und regionaler Eigennutz sind die wesentlichen Ursachen für das Scheitern der Kommission in Fragen der praktischen Zusammenarbeit gewesen.

Gescheitert sind auch andere Projekte für eine Zusammenarbeit, z.B. der Bau eines Großflughafens im Saar-Lor-Lux-Raum, die gemeinsamen Aktivitäten der saarländischen und lothringischen Bergwerksgesellschaften (Saarberg und HBL) im Bereich der Kohlechemie oder die Kooperation der saarländischen und luxemburgischen Stahlindustrie. Die im Bereich der Wasserversorgung und des Umweltschutzes erreichten Verbesserungen, die intensiven Kontakte von Bevölkerung und Gemeinden über die Grenzen hinweg, stehen als kleinere Positionen auf der Erfolgsseite[172]. Gemeinsame Konzeptionen der Raumordnung, Verbesserungen der funktionalräumlichen Arbeitsteilung oder gemeinsame Strategien zur Verarbeitung des Anpassungsdrucks stecken dagegen noch in den Kinderschuhen. Immerhin ist in der Umgebung von Longwy ein "Europäischer Entwicklungsschwerpunkt"[173] (Pôle Européen de Developpement) entstanden, zu dem Teile Lothringens (Longwy), Luxemburgs (Petange) und Belgiens (Athus) gehören. Ziel der 1985 in Angriff genommenen Maßnahme ist die Schaffung von Ersatzarbeitsplätzen außerhalb der Stahlindustrie. Dazu wurden ein grenzüberschreitender Industriepark und ein gemeinsames Dienstleistungszentrum gegründet; ein europäisches Technologiekolleg soll entstehen. Der "Europäische Entwicklungsschwerpunkt" kann in gewisser Weise als Pilotprojekt für den einheitlichen EG-Binnenmarkt betrachtet werden, denn es werden gemeinsame Ziele verfolgt, die Maßnahmen werden koordiniert und mit Hilfe der Europäischen Gemeinschaft grenzüberschreitend umgesetzt. Die langfristigen Hoffnungen des gesamten Saar-Lor-Lux-Raumes konzentrieren sich jedoch auf den einheitlichen Binnenmarkt nach 1992.

---

171 Vgl. B. Aust, S. 84ff.

172 Vgl. F. Reitel, S. 153.

173 O.V., Longwy. Une impulsion nouvelle. Le pôle européen de développement dans sa phase active. "Economie Lorraine", Nancy, no. 73 (1988), S. 16ff.

4. Das Ruhrgebiet

4.1. Lage, Größe und Bevölkerung

Das Ruhrgebiet ist der größte industriell geprägte europäische Ballungsraum. Es ist Teil des Landes Nordrhein-Westfalen und erstreckt sich vom Rhein im Westen bis Hamm im Osten, von den Ruhrhöhen und dem Bergischen Land im Süden, bis zur Lippe und dem Münsterland im Norden. Die Region umfaßt in administrativer Sicht Teile der Regierungsbezirke Arnsberg, Münster und Düsseldorf, nämlich die kreisfreien Städte Bochum, Bottrop, Dortmund, Duisburg, Essen, Gelsenkirchen, Hamm, Herne, Mülheim, Oberhausen sowie die Kreise Recklinghausen, Unna und Wesel[174] (vgl. Karte 5).

In der häufig als "Revier" bezeichneten Region leben rund 4,7 Mill. Einwohner, was einem Bevölkerungsanteil an der Bundesrepublik von annähernd 8 vH entspricht. Dies zeigt bereits, daß das Ruhrgebiet allein über seinen Anteil einen starken Einfluß auf die wirtschaftlichen Entwicklungen nicht nur des Landes Nordrhein-Westfalen, sondern auch der Bundesrepublik ausübt. Der Anteil der Region an der Gesamtfläche der Bundesrepublik ist mit 1,6 vH deutlich niedriger als der Bevölkerungsanteil; die Bevölkerungsdichte übersteigt daher den Wert der ohnehin dicht besiedelten Bundesrepublik erheblich (vgl. Tabelle 21).

4.2. Abriß der Wirtschaftsgeschichte[175]

Bereits im Mittelalter wurde im Ruhrgebiet Kohle im Nebenerwerb gefördert und als Brennmaterial im Hausbrand eingesetzt. Mit der Schiffbarmachung der Ruhr (Ende des 18. Jahrhunderts) und mit dem Einsatz von (dampfbetriebenen) Pumpen zur Regulierung des Wasserstands im Bergbau (Anfang des 19. Jahrhunderts) gewann die Kohle zwar an Bedeutung als Energieträger, ihre Einsatzmöglichkeiten blieben jedoch zunächst begrenzt.

Dies änderte sich erst, als im Jahre 1837 das Durchstoßen der Mergelschicht und die erstmalige Förderung verkokbarer Fettkohle, sowie - einige Jahre später - die Roheisenerzeugung mit Steinkohlenkoks an Stelle von Holzkohle gelangen. Weitere Fortschritte in der Metallurgie kamen hinzu: Zunächst wurde das Puddelverfahren, später das Bessemer- und Siemens-Martin-Verfahren zur Stahlerzeugung eingesetzt; die Verarbeitungsmöglichkeiten von Stahl wurden durch den Stahl-

---

[174] Neben dieser Abgrenzung wird verschiedentlich auch diejenige des Kommunalverbands Ruhrgebiet verwendet. Sie umfaßt neben den erwähnten Kreisen und Städten die kreisfreie Stadt Hagen und den Ennepe-Ruhr-Kreis.

[175] Die folgenden Ausführungen orientieren sich an A. Schlieper unter Mitarbeit von H. Reinecke und H.-J. Westholt, 150 Jahre Ruhrgebiet. Düsseldorf 1986; P. Wiel, Wirtschaftsgeschichte des Ruhrgebiets. 2. Auflage, Essen o.J.; A. Schlieper, Regional Economic Responses to Structural Change. Paper Presented to the Conference "Regional Structural Change in International Perspective". Essen 1986, sowie R. Hamm und H.K. Schneider.

Das Ruhrgebiet

formguß verbessert. Damit waren die technischen Voraussetzungen für das Entstehen eines Kohle-Stahl-Komplexes im Ruhrgebiet geschaffen. Für seine weitere Entwicklung waren Verbesserungen hinsichtlich der Qualifikation der Arbeitskräfte und der industriellen Organisation und mehr noch Erleichterungen der Transportbedingungen ausschlaggebend. Von den natürlichen Gegebenheiten her verfügte die Region über einen optimalen Verkehrsweg - den Rhein; bereits gegen Ende des 18. Jahrhunderts war daneben mit dem Ausbau des Kanalsystems begonnen worden, und seit etwa 1847 eröffneten die Eisenbahnen neue Märkte insbesondere für die Kohle. Sie erleichterten aber auch die Rohstoffversorgung der Region. Dies war von besonderer Bedeutung, weil bereits zu jener Zeit die lokalen Eisenerzvorkommen zur Versorgung der Hüttenwerke nicht mehr ausreichten.

Der Eisenbahnbau trug in erheblichem Umfang dazu bei, daß die Produktpalette der Ruhrwirtschaft erweitert wurde. Die Metallverarbeitung - mit langer Tradition im Süden des Reviers (Ennepetal) - breitete sich in den verkehrstechnisch besser erschlossenen Norden aus. Sie produzierte insbesondere Schienen, Eisenbahnteile, Brücken und eiserne Kräne. Durch die Nachfrage des Bergbaus im Bereich der Fördertechnik expandierte der Maschinenbau, was wiederum Anstöße zur Erweiterung der metallurgischen Kenntnisse bewirkte.

Die fortschreitende Industrialisierung hatte eine zunehmende Urbanisierung zur Folge. Der Bevölkerungszustrom in das Ruhrgebiet hatte bereits im 18. Jahrhundert begonnen, wobei zunächst bergbauerfahrene Arbeitskräfte aus den umliegenden Mittelgebirgen angezogen wurden. Seit Mitte des 19. Jahrhunderts beschleunigte sich der Zustrom von nun auch zunehmend weniger qualifizierten Kräften. Die Einwohnerzahl stieg von 0,5 Mill. (1850) auf 1,8 Mill. (1905); allein zwischen 1860 und 1870 verdoppelte sich die Bevölkerung. Der mit der Urbanisierung einhergehende wachsende Bedarf an Nahrungsmitteln, Bekleidung, Wohnungen und Handwerksleistungen trug zur Ausbreitung weiterer Gewerbezweige

Tabelle 21

Ruhrgebiet - Fläche und Bevölkerung	
Fläche	
in km²	3 865
Anteil am Bundesgebiet (in vH)	1,6
Bevölkerung (1987)	
in 1000	4 708,0
Anteil am Bundesgebiet (in vH)	7,6
Bevölkerungsdichte (1987)	
Einwohner je km²	1 218
Bundesgebiet = 100	495

Nach Angaben des Landesamtes für Datenverarbeitung und Statistik Nordrhein-Westfalen.　RWI ESSEN

bei. Handels- und Dienstleistungsbereiche vervollständigten das Leistungsangebot der Region.

Zwischen 1850 und 1900 expandierte der Montanbereich gewaltig: Die Kohleförderung stieg von 1,9 Mill. t auf 60 Mill. t, die Eisen- und Stahlproduktion nahm von 11 500 t auf 3,3 Mill. t zu. Ursächlich waren nicht allein Kapazitäts-, sondern auch deutliche Produktivitätssteigerungen. Allerdings verlief die Entwicklung in der zweiten Hälfte des 19. Jahrhunderts keinesfalls bruchlos. Die "Gründerkrise" führte Mitte der siebziger Jahre zur Depression, die Montanunternehmen versuchten durch Konzentration und Kartellbildung ihre wirtschaftliche Entwicklung zu stabilisieren.

Ende des 19. Jahrhunderts wurde der bestehende Kohle-Stahl-Verbund um zwei zusätzliche, rasch expandierende Bereiche erweitert: Die Kohlechemie und die Elektrizitätswirtschaft. Die Verkokung der Kohle lieferte außer Koks und Gas andere Rohstoffe, z.B. Ammoniak, Teer und Schwefel, die im Ruhrgebiet weiterverarbeitet wurden. Der Einsatz von Kohle zur Verstromung nahm zu; die Erzeugung von elektrischer Energie wuchs von 28 000 kWh (1900) auf 1 Mrd. kWh (1913). Die sich herausbildende Elektrizitätswirtschaft führte jedoch nicht in größerem Umfang zum Entstehen einer Elektroindustrie.

Mit Beginn des Ersten Weltkrieges wurde die zuvor schon stark in die Rüstungsproduktion eingebundene Ruhrwirtschaft ganz auf die Kriegserfordernisse umgestellt; technische Neuerungen unterblieben in der Folgezeit, und die Produktion von Kohle, Eisen und Stahl ging nicht zuletzt wegen fehlender männlicher Arbeitskräfte deutlich zurück. Nach Beendigung des Krieges wurde die Produktion relativ rasch wieder gesteigert, wohl auch deshalb, weil Reparationsansprüche befriedigt werden mußten. Die Reparationsforderungen an das Deutsche Reich führten im Januar 1923 zum Einmarsch französischer und belgischer Truppen im Ruhrgebiet. Die Reichsregierung rief zum "passiven Widerstand" auf, die Produktion im Revier ging drastisch zurück. Nach Klärung der Reparationsfrage und der wegen der Inflation erforderlichen Währungsreform erlebte die Ruhrwirtschaft von 1924 bis 1929 einen Aufschwung; 1925 überstieg die Eisenproduktion im Ruhrgebiet erstmals die Großbritanniens. Der Aufschwung war gekennzeichnet durch den Übergang vom extensiven zum intensiven Wachstum: Die Bearbeitungsverfahren im Metallbereich wurden verbessert, Sonderstähle und neue Legierungen entwickelt, und die Gewinnung von Benzin aus Kohle wurde durch das Fischer-Tropsch-Verfahren möglich. Die Produktivität im Bergbau stieg durch die Mechanisierung. Die Rationalisierungsbestrebungen gingen nach 1928 einher mit einer - durch die Weltwirtschaftskrise bedingten - sinkenden Kapazitätsauslastung. Es entstanden gravierende Beschäftigungsprobleme: Die Zahl der Beschäftigten in Industrie und Handwerk lag 1933 an der Ruhr um 45 vH unter der des Jahres 1925. Allein im Ruhrbergbau gab es 1932 rund 120 000 Arbeitslose. 1933 setzte ein erneuter Aufschwung ein, von dem auch die Ruhrwirtschaft profitierte. Begünstigt durch die Autarkiebestrebungen des Dritten Reiches entging die Kohlewirtschaft den bereits damals sichtbar gewordenen Strukturproblemen; sie förderte 1939 mit 130 Mill. t eine Menge, die weder zuvor noch danach wieder erreicht wurde. Die Bevölkerungsexpansion hatte sich in der Zwischenkriegsphase deutlich verlangsamt, in einigen Städten waren die Einwohnerzahlen bereits rückläufig. Der Zweite Weltkrieg brachte Produktionsausfälle, weil ausländische Rohstoffe fehlten, Arbeitskräfte knapp wurden und später Zerstörungen durch Fliegerangriffe auftraten.

Krieg und Kriegsfolgen stellten einerseits einen tiefen Einschnitt dar, der die Region zunächst stärker als andere zurückwarf, der aber andererseits auch dazu beigetragen hat, den "Lebenszyklus" des Montanverbunds zu verlängern. In der ersten Nachkriegsphase stand man in der neugegründeten Bundesrepublik vor der Aufgabe, den Flüchtlingszustrom aus dem Osten zu bewältigen, d.h. insbesondere die Nahrungsmittelversorgung der Bevölkerung sicherzustellen. Aus eigener Produktion war dies nicht möglich, also wurden Devisen für Nahrungsmittelimporte benötigt. Zur Vermeidung von zusätzlichen Energieimporten und zur Erzielung von Exporterlösen wurden deshalb die Vorkriegsstrukturen im Ruhrgebiet reaktiviert, der Verbund von Kohle und Stahl mit seinen Zulieferern und Weiterverarbeitern im Ruhrgebiet und den nahegelegenen übrigen Teilen Nordrhein-Westfalens wurde wiederhergestellt. Zwar erschwerten Zerstörungen und Demontagen diese Reaktivierung zunächst, sie erlaubten aber andererseits, frühzeitig technische Neuerungen vorzunehmen und zerstörte bzw. demontierte Anlagen durch moderne zu ersetzen. Nachfrageseitig profitierte die Region vom Wiederaufbau in der Bundesrepublik. Die stahlintensive Infrastruktur mußte neu erstellt und der Kapitalstock mit Maschinen und Gebäuden neu produziert werden. So konnte mit der Wiederbelebung der Vorkriegsstrukturen an die Blütezeit von vor dem Krieg angeknüpft werden. Die Wachstumsraten waren höher als im Bundesdurchschnitt; zusätzliche Arbeitskräfte wurden aus anderen Regionen angeworben. Als Folge stieg das Lohnniveau in der Region über das im übrigen Bundesgebiet gezahlte hinaus an und trug zu einer Verfestigung der sektoralen Strukturen bei, weil Branchen, die aus der Nähe von Kohle und Stahl keine oder nur geringe Standortvorteile zogen, sich außerhalb des Ruhrgebiets ansiedelten.

Das Wachstum der Nachfrage nach deutscher Steinkohle wurde bis 1957 zusätzlich durch Preiskontrollen begünstigt, die den deutschen Steinkohlepreis unter den Preis der international gehandelten Kohle drückten. Die preisbedingt überhöhte Nachfrage nach billiger deutscher Kohle führte dazu, daß die Absatzmöglichkeiten und dementsprechend die benötigten Förderkapazitäten weit überschätzt wurden. Die im Ruhrgebiet erfolgte Reaktivierung von Strukturen, die bereits in der Zeit zwischen den beiden Weltkriegen eine gewisse Anfälligkeit gezeigt hatten, war Ergebnis eines kurzfristigen Nachfrageanstiegs, der durch die besondere Situation der Nachkriegszeit ausgelöst wurde. Die späteren Probleme des Reviers resultieren in hohem Maße daraus, daß auf die kurzfristige Nachfrageerhöhung bei Kohle und Stahl mit langfristig wirkenden Investitions- und Kapazitätssteigerungen reagiert wurde.

Diese Strategie erwies sich schon gegen Ende der fünfziger Jahre als verhängnisvoll. Bedingt durch Datenänderungen auf den internationalen Energiemärkten geriet die Kohleförderung von zwei Seiten her unter Druck: Mit der raschen Erschließung der kostengünstigen Ölvorkommen des Mittleren Ostens wurde die Kohle aus dem Wärmemarkt und als Chemierohstoff verdrängt. Innerhalb des verbleibenden Kohlemarktes geriet sie im Wettbewerb mit neuerschlossenen kostengünstiger produzierenden Gruben in Übersee ins Hintertreffen, zumal die Seefrachtraten durch Innovationen im Schiffbau und bei den Umschlaganlagen stark sanken.

Die auf der Kohle basierenden Standortvorteile des Ruhrgebiets für die Stahlwerke und die Betriebe der Kohlechemie schwanden oder schlugen sogar in Nachteile um. Während der Kohlechemie die Umstellung auf Öleinsatz relativ rasch gelang, ergaben sich für die Stahlwerke weitergehende Anpassungserfordernisse, da sie in der Folge auch absatzseitig unter Druck gerieten. Konsequente Nutzung der Kostendegression von Großeinheiten, Standorte in Küstennähe und sinkende Transportkosten machten insbesondere die japanische Stahlindustrie zum mächtigen Konkurrenten. Produktinnovationen der Erdölchemie führten zur Ausweitung der Kunststoffproduktion und zur Substitution von Stahl. Schließlich lockerte sich der regionale Verbund Stahlerzeugung/Stahlverarbeitung, da sich die Verarbeitung alternative Bezugsquellen erschloß und zunehmend differenzierter und wertschöpfungsintensiver wurde, wodurch die standortbindende Kraft des nahen Stahlangebots schwand.

Durch die Reorganisation der Unternehmensstrukturen und beträchtliche Produktivitätssteigerungen wurde der Anpassungsdruck auf Kohle und Stahl in den sechziger Jahren weitgehend aufgefangen. Die Ruhrkohle AG sowie die Rationalisierungsgruppen und Walzstahlkontore der Stahlindustrie wurden gegründet. Zusammen mit erheblichem Flankenschutz von staatlicher Seite und einigen Ansiedlungserfolgen wurde eine relative Stabilisierung erreicht, die aber schon bald im Zuge der Stahlkrise der siebziger Jahre zerbrach. Die dramatische Schrumpfung des Stahlabsatzes seit 1975 geht vor allem auf die starke Verminderung der gesamtwirtschaftlichen Aktivität in nahezu allen hochentwickelten Volkswirtschaften zurück. Da der Stahlverbrauch insbesondere mit der Investitionstätigkeit verbunden ist, schlug sich die gesamtwirtschaftliche Schwäche in stark rückläufigem Stahlverbrauch nieder. Hinzu kamen technologische Neuerungen, die die Aufnahme der Stahlproduktion in lokalen Verbrauchszentren erleichterten, Veränderungen im Stahlaußenhandel zu Lasten der traditionellen Exporteure sowie der ausufernde Subventionswettlauf insbesondere auf dem europäischen Stahlmarkt. Seit dem Ölpreisverfall Anfang der achtziger Jahre geriet auch der Bergbau, der zuvor schon an eine Renaissance glauben wollte, erneut unter Anpassungsdruck; die Stabilisierung des Montankerns erwies sich endgültig als trügerisch.

4.3. Empirischer Befund der Wirtschaftsstruktur

4.3.1. Demographische Entwicklung

Die im historischen Abriß erläuterten jüngeren Entwicklungen des Ruhrgebiets blieben nicht ohne Rückwirkung auf die Einwohnerzahlen. 1985 lebten im Revier fast 450 000 Menschen weniger als noch im Jahre 1961 - dies entspricht einem Rückgang von annähernd 9 vH (vgl. Tabelle 22). Im gleichen Zeitraum stieg die Zahl der Einwohner im Land Nordrhein-Westfalen um fast 5 vH, im Bundesgebiet sogar um mehr als 8,5 vH. Zwei Komponenten waren für das ungünstige Abschneiden des Reviers ausschlaggebend: Zum einen überstieg die Zahl der Sterbefälle die der Geburten, zum anderen war die Zahl der Fortzüge aus der Region höher als die der Zuzüge. Bei den Bevölkerungswanderungen fällt auf, daß die in einzelnen Jahren aufgetretenen positiven Wanderungssalden auf den Zuzug ausländischer Einwohner zurückzuführen sind, die Fortzüge aber insbesondere die deutsche Bevölkerung betrafen[176]. Die negativen Wanderungssalden nahmen in gesamtwirtschaftlichen Rezessionsphasen, von denen der Arbeitsmarkt des Reviers jeweils überdurchschnittlich betroffen war, die höchsten Werte an.

Betrachtet man die einzelnen Teilzeiträume, so fällt auf, daß die Bevölkerungsentwicklung im Ruhrgebiet stets ungünstiger verlaufen ist als auf Bundes- und Landesebene. So nahm die Einwohnerzahl im Ruhrgebiet bereits in den sechziger Jahren ab, als bundes- und landesweit noch deutliche Zuwächse registriert wurden. Dieses Ergebnis für das erste betrachtete Jahrzehnt verdeckt jedoch, daß die Bevölkerungszahl auch im Ruhrgebiet bis 1965 als Ergebnis eines Geburtenüberschusses trotz der seit 1962 zunächst relativ niedrigen negativen Wanderungssalden noch gestiegen ist. Nach 1965 sind erstmals in der Nachkriegszeit Bevölkerungsverluste aufgrund der natürlichen Bevölkerungsentwicklung aufgetreten, und die bundesweite Rezession hatte die Wanderungsverluste des Reviers in den Jahren 1966 und 1967 auf mehr als 60 000 pro Jahr ansteigen lassen.

In den siebziger Jahren waren im Bundesgebiet und im Land Nordrhein-Westfalen noch geringe Zuwächse der Bevölkerung feststellbar. Im Ruhrgebiet gingen die Einwohnerzahlen in diesem Zeitraum schon erheblich zurück. Ein mit Ausnahme der Jahre 1970/71 negativer Wanderungssaldo und das anhaltende Geburtendefizit

---

176 Vgl. P. Klemmer [III], S. 518.

Tabelle 22

Bevölkerungsentwicklung im Ruhrgebiet, in Nordrhein-Westfalen und der Bundesrepublik 1961 bis 1985

| | Bevölkerung | | | | Veränderung der Bevölkerungszahl | | | | | |
| | in 1000 | | | | 1961 bis 1970 | | 1970 bis 1980 | | 1980 bis 1985 | |
	1961[1]	1970	1980	1985	in 1000	in vH	in 1000	in vH	in 1000	in vH
Ruhrgebiet	5106	5067	4830	4650	-38	-0,8	-237	-4,7	-180	-3,7
Nordrhein-Westfalen	15912	16914	17058	16674	1002	6,3	144	0,8	-384	-2,3
Bundesrepublik	56175	60651	61658	61020	4476	8,0	1007	1,7	-638	-1,0

RWI ESSEN

Eigene Berechnungen nach Angaben des Kommunalverbands Ruhrgebiet (Hrsg.), Statistische Rundschau Ruhrgebiet. Essen, verschiedene Jahrgänge; Landesamt für Datenverarbeitung und Statistik Nordrhein-Westfalen (Hrsg.), Statistisches Jahrbuch Nordrhein-Westfalen. Düsseldorf, verschiedene Jahrgänge; Statistisches Bundesamt (Hrsg.), Statistisches Jahrbuch für die Bundesrepublik Deutschland. Wiesbaden, verschiedene Jahrgänge. - [1]Das Jahr 1961 wurde wegen der Volkszählung gewählt.

waren die Ursachen hierfür. Der Abnahmetrend bei der Bevölkerung hat sich im Ruhrgebiet in der ersten Hälfte der achtziger Jahre weiter verstärkt. Um fast 180 000 ist die Einwohnerzahl zwischen 1980 und 1985 gesunken - bei allerdings auch bundes- und landesweit rückläufiger Bevölkerung.

4.3.2. Beschäftigung und Arbeitslosigkeit

Die Analyse der längerfristigen Beschäftigungsentwicklung wird durch die Gebietsreform von 1975 und durch Lücken in den amtlichen Statistiken erschwert. So existieren für kleinere Teilräume als Bundesländer zwischen 1970 und 1977 keine Angaben zur Gesamtbeschäftigung. In Tabelle 23 sind daher die Änderungsraten der Erwerbstätigenzahlen zwischen den einzelnen Volkszählungsterminen angegeben; auf eine weitere Untergliederung mußte verzichtet werden.

Die Angaben machen deutlich, daß - als Folge des Wiederaufbaus - die Zahl der Beschäftigten zwischen 1950 und 1961 im Ruhrgebiet deutlich gestiegen ist. Allerdings sind landes- und bundesweit gleiche Entwicklungen festzustellen[177]. Seit den sechziger Jahren sind die Beschäftigungsentwicklungen in den drei Vergleichsgebieten unterschiedlich verlaufen: Während in der Bundesrepublik ein Rückgang von weniger als einem Prozent festzustellen ist, betrug der Rückgang in Nordrhein-Westfalen fast 3 vH. Dieses Gesamtresultat für das Bundesland ist jedoch ausschließlich auf die ungünstige Beschäftigungsentwicklung im Ruhrgebiet zurückzuführen: im Revier ging die Zahl der Beschäftigten in den sechziger Jahren um 7,7 vH zurück, im übrigen Nordrhein-Westfalen aber nur um 0,8 vH. Seit 1970 sind im Ruhrgebiet nochmals annähernd 10 vH der Arbeitsplätze abgebaut worden. Im gleichen Zeitraum stieg die Zahl der Beschäftigten im übrigen Nordrhein-Westfalen und im Bundesgebiet.

Über einen längeren Zeitraum betrachtet hat sich damit die Zahl der Beschäftigten im Revier erheblich ungünstiger entwickelt als im Bundes- oder Landesdurchschnitt: zwischen den beiden Volkszählungen von 1961 und 1987 ist die Zahl der Erwerbstätigen im Revier um etwa 360 000 oder fast 17 vH zurückgegangen. Beschäftigungs- und Bevölkerungsentwicklung weisen damit im Ruhrgebiet klar parallele Entwicklungen auf, die Abwanderungen dürften in hohem Maße aus wirtschaftlichen Gründen erfolgt sein.

Außer in negativen Wanderungssalden schlägt sich der Beschäftigungsrückgang aber auch in steigenden Arbeitslosenquoten nieder (vgl. Tabelle 24). Allerdings fällt auf, daß im Jahre 1970 die Arbeitslosenquoten im Ruhrgebiet, im Land Nordrhein-Westfalen und im Bundesgebiet noch so gut wie keine Unterschiede aufwiesen und auch Mitte der siebziger Jahre die Differenz der Quoten nur gering ist. Die Unterschiede haben sich jedoch in der Aufschwungphase 1978 bis 1980 verstärkt, als im Bundesgebiet ein stärkerer Rückgang der Quote als an der Ruhr

---

[177] Die geringere Zuwachsrate im Bundesgebiet dürfte zumindest teilweise darauf zurückzuführen sein, daß hier das Jahr 1951 als Ausgangspunkt gewählt wurde.

Tabelle 23

Langfristige Beschäftigungstendenzen im Ruhrgebiet, in Nordrhein-Westfalen und der Bundesrepublik

1950 bis 1987; Veränderung der Beschäftigtenzahl in vH

	Ruhrgebiet	Nordrhein-Westfalen	Bundesrepublik
1950 bis 1961	25,1	24,7	21,7[a]
1961 bis 1970	-7,7	-2,9	-0,8
1970 bis 1987	-9,6	-0,3	1,6
1950 bis 1987	4,4	20,7	22,7[a]

Eigene Berechnungen nach Angaben des Kommunalverbands Ruhrgebiet (Hrsg.), Statistische Rundschau Ruhrgebiet. Essen, verschiedene Jahrgänge; Landesamt für Datenverarbeitung und Statistik Nordrhein-Westfalen (Hrsg.), Statistisches Jahrbuch Nordrhein-Westfalen. Düsseldorf, verschiedene Jahrgänge; Statistisches Bundesamt (Hrsg.), Statistisches Jahrbuch der Bundesrepublik Deutschland. Wiesbaden, verschiedene Jahrgänge, sowie nach Auskunft des Landesamtes für Datenverarbeitung und Statistik Nordrhein-Westfalen. - [a]Bezugsjahr ist das Jahr 1951.

RWI ESSEN

festzustellen war. In der folgenden Rezession hat sich die Differenz weiter erhöht, und auch im Wiederaufschwung seit 1983 zeigt sich keine Umkehr der Tendenz. 1987 lag die Arbeitslosenquote des Reviers um mehr als 70 vH über dem Bundesdurchschnitt[178]; in Dortmund betrug sie über 17 vH, in Bochum, Duisburg und Gelsenkirchen über 16 vH. Mehr als 250 000 Personen waren im Durchschnitt dieses Jahres im Ruhrgebiet als arbeitslos gemeldet. Jugendarbeitslosigkeit und Langzeitarbeitslosigkeit sind im Revier erheblich stärker ausgeprägt als im Bundesdurchschnitt.

4.3.3. Sektorale Beschäftigungsentwicklung und -struktur

Eine Gegenüberstellung der Erwerbstätigenstruktur des Ruhrgebiets und der Bundesrepublik für das Jahr 1950 zeigt deutlich die regionale Dominanz des Produzierenden Gewerbes an der Ruhr. Mehr als 63 vH der Beschäftigten in der Region waren damals im sekundären Sektor (einschließlich Bergbau) tätig, der vergleichbare Bundeswert lag unter 45 vH. Dienstleistungen und insbesondere die Landwirtschaft waren im Revier dagegen nur unterdurchschnittlich vertreten. In den folgenden Jahren der regional und bundesweit feststellbaren Beschäftigungsausweitung hat die Zahl der im Dienstleistungsbereich tätigen Personen im Ruhrgebiet schneller zugenommen als die der Industriebeschäftigten, so daß der Anteil der Dienstleistungen stieg. Die Entwicklungen im Bundesgebiet sind ähnlich verlaufen, wenngleich dort aufgrund der Beschäftigungsverluste der Landwirtschaft auch der Anteil der Industrie an der Gesamtbeschäftigung stieg, so daß sich die regionale und nationale Struktur einander annäherten. Nach 1961 begann im Ruhrgebiet die Zahl der Beschäftigten im Produzierenden Gewerbe zu sinken, und

---

178 Ein Teil der Differenz ist allerdings durch Unterschiede in der Berechnung bedingt.

Tabelle 24

	Entwicklung der Arbeitslosenquoten im Ruhrgebiet, in Nordrhein-Westfalen und der Bundesrepublik 1970 bis 1987		
	Ruhrgebiet	Nordrhein-Westfalen	Bundesrepublik
1970	0,7	0,6	0,7
1975	5,1	4,8	4,7
1976	5,5	4,9	4,6
1977	6,0	5,0	4,5
1978	6,3	5,0	4,3
1979	5,8	4,6	3,8
1980	5,8	4,6	3,8
1981	7,4	6,4	5,5
1982	10,1	8,6	7,5
1983	13,2	10,6	9,1
1984	14,3	10,7	9,1
1985	14,7	11,0	9,3
1986	14,7	10,9	9,0
1987	15,2	11,0	8,9

Nach Angaben des Landesarbeitsamtes Nordrhein-Westfalen.

RWI
ESSEN

in den Dienstleistungsbereichen kam die Expansion zum Stillstand. Die Bedeutung des tertiären Sektors nahm damit zwar weiter zu, der Beschäftigungsanteil blieb jedoch unter dem vergleichbaren Bundeswert. Nach den Ergebnissen der Volkszählung von 1987 hat der sekundäre Sektor im Ruhrgebiet noch immer einen Anteil von 45 vH und ist damit überdurchschnittlich vertreten.

Der Beschäftigtenstand hatte im Ruhrgebiet 1961 sein höchstes Niveau erreicht und ging danach kontinuierlich zurück. Wesentliche Ursache hierfür waren zunächst die Arbeitskräftefreisetzungen des Bergbaus. Seit Beginn der Krise im Jahre 1957 bis zum Jahr 1972 haben sich die Zechenbelegschaften von fast 470 000 bis auf 170 000 verringert. Berücksichtigt man die Vorleistungs- und Einkommensbeziehungen, so dürften mehr als eine halbe Million Arbeitsplätze in dieser Zeit durch die Krise des Bergbaus verloren gegangen sein[179]. Trotz des Beschäftigungsverlusts im Steinkohlenbergbau ergaben sich auf dem Arbeitsmarkt - begünstigt durch die konjunkturelle Entwicklung seit 1968 - noch keine gravierenden Probleme. Dies änderte sich seit 1975. Der Stahlbereich hatte zwar auch schon seit den frühen sechziger Jahren seine Beschäftigung reduziert, in großem Umfang setzte der Arbeitsplatzabbau in dieser Branche jedoch erst nach 1975 ein. Von 1976 bis 1987 ist die Zahl der sozialversicherungspflichtig Beschäftigten in

---

[179] Vgl. Rheinisch-Westfälisches Institut für Wirtschaftsforschung (Hrsg.), Wirtschaftsstrukturelle Bestandsaufnahme für das Ruhrgebiet - 1. Fortschreibung. Gutachten im Auftrag des Ministers für Wirtschaft, Mittelstand und Verkehr des Landes Nordrhein-Westfalen, des Siedlungsverbands Ruhrkohlenbezirk und der Industrie- und Handelskammern des Ruhrgebiets. (Bearb.: R. Brune, H. Hennies-Rautenberg und K. Löbbe.) Essen 1978, S. 69.

Tabelle 25

Beschäftigungsstruktur im Ruhrgebiet
1979 und 1987

	1979		1987		Veränd. 1979 bis 1987 in vH
	in 1000	Anteil in vH	in 1000	Anteil in vH	
Landwirtschaft, Fischerei, Forstwirtschaft	8,4	0,5	10,1	0,7	20,2
Energie	31,6	2,0	31,7	2,2	0,3
Bergbau	145,9	9,4	128,0	8,8	-12,3
Verarbeitendes Gewerbe	552,8	35,4 = 100,0	467,5	32,1 = 100,0	-15,4
davon:					
Chemie	49,3	8,9	46,7	10,0	-5,3
Kunststoff, Gummi	9,6	1,7	9,1	1,9	-5,2
Steine, Erden, Feinkeramik, Glas	23,4	4,2	18,1	3,9	-22,6
Eisen- u. Metallerzeugung	158,8	28,7	111,3	23,8	-29,9
Stahlbau	37,6	6,8	33,9	7,3	-9,8
Maschinenbau	73,1	13,2	61,4	13,1	-16,0
Fahrzeugbau	40,1	7,3	36,8	7,9	-8,2
Elektrotechnik, Feinmech., EBM-Waren	70,4	12,7	69,4	14,8	-1,4
Holz, Papier, Druck	28,8	5,2	25,7	5,5	-10,8
Leder, Textil, Bekleidung	19,8	3,6	14,3	3,1	-27,8
Nahrung u. Genuß	41,9	7,6	39,4	8,4	-6,0
Bau	130,6	8,4	101,4	7,0	-22,4
Handel	230,4	14,8	208,1	14,3	-9,7
Verkehr, Nachrichten	73,6	4,7	69,9	4,8	-5,0
Kreditinstitute, Versicherungen	38,6	2,5	42,9	2,9	11,1
Sonstige Dienstleistungen	250,7	16,1	283,8	19,5	13,2
Organisationen ohne Erwerbscharakter	23,1	1,5	32,3	2,2	39,8
Staat	73,9	4,7	78,5	5,4	6,2
Insgesamt	1560,3	100,0	1457,1	100,0	-6,6

Eigene Berechnungen nach Angaben des Landesamtes für Datenverarbeitung und Statistik Nordrhein-Westfalen.

RWI ESSEN

der Metallerzeugung und -bearbeitung des Ruhrgebiets von 143 000 auf 82 000 gesunken. Insgesamt ist der Anteil der Montansektoren an der Beschäftigung von Bergbau und Verarbeitendem Gewerbe von fast 70 vH (1957) auf inzwischen rund 40 vH zurückgegangen.

Die bisherigen Ausführungen haben vor allem die Probleme des Montankerns und die langfristigen Verschiebungen zwischen sekundärem und tertiärem Sektor aufgezeigt. Tabelle 25 enthält Angaben zur aktuellen Beschäftigungsstruktur und zu den jüngeren sektoralen Entwicklungen im Revier. Danach hat die Zahl der sozialversicherungspflichtig beschäftigten Arbeitnehmer zwischen 1979 und 1987 um mehr als 100 000 (6,6 vH) abgenommen. Überdurchschnittlich hoch war der Beschäftigungsabbau im Verarbeitenden Gewerbe (15,4 vH). Auffällig ist, daß in ausnahmslos allen Sektoren des Verarbeitenden Gewerbes die Beschäftigung gesunken ist. Sowohl absolut als auch in Prozentzahlen ausgedrückt war die Eisen- und Metallerzeugung am stärksten von den Beschäftigungseinbußen betroffen, mit einem Anteil von fast 24 vH an der industriellen Beschäftigung bleibt der Sektor aber noch immer der mit Abstand bedeutendste Industriezweig. Deutlich rückläufig waren die Beschäftigtenzahlen aber auch im Maschinenbau, im Textil- und Bekleidungsgewerbe und im Sektor Steine, Erden, Feinkeramik und Glas. Einigermaßen stabil blieb die Zahl der Beschäftigten lediglich in der Elektrotechnischen Industrie.

Daß ungünstige industrielle Entwicklungen auch negative Wirkungen auf andere Wirtschaftszweige haben, läßt die Beschäftigungsentwicklung im Baugewerbe und im Handel deutlich erkennen. In den Dienstleistungsbereichen - Kreditinstitute und Versicherungen, Sonstige Dienstleistungen, Organisationen ohne Erwerbscharakter - und im öffentlichen Sektor hat die Zahl der Beschäftigten dagegen zugenommen. Allerdings war die Zunahme bei weitem nicht hinreichend, um einen Ausgleich der Beschäftigungsverluste in den anderen Branchen zu ermöglichen.

4.4. Regionale Anpassungsvoraussetzungen

Das Ineinandergreifen des Kohle-Stahl-Verbunds mit seinen Zulieferern und Weiterverarbeitern, später ergänzt um die Kohlechemie und die Elektrizitätswirtschaft, haben das Ruhrgebiet zu einer der größten industriellen Agglomerationen der Welt werden lassen. Lange Zeit konnte der Region so eine Prosperität und der Bevölkerung Wohlstand gesichert werden. Der sektorale Pol - Kohle und Stahl - hatte einen regionalen Wachtumspol mit über die Grenzen des Reviers hinausgehender Einflußkraft entstehen lassen. Die starke Schrumpfung bei Kohle und Stahl hat diesen regionalen "Wachstumspol zum Schrumpfungspol"[180] werden lassen: statt der positiven gehen nun negative Impulse von Kohle und Stahl auf die übrige regionale Wirtschaft und von der Region auf angrenzende Teile Nordrhein-Westfalens aus. Die Größe der Agglomeration sowie ihre Funktion im arbeitsteiligen Zusammenwirken der Regionen bedingen, daß die gesamtwirtschaftlichen

---

180 R. Hamm und H.K. Schneider, S. 171.

Entwicklungen in der Bundesrepublik für den Anpassungserfolg von erheblicher Bedeutung sind. Das Angebot des Reviers ist insbesondere auf Erweiterungsinvestitionen zugeschnitten, so daß ein starkes gesamtwirtschaftliches Wachstum die Region überdurchschnittlich begünstigt. Dies drückt sich darin aus, daß das Revier in Phasen eines hohen gesamtwirtschaftlichen Wachstums (sechziger Jahre) den strukturellen Anpassungsdruck ohne größere Probleme auf dem Arbeitsmarkt bewältigen konnte, während bei einer inzwischen niedrigeren gesamtwirtschaftlichen Wachstumsdynamik gravierende Ungleichgewichte auf dem regionalen Arbeitsmarkt festzustellen sind. Welche Faktoren neben der gesamtwirtschaftlichen Konstellation Einfluß auf den Ablauf der Anpassungsprozesse hatten, ist Gegenstand der folgenden Ausführungen.

4.4.1. Anpassungshemmnisse bei den Produktionsfaktoren

Trotz mangelnder empirischer Fundierung hat sich die These, daß das Ruhrgebiet auch heute noch eine Hochlohnregion ist, mehr und mehr in der Öffentlichkeit durchgesetzt[181]. Als Beleg reicht häufig schon der Verweis darauf, daß der durchschnittliche Bruttoarbeitslohn im Ruhrgebiet höher ist als im Bundesdurchschnitt[182]. Gefordert wird, über eine stärkere Lohndifferenzierung in qualifikatorischer, sektoraler und regionaler Hinsicht Anreize für Unternehmensansiedlungen im Revier zu geben und so bestehende Arbeitsplätze wieder profitabel zu machen.

Empirische Analysen der Löhne im Revier, die eine (sachgerechte) Gegenüberstellung mit anderen Ballungsgebieten der Bundesrepublik wählen und darüber hinaus die sektoralen Differenzen beim Vergleich berücksichtigen, kommen zu einem abweichenden Befund[183]: Zum ersten sind die Löhne im Revier nicht mehr höher, z.T. sogar niedriger als in vergleichbaren Ballungsräumen, zum zweiten ist die Entwicklung der Löhne - gemessen an theoretischen Vorüberlegungen - zumindest der Richtung nach marktgerecht gewesen, denn der Anstieg war in jüngerer Zeit niedriger als in den Vergleichsgebieten.

Zweifellos hatte das hohe Lohnniveau der im Ruhrgebiet dominierenden Sektoren in der Vergangenheit lange Zeit kaum Anreize für ansiedelungswillige Unternehmen geboten, denn solange auf dem regionalen Arbeitsmarkt keine erheblichen Ungleichgewichte bestanden, hätte dieses Lohnniveau von neuen Unternehmen überboten werden müssen, um Arbeitskräfte zu einem Wechsel aus den Montan-

---

181   Vgl. Sachverständigenrat zur Begutachtung der gesamtwirtschaftlichen Entwicklung (Hrsg.)[I], Ziffer 390; P. Klemmer [IV], Defizite im Wirtschaftsraum Rhein-Ruhr. "Idee Ruhr", Dortmund, Jg. 4 (1988), S. 19.

182   Vgl. Sachverständigenrat zur Begutachtung der gesamtwirtschaftlichen Entwicklung (Hrsg.)[I], Ziffer 390.

183   Vgl. H. Jakoby, Sind die Löhne im Ruhrgebiet zu hoch? "Raumplanung", Dortmund, Jg. 37 (1987), S. 53ff.; Kommunalverband Ruhrgebiet (Hrsg.), Kurzinformation zur Lohnfrage im Ruhrgebiet. (Bearb.: W. Noll.) Essen 1988; zu entsprechenden Untersuchungen für Nordrhein-Westfalen vgl. J. Warnken, S. 163ff.

sektoren zu bewegen. Ob dies inzwischen noch gilt, ist fraglich, zumal die Zusammenhänge zwischen Lohnhöhe, Lohnstruktur und Beschäftigung bislang noch unzureichend überprüft sind[184]. Grundsätzlich verhindern regional und sektoral wenig differenzierte Lohnabschlüsse nur die zeitliche Streckung des Strukturwandels, aber nicht den Wandel selbst, denn solange die Unternehmen die Möglichkeit behalten, durch den Abbau von Beschäftigung einerseits und die Schaffung neuer Tätigkeitsfelder andererseits auf Anpassungszwänge zu reagieren, steht die Umsetzung der Arbeitskräfte als Alternative offen. Gerade dieser Anpassungsweg ist jedoch durch eine weitere Komponente der Arbeitsmarktbedingungen, nämlich durch arbeitsrechtliche Regelungen, weitgehend versperrt. Der Anpassungsdruck kann nicht aktiv umgesetzt werden, weil Entlassungen (z.B. durch Sozialplanregelungen) verteuert werden und Neueinstellungen mit arbeitsrechtlich bedingten Zusatzrisiken und Kosten belastet werden. Somit ist das Zusammenwirken von inflexiblen Lohnstrukturen und arbeitsrechtlichen Restriktionen ein entscheidendes Anpassungshemmnis[185].

Eine andere populäre These besagt, daß die Arbeitskräfte im Revier schlechter qualifiziert seien als anderswo[186]. Analysen des Kommunalverbands Ruhrgebiet bestätigen diese Behauptung nicht[187]. Dennoch ist die Humankapitalausstattung des Reviers ein entwicklungsrelevanter Engpaßfaktor[188], denn die häufig vertretenen Qualifikationen (Metallerzeugung, Bergbau) sind meist nur sektorspezifisch einsetzbar. Mit dem Niedergang von Kohle und Stahl sind diese sektorspezifischen Qualifikationen obsolet geworden; es ist ein Verlust an Humankapital eingetreten, weil verfügbare Qualifikationen weniger benötigt werden, die benötigten Qualifikationen ohne Umschulung nicht verfügbar sind[189]. Ansiedlungswillige Unternehmen standen damit in der Vergangenheit vor einem doppelten Problem: Sie hätten zur Abwerbung von Arbeitskräften aus der Montanindustrie einerseits relativ hohe Löhne zahlen müssen, sie hätten andererseits in die Qualifikation dieser Arbeitskräfte investieren müssen. Es ist einleuchtend, daß unter diesen Bedingungen Standortentscheidungen häufig gegen die Region getroffen wurden.

---

184 So auch Sachverständigenrat zur Begutachtung der gesamtwirtschaftlichen Entwicklung (Hrsg.)[I], Ziffer 390.

185 Vgl. R. Hamm und H.K. Schneider, S. 178f.

186 Vgl. z.B. F. Landwehrmann, Europas Revier - Das Ruhrgebiet gestern, heute, morgen. Düsseldorf 1980, S. 32f.

187 Vgl. Kommunalverband Ruhrgebiet (Hrsg.), Lokales Informationssystem Arbeitsmarkt (LISA). Essen 1986, S. 151 und S. 261.

188 Vgl. M. Junkernheinrich, Ökonomische Erneuerung alter Industrieregionen: das Beispiel Ruhrgebiet. "Wirtschaftsdienst", Hamburg, Jg. 69 (1989), S. 32.

189 Vgl. P. Klemmer und H. Schrumpf, Die Auswirkungen der Arbeitsmarktpolitik auf das Ruhrgebiet. Gutachten im Auftrag des Kommunalverbands Ruhrgebiet. Essen 1982, S. 55f.

Der gewerkschaftliche Organisationsgrad der Arbeitnehmer in den Montanindustrien ist traditionell sehr hoch. Dadurch sowie durch die Mitbestimmungsrechte gelang es häufig, die Belegschaftsverringerungen über Sozialpläne weitgehend ohne spektakuläre Konflikte abzuwickeln. Dennoch hat es Demonstrationen und Proteste gegen die Schließung von Zechen und Hütten gegeben, wenngleich nicht mit ähnlicher Radikalität wie z.B. in Lothringen. Trotzdem wird z.T. vermutet, daß die Auseinandersetzungen in jüngster Zeit dazu beigetragen haben, das Image der Region unter Ansiedlungsgesichtspunkten zu belasten. Die Dominanz des Abbaus gegenüber dem Aufbau hat wohl auch dazu geführt, daß die Gewerkschaften am strukturellen Wandel der Region lange Zeit nur verhaltenes Interesse hatten, weil sie dahinter stets Rationalisierungen, Produktivitätssteigerungen und den Verlust von weiteren Arbeitsplätzen vermuten[190].

Eine ganz ähnliche Strategie des "Abwarten und Weitersehen"[191] ist auch auf Seiten der Unternehmen lange Zeit feststellbar gewesen[192]: Die Dominanz und großbetriebliche Ausrichtung der Montanindustrie scheint der Innovationsfähigkeit und dem unternehmensexternen Wandel geschadet zu haben. Das Festhalten am Überkommenen wurde durch die hohe Kapitalintensität und die langen Kapitalrücklauffristen der Großanlagen, durch ein Übergewicht der technischen über die kaufmännische Leitung, durch die Neigung, auf Marktschwächen mit Kartellbildung zu reagieren, und durch strukturkonservierende Maßnahmen des Staates begünstigt. Das Vordringen in neue Märkte erfolgte zu spät, dann aber - um weitere Verzögerungen zu vermeiden - durch den Zukauf von Unternehmensteilen außerhalb des Reviers, nicht aber durch Innovation in der Region.

Problem vieler kleinerer Unternehmen im Ruhrgebiet war die starke Bindung an den dominanten Montansektor über ihre Zulieferfunktionen. Solange Kohle und Stahl prosperierten, wähnten sie sich ihrer Absatzmärkte sicher und unternahmen wenig zur Differenzierung ihrer Produktpalette. Als die Montanindustrie unter Druck geriet, fehlten ihnen die eigenständige unternehmerische Dynamik, aber auch die entsprechenden Unternehmenseinrichtungen (Forschung, Entwicklung, Marketing), um rasch genug reagieren zu können.

In vielen Veröffentlichungen wird der Mangel an Gewerbeflächen als ein die Anpassungen hemmender Faktor im Ruhrgebiet betont. Allerdings ist dies nicht unumstritten[193]. Einerseits deutet das "Überschwappen" der wirtschaftlichen Aktivitäten auf die Randregionen des Reviers darauf hin, daß das Gewerbeflächenangebot in den höher verdichteten Teilen die Entwicklungschancen des Reviers

---

190 Vgl. J.J. Hesse, The Ruhr Area: Politics and Policies of Revitalization. In: J.J. Hesse (Ed.), S. 560.

191 P. Klemmer [III], S. 530.

192 Zum folgenden vgl. R. Hamm und H.K. Schneider, S. 177f.

193 Für eine Übersicht der Diskussion vgl. H.-F. Eckey, Methodische Grundlagen zur Analyse und Prognose des Entwicklungsfaktors "Fläche" im Rahmen des lokalen Informationssystems Arbeitsmarkt. Gutachten im Auftrag des Kommunalverbands Ruhrgebiet. Essen o.J., S. 23ff.

begrenzt. Andererseits sind nach den amtlichen Statistiken hinreichende Industrie- und Gewerbeflächen vorhanden, so daß ein quantitatives Problem nicht bestehen dürfte[194]. Die eigentlichen Probleme liegen offenbar mehr im qualitativen Bereich: Zum einen sind die Flächenreserven nicht in den "attraktiven" Teilen des Ruhrgebiets vorhanden, in denen sie benötigt würden; zum zweiten hat die Gemengelagenproblematik zur Folge, daß Nutzungsauflagen zu erfüllen sind und bei Wiedernutzung Einschränkungen in Kauf zu nehmen sind. Zum dritten steht die Flächenverfügbarkeit im Ruhrgebiet - wie in den meisten altindustriellen Gebieten - in engem Zusammenhang mit dem Problem der Altlasten und Industriebrachen. Zechen, Kokereien, Stahlwerke und die Anlagen der Kohlechemie hinterließen auf den Flächen und in den Böden ihre Spuren. Ohne vorherige Sanierungsarbeiten, die Zeit und Geld kosten, ist eine Wiederverwendung dieser Flächen, die zur Behebung von Engpässen beitragen könnte, nicht möglich. Ein derartiges Flächenrecycling wurde lange Zeit aber auch dadurch verhindert, daß brachliegende Gewerbeflächen von den Eigentümern nicht oder erst mit Verzögerung zum Kauf angeboten wurden. Bilanztechnische Überlegungen[195], die Befürchtung, im Falle eines Verkaufs mit den Sanierungskosten belastet zu werden, und das Vorhalten von Reserveflächen dürften Gründe für dieses Verhalten gewesen sein. In jüngerer Zeit deuten Beispiele darauf hin, daß auf diesem Gebiet ein Umdenkungsprozeß stattgefunden hat.

Die Infrastrukturausstattung des Ruhrgebiets wird häufig als besonders gut hervorgehoben[196]. Dies ist im Großen und Ganzen zwar richtig, es bedarf aber einer Reihe von Relativierungen. Zum ersten schneidet das Ruhrgebiet im interregionalen Vergleich von Infrastruktureinrichtungen schon deutlich schlechter ab, wenn nicht die Fläche, sondern die Bevölkerung als Bezugsgröße gewählt wird[197]. Zum zweiten waren weite Teile der Infrastruktur - vom Transportwesen bis hin zu den Ausbildungseinrichtungen - auf die Anforderungen der Montanindustrie ausgerichtet. Für andere Wirtschaftszweige boten sie in der Vergangenheit weit geringere Standortvorteile, und auch heute haben sie für die wachstumsintensiven Sektoren nur geringe Bedeutung[198]. Einrichtungen für die Telekommunikation, höherwertige Dienstleistungsangebote und eine breite Forschungsinfrastruktur haben für diese Branchen ein höheres Gewicht, und diese sind im Ruhrgebiet trotz der erfolgreichen Bemühungen um Verbesserungen teilweise nur in unterdurchschnittlichem Umfang vorhanden. Drittens schließlich weist auch die vorhandene klassische Infrastruktur Engpässe auf[199]: Einen internationalen Flughafen gibt es im Revier nicht, die Anbindung an den Düssel-

---

194 Vgl. H. Schrumpf, Der Flächenengpaß im Ruhrgebiet. "Idee Ruhr", Jg. 4 (1988), S. 43.

195 Vgl. hierzu im Detail H. Schrumpf, S. 44.

196 So z.B. D. Biehl, The Contribution of Infrastructure to Regional Development - Final Report. Luxemburg 1986, S. 195ff.

197 Vgl. P. Klemmer [IV], S. 19.

198 Vgl. R. Hamm und H.K. Schneider, S. 177; P. Klemmer [IV], S. 19.

199 Vgl. P. Klemmer [IV], S. 19.

dorfer Flughafen ist für die mittleren und östlichen Teile des Reviers schlecht; die Nord-Süd-Verkehrsverbindungen sind noch immer unzureichend, die Ost-West-Verbindung zu Spitzenzeiten stets überlastet; das Kanalisationssystem bedarf in weiten Teilen dringend einer kostspieligen Sanierung.

Im weitesten Sinne gehört auch die Energieversorgung zur Infrastruktur. Durch die Kohle war das Strompreisniveau Nordrhein-Westfalens früher relativ niedrig, was die Ansiedlung energieintensiver Produktionen in diesem Bundesland und auch im Ruhrgebiet zur Folge hatte[200]. Inzwischen sind die Energiepreise gestiegen, der Standortvorteil ist verloren gegangen, andere Standorte im Bundesgebiet kamen für die Neuansiedlung energieintensiver Produktionsstätten ebenfalls in Betracht. Möglicherweise vollzog sich dadurch ein "Krisentransfer" in der Weise, daß Arbeitsplätze im Bergbau zeitweilig gesichert werden konnten, dafür aber diejenigen der energieintensiven Produktionsbereiche gefährdet wurden[201].

Schließlich ist - trotz deutlicher Verbesserungen in diesem Bereich - die Umweltbelastung im Revier allein durch die überdurchschnittliche Industriedichte höher als anderswo. Dies und die Vorstellungen, die man außerhalb der Region offenbar nach wie vor vom Revier hat, haben entscheidend dazu beigetragen, daß das Ruhrgebiet bis heute sein Image als "schmutzige" Industrieregion nicht hat ablegen können, obwohl dieses Image von der Wirklichkeit zum Teil überholt wurde.

4.4.2. Weitere, den Anpassungsprozeß bestimmende Faktoren

Die Existenz der reichhaltigen, qualitativ hochwertigen - aber aus geologischen Gründen ungünstig abzubauenden - Steinkohlevorkommen ist der Ausgangspunkt der Industrialisierung im Ruhrgebiet gewesen. Um diesen Sektor herum ist im Ruhrgebiet ein Verbundsystem von Verarbeitern und Zulieferern[202] entstanden, das zumindest in seinem Umfang gegenüber den Vergleichsregionen eine Besonderheit darstellte: Die Kohle fand Einsatz in der Stahlindustrie, im Energiebereich und in der Kohlenwertstoffindustrie. Der Bergbau und die genannten drei Weiterverarbeitungsbereiche waren wiederum Nachfrager nach speziellen Erzeugnissen des Maschinen- und Anlagenbaus, der Elektrotechnik, des Apparatebaus und selbst der Holzverarbeitenden Industrie und des Bekleidungsgewerbes. Die Zuliefersektoren waren stark auf die Montansektoren ausgerichtet. Sie hatten sich einerseits auf Produktprogramme spezialisiert, die den Anforderungen von Kohle,

---

200 Vgl. R. Brune und M. Köppel, Wachstumssensibilität und Preisempfindlichkeit - Zur wirtschaftlichen Konstitution Nordrhein-Westfalens. "RWI-Mitteilungen", Jg. 33 (1982), S. 250.

201 Vgl. U. Sonnenschein, Strukturwandel durch Strukturpolitik? - Der "Fall" des Ruhrgebiets. In: V. Nienhaus und U. v. Suntum (Hrsg.): Grundlagen und Erneuerung der Marktwirtschaft. Festschrift für Hans Besters. Baden-Baden 1988, S. 237.

202 Für eine detaillierte Beschreibung dieser Verbundwirtschaft an der Ruhr vgl. W. Lamberts, Der Strukturwandel im Ruhrgebiet - eine Zwischenbilanz. 1. Folge: Die Bedeutung des Montankomplexes für die Ruhrwirtschaft. "RWI-Mitteilungen", Jg. 23 (1973), S. 169ff.

Stahl, Energie und Kohlechemie gerecht wurden. Sie waren andererseits z.T. aber auch Weiterverarbeiter bzw. Nutzer insbesondere von Stahl und Energie, was bis in jüngste Zeit an einer hohen Energie- und Stahlintensität der Wirtschaft zu erkennen ist. Auch weite Bereiche außerhalb der Industrie waren entweder unmittelbar (z.B. der produktionsverbindende Handel, der Verkehrssektor) oder über die Einkommen in dieses Verbundsystem einbezogen.

Solange ein derartiges Verbundsystem reibungslos funktioniert, ist es in der Lage, einer Region Wohlstand und Wachstum zu sichern. Entstehen jedoch Reibungen in diesem System - wie sie im Ruhrgebiet durch die Kohlekrise ausgelöst wurden -, gerät nicht allein ein Sektor in die Problemlage, sondern das gesamte System von Liefer-, Absatz- und Einkommensverflechtungen; die Schwierigkeiten des Sektors vervielfachen sich und übertragen sich auf die gesamte Wirtschaft. Je länger das Verbundsystem funktioniert hat, um so sicherer glauben sich die einzelnen Elemente des Systems in der ihnen zugedachten Rolle, desto schwächer ausgeprägt sind auch die Überlegungen in Hinblick auf Alternativen. Das Verbundsystem sorgt mithin nicht nur für die Ausbreitung eines einmal aufgetretenen Anpassungsdrucks, sondern es erschwert auch die Anpassungsreaktionen, macht sie für einzelne Systemteile vielleicht sogar unmöglich.

Die intensiven Verflechtungen innerhalb der Ruhrwirtschaft haben die Probleme der Region offenbar verschärft. Aufgrund der Größe des Ruhrgebiets ist ein einheitlicher Strukturwandel in eine Richtung wohl ausgeschlossen. Ein Kristallisationspunkt mit so breiten Ausstrahlungseffekten, wie sie die Kohle auslösen konnte, wird kaum noch einmal zu finden sein. Revitalisierung des Reviers kann daher wohl nur durch koordinierte Revitalisierung der Teilregionen mit unterschiedlichen Schwerpunkten erreicht werden.

Ein völlig anderer, die Anpassungsreaktionen aber ebenfalls erschwerender Aspekt wird vielfach in rechtlichen Regelungen gesehen, die zwar meist bundesweit gelten, aber regional unterschiedliche Auswirkungen haben[203]. Schwerfälligkeiten im Planungsrecht und ein zu inflexibles Baurecht, das Veränderungen erschwert und so strukturkonservierend wirkt, werden in diesem Zusammenhang erwähnt. Besonders hervorgehoben werden in der Literatur die Wirkungen des bundesdeutschen Umweltschutzrechts. Wie bereits erwähnt, war - und ist auch heute noch - die Umweltbelastung im Ruhrgebiet wegen der Industriedichte und der sektoralen Struktur der Industrie hoch. Mit Verschärfung des Umweltschutzrechts (z.B. Großfeuerungsanlagen-Verordnung) war daher auch die Belastung der Ruhrwirtschaft mit den Kosten der Umweltschutzinvestitionen überdurchschnittlich hoch. Dies war der Grund dafür, daß für bestehende Unternehmen Sonderregelungen getroffen wurden - "im Rahmen des Bestandsschutzes wurden Immissionskapazitäten für Altanlagen reserviert"[204]. Dies hatte zur Folge, daß Erweiterungen oder Ansiedlungen anderer emittierender Betriebe verhindert wurden; gleichzeitig wurde für die bestehenden Unternehmen der Anreiz zum Bau

---

203 Vgl. P. Klemmer [III], S. 528f.; U. Sonnenschein, S. 239.

204 U. Sonnenschein, S. 239.

neuer, modernerer Anlagen verringert, weil dann durch die Umweltschutzinvestitionen Kosten anfallen, denen keine Ertragssteigerungen gegenüber stehen[205]. Insgesamt wird so zur Verfestigung bestehender Strukturen und damit indirekt zur Vergrößerung des technologischen Rückstands beigetragen.

4.5. Revitalisierungsbestrebungen

4.5.1. Der wirtschaftspolitische Rahmen

In den Ausführungen zum Saarland wurde bereits auf den ordnungspolitischen Rahmen und die Aufgabenverteilung in der Regional- und Raumordnungspolitik der Bundesrepublik eingegangen. Daraus ergibt sich, daß das Land Nordrhein-Westfalen für das Ruhrgebiet wesentliche Funktionen in diesen Bereichen wahrzunehmen hat - es ist für die Erstellung von Landesentwicklungsplänen und -programmen zuständig. Diese landesweite Planung wird auf der Ebene der Regierungsbezirke in den Gebietsentwicklungsplänen weitergeführt[206]. Problematisch hierbei ist, daß das Ruhrgebiet kein eigener Regierungsbezirk ist, sondern daß sich drei Regierungsbezirke (Münster, Arnsberg, Düsseldorf), die allesamt noch weitere, z.T. ländlich geprägte Landesteile umfassen, die Zuständigkeit teilen müssen. Der ehemalige Ruhrsiedlungsverband (heute: Kommunalverband Ruhrgebiet) hatte zwar früher für das Gebiet übergeordnete planerische Aufgaben zugewiesen bekommen, seine Funktionen bestehen heute jedoch nur noch in der Beratung der Mitgliedskommunen, der Öffentlichkeitsarbeit und der Bereitstellung verschiedener Dienstleistungen. Es entsteht also bereits auf der Ebene der Bezirke ein Abstimmungsbedarf bei den Planungen. Dieser erhöht sich auf kommunaler Ebene, wo die Umsetzung von Landes- und Gebietsentwicklungsplänen in Bau- und Flächennutzungspläne erfolgt. Zehn kreisfreie Städte und drei Kreise besitzen hierbei die Zuständigkeit. Weitere regionale Funktionen werden von den fünf Industrie- und Handelskammern, den zwei Handwerkskammern und auf der Ebene der dreizehn Landesarbeitsamtsbezirke, die aber nicht deckungsgleich mit den kreisfreien Städten und Kreisen sind, wahrgenommen. Für die Vergabe von Fördermitteln im Rahmen der Gemeinschaftsaufgabe "Verbesserung der regionalen Wirtschaftsstruktur" ist das Revier nochmals anders (in Arbeitsmarktregionen) unterteilt. Durch die Zersplitterung der Zuständigkeiten wächst zumindest der Zeitbedarf für die Koordinierung und Konsensfindung, vermutlich sind damit auch zusätzliche bürokratische Hemmnisse verbunden, die die Planung und die Durchführung verzögern.

---

[205] Vgl. J. Claassen, Institutionelle Hemmnisse alter Industriegebiete - Unter besonderer Berücksichtigung der Ruhrgebietsregion. Bochum 1986, S. 216.

[206] Zu den folgenden Ausführungen vgl. J.J. Hesse, S. 548.

4.5.2. Wege zur Revitalisierung

Eine Betrachtung der Nachkriegsgeschichte des Ruhrgebiets legt in wirtschafts-politischer Hinsicht die Unterteilung des Gesamtzeitraums in vier Phasen der strukturellen Anpassung nahe[207]: Die erste Phase dauerte von 1947 bis 1957 und war durch die Reaktivierung der Vorkriegsstrukturen im Ruhrgebiet gekennzeich-net. Die zweite Phase begann mit der Krise des Bergbaus, und sie kann als "defensive Phase" bezeichnet werden, weil die in diesem Zeitraum (1957-1968) ergriffenen politischen Maßnahmen darauf abzielten, die Wettbewerbsfähigkeit des Bergbaus durch Konzentration und Steigerung der Produktivität zu erhöhen und den Sektor durch politischen Flankenschutz zu erhalten. In der dritten Phase (1968-1979) wurde die defensive sektorale Strukturpolitik durch Elemente einer offensiven regionalen Strukturpolitik ergänzt. Dabei wurde insbesondere versucht, auf indirekte Weise - z.B. über die Verbesserung der Infrastruktur - den struktur-ellen Wandel im Revier zu fördern. In der letzten Phase (seit 1979) wurde - nicht zuletzt aufgrund gewisser Erfolge bei der Verbesserung des Umfelds - zu einer di-rekten Form der offensiven regionalen Strukturpolitik übergegangen. Der Wandel wird in jüngster Zeit verstärkt durch unmittelbare Anreize für die Unternehmen zu erreichen versucht, ohne daß jedoch die defensive sektorale Strukturpolitik aufge-geben worden wäre.

Sektorale Strukturpolitik zugunsten der notleidenden Sektoren ist mithin ein die gesamte Anpassungszeit kennzeichnendes Element. Sie wurde nach Einbruch der Kohlekrise zunächst in diesem Wirtschaftszweig praktiziert. Über Importrestrik-tionen, die Verteuerung alternativer Energien und den Hüttenvertrag, der die Stahlindustrie zur Deckung ihres Kokseinsatzes beim heimischen Bergbau ver-pflichtet[208], versuchte man die Kohle künstlich wettbewerbsfähig zu halten. Durch die Zusammenfassung des Ruhrbergbaus in einer Einheitsgesellschaft - der Ruhrkohle AG - erhoffte man sich Kostensenkungen. Die Ölpreissteigerungen der Jahre 1973/74 und 1980 nährten die Hoffnung auf Erhalt einer breiten Kohlebasis; der anschließende Ölpreisverfall zeigte, daß diese Hoffnung trügerisch war. Das Ziel, die Steinkohle aus dem Ruhrgebiet wieder wettbewerbsfähig zu machen, ist offensichtlich nicht erreichbar. Andere Ziele sind daher in den Vordergrund der Kohlepolitik gerückt worden: Erhalt einer nationalen Energiereserve und der re-gionalen Beschäftigungsmöglichkeiten. Soweit ein Abbau von Belegschaften un-umgänglich ist, soll er sozialverträglich erfolgen. Die als vorübergehend vorgese-henen Subventionen für den Bergbau sind zur Dauererscheinung geworden. Die Kosten für den Hüttenvertrag und den 1980 geschlossenen "Jahrhundertvertrag" mit der Elektrizitätswirtschaft[209] sind wegen der Wechselkursentwicklung und der Entwicklung der Öl- und Importkohlepreise in jüngerer Zeit stark gestiegen - zwi-

---

207 Vgl. A. Schlieper, S. 6ff.

208 Der Staat erstattet die Differenz zwischen den Preisen der ausländischen und der inländischen Kokskohle als Kokskohlenbeihilfe.

209 Die Elektrizitätswirtschaft hat sich darin verpflichtet, bis 1995 bestimmte Mengen inländischer Kohle einzusetzen. Die dadurch entstehenden Mehrkosten zahlt der Stromverbraucher als "Koh-lepfennig".

schen 1978 und 1986 beliefen sich die direkten und indirekten Hilfen für den Bergbau auf mehr als 50 Mrd. DM[210]. Die Politik zugunsten des Bergbaus hat den Reallokationsprozeß im Ruhrgebiet verzögert, den strukturellen Wandel gehemmt[211]. Der Beschäftigungsabbau konnte aber letztlich nicht verhindert werden.

In der Stahlindustrie haben überdurchschnittlich starke konjunkturelle Ausschläge lange Zeit den Blick für die strukturellen Schwierigkeiten der Branche verstellt. Insbesondere der Stahlboom 1973/74 führte zu einer völligen Fehleinschätzung der längerfristigen Perspektiven. Auf den 1975 folgenden Absatzrückgang und den zunehmenden Preisverfall reagierte man von europäischer Seite mit einer steigenden Zahl von Eingriffen in den Stahlmarkt (Produktions- und Lieferquoten, Referenzpreise, Drohung mit Anti-Dumping Klagen zur Verdrängung von Drittlandsimporten)[212]. Angestrebt, aber bis heute nicht erreicht, wurde ein "geordneter Rückzug" der Stahlindustrie. Auf nationaler Ebene versuchte man ohne Erfolg, die Unternehmensstrukturen neu zu ordnen[213], Restruktierungshilfen wurden an einzelne Unternehmen gezahlt, und der Kapazitätsabbau wurde sozial flankiert. Zwar werden die Interventionen zugunsten der Stahlindustrie häufig mit denen zugunsten des Bergbaus gleichgesetzt; der Interventionsanlaß ist aber fundamental unterschiedlich: Beim Bergbau sind es letztlich nicht zu überwindende geologische Besonderheiten, die die Anpassungsprobleme auslösten, bei der Stahlindustrie war es ein durch die gesamtwirtschaftliche Wachstumsflaute bedingter Nachfrageeinbruch[214], in dessen Folge ein hemmungsloser Subventionswettlauf einsetzte, der insbesondere die kostengünstiger arbeitenden Unternehmen, darunter die im Ruhrgebiet, zu weitergehenden Anpassungen als sonst erforderlich zwang. Unabhängig davon war die Stahlindustrie schon seit Anfang der sechziger Jahre ein Industriezweig, der Arbeitskräfte freisetzte. Sektorale Schutzmaßnahmen zugunsten der Stahlindustrie konnten daher das sich nach und nach aufbauende regionale Beschäftigungsproblem nicht lösen. Hier war zunehmend die regionale Strukturpolitik gefordert. Sie stand unter der Hypothek der sektoralen Hilfen, die insgesamt gesehen den Strukturwandel an der Ruhr nicht begünstigt, sondern verlangsamt haben. Sie haben die Anreize für Eigeninitiative der Unternehmen verringert und z.T. auch eine Subventionsmentalität geweckt.

---

210 Vgl. Sachverständigenrat zur Begutachtung der gesamtwirtschaftlichen Entwicklung (Hrsg.)[I], Ziffer 401.

211 Vgl. Sachverständigenrat zur Begutachtung der gesamtwirtschaftlichen Entwicklung (Hrsg.)[I]; U. Sonnenschein, S. 231f.

212 Vgl. dazu und zum folgenden Rheinisch-Westfälisches Institut für Wirtschaftsforschung (Hrsg.), Stahlkrise - Ist der Staat gefordert? (Schriftenreihe des Rheinisch-Westfälischen Instituts für Wirtschaftsforschung, N.F. Heft 45.) Berlin 1985.

213 Vgl. dazu Monopolkommission (Hrsg.), Zur Neuordnung der Stahlindustrie. (Sondergutachten 13.) Baden-Baden 1983; U. Sonnenschein, S. 6ff.

214 Vgl. H. Wienert, Stahlverbrauch und Wirtschaftswachstum - Eine empirische Überprüfung ihres Zusammenhangs von 1950 bis 1984 für die Bundesrepublik Deutschland. "RWI-Mitteilungen", Jg 35 (1984), S. 293ff.

Der Beginn einer systematisch betriebenen regionalen Strukturpolitik in der Bundesrepublik ist auf das Ende der sechziger Jahre zu datieren. Damals wurden die Grundsätze der regionalen Wirtschaftspolitik[215] erarbeitet und das Gesetz über die Gemeinschaftsaufgabe zur Verbesserung der regionalen Wirtschaftsstruktur verabschiedet. Diese Gemeinschaftsaufgabe verfolgt zwar die generellen Ziele der Regionalpolitik - Ausgleich, Wachstum, Stabilisierung -, die Durchführungspraxis zeigte in der Vergangenheit aber eine klare Dominanz des Ausgleichsziels. Ihre Instrumente bestehen zum einen in der Förderung privater Investitionen zur Schaffung von Arbeitsplätzen, zum anderen in Zuschüssen für die Kommunen zum Ausbau der gewerblichen Infrastruktur, z.B. Erschließung von Industrie- und Gewerbeflächen, Errichtung von Ausbildungs- und Umschulungsstätten, Verbesserung von Verkehrsverbindungen, aber auch die Förderung von Technologiezentren. Die Regionen, in denen die Gemeinschaftsaufgabe-Förderung durchgeführt werden kann, werden anhand von Indikatoren - Arbeitslosigkeit, Einkommen und Infrastrukturausstattung - ausgewählt. Mit diesen Indikatoren hängt es zusammen, daß das Ruhrgebiet im Rahmen der Normalförderung lange Zeit nicht gefördert wurde. Zwar ist im Ruhrgebiet die Arbeitslosenquote sehr hoch, aber günstige Werte bei den übrigen Indikatoren haben über lange Zeit hinweg eine Kompensation der ungünstigen Arbeitsmarktindikatoren bewirkt. Dennoch wurde z.T. Handlungsbedarf erkannt, so daß das Ruhrgebiet durch sogenannte Sonderprogramme (z.B. Stahlstandorteprogramm) gefördert wurde. Inzwischen sind Teile des Reviers auch im Normalfördergebiet vertreten.

Eine Beurteilung der Wirksamkeit der Gemeinschaftsaufgabe darf das verfügbare Mittelvolumen nicht außer acht lassen: Im Jahre 1984 machten die für die gesamte Regionalförderung im Rahmen der Gemeinschaftsaufgabe aufgewendeten Mittel (ca. 1,6 Mrd. DM) nur etwas mehr als ein Fünftel der meist strukturerhaltenden sektoralen Hilfen für Kohle und Stahl aus, d.h. es besteht ein erhebliches Untergewicht der Maßnahmen, die auf Umstrukturierung zielen[216].

Die ursprünglich nur geringe Berücksichtigung des Ruhrgebiets in der Gemeinschaftsaufgabe dürfte ein Grund für besondere regionalpolitische Anstrengungen des Landes Nordrhein-Westfalen gewesen sein, an deren Finanzierung sich der Bund allerdings beteiligte. So wurde zunächst ein "Entwicklungsprogramm Ruhr" (1968 bis 1973) aufgelegt, das später als "Nordrhein-Westfalen Programm '75" (1970 bis 1975) landesweit fortgesetzt wurde. Ziel dieser Programme war, durch Koordination der von Land, Bund und Kommunen ergriffenen Maßnahmen Anreize für Unternehmen zu geben, insbesondere aber durch einen Ausbau von Infrastruktureinrichtungen die Voraussetzungen für den Strukturwandel zu verbessern[217]: Fünf Universitäten wurden im Ruhrgebiet gegründet, das

---

215   Vgl. Grundsätze der regionalen Wirtschaftspolitik, abgedruckt in Der Bundesminister für Wirtschaft (Hrsg.), Anlage II.

216   Vgl. zu diesen Angaben K. Lammers, Die Bund-Länder-Regionalförderung - Ziele, Ansatzpunkte, ökonomische Problematik. "Die Weltwirtschaft", Jg. 1987, Heft 1, S. 79.

217   Vgl. A. Schlieper, S. 10; J.J. Hesse, S. 554f.

öffentliche Personennahverkehrssystem ausgebaut, Aktivitäten im Flächen-recycling eingeleitet und die Freizeiteinrichtungen verbessert. Die Anfang der siebziger Jahre sichtbar werdenden Erfolge wurden jedoch durch die bald darauf einsetzende Stahlkrise konterkariert.

Die wachsenden Probleme im Revier führten dazu, daß das Land Nordrhein-Westfalen im Jahre 1979 das "Aktionsprogramm Ruhr" beschloß - ausgestattet mit einem Finanzvolumen von 6,9 Mrd. DM bei einer Laufzeit von fünf Jahren (1980 bis 1984). Die mit ihm verfolgte Anpassungsstrategie wies gegenüber den zuvor diskutierten Programmen einen veränderten Schwerpunkt auf[218]: Ein erstes Ziel wurde die Förderung von Innovationen und modernen Technologien, insbesondere auf den Gebieten, in denen man für die Region Vorteile vermutete - Umweltschutztechnologien, energiesparende Technologien und Fernwärmeversorgung. Da das Arbeiten an und mit diesen Technologien andere Arbeitskräftequalifikationen als bisher erfordert, waren Umschulungs- und Weiterbildungsmaßnahmen eine zweite wesentliche Zielrichtung dieses Programms. Daneben wurde durch den "Grundstücksfonds Ruhr" ein neues Instrument zur Verbesserung des Flächenrecyclings und der Flächenvorsorgepolitik geschaffen.

Die erst in jüngster Zeit vom Land Nordrhein-Westfalen ins Leben gerufene "Zukunftsinitiative Montanregionen" (ZIM) steht in der Tradition des "Aktionsprogramms Ruhr", ihr Mitteleinsatz ist allerdings bescheidener. ZIM begünstigt insbesondere das Ruhrgebiet, aber auch den Aachener Raum und Teile des Siegener Raums. Diese Regionen wurden aufgefordert, sogenannte Aktionsprogramme mit Vorschlägen für Einzelmaßnahmen in den folgenden Bereichen zu erstellen:

- Innovations- und Technologieförderung,

- Förderung der zukunftsorientierten Qualifikation der Arbeitskräfte,

- arbeitsplatzsichernde und arbeitsplatzschaffende Maßnahmen,

- Ausbau und Modernisierung der Infrastruktur sowie

- Verbesserung der Umwelt- und Energiesituation.

Die Schwerpunkte decken sich weitgehend mit den Punkten, die weiter oben als Engpaßbereiche bei den Produktionsfaktoren genannt wurden. Auch die Tatsache, daß Kammern, Kommunen und andere Institutionen vor Ort bei den Maßnahmevorschlägen um Mitwirkung gebeten wurden, ist positiv zu bewerten, denn die Bedeutung einzelner Engpässe kann innerhalb der Region besser eingeschätzt werden als durch eine zentrale Instanz. Außerdem wird die Eigeninitiative gestärkt und die Bereitschaft zur Mitarbeit, möglicherweise auch zur Mitfinanzierung, erhöht. Allerdings wählt das Land aus den vorgeschlagenen Maßnahmen diejenigen aus, die realisiert werden sollen. Damit wächst bei knappem Mittelvolumen wieder die Gefahr, daß das Land anderen Maßnahmen den Vorrang ein-

---

[218]   Vgl. A. Schlieper, S. 12; J.J. Hesse, S. 555f.

räumt als die regionalen Instanzen. Wie gut diese mit der Abstimmung verbundenen Schwierigkeiten gelöst werden, kann erst die Zukunft zeigen.

Weitere Maßnahmen für das Ruhrgebiet wurden auf der sogenannten Ruhrgebietskonferenz im Februar 1988 beschlossen: 1 Mrd. DM - aufgebracht von Bund und Land - sollen zur Aufstockung der Gemeinschaftsaufgabemittel für das Revier in den nächsten vier bis fünf Jahren aufgebracht werden. Hinzu kommen Verbesserungen der Verkehrsinfrastruktur im Bereich der Bundesbahn, vorgezogene Investitionen der Bundespost, die Einrichtung eines Freihafens in Duisburg, die Gründung eines Instituts für Umwelttechnologie an der Universität Duisburg und der Aufbau weiterer Forschungsschwerpunkte. Mindestens ebenso wichtig wie die unmittelbaren Impulse, die von diesen Maßnahmen ausgehen können, ist die Tatsache, daß die an der Konferenz Beteiligten gezeigt haben, daß sie Konflikte vermeiden und Konsens finden können.

Zusammenfassend ist also eine Fülle politischer Aktivitäten für das Ruhrgebiet festzustellen. Geprägt sind diese Aktivitäten durch ein Spannungsverhältnis zwischen strukturerhaltenden sektoralen Interventionen und regionalpolitischen Maßnahmen, die auf Erleichterung des Wandels zu zielen versuchen.

4.5.3. Bisherige Anpassungserfolge

Angesichts der geschilderten Hemmnisse im Anpassungsprozeß und der Zwiespältigkeit der für das Revier betriebenen Politik, können sich die Anpassungserfolge des Reviers in der Vergangenheit und in jüngerer Zeit durchaus sehen lassen. Obwohl in gewissem Umfang auch eine passive Sanierung erfolgt ist - ablesbar an Bevölkerungs- und Beschäftigungseinbußen -, sind Zeichen eines aktiven Wandels zu erkennen; die im folgenden erläuterten Beispiele[219] machen deutlich, daß unternehmerische Entscheidungen und Reaktionen hierzu beigetragen haben.

So ist es der Industrie im Ruhrgebiet relativ schnell gelungen, sich den veränderten Energiepreisrelationen nach Beginn der Bergbaukrise anzupassen. Die in der Regel neu oder durch Umbau von Hydrierwerken entstandenen Erdölraffinerien trugen dazu bei, daß die Energiepreise für die Betriebe, die nun - statt Kohle - Ölderivate einsetzten, in der Region niedrig blieben. Der Verlust des traditionellen Standortvorteils bei den Energiepreisen führte dadurch zunächst nicht zu einem Standortnachteil für die bereits angesiedelten Industriebereiche, obwohl für die Neuansiedlung energieintensiver Produktionsstätten von nun an auch andere Standorte im Bundesgebiet in Betracht kamen.

Auch die Stahlindustrie hat sich angesichts des schwierigen Umfeldes beachtlich behauptet. Gerade die Unternehmen im Revier haben ihre Produktpalette so umgestaltet, daß im schrumpfenden Gesamtmarkt vorrangig die relativ günstigen

---

219 Vgl. R. Hamm und H.K. Schneider, S. 174ff.

Teilmärkte beliefert werden. Gleichzeitig hat die Montanorientierung der Region kontinuierlich abgenommen. Dies drückt sich in einem sinkenden Anteil der Montanbeschäftigten an der Gesamtzahl der Industriebeschäftigten aus, der nicht nur Folge der Freisetzungen in diesem Bereich, sondern auch Folge einer zumindest teilweise erfolgreichen Umsetzung ist. Daneben belegen empirische Arbeiten eine abnehmende Verflechtung zwischen den Montansektoren und ihren Vorleistungslieferanten, die sich z.T. neue Märkte erschlossen haben[220].

Bestes Beispiel hierfür ist der Großanlagenbau, der aus den Reparaturdiensten der Montanunternehmen sowie dem Stahl- und Maschinenbau hervorgegangen ist. Zur Produktpalette dieses Industriezweiges gehören Anlagen für den Bergbau und die Stahlindustrie ebenso wie chemische Großanlagen und Anlagen für die Energiewirtschaft. Dabei erlangt die Anreicherung der eigentlichen Produkte mit Zusatzleistungen - z.B. die Lieferung oder Planung von Infrastruktureinrichtungen, die Schulung der künftigen Belegschaften, die Finanzierungsberatung und späterer Service - eine zunehmende Bedeutung. Wegen seiner starken Orientierung auf Auslandsmärkte und der günstigen Entwicklung bis zum Beginn der achtziger Jahre keimte Hoffnung, einen neuen sektoralen Wachstumspol gefunden zu haben. In der Folge wurden jedoch auch die Risiken einer starken Exportorientierung deutlich. Einnahmerückgänge der OPEC-Länder, Verschuldungsprobleme der Schwellen- und Entwicklungsländer, aber auch die Wechselkursturbulenzen der letzten Jahre dämpften den Optimismus. Das vielseitige Know-how der Branche läßt jedoch für die Zukunft eher wieder eine Besserung erhoffen.

Ein Feld, das die Anlagenbauer im Ruhrgebiet frühzeitig bearbeiteten, ist der Umweltschutz. Problemlösungen in den Bereichen Abgasreinigung und Entstaubung, Wärmerückgewinnung, Abwasserbehandlung und Abfallentsorgung wurden entwickelt. Aber nicht allein der Großanlagenbau befaßte sich mit dieser Thematik. Umweltforschung und ihre Umsetzung in die Praxis erlangen allein wegen der Problemnähe eine wachsende Bedeutung in den Aktivitäten auch und gerade der mittelständischen Industrie. Eine zunehmende Sensibilisierung für die Aufgaben des Umweltschutzes im Ausland dürfte mittelfristig zu Exportaufträgen führen, wenn es den Unternehmen gelingt, den erworbenen Vorsprung im Know-how zu erhalten - ein neuer Verflechtungskomplex Umwelttechnologien könnte entstehen.

Technologieparks und selbständige Forschungseinrichtungen - z.B. die Institute der Fraunhofer-Gesellschaft in Duisburg und Dortmund - sind entstanden. Mit der Gründung von Hochschulen in Bochum, Dortmund, Duisburg, Essen und Hagen hat der Staat dazu beigetragen, daß das Ruhrgebiet heute hervorragende Bildungseinrichtungen besitzt und mit ihnen Schnittstellen zwischen Forschung und Anwendung in der Praxis. Hierauf aufbauend wird im Ruhrgebiet zunehmend eine Aufbruchstimmung festgestellt, die inzwischen auch durch zuvor lange Zeit ver-

---

220 Vgl. K. Löbbe, Wirtschaftsstrukturelle Bestandsaufnahme für das Ruhrgebiet. "RWI-Mitteilungen", Jg. 26 (1975), S. 129ff.; M. Köppel, Die Aktualisierung der Input-Output-Tabelle des RWI für das Ruhrgebiet. "RWI-Mitteilungen", Jg. 35 (1984), S. 51ff.

mißte Initiativen privater Unternehmen - wie z.B. der Gemeinschaftsaktion einer Reihe deutscher Großunternehmen für das Revier - mitgetragen wird[221].

Von diesen positiven Entwicklungen des Reviers sind nicht alle Teilräume gleichermaßen betroffen. Günstige Entwicklungen in einzelnen Hochtechnologiesparten werden nicht ausreichen, um eine Gesundung des gesamten Ruhrgebiets sicherzustellen. Vielmehr ist bereits jetzt festzustellen, daß zunächst die Randregionen des Reviers von einer Verlagerung wirtschaftlicher Aktivitäten aus dem Zentrum profitiert haben. Inzwischen deuten sich mehr und mehr Erfolge in den Oberzentren an, die bislang noch weniger an harten Indikatoren wie Arbeitslosigkeit, Beschäftigung und Bruttowertschöpfung festzumachen sind, als an "weichen" Faktoren wie dem wirtschaftlichen Klima. Vielzitiertes Beispiel in diesem Zusammenhang ist die Stadt Dortmund[222]: Die größte Stadt im östlichen Ruhrgebiet war und ist von dem Problem der Montanindustrie in besonderer Weise betroffen und hat noch immer eine der höchsten Arbeitslosenquoten des Ruhrgebiets (1988: 17,4 vH im Arbeitsamtsbezirk). Ihre wirtschaftlichen Strukturen haben sich in den letzten 20 Jahren jedoch erheblich gewandelt. Der Anteil der Dienstleistungen an der Gesamtbeschäftigung beträgt etwa 65 vH, der der Industrie ist von 50 vH (1970) auf 34 vH (1985) zurückgegangen. Der weitgehende Konsens aller gesellschaftlichen Gruppen hat zu einem breiten Feld von Aktivitäten geführt, das von der Restrukturierung des Stahlbereichs, über die Gewerbe- und Industrieflächenpolitik - unter besonderer Berücksichtigung der Gemengelagenproblematik - bis hin zu lokalen Beschäftigungsinitiativen und einer lokalen innovationsorientierten Wirtschaftspolitik reicht. Private Unternehmen, Kammern, Gewerkschaften, Hochschulen und Kommunen leisten dabei z.T. beachtliche eigene Beiträge. Zwar waren nicht alle Aktivitäten der Stadt in der Vergangenheit von Erfolg gekrönt, bei der innovationsorientierten lokalen Wirtschaftspolitik ist es jedoch in besonderem Maße der Fall gewesen: Die Kontakte zwischen Universität und städtischer Wirtschaftsförderung wurden seit Anfang der achtziger Jahre intensiviert und haben zum Entstehen eines innovationsorientierten Netzwerkes beigetragen, dessen Schwerpunkte Kommunikationstechnologien, Datenverarbeitung, Mikroelektronik, Meß-, Steuer- und Regeltechnik, Energietechnik, Materialflußtechnik, Chemische Verfahrenstechnik, Biotechnik und neue Werkstofftechnologien sind. 1985 wurde ein sehr erfolgreiches Technologiezentrum gegründet, dessen Erfahrungen in Zukunft in einem Technologiepark genutzt werden sollen.

Diese Hinweise auf Erfolge sollen nicht darüber hinwegtäuschen, daß die Intensität des Wandels bislang nicht ausreichte, um die schrumpfenden Produktionen in vollem Umfang durch solche zu ersetzen, die im interregionalen Wettbewerb überdurchschnittliche Marktchancen besitzen. Die Beschäftigungsverluste der Vergangenheit und die Arbeitslosenquoten der Gegenwart, die mit einer steigenden Belastung der kommunalen Haushalte durch die Sozialhilfe verbunden sind,

---

221 Vgl. z.B. o.V., Ruhrgebiet - Frischer Putz für den Pütt. "Industriemagazin", München, Jg. 1989, Heft 1, S. 146ff.

222 Vgl. zum folgenden G. Hennings, Wirtschaftliche Revitalisierung - Das Beispiel der Stadt Dortmund. "Informationen zur Raumentwicklung", Jg. 1988, S. 329ff.

sprechen diesbezüglich eine deutliche Sprache. Der Wandlungsprozeß der Montanregion Ruhrgebiet hin zu neuen wirtschaftlichen Schwerpunkten kann noch keinesfalls als abgeschlossen angesehen werden.

4.6. Zusammenfassende Bewertung

Aufbauend auf den regionalen Kohlevorräten ist im Ruhrgebiet ein wirtschaftliches Verbundsystem entstanden, das zumindest von seiner Dimension her unter den Vergleichsregionen einmalig ist. Im 19. Jahrhundert bildeten sich Bergbau und Stahlindustrie als regionale Eckpfeiler heraus, später kamen die Kohlechemie und die Elektrizitätswirtschaft hinzu. Das System wurde ergänzt durch Zulieferer und Investitionsgüterindustrien, die unmittelbar mit den dominanten Sektoren verflochten waren. Produktionsorientierte, ebenfalls auf die Erfordernisse der Montansektoren ausgerichtete Handels- und Dienstleistungsfunktionen und die einkommensabhängigen Verbrauchsgüterindustrien sowie der Einzelhandel vervollständigen das Verbundsystem. Das reibungslose Ineinandergreifen der einzelnen Teil dieses Wirtschaftsverbunds ermöglichte der Region bis in die dreißiger Jahre dieses Jahrhunderts - und nach der Reaktivierung der Vorkriegsstrukturen nochmals bis 1957 - eine günstige wirtschaftliche Entwicklung.

1957 begann die Krise des Bergbaus und damit verbunden ein dramatischer Beschäftigungsrückgang in diesem Sektor. Die Stahlkrise setzte Mitte der siebziger Jahre ein, als der Bergbau bereits einen großen Teil seiner Anpassungslasten bewältigt hatte. Infolge der Stahlkrise gingen im Ruhrgebiet erneut Arbeitsplätze in großem Umfang verloren, die Arbeitslosigkeit stieg über den Bundesdurchschnitt hinaus an und ging selbst im Aufschwung nach 1983 nicht wieder zurück.

Die politische Reaktion auf den seit der Bergbaukrise andauernden Anpassungsdruck im Revier ist zwiespältig gewesen. Einerseits bemühte man sich mit sektoralen Interventionen, Kohle und Stahl zu stützen. Andererseits versuchte man seit den siebziger Jahren mit Hilfe regionalpolitischer Maßnahmen zum Wandel der Strukturen beizutragen. Verbesserungen der Infrastruktur und Teilerfolge bei den modernen Technologien sind sichtbar. Unternehmerische Anpassungen kommen hinzu und machen inzwischen deutlich, daß das Ruhrgebiet trotz andauernder Probleme im Prozeß des Wandels nicht ohne Erfolg geblieben ist. Dennoch reichen die bisherigen Erfolge nicht. Entscheidende Hemmnisse sind bei den Produktionsfaktoren - Qualifikation der Arbeitskräfte, Gewerbeflächenengpässe, Innovationsfähigkeit der Unternehmen - ausgemacht worden; ein anderer Bereich von Anpassungshemmnissen ist unmittelbar auf unbewältigte Lasten der Vergangenheit - sektorspezifische Infrastruktur, Gemengelagenproblematik, Altlastenprobleme - zurückzuführen. Allmählich scheint sich das Image des Reviers, das lange Zeit ein Ansiedlungshemmnis von erheblicher Bedeutung war, zu bessern.

5. Die West Midlands

5.1. Lage, Größe und Bevölkerung

Die Region West Midlands (vgl. Karte 6) ist eine von elf "Standard Regions" bzw. "Economic Planning Regions" im Vereinigten Königreich. Sie umfaßt das Gebiet zwischen dem Trent und seinen in nordöstliche Richtung verlaufenden Nebenflüssen im Norden und dem Severn-Avon-Fluß-System im Süden. Geographischer und wirtschaftlicher Mittelpunkt dieser Region ist das West Midlands County - eines der Metropolitan Counties in Großbritannien. Hinzu kommen die vier umliegenden Grafschaften Hereford- und Worcestershire, Shropshire (Salop), Staffordshire und Warwickshire. Das West Midlands County wiederum umfaßt die Boroughs Birmingham, Coventry, Dudley, Wolverhampton, Walsall, Sandwell und Solihull.

Wie Tabelle 26 verdeutlicht, ist das West Midlands County die von der Fläche her gesehen kleinste Teilregion der Standard Region "West Midlands". Auf diesen nur knapp 7 vH der Gesamtfläche der Region leben jedoch mehr als 50 vH der regionalen Bevölkerung und fast 5 vH der Gesamtbevölkerung des Vereinigten Königreichs. Entsprechend hoch, nämlich fast 3 000 Einwohner je Quadratkilometer, ist die Bevölkerungsdichte. In der Tabelle sind die beiden nördlich bzw. südlich des West Midlands County gelegenen Grafschaften zu jeweils einer räumlichen Einheit zusammengefaßt worden. Die beiden so gebildeten Regionen weisen untereinander vergleichbare Größenordnungen hinsichtlich der Fläche und Einwohnerzahl auf. Während ihre Fläche etwa sechs bis siebenmal größer ist als die des West Midlands Metropolitan County, sind die Einwohnerzahlen nur etwa halb so hoch; die Bevölkerungsdichte ist dementsprechend deutlich niedriger.

5.2. Abriß der Wirtschaftsgeschichte[223]

Die reichhaltigen, leicht zugänglichen Kohle- und Eisenerzvorkommen im westlich und nördlich der Stadt Birmingham gelegenen Black Country bildeten den Ausgangspunkt für das Entstehen der Industrieregion West Midlands. Die Landeigentümer nutzten bereits im Mittelalter das ihnen zustehende Abbaurecht; es entstanden kleine Zechen mit geringer Belegschaft, und es bildeten sich Ansatzpunkte eines Eisengewerbes heraus. Zumeist waren diese gewerblichen Aktivitäten aber noch Nebenerwerb zur Landwirtschaft. Im 18. Jahrhundert führte das Ansteigen der Kohlenachfrage zu technischen Innovationen und zur Erhöhung der Produktionskapazitäten im Kohlenbergbau. Auch die Eisenwarenproduktion und der Handel mit diesen Erzeugnissen expandierte. Eine Vielzahl kleinerer, ineinandergreifender Betriebe - häufig gleichzeitig Wohnsitz - entstand. Durch den Eisenwarenhandel wurden Beziehungen zu London und damit zu den Geld- und Kreditmärkten des Königreichs hergestellt. Mit der so entstehenden "Kreditinfrastruk-

---

223 Zu den folgenden Ausführungen vgl. K. Spencer u.a., Crisis in the Industrial Heartland - A Study of the West Midlands. Oxford 1986, S. 1ff.; K. Young, Regional Structural Change in the West Midlands: The Historical Aspect. In: J.J. Hesse (Ed.), S. 161ff.

Karte 6
Die West-Midlands Region

tur" wurde eine weitere Voraussetzung für die später einsetzende eigentliche Industrialisierung geschaffen.

Ein weiterer Faktor, der die industriellen Entwicklungen der West Midlands begünstigte, war das Vorhandensein qualifizierter Arbeitskräfte. Die Tradition in der Metallerzeugung und -verarbeitung und die Vielfalt der hergestellten Erzeugnisse in diesem Bereich hatten zur Folge, daß sich ein speziell qualifiziertes, gleichzeitig aber anpassungsfähiges Arbeitskräftepotential herausbildete. Es wurde ergänzt durch findige, risikobereite Unternehmer.

Tabelle 26

West-Midlands - Fläche und Bevölkerung				
	West-Midlands County	Hereford- und Worcestershire, Warwick- shire	Shrop- shire, Stafford- shire	West Midlands Region (insgesamt)
Fläche				
in km²	899	5908	6206	13013
Anteil an UK (in vH)	0,4	2,4	2,5	5,3
Bevölkerung (1985)				
in 1000	2642	1131	1411	5183
Anteil an UK (in vH)	4,7	2,0	2,5	9,2
Bevölkerungsdichte (1985)				
Einwohner je km²	2939	191	227	398
UK = 100	1259	81	97	170

Eigene Berechnungen nach Angaben des Central Statistical Office (Ed.), Regional Trends 22. 1987 Edition, London 1987.

RWI ESSEN

Die angebotsseitigen Grundlagen für den Aufstieg der West Midlands zur Industrieregion waren somit vorhanden; was zunächst fehlte war der Zugang zu größeren Absatzmärkten. Er wurde durch den Ausbau des Kanalsystems geschaffen. Dieses Kanalsystem verbilligte den Transport der Kohle von den Zechen zu den Eisenschmelzen, es ermöglichte aber auch den Zugang zu den nationalen und internationalen Märkten und hat schließlich dazu beigetragen, die Teile der Region zu verbinden und eine regionale Identität zu schaffen. In der Folgezeit expandierte die Wirtschaft: das Black Country produzierte ein Neuntel des britischen Roheisens, die Eisenproduktion stieg rasch an und erreichte 1854 den höchsten Wert. Die Industrialisierung vollzog sich zunächst in der Fläche, ohne daß große städtische Agglomerationen entstanden. Kennzeichnend für die Region war ein Netzwerk spezialisierter Zentren, dessen Zusammenhalt durch das Kanalsystem und später die Eisenbahnen weiter verbessert wurde. Die Hütten lagen - je nach Materialbedarf - in zerstreuten Kleinstädten; neben der weitverbreiteten Nägelproduktion hatten sich z.B. Wolverhampton und West Bromwich auf Blechwaren, Willenhall auf Schlösser, Cradley auf Ketten und Wallsall auf Geschirre und Metallteile spezialisiert.

Bis in die erste Hälfte des 19. Jahrhunderts spielte Birmingham noch keine dominierende Rolle in der Region; die Bedeutung der Stadt als industrielles, später auch kommerzielles und politisches Zentrum nahm dann jedoch zu. Birmingham spezialisierte sich auf die Produktion konsumnäherer Erzeugnisse. Bei der Herstellung dieser Produkte wurden Vorleistungen aus dem Black Country eingesetzt. Die Breite der Produktpalette nahm zu und begründete die Vormachtstellung der Stadt. In der Folgezeit vollzog sich der Wandel in Birmingham schneller als im

Black Country, die Unterschiede zwischen beiden Teilgebieten verschärften sich. Im Black Country wurde versucht, durch Lohnsenkungen die traditionellen Branchen am Leben zu erhalten. In Birmingham, später auch in Coventry, entwickelten sich dagegen neue Industrien. Daneben wurde Birmingham zum Handels- und Einkaufszentrum der Region.

Diese Entwicklungen seit den sechziger Jahren des vorigen Jahrhunderts wurden durch die Depression 1875/76 unterbrochen. Der Niedergang der ehemaligen Basisindustrien (Kohle und Eisen) im Black Country begann, da an veralteten Technologien und Arbeitsweisen festgehalten wurde. Mit Kohle und Eisen verloren auch einige metallverarbeitenden Bereiche an Bedeutung, während sich andere Metallsektoren, insbesondere die endproduktnahen, halten konnten. Neue Industriezweige - leichter und mittlerer Maschinenbau, elektrischer Apparatebau, Fahrräderherstellung und schließlich der Automobilbau - entstanden. All diese Sektoren standen in der metallverarbeitenden Tradition der West Midlands, sie konnten auf ein qualifiziertes Arbeitskräftepotential zurückgreifen. Dieser sich im Zeitablauf beschleunigende Wandel zwischen den Industriebereichen verlief ohne größere Diskontinuität, bei steter Aufwärtsentwicklung der regionalen Wirtschaft.

Ausschlaggebend hierfür dürfte neben der Arbeitskräftequalifikation die Kontinuität eines in der Familie begründeten Unternehmertums gewesen sein. Dies wurde besonders in dem Sektor deutlich, der zum Ende des 19. Jahrhunderts die regional dominierende Rolle übernahm - dem Automobilbau: Aus metallverarbeitenden Betrieben war zunächst die Produktion von Fahrrädern hervorgegangen, bei der relativ rasch der Übergang zur Massenproduktion vollzogen wurde. Damit wurden qualifizierte Arbeitskräfte frei, und innovative Unternehmer entwickelten aus der Fahrradproduktion die Automobilproduktion. Der Arbeitskräfteüberschuß und die Absatzrückgänge eines Sektors haben die neue Aktivität unter gleicher Unternehmensleitung stimuliert. Diese Phase des Aufstiegs der Region hielt bis zum Ersten Weltkrieg an, sie wurde durch den Krieg selbst kaum unterbrochen, da die Region von der staatlichen Nachfrage nach Waffen und Fahrzeugen profitierte. Eine Unterbrechung brachte allerdings die Nachkriegszeit, als neben der Nachfrage nach Verbrauchsgütern auch die staatliche Kriegsnachfrage ausblieb.

Änderungen der kleinbetrieblichen Unternehmensstrukturen waren nach dem Ersten Weltkrieg festzustellen. Bedingt durch die Rüstungsaufträge und die wachsende Nachfrage nach Automobilen in den zwanziger Jahren wuchsen die Produktionseinheiten; kleine Familienbetriebe verloren in der Nachkriegsrezession ihre Existenzgrundlage. Ein Konzentrationsprozeß mit räumlichen Folgen setzte ein: Kleinere Unternehmen verblieben in Birmingham, die Expansion der Großunternehmen erfolgte entlang der Verkehrswege in die Randlagen. Die West Midlands profitierten in der Zeit zwischen den Kriegen von ihren sektoralen Strukturen. Es bestand ein Übergewicht von Wachstumssektoren, die in einem immer enger werdenden Verbund produzierten, so daß sich konjunkturelle Impulse in einem Industriezweig rasch über die gesamte regionale Wirtschaft ausbreiteten. Faktoren, die später negative Konsequenzen haben sollten, wurden jedoch bereits sichtbar: Die Bedeutung einiger dominanter Sektoren - insbesondere des Fahrzeugbaus - nahm zu. Die Zahl der Anbieter nahm ab, und die Abhängigkeit der Zulieferbetriebe - insbesondere der Hersteller von Komponenten für den Fahrzeugbau - von diesen dominanten Sektoren erhöhte sich. Aus einer regionalen Wirtschaft mit vielen kleinen, dynamischen und flexiblen Unternehmen war eine hochspezialisierte Wirtschaft geworden, die in weiten Teilen von wenigen Großunternehmen abhing[224]. Von 1939 bis zum Beginn der Krise sind keine nennenswerten neuen Unternehmen entstanden, die weitere Diversifizierung der Industriestruktur und der strukturelle Wandel wurden vernachlässigt.

Der Zweite Weltkrieg brachte auch in den West Midlands erhebliche Zerstörungen der Produktionsanlagen. Trotzdem war die Ausgangssituation der Region nach Kriegsende nicht ungünstig. Die Region profitierte aufgrund ihrer Industriestruktur vom britischen Wiederaufbaubedarf und der folgenden Nachfrageausweitung. Die West Midlands wurden als Wachstumsregion angesehen, der Beschäftigungszuwachs zwischen 1951 und 1961 war im Vergleich der britischen Teilräume am dritthöchsten.

Daß die wirtschaftliche Entwicklung der West Midlands zunächst überaus günstig verlaufen ist, erklärt sich durch die gemessen an der Struktur der Nachfrage günstige Struktur der Industrie. Unterstützt wurden die Entwicklungen durch einen relativ hohen Außenhandelsschutz und durch das Commonwealth Preference System: Die Zölle verringerten die Konkurrenzfähigkeit ausländischer Anbieter auf den heimischen Märkten, die Märkte des Commonwealth waren sichere Absatzgebiete für britische Exporte[225]. Die damit verbundenen negativen Nebeneffekte blieben zunächst verborgen: Der Anreiz zu Produktinnovationen und zum Wandel ging verloren, die eigene preisliche Wettbewerbsfähigkeit wurde überschätzt, und das Vorhandensein gesicherter Absatzmärkte verringerte die Bemühungen zur Öffnung neuer Märkte. Die damit verbundene Schwächung der eigenen Wettbewerbfähigkeit trat erst offen zu Tage, als seit Beginn der sechziger Jahre privilegierte Absatzmärkte in den Kolonien verloren gingen und im Rahmen des GATT, der EFTA und später der EWG die zum Schutz der heimischen Wirtschaft erhobenen Zölle reduziert werden mußten. Die Folgen lassen sich am Beispiel des britischen Automobilbaus verdeutlichen: Der Absatz ausländischer Hersteller in Großbritannien nahm stark zu, die Exporte der britischen Produzenten stiegen dagegen nicht in gleichem Umfang, weil die erforderliche Umorientierung der Branche auf die Bedürfnisse anderer Absatzmärkte nicht in hinreichendem Umfang gelang. Die West Midlands waren von diesen Entwicklungen in zweierlei Hinsicht betroffen: Zum ersten war der Straßenfahrzeugbau der regional wichtigste Industriezweig, zum zweiten gerieten die Hersteller von Komponenten für den Straßenfahrzeugbau, die ebenfalls in den West Midlands konzentriert waren, in

---

224 Vgl. D. Liggins, The Changing Role of the West Midlands Region in the National Economy. In: F. Joyce (Ed.), Metropolitan Development and Change. The West Midlands: A Policy Review. Birmingham 1977, S. 80.

225 Die mit der Verringerung des Zollschutzes und der Marktorientierung verbundenen Probleme werden ausführlich erörtert und mit Beispielen belegt bei N. Flynn and A. Taylor [I], Inside the Rust Belt: An Analysis of the Decline of the West Midlands Economy. 1: International and National Conditions. "Environment and Planning A", vol. 18 (1986), S. 874ff.

den Sog der Probleme. Folgen des Anpassungsdrucks in der Region waren eine rückläufige Investitionstätigkeit, unzureichende Produktivitätsentwicklungen, Produktionsrückgänge und hohe Beschäftigungsverluste seit den späten sechziger Jahren.

5.3. Empirischer Befund der Wirtschaftsstruktur

5.3.1. Demographische Entwicklung

Im Zeitraum von 1961 bis 1985 ist die Zahl der Einwohner in der Region West Midlands um mehr als 420 000 gestiegen (vgl. Tabelle 27). Der relative Bevölkerungszuwachs war mit 8,3 vH größer als in Großbritannien insgesamt. Der Vergleich der Regionsentwicklung mit der Landesentwicklung verdeckt jedoch die Bevölkerungsverluste, die im industriellen Kerngebiet der West Midlands festzustellen sind. Die Zahl der Einwohner des West Midlands County ist um 2,5 vH, die der Stadt Birmingham sogar um 16,4 vH zurückgegangen. Die peripher gelegenen Teile der Region haben demgegenüber deutliche Bevölkerungsgewinne zu verzeichnen gehabt.

Der Bevölkerungszuwachs der Region vollzog sich vor allem in den sechziger Jahren. Die bis Mitte der sechziger Jahre günstige wirtschaftliche Entwicklung der Region dürften Ursache der über dem Landesdurchschnitt liegenden Zuwächse gewesen sein. Das ungünstige Abschneiden der Kernregion war dagegen Folge einer innerhalb der Region West Midlands stattgefundenen Umverteilung der Wohnbevölkerung: Die Haushalte verließen die innerstädtischen Gebiete und zogen teils in die Vororte Birminghams, teils in die Randgebiete der Region[226].

In den siebziger Jahren hat sich die Bevölkerungsexpansion in der Region West Midlands deutlich abgeschwächt. Diese Entwicklung ist jedoch nicht regionsspezifisch, denn zugleich ging das Wachstum der Einwohnerzahlen auch in Großbritannien zurück. Bevölkerungsverluste in der Regionsmetropole Birmingham hielten an, und auch im stark verdichteten West Midlands County stellten sich nun Verluste ein. Der Trend der Bevölkerung, aus den innerstädtischen Zentren in die Randgebiete der Region fortzuziehen, hielt offenbar an.

Zwischen 1981 und 1985 haben sich die Bevölkerungsverluste der Stadt Birmingham deutlich abgeschwächt, und auch im County ist eine Stabilisierung der Einwohnerzahlen zu erkennen. In der gesamten Region entspricht der Bevölkerungszuwachs nun dem in Großbritannien.

Insgesamt ergibt sich der Eindruck, daß die wirtschaftliche Entwicklung des Counties, die in der Vergangenheit ungünstiger war als die in der Region, ein Motiv gewesen ist, das verdichtete Zentrum zu verlassen. Eine Trennlinie zwischen Bevölkerungsverlusten, die durch die Suche nach besseren Wohnbedingungen

---

[226] Vgl. K. Spencer u.a., S. 31.

176

Tabelle 27

Bevölkerungsentwicklung in der Region West Midlands und Großbritannien
1961 bis 1985

| | Bevölkerung | | | | Veränderung der Bevölkerungszahl | | | | | |
| | in 1000 | | | | 1961 bis 1971 | | 1971 bis 1981 | | 1981 bis 1985 | |
	1961	1971	1981	1985	in 1000	in vH	in 1000	in vH	in 1000	in vH
Region West Midlands	4757	5110	5148	5183	352	7,4	39	0,8	35	0,7
darunter West Midlands County	2710	2793	2649	2642	83	3,1	-144	-5,2	-7	-0,3
darunter Birmingham	1183	1098	1007	989	-85	-7,2	-92	-8,3	-17	-1,7
Großbritannien	52805	55608	56225	56618	2803	5,3	617	1,1	393	0,7

RWI ESSEN

Eigene Berechnungen nach Angaben des Central Statistical Office (Ed.), Regional Trends. London, verschiedene Jahrgänge sowie B.M.D. Smith, S. 255; J. Mawson and A. Taylor, The West Midlands in Crisis: An Economic Profile. (CURS/INLOGOV Working Paper, no. 1.) Birmingham 1983, S. 3

entstanden sind, und solchen, die durch die Suche nach neuen oder besseren Beschäftigungsmöglichkeiten ausgelöst wurden, läßt sich jedoch nicht ziehen.

5.3.2. Beschäftigung und Arbeitslosigkeit

Ein Vergleich der langfristigen Beschäftigungstendenzen in Großbritannien, der Region West Midlands und im West Midlands County macht die unterschiedliche Betroffenheit von den wirtschaftlichen Problemen deutlich (vgl. Tabelle 28). Die Beschäftigung hat landesweit um mehr als 6 vH abgenommen, die Abnahmerate in der Region war jedoch annähernd doppelt so hoch, die des Counties betrug sogar fast das 3,5fache. Dies zeigt die Konzentration wirtschaftlicher Probleme auf die hochverdichteten Teilgebiete der Region.

Die Gegenüberstellung zeigt aber auch, daß bis Mitte der sechziger Jahre die Beschäftigtenzahl in der Region stärker gestiegen ist als im Durchschnitt Großbritanniens und daß mit hoher Wahrscheinlichkeit[227] auch im County die Beschäftigung noch zugenommen hat. Das Jahr 1966, in dem der höchste Beschäftigtenstand in der Region erreicht wurde, kennzeichnet die Wende in dieser Entwicklung. County und Region müssen - relativ gesehen - deutlich höhere Arbeitsplatzverluste hinnehmen als die Gesamtwirtschaft, wobei zunächst jedoch keine wesentlichen Unterschiede in den Entwicklungen zwischen dem Metropolitan County und den übrigen Regionsteilen zu erkennen sind. Diese Differenzierung wird erst nach 1978 offensichtlich: während im County die Beschäftigung um mehr als 16 vH zurückging, ist die Abnahmerate in der Region - die das County mitumfaßt - nur etwa halb so hoch.

Bevölkerungs- und Beschäftigungsentwicklung ergeben somit für das County ein einheitliches Bild. Bis Mitte der sechziger Jahre ist offenbar die Suche nach verbesserten Wohnbedingungen ausschlaggebend für das Verlassen des Counties gewesen. Später traten gleichzeitig Verluste bei der Zahl der Beschäftigten und der Zahl der Einwohner auf. Etwas anders ist das Bild der West Midlands Region, wo eine auch in jüngster Zeit noch leicht steigende Einwohnerzahl mit überdurchschnittlich hohen Beschäftigungsrückgängen zusammentrifft. Zunehmende wirtschaftliche Probleme drücken sich weniger in Bevölkerungsverlusten als in einem Rückgang der Erwerbstätigkeit aus.

Die Entwicklung der Arbeitslosenquote in der Region West Midlands im Vergleich zu Großbritannien scheint dies zu bestätigen. Bis Mitte der sechziger Jahre hat die günstige wirtschaftliche Entwicklung der Region zur Folge gehabt, daß die regionale Arbeitslosenquote meist nur etwa halb so hoch war wie der Durchschnittswert Großbritanniens, häufig lagen die Quoten kaum über 1 vH. Selbst nach dem Beginn der wirtschaftlichen Schwierigkeiten und den einsetzenden Be-

---

227 Die Angabe in Tabelle 28 bezieht sich auf die Zeit von 1961 bis 1969; es ist davon auszugehen, daß die Beschäftigung zwischen 1961 und 1966 gestiegen, danach gefallen ist. Der ausgewiesene Wert ist das Resultat dieser gegenläufigen Entwicklungen.

Tabelle 28

Langfristige Beschäftigungstendenzen in den West Midlands und Großbritannien

1961 bis 1986; Veränderung der Beschäftigtenzahl in vH

	West Midlands County	Region West-Midlands	Großbritannien
1961 bis 1966	0,2[a]	2,6	1,3
1966 bis 1978	-5,4[b]	-6,3	-2,3
1978 bis 1986	-16,5[c]	-8,2	-5,2
1961 bis 1986	-21,1	-11,8	-6,2

Eigene Berechnungen nach Angaben des Central Statistical Office (Ed.), Annual Abstract of Statistics. London, verschiedene Jahrgänge; Central Statistical Office (Ed.), Regional Trends. London, verschiedene Jahrgänge; B.M.D. Smith, S. 258; K. Spencer u.a., S. 59. - [a]1961 bis 1969. - [b]1969 bis 1978. - [c]1978 bis 1984.

RWI ESSEN

schäftigungsrückgängen lag die Arbeitslosenquote der Region unter dem Durchschnitt. Wie Tabelle 29 zeigt, nähern sich die Quoten von Land und Region in den siebziger Jahren einander an. Während jeder Rezession in Großbritannien ist in den West Midlands ein überdurchschnittlicher Anstieg der Arbeitslosigkeit festzustellen, der in den folgenden Phasen des Aufschwungs nicht in vollem Umfang abgebaut werden konnte[228].

Eine deutlich erkennbare Auseinanderentwicklung der regionalen und nationalen Arbeitslosenquoten ist erst seit 1981 festzustellen. Die im Jahr 1979 beginnende Rezession war der Auslöser dieser Entwicklung, der hohe Verflechtungsgrad der regionalen Wirtschaft - insbesondere im County - hat dazu beigetragen, daß die Rezession und mit ihr die Arbeitslosigkeit auf alle Bereiche der Industrie übergriffen. Seit 1983 liegt die Arbeitslosenquote in der Region West Midlands bei etwa 14 vH und damit etwa 20 vH über dem Durchschnitt Großbritanniens. Im Januar 1987 waren fast 350 000 Personen arbeitslos, 213 000 davon im West Midlands County. Wie in anderen altindustriellen Regionen ist auch in den West Midlands die Arbeitslosigkeit bei den Berufsanfängern und bei älteren Arbeitnehmern überdurchschnittlich hoch, der Anteil von Personen, die länger als ein Jahr arbeitslos sind, beträgt über 50 vH und übersteigt den Durchschnittswert Großbritanniens (40 vH) erheblich[229].

5.3.3. Sektorale Beschäftigungsentwicklung und -struktur

Traditioneller Schwerpunkt der Wirtschaft in den West Midlands ist das Produzierende Gewerbe: Fast 70 vH aller Beschäftigten im Metropolitan County und 60 vH der Beschäftigten in der Region fanden 1961 in diesem Bereich einen Ar-

---

228 Vgl. K. Spencer u.a., S. 34.

229 Vgl. Central Statistical Office (Ed.), Regional Trends 22, 1987 Edition. London 1988, S. 42.

Tabelle 29

Entwicklung der Arbeitslosenquoten in der Region West Midlands und Großbritannien
1967 bis 1986

	Region West Midlands	Großbritannien
1967	1,8	2,3
1971	2,9	3,5
1976	5,8	5,7
1977	5,8	6,2
1978	4,9	5,2
1979	4,8	4,9
1980	6,8	6,2
1981	11,6	9,4
1982	13,6	10,9
1983	14,5	11,7
1984	14,1	11,7
1985	14,1	11,8
1986	14,0	11,9

Nach Angaben des Central Statistical Office (Ed.), Regional Trends. London, verschiedene Jahrgänge.

RWI
ESSEN

beitsplatz. Damit war das Produzierende Gewerbe - im Vergleich zu Großbritannien - über-, der tertiäre Bereich unterrepräsentiert. Die seither feststellbaren strukturellen Veränderungen weisen in der Region und im Land ähnliche Richtungen auf: Das Produzierende Gewerbe verliert an Bedeutung, der Handels- und Dienstleistungsbereich weitet seine Beschäftigungsmöglichkeiten aus. Während die Expansion der Beschäftigung im tertiären Sektor bis zum Ende der siebziger Jahre durchaus mit den nationalen Entwicklungen Schritt halten kann, ist der Beschäftigungsabbau in der Industrie regional erheblich stärker ausgeprägt[230]. In der Summe hat die Region zwischen 1966 und 1985 etwa 500 000 Arbeitsplätze im Produzierenden Gewerbe verloren, wobei zwischen 1978 und 1981 die stärksten Rückgänge festzustellen sind. Dennoch hat das Produzierende Gewerbe auch 1984 noch ein im Vergleich zum Durchschnitt Großbritanniens hohes Gewicht - sowohl im County als auch in der Region liegt sein Anteil an der Gesamtbeschäftigung über 40 vH (Großbritannien: 32 vH).

Tabelle 30 gibt Aufschluß über die jüngeren Beschäftigungsentwicklungen und die damit verbundenen Strukturverschiebungen. Dabei werden einerseits Angaben für die Zeit von 1978 bis 1981 - also dem Zeitraum mit massiven Beschäftigungsrückgängen - ausgewiesen; andererseits werden - wenn auch sektoral weniger stark differenziert - die Veränderungen zwischen 1981 und 1986 nachvollzogen.

---

230 Vgl. B.M.D. Smith [I], The Economic and Social History of the West Midlands Region 1966-1986: Experience and Response to Structural Change and Manufacturing Decline. In: J.J. Hesse (Ed.), S. 205.

Tabelle 30

Beschäftigungsstruktur in der West Midlands Region
1978, 1981, 1986

	1978 in 1000	1978 Anteil in vH	1981 in 1000	1981 Anteil in vH	Veränd. 1978 bis 1981 in vH	1986 in 1000	1986 Anteil in vH	Veränd. 1981 bis 1986 in vH
Landwirtschaft, Forstwirtschaft, Fischerei	31	1,4	30	1,5	-3,2	30	1,5	0,0
Bergbau, Energie	55	2,5	53	2,7	-3,6	43	2,1	-18,9
Verarbeitendes Gewerbe	989	44,6	795	40,0	-19,6	709	34,9	-10,8
davon:		= 100,0		= 100,0			= 100,0	
Chemie	23	2,3	20	2,5	-13,0			
Metallerzeugung	120	12,1	85	10,7	-29,2	126	17,8	20,0
Maschinenbau	128	12,9	112	14,1	-12,5			
Elektrotechnik	103	10,4	94	11,8	-8,7			
Fahrzeugbau	184	18,6	138	17,4	-25,0	396	95,9	-15,6
Metallverarbeitung	170	17,2	125	15,7	-26,5			
Leder, Textil, Bekleidung	46	4,7	34	4,3	26,1			
Nahrungs und Genuß	53	5,4	49	6,2	-7,5	187	26,4	-15,4
Sonstige Industrie	162	16,4	138	17,4	-14,8			
Baugewerbe	104	4,7	94	4,7	-9,6	91	4,5	-3,2
Handel	236	10,6	217	10,9	-8,1			
Verkehr, Sonstige Dienste, Staat	801	36,9	797	40,1	-0,5	1162	97,2	14,6
Insgesamt	2216	100,0	1986	100,0	-10,4	2032	100,0	2,3

Eigene Berechnungen nach Angaben des Central Statistical Office (Ed.), Regional Trends. London, verschiedene Jahrgänge; B.M.D. Smith, S. 259.

RWI ESSEN

Die Beschäftigungsanteile der einzelnen Industriezweige deuten auf eine vergleichsweise vielseitige Industriestruktur hin, deutlich dominierende Industriezweige sind nicht zu erkennen. Metallerzeugung, Maschinenbau, Elektrotechnik, Fahrzeugbau, Metallverarbeitung und die übrigen - nicht einzeln aufgeführten - Industriezweige haben Anteile an der Gesamtbeschäftigung, die zwischen 10 und 20 vH liegen. Industrieller Schwerpunkt der Region sind somit die Investitionsgüterindustrien, deren Perspektiven in der Regel günstiger beurteilt werden als die der Grundstoff- und Produktionsgüterindustrien. Dies macht die - im Vergleich zu den eigentlichen Montanregionen - unterschiedliche Problemstellung für die Region West Midlands deutlich: Es sind Industriezweige unter Anpassungsdruck geraten, die in anderen Regionen oder anderen Staaten bisher weit weniger mit Schwierigkeiten zu kämpfen haben, z.T. sogar entscheidende Wachstumsbeiträge zu leisten vermögen. Ferner ist nicht ein einzelner Sektor unter Anpassungsdruck geraten, sondern nahezu alle Industriezweige sind gleichzeitig betroffen. Zwar bestehen zwischen dem wichtigsten Industriezweig der Region - dem Straßenfahrzeugbau - und anderen Sektoren teilweise enge Produktionsverflechtungen über die Herstellung der Komponenten für den Automobilbau; sicherlich hat dieser Verbund auch dazu beigetragen, daß sich der im Straßenfahrzeugbau entstandene Anpassungsdruck in vielfältiger Weise auf die übrige Industrie ausgeweitet hat; ob dies allein die starke Betroffenheit der gesamten Industrie erklärt, erscheint jedoch zweifelhaft. Vielmehr dürften die für den Straßenfahrzeugbau genannten Ursachen des Anpassungsdrucks für Industriezweige wie den Maschinenbau, die Elektrotechnik und andere stahlverarbeitende Sektoren auch unmittelbare - und nicht nur über Verflechtungsbeziehungen vermittelte - Bedeutung haben.

Die Folgen sind in Tabelle 30 abzulesen: Zwischen 1978 und 1981 - also in einer Rezessionsphase der Gesamtwirtschaft - ist in der Region West Midlands jeder zehnte Arbeitsplatz verloren gegangen. In der Industrie wurde sogar jeder fünfte Arbeitsplatz abgebaut - allein hier gingen in drei Jahren fast 200 000 Beschäftigungsmöglichkeiten verloren. Am stärksten von diesen Entwicklungen betroffen waren der Fahrzeugbau (-46 000), die Metallerzeugung (-45 000) und die Metallverarbeitung (-45 000). Aber auch von den übrigen Industriezweigen weist zwischen 1978 und 1981 keiner eine positive Beschäftigungsbilanz auf - selbst in der Elektrotechnik und im Maschinenbau, also in Sektoren mit relativ "günstigen" Entwicklungen, gingen zusammen noch 25 000 Arbeitsplätze verloren.

Die von der Industrie ausgehenden negativen Impulse waren zwischen 1978 und 1981 so stark, daß nicht allein die Bauindustrie und der Handel ihre Beschäftigtenzahlen verringert haben, sondern selbst der Dienstleistungsbereich nicht zur Kompensation von industriellen Beschäftigungsverlusten beitragen konnte. Vergleicht man die wirtschaftlichen Strukturen von 1981 mit denen von 1978, so fällt auf, daß der tertiäre Sektor nur an Bedeutung gewonnen hat, weil dort der Beschäftigungsrückgang geringer war als in der Industrie. Deutliche Veränderungen der Industriestrukturen sind nicht festzustellen, der Fahrzeugbau bleibt der - gemessen an der Beschäftigung - wichtigste Industriezweig.

Von 1981 bis 1986 ist die Entwicklung der Beschäftigtenzahlen in den West Midlands deutlich günstiger verlaufen, die Gesamtbeschäftigung ist um gut 2 vH gestiegen. Ob sich damit eine Trendwende in den Entwicklungen ankündigt, erscheint dennoch fraglich; vielmehr dürften die jüngeren Beschäftigungszuwächse eher Ausdruck einer Verbesserung der konjunkturellen Situation als das Resultat des bereits bewältigten Strukturwandels sein. Der ungünstige Beschäftigungstrend in der Industrie hielt an. Mehr als 80 000 industrielle Arbeitsplätze gingen verloren, wobei die Investitionsgüterindustrien überdurchschnittlich stark betroffen sind, während im Bereich der Grundstoffe ein Zuwachs festzustellen ist. Gleichzeitig sind allerdings im tertiären Bereich hinreichend neue Arbeitsplätze geschaffen worden, um die Verluste der Industrie mehr als zu kompensieren. Wieweit diese günstige Tendenz auch bei künftigen gesamtwirtschaftlichen Schwächeperioden anhält, muß abgewartet werden.

5.4. Regionale Anpassungsvoraussetzungen

Der geschichtliche Abriß hat deutlich gemacht, daß die Montanindustrie die Keimzelle der industriellen Expansion in der Region West Midlands gewesen ist. Im weiteren Verlauf ihrer Industriegeschichte hat die Region ein hohes Maß an Anpassungsfähigkeit gezeigt; sie durchlief mehrere Phasen des strukturellen Wandels und wies schließlich eine Industriestruktur auf, die - von den Kriegsunterbrechungen abgesehen - über einen längeren Zeitraum hinweg der Region Wachstum und Wohlstand sichern konnte. Angesichts der in früheren Jahrzehnten feststellbaren Fähigkeit zum Wandel erscheint die Frage nach den Faktoren, die die Anpassungen seit den sechziger Jahren verzögert oder verhindert haben, um so wichtiger.

5.4.1. Anpassungshemmnisse bei den Produktionsfaktoren

Ein gutes Ausbildungsniveau, spezielle Fertigkeiten und eine hohe Anpassungsbereitschaft der Arbeitnehmerschaft waren in der Vergangenheit Faktoren des Erfolgs. Zu Beginn der Anpassungsprobleme - also in den sechziger Jahren - hatte sich die Einschätzung des Arbeitskräftepotentials schon deutlich gewandelt: Arbeit galt als zu teuer, zu wenig produktiv, schlecht ausgebildet und militant im Durchsetzen der eigenen Interessen[231].

In der Tat lagen zu Beginn der siebziger Jahre die Durchschnittslöhne im West Midlands County - also im Kerngebiet der Industrieregion - über denen in der Regionsperipherie, die Entlohnung in der Region nahm gegenüber anderen britischen Regionen eine Spitzenstellung ein[232]. Dies galt nicht nur für den Durchschnittslohn; vielmehr waren in 15 von 20 Industriesektoren die Entlohnungen 1970 höher als im britischen Durchschnitt. Ähnlich wie z.B. im Ruhrgebiet könnte deshalb das hohe Lohnniveau in der Vergangenheit dazu beigetragen haben, daß

---

231 Vgl. K. Spencer u.a., S. 78ff.

232 Vgl. D.M. Egginton, Regional Labour Markets in Great Britain. "Bank of England Quarterly Bulletin", London, vol. 28 (1988), S. 368.

Ansiedlungen unterblieben. Die relative Lohnposition der West Midlands hat sich zwischen 1970 und 1987 deutlich verschlechtert[233]. Der Richtung nach "marktgerechte" Anpassungen der Löhne sind also erfolgt, ohne daß allerdings signifikante Einflüsse auf die Ansiedlungs- und Expansionsbereitschaft feststellbar wären[234]. Dies mag mit weiteren Nachteilen der Region zusammenhängen. Fast alle Autoren stellen eine Schwäche im Qualifikationsniveau der Arbeitskräfte fest. Sie ist einerseits - ähnlich wie in allen altindustriellen Gebieten - ein Problem obsolet gewordener sektorspezifischer Kenntnisse und Fertigkeiten, sie ist andererseits aber auch eine mittelbare Folge einer über einen längeren Zeitraum andauernden positiven wirtschaftlichen Entwicklung in den West Midlands[235]. Schulabgänger zogen es häufig vor, direkt in ein Beschäftigungsverhältnis einzutreten, und vernachlässigten die berufliche Ausbildung. Auch aus den Betrieben kamen wohl wenig Anstöße. Folge ist, daß noch heute selbst in den metallverarbeitenden Industrien ausgebildete Facharbeiter knapp sind. Der Bedarf an qualifizierten Arbeitskräften in modernen Technologiebereichen kann ohnedies nicht aus der Region heraus gedeckt werden, und die Attraktivität der West Midlands ist nicht groß genug, um Arbeitskräfte von außen anzuziehen. Verschärft wurden die qualifikatorischen Schwierigkeiten schließlich dadurch, daß bei den Abwanderungen aus der Region ein Übergewicht qualifizierter Arbeitskräfte besteht; gerade diese werden jedoch zur Umsetzung des Wandels in der Region benötigt.

Die West Midlands waren bis ins 20. Jahrhundert durch einen relativ niedrigen gewerkschaftlichen Organisationsgrad gekennzeichnet. In den ehemals kleinen Familienbetrieben arbeiteten die Unternehmer und die Arbeiter auf einer durch Kooperation und enge gegenseitige Kenntnis geprägten Basis zusammen. Erst mit der sich verändernden Unternehmensstruktur haben sich stärker werdende Gewerkschaften herausgebildet, und die Konflikte zwischen Unternehmern und Arbeitnehmern haben zugenommen[236]. Zwar blieben Streiks zumeist auf die Großbetriebe beschränkt, aber dennoch kam die Region in den Ruf militanter Gewerkschaften. Die gewerkschaftliche Stärke, die zwischenzeitlich zum Ansteigen des Lohnniveaus beigetragen haben dürfte, hat somit möglicherweise auch zu Ansiedlungsentscheidungen zugunsten anderer britischer Landesteile geführt.

Die Region West Midlands weist seit Kriegsende eine schwache Investitionstätigkeit auf; der Anteil der Region an den gesamten britischen Investitionen liegt deutlich unter ihrem Beschäftigungsanteil. Dieser Tatbestand, der sich nicht allein auf die Industriestruktur zurückführen läßt, wurde in der Rezession von 1979 bis

---

233 Dies gilt sowohl für die Durchschnittslöhne als auch für die sektoralen Entlohnungen. Für eine detaillierte Analyse der Lohnentwicklungen vgl. B.M.D. Smith [II], The Labour Factor as an Explanation for Economic Decline in the West Midlands Region and County. I. Earnings in the West Midlands. (Inner Cities in Context Working Papers, no. 9.) Birmingham 1984.

234 Vgl. B.M.D. Smith [I], S. 237; K. Spencer u.a., S. 79.

235 Vgl. K. Spencer u.a., S. 78f.

236 Vgl. K. Young, S. 175f.

1981 noch dadurch verschärft, daß die Investitionen in Großbritannien insgesamt rückläufig waren[237]. Ursache ist - soweit es die Selbstfinanzierung anbelangt - die schwache Ertragslage der Industrie, es kommt jedoch ein weiterer Gesichtspunkt zum Tragen, der gerade für eine zum Wandel gezwungene Region Probleme aufwirft: Weit stärker als in anderen Ländern vergeben britische Banken Kredite nur dann, wenn in den Unternehmen hinreichende Sicherheiten vorhanden sind; günstige Zukunftserwartungen eines Unternehmens sind keine ausreichende Kreditbasis. Dies belastet insbesondere die Investitionstätigkeit kleiner und mittlerer Unternehmen. Während Großunternehmen die erforderlichen Aktiva vorweisen können, es ihnen aber oft genug an Zukunftsperspektiven fehlt, erscheinen die kleinen, schnell wachsenden Unternehmen als fragwürdige Kreditnehmer. Chancen zum Wandel wurden so vertan, es kam zur Überalterung des regional vorhandenen Kapitalstocks, einer damit verbundenen schwachen Produktivitätsentwicklung und einem Verlust an Wettbewerbsfähigkeit.

Weitere Probleme für die wirtschaftliche Entwicklung der Region werden im Bereich der Unternehmensleitungen und bei den Unternehmensstrukturen gesehen. Kaum zu prüfen ist die z.T. vertretene Behauptung, Unternehmerschaft und Management seien in Großbritannien schlechter qualifiziert als in anderen Ländern[238]. Der Wandel der Unternehmensstruktur hin zu großen Produktionseinheiten - fast die Hälfte der Industriebeschäftigten der West Midlands waren 1977 in Betrieben beschäftigt, die im Besitz von nur 26 Unternehmen waren[239] - hat dagegen offensichtlich zum Verlust der Anpassungsfähigkeit beigetragen. Zudem werden drei Viertel der Unternehmen mit mehr als 1 000 Beschäftigten regionsextern kontrolliert, womit das Interesse an und die Identifizierung mit der Region auf Seiten der Unternehmen weniger groß ist als noch in früheren Zeiten. Zumeist handelt es sich bei diesen Unternehmen um solche, die Betriebe an verschiedenen Standorten unterhalten und die zentral - häufig von London aus - geleitet werden. Diese Unternehmen haben weit bessere Informationen über die Qualität einzelner Standorte als die kleinen Familienbetriebe, und ihre Standortentscheidungen sind durch Kostenüberlegungen, nicht aber durch persönliche Regionspräferenzen geprägt. Die Folge ist eine Verstärkung vorhandener Standortnachteile[240]. Die Schwäche der Region hinsichtlich der Headquarter-Funktionen ist eine schwer zu nehmende Hürde für das Hereinziehen von Unternehmensleitungen. Gewinne, die im produzierenden Bereich anfallen, werden nicht innerhalb, sondern außerhalb der Region für die Expansion zentraler Dienste verwendet. Investitionen - auch solche, die der Diversifizierung von Unternehmen dienen - werden regionsextern vorgenommen.

In Großbritannien ist - wie in anderen Staaten auch - ein steigender Flächenbedarf je Arbeitsplatz zu registrieren. Ebenso ist die Nachfrage nach Gebäudeflächen gestiegen. Gesucht werden insbesondere gut erschlossene Flächen in angenehmer

---

237 Vgl. N. Flynn and A. Taylor [I], S. 868 und S. 884f.

238 Vgl. B.M.D. Smith [I], S. 249.

239 Vgl. K. Spencer u.a., S. 84.

240 Vgl. K. Spencer u.a., S. 85f.

Lage. Die alten Industrieagglomerationen können diesbezüglich die Anforderungen weder quantitativ noch qualitativ erfüllen[241]. Industriebrachen, Altlasten, Flächenengpässe, aber auch die über die Genehmigungspflicht für Industrieansiedlungen betriebene restriktive Politik haben das Gewerbeflächenangebot des Metropolitan Counties in der Vergangenheit beschränkt und tun dies zum Teil bis heute. Besonders betroffen ist die Stadt Birmingham, während in den umliegenden Counties ein breiteres Angebot vorhanden ist. Das quantitative Angebot an Gebäuden für Industrie- und Gewerbezwecke ist zwar z.T. noch ausreichend, nicht aber dessen Qualität - die Gebäude sind größtenteils zu alt und bedingen höhere Kosten und Produktivitätsverluste. Ein Neubau kommt wegen der ohnehin hohen Gebäudedichte selten in Betracht, so daß ansiedlungsinteressierte Unternehmen schließlich andere Standorte wählen. Außerdem sind den Expansionsplänen bestehender Betriebe enge Grenzen gesetzt. Der Sanierung alter Gebäude und der Aufbereitung und Wiederverwendung nicht mehr genutzter Flächen wurde deshalb in der Region bereits früh Aufmerksamkeit gewidmet. Finanzierungsprobleme und die Tatsache, daß ein hoher Anteil dieser Flächen in privatem Besitz gehalten wird, haben jedoch dazu geführt, daß das Flächenrecycling nicht mit dem Entstehen neuer Industriebrachen Schritt halten konnte[242].

Das Alter, der sektorspezifische Zuschnitt und die Reparaturbedürftigkeit der Infrastruktur bereitet der Region ebenfalls Probleme[243]. Verbesserungen im Verkehrsbereich hielten mit der höheren Verkehrsdichte nicht Schritt. Umweltprobleme kommen hinzu und tragen zum schlechten Image der Region bei. Schließlich ist die Ausstattung mit höherwertigen Dienstleistungen unzureichend. Die Tatsache, daß derartige Dienste von den Zentralbereichen der Großunternehmen wahrgenommen werden, hat kleineren Dienstleistungsunternehmen keine hinreichende Existenzgrundlage belassen, was wiederum zur Folge hat, daß eine Dienstleistungsinfrastruktur, die von den kleineren Unternehmen genutzt werden könnte, fehlt[244].

5.4.2. Sonstige, den Anpassungsprozeß bestimmende Faktoren

Das Produzierende Gewerbe der West Midlands ist - ähnlich wie das des Ruhrgebiets - durch einen hohen Integrationsgrad geprägt, durch einen engen Verbund, dessen Strukturen allerdings völlig andere sind als die im Revier[245]. Der dominante Sektor dieses Industrieverbunds ist der Automobilbau, die davon abhängigen Industriezweige sind - in vertikaler Reihenfolge - die Komponen-

---

241 Vgl. K. Spencer u.a., S. 74ff.

242 Vgl. L.J. Gibson and W.G. Collins, Derelict Land in the West Midlands. In: F. Joyce (Ed.), S. 271ff.

243 Vgl. B.M.D. Smith [I], S. 249f.

244 Vgl. B.M.D. Smith [I], S. 249f.

245 Dieser Verbund ist beschrieben bei N. Flynn and A.P. Taylor [I], S. 889f.

tenhersteller für den Automobilbau, die Lieferanten von Zwischenprodukten für die Komponentenhersteller und schließlich die Rohstoffproduzenten. Die Komponentenhersteller, die in anderen Staaten weit stärker als in Großbritannien integraler Bestandteil der großen Automobilkonzerne sind[246], haben in Zeiten steigender Automobilnachfrage von Großaufträgen profitiert, sind zur Produktion in Großserien übergegangen und sind heute selbst Großunternehmen. Kleine und mittlere Betriebe sind dagegen kennzeichnend für den Bereich der Zwischenproduktlieferanten. Der über die Vorleistungen bestehende Verbund wird durch die Investitionsverflechtungen ergänzt. Werkzeugmaschinenproduzenten und einige andere Sparten der Investitionsgüterindustrie liefern große Anteile ihrer Produktion an den Automobilbau und die damit verflochtenen Sektoren; sie hängen damit aber von den Investitionsentscheidungen des regional dominierenden Sektors ab. Der räumliche Kern dieses Verbunds ist das hochverdichtete Metropolitan County, die Verflechtungsbeziehungen reichen jedoch weit in die übrige Region hinein. Für die Region schätzt man den Anteil des Automobilbaus und seiner direkten und indirekten Zulieferbereiche an der Gesamtbeschäftigung auf etwa 30 vH, in Birmingham auf 25 vH, in Coventry sogar auf 50 vH[247]. Diese Zahlen machen deutlich, daß schon rein quantitativ ein im dominanten Sektor auftretender Impuls gravierende Auswirkungen auf die gesamte regionale Wirtschaft haben muß; dies gilt um so mehr, als eine zusätzliche Verstärkung der Effekte über die Einkommensverwendung zu erwarten ist.

Zusätzlich ist ein qualitativer Aspekt von Bedeutung[248]: Gelingt es dem dominanten Sektor nicht, mit den technologischen Entwicklungen der ausländischen Konkurrenz Schritt zu halten, so fehlt es auch an der entsprechenden Nachfrage nach modernen Bauteilen. Folge ist, daß auch bei den Komponentenherstellern technologische Rückstände auftreten. Wird sich der dominante Sektor seiner Technologieschwäche bewußt, ist rasches Handeln erforderlich. Die dann entstehende Nachfrage nach modernen Komponenten kann in der Region nicht schnell genug befriedigt werden, und der dominante Sektor wird die Lücke durch Importe zu schließen versuchen. Genau diese Entwicklung ist in den West Midlands zu beobachten: Die Hersteller von Automobilen verwenden inzwischen Getriebe und andere Teile, die in der Bundesrepublik oder in Japan gefertigt werden.

246 Vgl. D. Miller, The Role fo the Motor Car Industry in the West Midlands Economy. "Regional Studies", vol. 17 (1983), S. 53.

247 Vgl. D. Miller, S. 53.

248 Vgl. N. Flynn and A.P. Taylor [I], S. 891.

5.5. Revitalisierungsbestrebungen

5.5.1. Der wirtschaftspolitische Rahmen

Regionale Wirtschaftspolitik hat in Großbritannien eine lange Tradition[249]. Bereits seit Ende der zwanziger Jahre gab es Bestrebungen zum Abbau der zwischen den britischen Teilregionen bestehenden Disparitäten. Nach dem Ende des Zweiten Weltkrieges übernahm die britische Regierung stärker als zuvor regionale Verantwortung für die Schaffung von Arbeitsplätzen. Die Regionalpolitik wurde mit dem Ziel intensiviert, eine gleichmäßigere regionale Verteilung des Wachstums zu erreichen. Konkrete Ziele waren die Förderung eines selbsttragenden Wachstums, die Verbesserung des Einkommens- und Beschäftigungsniveaus, die Verringerung der Bevölkerungsverluste in den Förderregionen (Assisted Areas) sowie die Reduzierung der regionalen Unterschiede bei den Arbeitslosenquoten. Gleichzeitig wurde eine sektorale Diversifizierung strukturschwacher Räume angestrebt, und man versuchte ein unkontrolliertes Wachstum von Agglomerationsräumen zu verhindern. Die Instrumente, die zur Erreichung dieser Ziele eingesetzt wurden, waren finanzielle Unterstützung von Investitionen, Lohnsubventionen, Verbesserungen der Infrastruktur und des öffentlichen Dienstleistungsangebots sowie Ansiedlungskontrollverfahren (IDC = Industrial Development Certificate) - wobei die Akzente im Verlauf der sechziger und siebziger Jahre durchaus wechselten.

Das Jahr 1979 stellt einen gewissen Wendepunkt in der regionalen Wirtschaftspolitik Großbritanniens dar. Die Kritik an der bislang betriebenen Politik hatte zugenommen: Die Mitnahmeeffekte seien hoch, der wichtige Bereich der Dienstleistungen werde bei der Förderung vernachlässigt, und die Bedeutung regionsinterner Neugründungen und die Pflege des vorhandenen Unternehmensbestands werde unterschätzt. Die konservative Regierung nahm die Kritik zum Anlaß einer Umorientierung der Regionalpolitik. Ziel der Überlegungen war die Steigerung der regionalpolitischen Effizienz und eine Reduzierung der Kosten. Der Umfang der Fördergebiete wurde eingeschränkt, und zwischen 1985 und 1988 sind die Fördermittel deutlich verringert worden. Inhaltlich drückt sich die Umorientierung in einer starken Betonung unternehmerischer Freiheit und Eigeninitiative aus. Gleichzeitig wurden neue Förderschwerpunkte gesetzt: Die Dienstleistungen wurden in die Fördermaßnahmen einbezogen, ein besonderes Augenmerk wird den kleinen und mittleren Unternehmen gewidmet, und schließlich wird die Bedeutung von Innovationen für die regionale Entwicklungen stärker als davor betont.

Eine fast noch längere Tradition als die zentralstaatliche Regionalpolitik hat das aktive Engagement der lokalen Instanzen für die wirtschaftlichen Belange der jeweiligen Teilgebiete[250]. Dieses Engagement beschränkte sich nicht allein auf die

---

249 Die Ausführungen zur britischen Regionalpolitik orientieren sich an N. Vanhove and L.H. Klaassen, S. 274ff., und H. Armstrong and J. Taylor, Regional Economics and Policy. Oxford 1985, S. 171ff.

250 Vgl. K. Spencer u.a., S. 131ff.

öffentlichen Versorgungsbetriebe und den Verkehrsbereich, sondern es umfaßte auch die Förderung privatwirtschaftlicher Aktivität und Hilfen für Arbeitslose. Als die Zentralregierung nach dem Zweiten Weltkrieg ihre Regionalpolitik intensivierte und mehr Verantwortung übernahm, wurde ein Teil der lokalen Aktivität zurückgedrängt. Kommunen und Grafschaften beeinflußten allenfalls indirekt - z.B. durch planerische Eingriffe oder durch die Bereitstellung von sozialer Infrastruktur (Wohnumfeld, Ausbildungseinrichtungen) - die privatwirtschaftlichen Kosten; sie verfolgten in den fünfziger und sechziger Jahren jedoch keine eigenständigen Zielsetzungen. Durch Änderungen der Gesetzgebung zu Beginn der siebziger Jahre erhöhen sich zwar die Spielräume und die Mittel für lokale Aktivitäten, sie wurden zunächst jedoch wenig genutzt. Die "Local Government Reform" (1974), die zum Entstehen großer Verwaltungseinheiten, beispielsweise auch zum Entstehen des West Midlands Metropolitan County's führte, traf zeitlich ungefähr mit dem Anwachsen der wirtschaftlichen Probleme zusammen. Erste Studien zur wirtschaftlichen Lage von Regionen wurden angefertigt, das Problembewußtsein stieg, und man begann - zunächst vereinzelt und ad-hoc - zu handeln. Seit Ende der siebziger Jahre ist in den West Midlands eine rasche Expansion von Maßnahmen und Institutionen, die mit der Planung und Durchführung dieser Maßnahmen befaßt sind, festzustellen. Im Jahre 1981 wurde vom West Midland County Council eine "Economic Regeneration Strategy" vorgelegt. Die darin enthaltenen Zielsetzungen für die Region sind: Stärkung der traditionellen Industriezweige, Steigerung der Investitionstätigkeit, Unterstützung und Anreize für privatwirtschaftliche Aktivitäten, Investitionen in das Humankapital und Förderung neuer Beschäftigungsformen wie z.B. Arbeitnehmerkooperativen.

5.5.2. Wege zur Revitalisierung

Die Region West Midlands war bis weit in die sechziger Jahre hinein eine prosperierende Region. So gehörte sie denn zunächst auch nicht zu den britischen Gebieten, die im Rahmen der Regionalpolitik gefördert wurden. Im Gegenteil waren in den hochverdichteten Teilräumen der Region Industrieansiedlungen genehmigungspflichtig; sie mußten beantragt werden, mit der Gefahr, daß ein ablehnender Bescheid erging. Die IDC-Politik hat somit in der Vergangenheit negative Auswirkungen auf die regionale Wirtschaftspolitik gehabt: Einige größere Industrieansiedlungen wurden verhindert, für andere wurden möglicherweise gar nicht erst Anträge auf Ansiedlungsgenehmigung gestellt. Daneben wurde die Abwanderung aus den West Midlands in die "Assisted Areas" gefördert. Die Folge war, daß eine frühzeitige Diversifizierung der industriellen Strukturen in den West Midlands erschwert wurde[251]. Erst im Jahre 1984 wurden die Ansiedlungskontrollverfahren ausgesetzt und die West Midlands zum Fördergebiet erklärt, wobei allerdings keine automatische Förderung aller Projekte, sondern nur eine selektive Förderung im Einzelfall möglich ist. Berücksichtigt man ferner, daß die Einbeziehung der Region in die regionalpolitischen Förderprogramme zeit-

---

251 Vgl. K.M. Spencer [I], Public Policy and Industrial Decline in the West Midlands Region of the United Kingdom. In: J.J. Hesse (Ed.), S. 280f.

gleich mit massiven Budgetkürzungen in der Regionalpolitik erfolgte, so wird die von Spencer gezogene Schlußfolgerung "that it is too little, too late and will not have a major impact on the economy"[252] verständlich.

Es kommt hinzu, daß die West Midlands auch von anderen wirtschaftspolitischen Aktivitäten der Zentralregierung nachteilig beeinflußt wurden. So hat die seit Beginn der fünfziger Jahre betriebene Politik der Nachfragesteuerung, bei der mit Kreditkontrollen gearbeitet wurde und die durch ein häufiges "Stop and Go" gekennzeichnet ist, insbesondere die Entwicklung der Automobilindustrie negativ beeinflußt[253]: Langfristige Investitionsentscheidungen wurden erschwert, und Nachfrageschnitte in Boomphasen hatten eine verlangsamte Kapazitätsentwicklung zur Folge und trugen so indirekt zum Anstieg der Importe bei. Auch die sektorale Industriepolitik der Regierung, so weit sie auf die Modernisierung der britischen Wirtschaft ausgerichtet ist, kam den West Midlands nur in relativ geringem Umfang zugute. Bemerkenswert hierbei ist insbesondere die geringe Inanspruchnahme der angebotenen Hilfen[254]. Dies kann einerseits darauf zurückzuführen sein, daß die geförderten Sektoren in den West Midlands nur unterrepräsentiert sind. Es wäre andererseits aber ebenfalls denkbar, daß eine ausschließlich finanzielle Unterstützung für die regionalen Unternehmen nicht ausreicht, daß vielmehr ein breiteres und individuelleres Hilfsangebot, das Marketingstrategien, Überlegungen zur Produktionstechnologie und zu Planungsfragen einschließt, erforderlich wäre[255].

Deutlich stärker auf die Region konzentriert waren zentralstaatliche Hilfen an ausgewählte Unternehmen. Insbesondere die Automobilhersteller der Region kamen in den Genuß derartiger Unterstützung, die vorrangig den Erhalt der betreffenden Unternehmen zum Ziel hatte. An der unternehmensspezifischen Politik wird insbesondere der strukturerhaltende Charakter kritisiert. Weiter wird bemängelt, daß sie ohne vorherige Problemanalyse, nicht vorausschauend, sondern auf bereits eingetretene Krisen reagierend erfolgt sei[256].

Während die bisher erwähnten Politikbereiche nicht unmittelbar auf die Revitalisierung altindustrieller Gebiete zielten, steht der Revitalisierungsgedanke explizit hinter einigen neueren, von zentralstaatlicher Seite initiierten Programmen. Insbesondere gilt dies für die Ende der siebziger Jahre eingeleitete "Inner City"-Politik - es gilt in ähnlicher Weise aber auch für die "Urban Development Grants". Ziel der "Inner City"-Politik ist es, insbesondere in Verdichtungszentren wie Birmingham

---

252 K.M. Spencer [I], S. 282.

253 Vgl. N. Flynn and A.P. Taylor [I], S. 883f.

254 Ausführlicher hierzu vgl. G. Bentley and J. Mawson, Industrial Policy 1972-1983: Government Expenditure and Assistance to Industry in the West Midlands. (Inner Cities in Context Working Papers, no. 6.) Birmingham 1984.

255 Vgl. K.M. Spencer [II], Changing Fortunes in the Manufacturing Heartland. Birmingham 1985, S. 20.

256 Vgl. K.M. Spencer [II], S. 284ff.

die Abwärtsentwicklung zu bremsen und umzukehren. Ansatzpunkte dieser Politik sind Infrastrukturverbesserungen - z.B. Wohnsituations- und Wohnumfeldverbesserungen oder Industriebrachensanierung -, soziale Projekte - wie Selbsthilfegruppen oder Beratungszentren - und Maßnahmen zur Förderung der wirtschaftlichen Entwicklung[257]. Die Finanzierung der Maßnahmen erfolgt zu 75 vH durch die Zentralregierung, 25 vH steuern die lokalen Träger bei. Bedingt durch die ernsten sozialen Probleme, die mit der regional hohen Arbeitslosigkeit verbunden sind, liegt der Schwerpunkt der Maßnahmen häufig eher im sozialen als im ökonomischen Bereich.

Auch für die vom Arbeitsministerium eingerichtete "Manpower Service Commission" war die hohe Arbeitslosigkeit der auslösende Faktor[258]. Ihr Anliegen ist vor allem die Umschulung und Weiterbildung von Langzeitarbeitslosen, aber auch die Ausbildung Jugendlicher, um deren Chancen beim Start ins Berufsleben zu verbessern. Unerwünschter Nebeneffekt der Ausbildungsmaßnahmen ist die seit Bestehen dieser Aktivitäten feststellbare Verringerung der betrieblichen Ausbildungskapazitäten.

Die Einbeziehung lokaler Entscheidungsträger in die "Inner City"-Politik hat mit dazu beigetragen, das Engagement in der Region zu erhöhen. Alle Distriktparlamente sind intensiv mit Fragen der regionalen Wirtschaftsförderung befaßt. Das Angebot an Hilfen umfaßt eine Vielzahl von Maßnahmen, was anfangs oft genug zu organisatorischen Problemen führte, da das Verwaltungspersonal zunächst weder quantitativ noch qualitativ in der Lage war, die Aufgaben zu bewältigen. Die Bereiche, in denen die lokalen Entscheidungsträger vornehmlich aktiv wurden, decken sich z.T. mit den im vorigen Abschnitt diskutierten Anpassungshemmnissen[259]. Das Angebot an Flächen und Gebäuden soll über Neuerschließung bzw. Neubau verbessert werden. Finanzielle Hilfen wie Zinsvergünstigungen und Übernahme von Beratungskosten sollen private Aktivitäten anreizen. Speziell zur Lösung der Engpässe beim Risikokapital wurde der West Midlands Enterprise Board gegründet[260]. Öffentliche und private Mittel - im Verhältnis 1:4 - können für Investitionszwecke bereitgestellt werden, wobei die Tätigkeit des "Board's" über die Finanzierungsdienste hinausgeht und sogar eine Beteiligung an unternehmerischen Planungen und Entscheidungen stattfindet. Weiter werden neue Technologien gefördert, um die Breite wirtschaftlicher Aktivitäten zu verbessern und das endogene Innovationspotential zu aktivieren. Insbesondere zur Förderung des Technologietransfers sind Technologieparks an den Universitäten von Aston und Warwick entstanden. Schließlich versucht man die Qualifikations-

---

257 Vgl. K.M. Spencer [II], S. 288ff.

258 Vgl. K.M. Spencer [II], S. 298.

259 Vgl. K.M. Spencer [II], S. 300ff.

260 Vgl. P.W. Roberts, The West Midlands: Decline and Policy Responses. "Revue d'Economie Régionale et Urbaine", Paris, Jg. 1984, S. 645. Im Grunde handelt es sich beim West Midlands Enterprise Board um eine Public-Private-Partnership.

struktur der Arbeitskräfte zu verbessern und an die Erfordernisse moderner Technologien anzupassen[261].

Aus den Ausführungen zu den von den politisch Verantwortlichen eingeleiteten Revitalisierungsbestrebungen ergeben sich verschiedene Schlußfolgerungen. Der Zeitraum vom Auftreten der Probleme bis zum Zeitpunkt, in dem man sich der Probleme bewußt wurde, ist lang gewesen. Im Grunde ist das Problembewußtsein erst mit den massiven Beschäftigungsverlusten zum Ende der siebziger Jahre entstanden, erst danach begann man, nach neuen Handlungsmöglichkeiten zu suchen. In den Jahren zuvor waren die West Midlands als regionales Problem nicht erkannt, sektorale Hilfen beschränkten sich auf strukturverfestigende Subventionen zugunsten einzelner Unternehmen des Automobilbaus. Als man die Probleme endlich klar erkannt hatte, versuchte man mit einem breit angelegten Bündel von Maßnahmen, rasche Erfolge zu erreichen. Der Wunsch nach möglichst schneller Reaktion dürfte Ursache einiger Mängel sein[262]: Die Koordination von Zentralregierung, regionalen und kommunalen Instanzen wird kritisiert; die Zentralregierung lasse es bei ihrer Politik an klarer Linie vermissen, und sie sei an einer werbewirksamen Einführung von Projekten stärker interessiert als an einer Wirkungskontrolle. Die Zusammenarbeit von privater und öffentlicher Seite könne verbessert werden; zwar unterstützten Banken, private Entwicklungsgesellschaften und Industrie- und Handelskammern die Erneuerung der Region, ihnen fehle aber die Tradition bei der Zusammenarbeit mit dem öffentlichen Sektor.

5.5.3. Bisherige Anpassungserfolge

Nimmt man die Ergebnisse der Beschäftigungs- und Arbeitslosenstatistiken als Gradmesser des Erfolgs, so muß die Bilanz enttäuschend ausfallen. Die Arbeitslosigkeit ist in den West Midlands noch immer sehr hoch; strukturelle Veränderungen im noch immer gewichtigen Verarbeitenden Gewerbe sind kaum festzustellen, vielmehr sind parallele Beschäftigungsrückgänge in allen Industriezweigen zu verzeichnen gewesen. Anzeichen zur Lockerung des industriellen, auf dem Automobilbau basierenden Verbunds sind zwar festzustellen, aber vornehmlich als Beschäftigungsverluste in den nachgelagerten Sektoren, denen es nicht gelingt, neue Märkte zu erschließen. Neue Wachstumssektoren sind in der Industrie nicht zu erkennen. Der allgemein festzustellende Trend eines steigenden Dienstleistungsanteils an der Gesamtbeschäftigung ist zwar auch in den West Midlands zu beobachten. Er war jedoch nicht Ergebnis eines rasch wachsenden Tertiärbereichs; vielmehr nahm auch in diesem Segment der Wirtschaft die Beschäftigung nur langsam zu, zeitweilig nahm sie sogar ab. Positiv anzumerken ist, daß in jüngster Zeit Beschäftigungssteigerungen in den Dienstleistungsbereichen die Arbeitsplatzverluste in der Industrie wieder kompensieren konnten.

---

261 Für eine detaillierte Aufzählung einzelner Maßnahmen vgl. K.M. Spencer [I], S. 300ff. und S. 322.

262 Vgl. K.M. Spencer [I], S. 308ff.

Die wenig erfreuliche empirische Bilanz wird auch kaum durch beobachtbare Erfolge der Wirtschaftspolitik aufgehellt. Ein "Recognition-Lag" von mehr als zehn Jahren zwischen dem Auftreten der Probleme und dem Beginn intensiver Revitalisierungsbestrebungen hat frühzeitige Maßnahmen verhindert. Über den Erfolg der dann in breiter Vielfalt ergriffenen Maßnahmen läßt sich bislang noch nicht viel sagen. Die gewählten Ansatzpunkte der lokalen Aktivitäten und einige Teile der "Inner City"-Politik weisen jedoch Übereinstimmung mit den festgestellten Anpassungshemmnissen auf, so daß sie als problemadäquat angesehen werden können. Die an dem politischen Vorgehen vorgebrachte Kritik, die sich insbesondere auf eine unzureichende Koordination zwischen den verschiedenen staatlichen Instanzen, aber auch zwischen Staat und privater Seite bezieht, deutet jedoch darauf hin, daß hier noch Möglichkeiten bestehen, um die Effizienz der Maßnahmen zu erhöhen.

Struktureller Wandel der Region und damit verbunden die Hoffnung auf Erneuerung sind jedoch auch in Großbritannien keine staatliche Aufgabe, sondern - und dies seit Übernahme der Regierung durch die Konservativen noch stärker - ein Problem, das in der Hauptsache durch unternehmerische Initiative zu lösen ist. Da die Unternehmen bereits seit der zweiten Hälfte der sechziger Jahre von den wirtschaftlichen Schwierigkeiten spürbar betroffen sind, war ihr Zeitbudget für Anpassungsreaktionen größer als das der staatlichen Stellen. Eine detaillierte Analyse der Anpassungsreaktionen der "Prime Movers" (Zugmaschinen)[263] der West Midlands Region zeigt in der Tat, daß nahezu überall Anpassungen erfolgt sind. Vier Anpassungsrichtungen sind feststellbar:

- Ein Teil der Unternehmen suchte nach neuen Aktivitätsfeldern in anderen Branchen, bevorzugt in solchen, die wertschöpfungsintensiver und konsumnäher produzieren. Da eine derartige unternehmensinterne Diversifizierung häufig über den Zukauf regionsexterner Betriebe erfolgte, hatte sie Beschäftigungsrückgänge in der Region zur Folge.

- Ein anderer Teil von Unternehmen suchte nach neuen Absatzmärkten für seine Erzeugnisse. Diese Reaktion war typisch für die Hersteller von Automobilkomponenten. Da diese Unternehmen in vielen Fällen auch Unternehmensteile verlagerten, um marktnah zu produzieren, waren auch hier Beschäftigungsverluste für die Region vorprogrammiert.

- Ein dritter Teil der Unternehmen versuchte auf unterschiedliche Weise seine Kosten zu reduzieren, um die Wettbewerbsfähigkeit zu verbessern. Dies erfolgte zum einen auf dem Wege der Modernisierung und Rationalisierung, um das jeweilige Unternehmen am Markt überlebensfähig zu machen; z.T. wurden aber auch Unternehmensverlagerungen aus Kostengründen vorgenommen. In beiden Fällen ergaben sich Beschäftigungsrückgänge in der Region.

---

263 Vgl. N. Flynn and A. Taylor [II], Inside the Rust Belt: An Analysis of the Decline of the West Midlands Economy. 2: Corporate Strategies and Economic Change, "Environment and Planning A", vol. 18 (1986), S. 999ff.

- Ein letzter Teil der Unternehmen versuchte schließlich, seine Erzeugnisse qualitativ zu verbessern und weiterzuentwickeln. Die Notwendigkeit einer Steigerung von Forschungs- und Entwicklungsaktivitäten wurde erkannt und hatte zumindest Auswirkungen auf die Qualifikation des erforderlichen Arbeitskräfteeinsatzes.

Unterstellt, die Anpassungsreaktionen der "Prime Movers" sind repräsentativ auch für andere Unternehmen, so sind zwei Aspekte erwähnenswert: Zunächst waren die regionalen Arbeitsplatzverluste das Resultat von zu wenig Strukturwandel in der Vergangenheit; in jüngerer Zeit können Beschäftigungsverluste in der Region aber auch dadurch erklärt werden, daß Wandel tatsächlich stattfindet[264]. Daneben unterstreichen die Anpassungsreaktionen über Verlagerungen bzw. regionsexternen Zukauf aber auch die bereits geäußerte Vermutung einer nur noch gering ausgeprägten Identifikation mit dem alten Unternehmensstandort und dessen wirtschaftlichen und sozialen Problemen. Auch die Gesamtbeurteilung der unternehmerischen Anpassungsreaktionen fällt daher schwer. Sie hängt von der Frage ab, ob die Wirtschaft der West Midlands nur kleiner und schwächer oder auch schlanker geworden und damit für den Wettbewerb besser gerüstet ist[265]. Diese Frage ist momentan noch nicht abschließend zu beantworten.

5.6. Zusammenfassende Bewertung

Kohle- und Eisenerzvorkommen waren der Ausgangspunkt der industriellen Entwicklungen in den West Midlands. Dennoch entstand in der Umgebung der Stadt Birmingham keine klassische Montanregion, vielmehr erfolgten im Verlauf der Geschichte mehrere Verlagerungen der sektoralen Schwerpunkte: Aufbauend auf der Metallerzeugung entwickelten sich metallverarbeitende Bereiche, diese bildeten zunächst die Grundlage für den Maschinenbau, später für den Straßenfahrzeugbau. Teile des jeweils vorherigen sektoralen Schwerpunktes blieben in diesem Wandlungsprozeß erhalten, aber stets kam etwas Neues hinzu, und dieses Neue war in der Lage, der Region eine weitere Aufwärtsentwicklung zu gewährleisten. Wachstum war Folge des Wandels. Entscheidende Basis für diesen Entwicklungsprozeß war in der Vergangenheit die Unternehmensstruktur: Es existierten viele kleinere Unternehmen, selbst die ersten größeren Fabriken waren kaum etwas anderes als Einzelwerkstätten unter einer einheitlichen Leitung. Ein auf Familientradition basierendes innovations- und risikobereites Unternehmertum mit relativ hohen Freiheiten bei den unternehmerischen Entscheidungen kam hinzu. Es wurde schließlich durch ein qualifiziertes Arbeitskräftepotential ergänzt, das spezielle Fertigkeiten in breiter Vielfalt entwickelte.

Diese Erfolgsvoraussetzungen der regionalen Entwicklung haben sich im Verlauf der Zeit gewandelt. Die allgemeine Nachfrageentwicklung hat das Entstehen großer Produktionseinheiten herausgefordert; speziell die staatliche Rüstungsnach-

---

264 Vgl. N. Flynn and A. Taylor [II], S. 1025.

265 Vgl. N. Flynn and A. Taylor [II], S. 1026.

frage und die Rohstoffzuteilung während der beiden Weltkriege haben zu den Konzentrationsprozessen in der Industrie beigetragen. Die so entstandene Industriestruktur ermöglichte der Region auch noch nach dem Zweiten Weltkrieg eine im Vergleich zum übrigen Großbritannien überdurchschnittlich günstige Entwicklung. Diese erklärt sich nicht zuletzt dadurch, daß die britische Wirtschaft durch Handelsbarrieren vor der ausländischen Konkurrenz geschützt war und daß in den Ländern des Commonwealth sichere, privilegierte Absatzmärkte existierten. Der Abbau der Handelshemmnisse und die allmähliche Auflösung des Commonwealth machten die Wettbewerbsschwäche der britischen und der stark im internationalen Wettbewerb stehenden West Midlands-Wirtschaft deutlich. Die im Wachstumsprozeß einst führende britische Region geriet ins Hintertreffen, es kam zu massiven Beschäftigungsrückgängen, die zwischen 1978 und 1981 ihren Höhepunkt erreichten und alle Wirtschaftsbereiche, selbst die Dienstleistungen, erfaßten.

Der Anpassungsdruck in den West Midlands war also lange Zeit aufgestaut worden. Die Verarbeitung des Anpassungsdrucks war aufgrund seiner Dimension und der selbstverstärkenden Effekte des engen, auf dem Automobilbau basierenden Industrieverbunds der Region erschwert. Hinzu kamen Defizite in der Qualifikationsstruktur der Arbeitskräfte, Verkrustungen im Unternehmensbereich, Flächenengpässe, überalterte Gebäude, Industriebrachen und eine wenig attraktive, sektorspezifische Infrastruktur. Die lange Zeit günstige Entwicklung der Region hatte ein wenig geschärftes Problembewußtsein zur Folge. Erst mit großer zeitlicher Verzögerung wurde ein politisches Handlungserfordernis erkannt und seit Ende der siebziger Jahre mit massiven Eingriffen in großer Anwendungsbreite in die Tat umgesetzt, wobei die Koordination der Einzelmaßnahmen und Handlungsträger offenbar zu wünschen übrig läßt.

Das empirische Bild gibt trotz der jüngsten Beschäftigungssteigerungen noch wenig Anlaß zum Optimismus. Anpassungsreaktionen im unternehmerischen Bereich sind zwar erkennbar, sind aber wegen der damit verbundenen Produktivitätssteigerungen und Verlagerungstendenzen bisher meist zu Lasten der regionalen Beschäftigungsmöglichkeiten gegangen. Ob die Wirtschaft der West Midlands damit ihre internationale und interregionale Wettbewerbsfähigkeit entscheidend hat verbessern können, wird erst die Zukunft zeigen müssen.

6. Lowell

6.1. Lage, Größe und Bevölkerung

Lowell liegt etwa 40 km nordwestlich von Boston im US-Staat Massachusetts am Zusammenfluß von Merrimack und Concord (vgl. Karte 7). Die Stadt ist das Zentrum der Lowell Primary Metropolitan Statistical Area, die zu einem kleinen Teil auf das Gebiet des Staates New Hampshire hinüberreicht. In dieser Region leben etwa 250 000 Menschen, davon etwas weniger als 100 000 in der Stadt selbst (vgl. Tabelle 31). Gemessen an der Einwohnerzahl ist Lowell mit der später zu behandelnden Region Mönchengladbach vergleichbar, die Fläche ist mit 461 km² allerdings dreimal so groß wie die der nordrhein-westfälischen Großstadt. Die Bevöl-

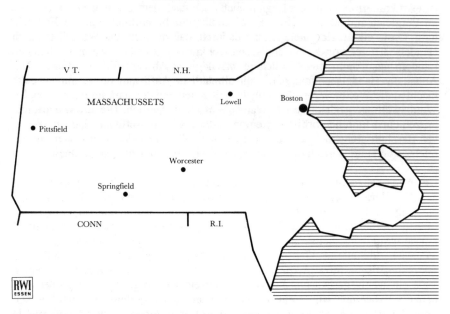

Karte 7
Massachusetts mit Lowell

V T.   N.H.

MASSACHUSSETS   Lowell   Boston

Pittsfield

Worcester

Springfield

CONN   R.I.

RWI
ESSEN

kerungsdichte in Lowell übersteigt den US-Durchschnitt erheblich, sie ist aber niedriger als in den beiden anderen, in der Folge zu behandelnden Textilgebieten.

6.2. Abriß der Wirtschaftsgeschichte[266]

Obwohl die Bedingungen für landwirtschaftliche Aktivitäten in Massachusetts vergleichsweise ungünstig waren, sind die meisten der Siedler zunächst Farmer gewesen. Aber schon im 18. Jahrhundert gab es eine ganze Reihe handwerklich orientierter Betriebe, in denen mit Hilfe einfacher Maschinen, die mit Wasserkraft betrieben wurden, Werkzeuge, Nägel, Möbel, landwirtschaftliche Geräte, aber auch Textilien hergestellt wurden. Diese Handwerksbetriebe schufen die Grundlage für ein gut ausgebildetes Arbeitskräftepotential der Region; Bostoner Kaufleute waren eine andere wichtige Personengruppe für die weitere Entwicklung in Massachusetts im allgemeinen und in Lowell im besonderen. Boston war

---

266 Die folgenden Ausführungen orientieren sich an P.M. Flynn, Lowell: A High Technology Success Story. "New England Economic Review", Boston, Sept./Oct. 1984, S. 39f.; C.F. Sabel u.a., Regional Prosperities Compared: Massachusetts and Baden-Württemberg in the 1980's. (Diskussionspapier des Wissenschaftszentrums Berlin für Sozialforschung, IIM/LMP87-10b.) Berlin 1987; R.F. Ferguson and H.F. Ladd, Economic Performance and Economic Development Policy in Massachusetts. (The State, Local and Intergovernmental Center Discussion Papers, no. D82-2.) Harvard 1986, S. 7ff.; J.S. Hekman, The Product Cycle and New England Textiles. "Quarterly Journal of Economics", vol. 94 (1980), S. 697ff.

Tabelle 31

Lowell- Fläche und Bevölkerung	
Fläche	
in km^2	461
Anteil an USA	0,005
Bevölkerung (1984)	
in 1000	250
Anteil an USA	0,1
Bevölkerungsdichte	
Einwohner je km^2	542
USA = 100	2258

Nach Angaben des US Department of Commerce, Bureau of the Census (Ed.), Statistical Abstract of the United States 1986. Washington, D.C., 1986, und US Department of Commerce, Bureau of the Census (Ed.), State and Metropolitan Area Data Book 1982, A Statistical Abstract Supplement. Washington, D.C., 1982.

RWI
ESSEN

gegen Ende des 18. Jahrhunderts der wichtigste Hafen der Kolonien. Von Boston aus bestanden Handelsbeziehungen nach Übersee, aber auch ins Landesinnere, und der Handel war die Basis für Reichtum und Wohlstand in der Stadt. Handelsbeschränkungen durch das Embargo (1807) und durch den Krieg von 1812 hatten zur Folge, daß Bostoner Kaufleute nach neuen Investitionsmöglichkeiten für ihr Kapital Ausschau halten mußten.

Der erste Sektor, der von der Verfügbarkeit qualifizierter Arbeitskräfte und investitionsbereiten Kapitals profitierte, war die Textilindustrie. Der Grund dafür war einerseits die reichlich vorhandene Wasserkraft; andererseits trugen risikobereite Unternehmer und Konstrukteure, die in England an der Entwicklung von Spinnerei- und Webmaschinen beteiligt waren und diese aus dem Gedächtnis nachbauen konnten, in ganz entscheidendem Maße zur Entstehung dieses Sektors bei. Einer dieser Innovatoren war Francis Cabot Lowell, der 1813 die erste integrierte Textilfabrik der Vereinigten Staaten in Waltham gründete. Der Erfolg dieses Unternehmens führte nach 1822 zum Bau ähnlicher Fabrikanlagen an den Ufern des Merrimack. Im Jahre 1826 wurde die um diese Fabriken herum entstandene Stadt nach dem inzwischen verstorbenen Initiator Lowell benannt.

In den Folgejahren entwickelte sich Lowell von einer ländlichen, dünn besiedelten Region zur nach Boston zweitgrößten Stadt im Staat Massachusetts. Die Einwohnerzahl stieg zwischen 1826 und 1850 von 2 500 auf 33 000. Lowell wurde zum Zentrum der US-Textilindustrie mit Schwergewicht auf der Baumwollspinnerei und -weberei. Mit dem Aufstieg der Textilindustrie wuchs die Nachfrage nach Textilmaschinen. Mechaniker und Metallarbeiter waren gefragte und in der Region verfügbare Qualifikationen. Die entstandenen Betriebe der Textilindustrie besaßen zunächst eigene Werkstätten, in denen die Maschinen hergestellt wurden. Dies eröffnete die Möglichkeit, die Maschinen auf den speziellen Bedarf des jeweiligen Textilbetriebes auszurichten und so eine hohe Produktivität zu erreichen. Diese Werkstätten waren Keimzellen des Textilmaschinenbaus, der wiederum von den Kenntnissen und Fertigkeiten der in den Neu-England-Staaten angesiedelten Werkzeugmaschinenhersteller profitierte; teilweise waren Werkzeugmaschinen-, Textilmaschinen- und Textilproduzenten auch identisch. Das Zusammenwirken von Maschinenkonstrukteuren, Kapitalgebern, findigen Unternehmern und qualifizierten Arbeitskräften formte die industrielle Agglomerationen Lowell. Als in der Folgezeit die Dampfmaschinen mehr und mehr die wasserkraftbetriebenen Maschinen ablösten, gelang auf dieser Basis die Umorientierung auf den Einsatz der moderneren Technologien relativ problemlos, und Lowell sowie einige andere Städte in der Umgebung von Boston konnten ihre Bedeutung als textilindustrielle Zentren erhalten bzw. weiter steigern. So wurde zwischen 1850 und 1870 fast die gesamte Ausrüstung der Baumwollspinnereien in Lowell umstrukturiert. Produktion und Beschäftigung nahmen zu; die Zahl der Betriebe stieg zwischen 1835 und 1888 von 22 auf 175, die Produktion hatte sich mehr als versechsfacht.

Mit der Lösung von der Wasserkraft und dem erreichten hohen Niveau des Textilmaschinenbaus sowie der Ausrüstung der Textilindustrie wurden jedoch bereits im letzten Viertel des 19. Jahrhundert die südlichen Staaten der Vereinigten Staaten zur Standortalternative. Durch die Mechanisierung nahm die Bedeutung qualifizierter Arbeitskräfte ab, unqualifizierte Arbeitskräfte aber waren im Süden zu niedrigeren Kosten zu bekommen; außerdem war die Rohstoffverfügbarkeit dort besser. Zwischen 1890 und dem Beginn des Ersten Weltkrieges wuchs die Konzentration im Textilmaschinenbau, der inzwischen ausgelagert worden und nicht mehr integraler Bestandteil der Textilindustrie war. Vertikale Abhängigkeiten entstanden, weil die Spinnereien keine eigenen Ingenieure mehr hatten und somit technologisch von den Maschinenbauern abhingen. Finanzielle Abhängigkeiten kamen hinzu, weil die Hersteller der Maschinen als Bezahlung für die Ausrüstungen teilweise Anteile an den Textilunternehmen erhielten. Im Textilmaschinenbau ging man von der kundennahen, auf Sonderwünsche eingehenden Produktion zur Fertigung größerer Serien über.

So brachte bereits die Zeit zwischen 1880 und 1920 Lowell die ersten Verluste an industriellen Beschäftigungsmöglichkeiten. Trotzdem waren 1920 rund 40 vH der Beschäftigten in Lowell in der Textilindustrie tätig, die Einwohnerzahl der Sadt war auf 112 000 gestiegen; die Stadt hatte den Höhepunkt ihrer textilindustriell geprägten Geschichte erreicht. Die Zeit nach 1920 brachte sowohl für Lowell als auch für den Staat Massachusetts deutliche Einbrüche in der Industrie, insbesondere in der Textilindustrie. In Massachusetts gingen von 1919 bis 1929 50 000 Textilarbeitsplätze verloren; zwischen 1924 und 1932 halbierte sich die Zahl der Industriebeschäftigten in Lowell. Zum Teil waren diese Beschäftigungsverluste Folge der allgemeinen Wirtschaftskrise. Zum Teil dokumentierten sie aber den immer stärker werdenden Trend der Textilindustrie zur Verlagerung in den Süden der Vereinigten Staaten, wo die Arbeitskräfte nicht nur preiswerter, sondern auch weniger stark gewerkschaftlich organisiert waren. Als die Gesamtwirtschaft sich von der Depression erholte, tat Lowell dies nicht, eine längere Phase wirtschaftlicher Stagnation lag vor Lowell.

Erste Ansätze zu einer Umstrukturierung zeigten sich schon in den vierziger Jahren (Flugzeugbau), aber erst Mitte der sechziger Jahre begann die eigentliche Revitalisierung. Zwar nahmen die Beschäftigtenzahl und der Beschäftigtenanteil des Verarbeitenden Gewerbes zunächst noch ab, aber die Struktur der Industrie veränderte ihr Gesicht. Während in den Verbrauchsgüterindustrien die Beschäftigung deutlich zurückging, konnten andere Industriezweige wie der Maschinenbau und die Elektrotechnik ihren Beschäftigungsstand deutlich verbessern. Besondere Bedeutung in dem sich seit Mitte der siebziger Jahre verstärkenden Erneuerungsprozeß hatten die High-Tech Industrien. Aus der ehemaligen Textilregion ist heute eine Hochtechnologieregion geworden, deren Arbeitslosenquote deutlich unter dem US-Durchschnitt liegt.

6.3. Empirischer Befund der Wirtschaftsstruktur

6.3.1. Demographische Entwicklung

Wie Tabelle 32 verdeutlicht, sind die Einwohnerzahlen in Lowell (Primary Metropolitan Statistical Area) von 1960 bis Mitte der achtziger Jahre erheblich gestiegen - der prozentuale Zuwachs betrug fast 50 vH. Der regionale Bevölkerungsanstieg übertrifft damit den des Staates Massachusetts deutlich.

Eine Betrachtung der Teilzeiträume zeigt, daß der stärkste Zuwachs der Bevölkerung in der Zeit von 1960 bis 1970 zu verzeichnen ist, die Einwohnerzahl Lowells ist in dieser Zeit um mehr als 50 000 oder 30 vH gestiegen. In den Vereinigten Staaten und in Massachusetts betrugen die vergleichbaren Steigerungsraten nur 13 bzw. 10 vH. Soweit es die Bevölkerungsentwicklung anbelangt, begann der regionale Wiederbelebungsprozeß Lowells demnach bereits in den sechziger Jahren; ein Teil dieses hohen Bevölkerungsanstiegs dürfte auf wohnortbedingte Wanderungen (u.a. wegen der günstigeren Situation an den Schulen) aus dem nahegelegenen Boston zurückzuführen sein.

In den siebziger Jahren hat sich der Bevölkerungsanstieg in Lowell deutlich abgeschwächt, die Zuwachsrate war jedoch noch immer erheblich höher als die in Massachusetts. Für die erneute Beschleunigung des Bevölkerungsanstiegs seit 1980 dürften wirtschaftliche Faktoren eine entscheidende Rolle gespielt haben. Der im folgenden noch zu erläuternde steile Aufschwung Lowells in der zweiten Hälfte der siebziger Jahre und die damit einhergehende relative Verknappung des Produktionsfaktors Arbeit dürften die Region für Zuwanderungen von außen attraktiv gemacht haben. Erstaunlich ist die Tatsache, daß die Einwohnerzahlen im Staat Massachusetts trotz seiner günstigen wirtschaftlichen Entwicklung auch in der ersten Hälfte der achtziger Jahre kaum gestiegen sind. Geringe Zuwanderungen in den Staat sind der Grund für dieses Resultat. Während die Abwanderungsraten im Vergleich der US-Staaten zwischen 1975 und 1983 nur geringe Unterschiede aufwiesen, blieb die Zuwanderungsrate Massachusetts erheblich unter dem Durchschnitt zurück. Das unterdurchschnittliche Lohnniveau und die hohen Lebenshaltungskosten in Massachusetts werden als Grund für dieses Resultat ge-

Geographisches Institut
der Universität Kiel
Neue Universität

Tabelle 32

Bevölkerungsentwicklung in Lowell, Massachusetts und den Vereinigten Staaten
1960 bis 1985

| | Bevölkerung | | | | Veränderung der Bevölkerungszahl | | | | | |
| | 1960 | 1970 | 1980 | 1985 | 1960 bis 1970 | | 1970 bis 1980 | | 1980 bis 1985 | |
	in 1000				in 1000	in vH	in 1000	in vH	in 1000	in vH
Lowell, SMSA	167	218	233	250[a]	51	30,5	15	6,9	17	7,3
Massachusetts	5149	5689	5737	5798[a]	540	10,5	48	0,8	61	1,1
Vereinigte Staaten	179323	203302	226546	238741	23979	13,4	23244	11,4	12195	5,4

Eigene Berechnungen nach Angaben des US Departement of Commerce, Bureau of the Census (Ed.), Statistical Abstract of the United States. Washington, D.C., verschiedene Jahrgänge. - [a]Angaben für 1984.

nannt[267]; dies erscheint aber in Anbetracht der Entwicklung Lowells nicht völlig überzeugend.

6.3.2. Beschäftigung und Arbeitslosigkeit

Da Zahlen zur Beschäftigungsentwicklung in Lowell erst ab 1969 vorliegen, kann eine Gegenüberstellung zur US-Entwicklung nur einen vergleichsweise kurzen Zeitraum abdecken. Der Zeitraum reicht jedoch aus um festzustellen, seit wann sich die Revitalisierungsbestrebungen Lowells auch in einem steigenden Beschäftigungsstand dokumentieren. Über den gesamten Betrachtungszeitraum hinweg war die Beschäftigungsexpansion in Lowell mehr als doppelt so hoch wie in den Vereinigten Staaten, in den 17 Jahren nach 1969 hat sich die Zahl der Beschäftigten in Lowell fast verdoppelt (vgl. Tabelle 33).

Im ersten Teilzeitraum von 1969 bis 1975 ist die Zahl der Beschäftigten in Lowell um 10 vH gestiegen - ein Zuwachs der dem der Vereinigten Staaten entspricht. In dieser Zeit war in Lowell - ebenso wie in den Vereinigten Staaten - der Beschäftigungsanstieg durch die Expansion der Dienstleistungsbereiche getragen[268]. Deutliche Unterschiede zwischen regionaler und nationaler Beschäftigungsentwicklung sind dagegen seit Mitte der siebziger Jahre festzustellen. Obwohl bereits im Durchschnitt der Vereinigten Staaten zwischen 1975 und 1982 eine so starke Beschäftigungszunahme auszumachen war, daß man Anfang der achtziger Jahre vom amerikanischen "Beschäftigungswunder" sprach, ist die Entwicklung in Lowell noch günstiger verlaufen. Die Zahl der Arbeitsplätze ist um 35 vH gestiegen. Auch in jüngerer Zeit (1982 bis 1986) hat dieser bemerkenswert positive Trend angehalten.

Die bisherigen Ausführungen haben gezeigt, daß der Beschäftigungsanstieg in Lowell seit 1970 sehr viel höher ausgefallen ist als die Zunahme der Bevölkerung. Die Konsequenz mußte ein Abbau des auf dem regionalen Arbeitsmarkt bestehenden Ungleichgewichts sein. Tabelle 34 verdeutlicht, daß die Betroffenheit von Arbeitsmarktproblemen in Lowell bis in die siebziger Jahre deutlich höher war als in den Vereinigten Staaten. Bis 1975 lag die regionale Arbeitslosenquote über dem Durchschnitt. 1970 hatte sie den Bundeswert sogar um 80 vH überstiegen. Mit dem Anstieg der Beschäftigung hat sich die Rangfolge umgekehrt. Seit 1978 ist die Arbeitslosenquote in Lowell niedriger als in den Vereinigten Staaten. Zwar war in der Rezession zu Beginn der achtziger Jahre auch in der Region Lowell eine Zunahme der Arbeitslosenquote zu verzeichnen, sie ging dann aber wieder rasch zurück. Seit 1984 beträgt die Quote etwa 4 vH, ein Niveau, das deutlich un-

---

267   Vgl. R.F. Ferguson and H.F. Ladd, S. 22.

268   Vgl. U. Heilemann, Industrielle Renaissance durch "High Technology" - Das Beispiel von Lowell, Massachusetts. "Archiv für Kommunalwissenschaften", Stuttgart, Jg. 24 (1985), S. 213.

Tabelle 33

Langfristige Beschäftigungstendenzen in Lowell und den Vereinigten Staaten 1969 bis 1986; Veränderung der Beschäftigtenzahl in vH		
	Lowell	Vereinigte Staaten
1969 bis 1975	10,0	10,1
1975 bis 1982	35,5	16,8
1982 bis 1986	29,2	10,8
1969 bis 1986	92,6	42,5

Eigene Berechnungen nach Angaben des US Department of Commerce, Bureau of the Census (Ed.), Statistical Abstract of the United States. Washington, verschiedene Jahrgänge; US-Department of Labor, Bureau of Labor Statistics (Ed.); Employment, Hours, and Earnings, States and Areas, 1939 - 1982, Volume I: Alabama-Nevada. Washington 1984; US Department of Labor, Bureau of Labor Statistics (Ed.), Employment and Earnings. Washington, D.C., verschiedene Jahrgänge.

RWI ESSEN

ter dem angenommenen Vollbeschäftigungswert für die Vereinigten Staaten (etwa 6 vH)[269] liegt.

6.3.3. Sektorale Beschäftigungsentwicklung und -struktur

Lowell war traditionell eine Industrieregion. In den sechziger Jahren ist die Beschäftigung im Verarbeitenden Gewerbe aber absolut und relativ stark rückläufig gewesen[270]. Dieser Trend hielt auch in der ersten Hälfte der siebziger Jahre an: Der Beschäftigungsanteil der Industrie sank von fast 37 vH im Jahr 1970 auf nur noch 33 vH im Jahr 1975, die Bedeutung des tertiären Sektors nahm spiegelbildlich zu.

Wie Tabelle 35, in der die Beschäftigungsentwicklungen zwischen 1975 und 1982 in den Hauptwirtschaftsbereichen Lowells verzeichnet sind, deutlich macht, hat sich der Trend der frühen siebziger Jahre mit dem Beschäftigungsboom wieder umgekehrt. Der Anteil des Verarbeitenden Gewerbes ist gestiegen, er betrug 1982 38 vH. Die günstigen Entwicklungen in der Industrie sind wiederum das Resultat zweier gegenläufiger Tendenzen gewesen. Während die Beschäftigung in den Verbrauchsgüterindustrien um jahresdurchschnittlich 4,4 vH gesunken ist, ist in den übrigen Industriezweigen ein Anstieg der Beschäftigung um rund 16 vH feststellbar. Dabei wies insbesondere der Maschinenbau, zu dem in der hier verwendeten Quelle auch die Computerherstellung gehört, mit einem jahresdurchschnittlichen Beschäftigungsanstieg von 43 vH eine hohe Steigerungsrate auf[271].

---

269 Vgl. U. Heilemann, S. 213.

270 Vgl. P.M. Flynn, S. 40.

271 Die Angaben zur Entwicklung einzelner Industriezweige beziehen sich stets auf den Zeitraum 1976 bis 1982 und stammen aus der Arbeit von Flynn, in der nur jahresdurchschnittliche Änderungen und sektorale Anteile für 1982 ausgewiesen sind. Vgl. P.M. Flynn, S. 48f.

Tabelle 34

Entwicklung der Arbeitslosenquoten in Lowell (SMSA) und den Vereinigten Staaten
1960 bis 1986

	Lowell	Vereinigte Staaten
1960	7,7	5,5
1965	8,3	4,5
1970	9,0	5,0
1975	11,5	8,5
1980	5,3	7,2
1981	6,0	7,6
1982	7,1	9,7
1983	5,6	9,6
1984	4,3	8,1
1985	3,8	7,6
1986	4,1	7,3

Nach Angaben des US Department of Labor, Bureau of Labor Statistics (Ed.), Employment and Earnings. Washington, D.C., verschiedene Jahrgänge, und P.M. Flynn, S. 41.

RWI | ESSEN

Dies bedeutet, daß zu einem Arbeitsplatz in dieser Branche in einem Zeitraum von nur sechs Jahren acht neue Arbeitsplätze hinzugekommen sind. Daneben ist die Beschäftigung im Fahrzeugbau - in Lowell im wesentlichen Luft- und Raumfahrzeugbau - um jahresdurchschnittlich fast 15 vH, in der Instrumentenherstellung um fast 24 vH und in der elektrotechnischen und elektronischen Industrie, die bereits zwischen 1970 und 1975 expandierte, um immerhin noch 7 vH pro Jahr gestiegen. Die Mehrzahl der in diesen Branchen tätigen Unternehmen in Lowell befassen sich mit der Produktion von "High-Tech-Erzeugnissen", d.h. es handelt sich um Unternehmen, die durch hohe Forschungs- und Entwicklungsausgaben und durch einen hohen Anteil qualifizierter und hochqualifizierter Arbeitskräfte gekennzeichnet sind. 24 vH aller Beschäftigten in Lowell waren 1982 an der Produktion von "High-Tech-Erzeugnissen" beteiligt; der Vergleichswert für Massachusetts lag bei 10 vH, der für die Vereinigten Staaten bei 4 vH[272].

Ganz anders verlief die Beschäftigungsentwicklung in den traditionellen verbrauchsgüterproduzierenden Sektoren. Die Lederindustrie, die Bekleidungsindustrie und die Textilindustrie mußten auch noch im betrachteten Zeitraum deutliche Beschäftigungseinbußen hinnehmen. Die jeweiligen jahresdurchschnittlichen Abnahmeraten lagen bei 8 vH, 5 vH bzw. 4 vH. Die Folge dieser deutlichen Entwicklungsunterschiede zwischen den beiden Industriebereichen waren drastische Verschiebungen der Industriestrukturen. Während die Verbrauchsgüterproduktion

---

272 Vgl. P.M. Flynn, S. 42.

Tabelle 35

Beschäftigungsstruktur in Lowell
1975, 1982 und 1986

	1978		1981		Veränd. 1978 bis 1981 in vH	1986		Veränd. 1981 bis 1986 in vH
	in 1000	Anteil in vH	in 1000	Anteil in vH		in 1000	Anteil in vH	
Verarbeitendes Gewerbe	19,9	33,5 = 100,0	30,8	38,3 = 100,0	54,8	37,9	36,4 = 100	23,1
davon:								
Verbrauchsgüter	12,3	61,8	9,0	29,2	-26,8			
Nicht-Verbrauchsgüter	7,6	38,2	21,8	70,8	286,8			
Bau	2,1	4,9	3,3	4,1	13,8	4,9	4,7	48,5
Verkehr u. öffentl. Versorgung	2,9	4,9	3,3	4,1	13,8	3,3	3,2	0,0
Handel	13,0	21,9	16,4	20,4	26,2	21,8	21,0	32,9
Banken und Versicherungen	1,9	3,2	2,2	2,7	15,8	4,0	3,8	81,8
Sonstige Dienstleistungen[1]	9,5	16,0	13,4	16,6	4,1	19,3	18,6	44,0
Staat	10,1	17,0	11,9	14,8	17,8	12,9	12,4	8,4
Insgesamt	59,4	100,0	80,5	100,0	35,5	104,0	100,0	29,2

Eigene Berechnungen nach Angaben des US Department of Labor, Bureau of Labor Statistics (Ed.), Employment, Hours, and Earnings, States and Areas, 139 bis 1982, Volume I: Alabama - Nevada. Washington, D.C., 1984; US Department of Labor, Bureau of Labor Statistics (Ed.), Employment and Earnings. Washington, D.C., 1987. - [1]Enthält die Angaben für den Bergbau.

RWI ESSEN

mit einem Beschäftigungsanteil von mehr als 60 vH noch 1975 die Industrie klar dominierte, ist ihr Anteil bis 1982 auf unter 30 vH gesunken.

Die angesichts der generellen De-Industrialisierungstendenz in den hochentwickelten Ländern erstaunliche Tatsache, daß die Revitalisierung Lowells im Kern über eine industrielle Erneuerung zustande gekommen ist, darf nicht darüber hinwegtäuschen, daß die Zahl der Beschäftigten auch in allen anderen Wirtschaftsbereichen deutlich gestiegen ist. Insbesondere die Dienstleistungen und der Handel haben von der industriellen Renaissance Lowells profitiert, aber auch im Baugewerbe, bei den Banken und im öffentlichen Sektor wurden - angesichts der komplementären Beziehungen nicht überraschend - zweistellige Zuwachsraten erzielt.

6.4. Regionale Anpassungsvoraussetzungen

Die Stadt Lowell hat seit ihrem Bestehen zwei Phasen durchlebt, die das Interresse auch der überregionalen Öffentlichkeit geweckt haben. Die erste Phase war die Zeit ihrer Entstehung, die Herausbildung eines bedeutenden textilindustriellen Schwerpunkts, der sich noch dazu von den bis dahin bekannten britischen Textilzentren dadurch unterschied, daß man sich bemühte, der industriell geprägten Stadt ein freundliches, "sauberes" Bild zu geben. Diese Phase umfaßt ungefähr die Zeit von 1820 bis 1870. Danach wurde es ruhiger um Lowell; ungünstige Entwicklungen, wie sie die Stadt seit etwa 1920 bis weit in die sechziger Jahre hinein durchlebte, interessieren eine breite Öffentlichkeit offensichtlich nur ab einem bestimmten Ausmaß der Betroffenheit, das in Lowell aufgrund seiner Größe in Relation zu den Vereinigten Staaten nicht erreicht wurde. In die Schlagzeilen kam Lowell erst wieder zu Beginn der achtziger Jahre. Der erfolgreich vollzogene Wandel von der Textil- zur High-Tech-Region war die Ursache hierfür. Lowell wurde zum Paradebeispiel erfolgreicher Revitalisierung altindustrieller Gebiete in den Vereinigten Staaten, und man erhoffte sich aus dem Nachzeichnen seiner jüngeren Entwicklungen Anregungen für die Umstrukturierung anderer Gebiete mit ähnlich gelagerten Problemen. Im folgenden soll versucht werden, die wesentlichen Erfolgsvoraussetzungen herauszuarbeiten.

6.4.1. Anpassungsvoraussetzungen bei den Produktionsfaktoren

Die Bedingungen auf dem regionalen Arbeitsmarkt werden in den Arbeiten zur Renaissance in Lowell als eine wesentliche Voraussetzung für die industrielle Revitalisierung angesehen. So waren die Industriearbeiterlöhne in Lowell deutlich niedriger als im Durchschnitt des Staates Massachusetts oder der Vereinigten Staaten; die Differenzen betrugen 1982 9 vH bzw. 19 vH[273]. Während in früheren Zeiten die industrielle Dominanz relativ niedrig entlohnender Verbrauchsgüterindustrien die Ursache für das unterdurchschnittliche Lohnniveau gewesen sein

---

273 Zu den Zahlenangaben vgl. P.M. Flynn, S. 42ff.

dürfte, lag es später daran, daß die neuen Industrien in Lowell niedrigere Löhne zahlten als anderswo. So lagen 1979 die Entlohnungen im Maschinenbau sowie in der elektrotechnischen und elektronischen Industrie um mehr als ein Drittel unter dem US-Durchschnitt[274]. In den nach wie vor schrumpfenden Sektoren Textil und Bekleidung wurde dagegen ein überdurchschnittlich hoher Lohn gezahlt.

Die regionalen und sektoralen Lohndifferenzierungen haben somit die industrielle Erneuerung in Lowell begünstigt. Es erscheint jedoch zweifelhaft, ob sie der entscheidende Anpassungsfaktor gewesen sind, denn die Löhne waren auch früher relativ niedrig. Außerdem war das niedrige Lohnniveau nicht die Folge bewußter Lohnzurückhaltung in den niedergehenden Industriezweigen - die noch immer überdurchschnittliche Entlohnung in der Textilindustrie belegt eher das Gegenteil -, sondern es war Ergebnis der Sektoralstruktur. Ist ein traditionell relativ niedrig entlohnender Sektor regional dominant, so besteht die Möglichkeit, daß sich relativ gut bezahlende Sektoren ansiedeln, die zwar höhere Löhne als regional üblich zahlen - damit Arbeitskräfte aus den traditionellen Industrien attrahieren und den Wandel fördern -, die aber niedrigere Löhne als andernorts zahlen können. Gleichzeitig wird durch Beibehaltung des im Vergleich zu anderen Regionen hohen Lohnniveaus in den niedergehenden Sektoren, der Strukturwandel auch von der Kostenseite her gefördert[275].

Neben der Lohnhöhe wird die Existenz eines ausreichenden Angebots qualifizierter Arbeitskräfte als mitentscheidend dafür angesehen, daß Lowell seine Anpassungsprobleme bewältigen konnte[276]. Dabei wird dem mittleren und gehobenen Qualifikationsniveau (Facharbeiter, Techniker) eine höhere Bedeutung für Standortentscheidungen beigemessen als den Spitzenqualifikationen. Begründen läßt sich dies mit den Personalkostenanteilen, die mit den einzelnen Qualifikationsniveaus verbunden sind - der Anteil für Techniker und Facharbeiter ist höher -, aber auch damit, daß mit zunehmender Qualifikation die Mobilitätsbereitschaft wächst. Es ist folglich einfacher, wenige Spitzenkräfte zum Regionswechsel zu bewegen als eine Vielzahl von Technikern und Facharbeitern. Es kommt hinzu, daß in Lowell der Kern des hochqualifizierten Personals ohnehin vorhanden war: Die Gründer kleinerer Hochtechnologieunternehmen waren zumeist leitende Mitarbeiter bestehender Unternehmen oder ehemalige Universitätsmitarbeiter, die sich auf einem Gebiet selbständig machten, das mit ihrer früheren Tätigkeit eng verwandt war. Die Spitzenqualifikation war da, zur Umsetzung der Ideen wurden Facharbeiterqualifikationen benötigt. Ob diese in Lowell selbst stets in hinreichendem Umfang vorhanden waren, erscheint indes zweifelhaft. Ein Textilfacharbeiter bzw. ein technischer Mitarbeiter dieser Branche dürfte kaum ohne weiteres im High-Tech-Bereich einsetzbar gewesen sein. Ihre Vorkenntnisse erleichtern allenfalls die

---

274 Inzwischen haben sich die - für europäische Verhältnisse gravierenden - Unterschiede erheblich abgebaut.

275 Eine derartige Konstellation ist in den Montanregionen nicht gegeben, weil die Montansektoren im oberen Drittel der sektoralen Lohnhierarchie stehen.

276 Vgl. U. Heilemann, S. 215f.

Umsetzung. Möglicherweise erklärt dieser Tatbestand einen Teil des Zeitbedarfs, den auch Lowell zwischen dem Beginn des Niedergangs der traditionellen Industrien und der Revitalisierung benötigte. Er erklärt wohl aber auch einen Teil des Bevölkerungszuwachses: Die Facharbeiter wanderten z.T. offenbar aus anderen Teilen Massachusetts, das traditionell ein hohes Ausbildungsniveau hat, ein. Die Ausführungen zum Produktionsfaktor Arbeit abschließend sei der niedrige gewerkschaftliche Organisationsgrad der Arbeitnehmerschaft in Lowell erwähnt[277]. Das Interesse ansiedelungsbereiter bzw. in der Gründungsphase befindlicher Unternehmen an einem möglichst konfliktarmen Verhältnis zu ihren Arbeitnehmern macht diesen Tatbestand ebenfalls zu einem positiven Standortfaktor.

Das hervorragende Angebot akademischer Lehr- und Forschungseinrichtungen in Lowell und Umgebung dürfte entscheidend zum Entstehen eines lokalen Innovationspotentials und unternehmerischer Fähigkeit beigetragen haben. Unternehmer, die aus dem universitären Bereich hervorgingen, wurden zusätzlich dadurch begünstigt, daß ihre Kosten für Produktentwicklungen oft z.T. durch die Forschungseinrichtungen abgedeckt wurden. Der Schritt in die Selbständigkeit wurde vereinfacht und das damit verbundene Risiko verringert[278]. Daneben hat unternehmerische Aktivität in den Neu-England-Staaten eine lange Tradition; einige der noch heute bestehenden Unternehmen lassen sich bis weit ins 19. Jahrhundert zurückverfolgen[279]. Besonders bedeutsam dabei sind die Verflechtungen zwischen Textil- und Maschinenbauindustrie. Der Textilmaschinenbau ist, nachdem er zunächst sehr speziell nach Kundenwünschen fertigte, immer mehr zur Herstellung von Großserien übergegangen[280]. Dies war solange ein Schlüssel zum Erfolg, wie eine homogene Nachfrage nach textilen Erzeugnissen mit einem homogenen Produktionsapparat befriedigt werden konnte. Als die Nachfrage nach Textilien heterogener wurde, führten Starrheiten einer vertikal integrierten Massenproduktion und die von Konkurrenten bereits im spezialisierten Textilmaschinenbau erworbenen Wettbewerbsvorteile dazu, daß eine rechtzeitige Anpassung unterblieb. Erst mit Verzögerung suchte man nach völlig neuen Tätigkeitsfeldern und nutzte die sich im High-Tech-Bereich bietenden Chancen. Begünstigt durch die Dichte der Forschungslandschaft ist ein Teil der neuen High-Tech-Aktivitäten außerhalb der traditionellen Sektoren entstanden, ein anderer Teil des Neuen hat jedoch seine Wurzeln im Traditionellen. Die heute feststellbare hohe Aufgeschlossenheit gegenüber dem Neuen hatte allerdings auch in Lowell zunächst Widerstände zu überwinden, ehe man erkannte, daß Alternativen fehlten[281]. Auch in Lowell kann somit der "Erkenntnislag" einen Teil der Verzögerungen bei den Anpassungsreaktionen erklären.

---

277 Vgl. U. Heilemann, S. 219.

278 Vgl. U. Heilemann, S. 217.

279 Vgl. J.S. Hekman and J.S. Strong, The Evolution of New England Industries. "New England Economic Review", Mar./Apr. 1981, S. 40ff.

280 Vgl. C.F. Sabel u.a., S. 13ff.

281 Vgl. U. Heilemann, S. 219.

In engem Zusammenhang zur unternehmerischen Tradition und der Bereitschaft zur Risikoübernahme steht die Verfügbarkeit von Risikokapital. Im Grunde war die im historischen Abriß geschilderte Bereitstellung von durch Handelsaktivitäten erworbenem Vermögen für industrielle Aktivitäten durch Bostoner Kaufleute eine frühe Form der Finanzierung über Risikokapital. Im Verlauf der Zeit wurde die Reinvestition in anderen Branchen in den Neu-England-Staaten zur Regel. Es entstand eine "Venture Capital Industry", die in Neu-England stark auf den Forschungsbereich ausgerichtet ist[282]. Ein Mangel an risikobereitem Kapital dürfte somit in Lowell nicht bestanden haben.

Während es Gewerbeflächenengpässe in Lowell offensichtlich nicht gegeben hat, waren Industriebrachen, alte, unmittelbar nicht mehr nutzbare Industriegebäude und eine auf die einst dominierenden Branchen ausgerichtete Infrastruktur Faktoren, die der Stadt ein schlechtes Image gaben. Insbesondere einige von der Stadt initiierte Aktivitäten haben dazu beigetragen, dies zu ändern: So hat sich Lowell mit Erfolg dafür eingesetzt, einen Teil der textilindustriellen Fabrikanlagen und das dazugehörige Umfeld in ein groß angelegtes industriehistorisches Museum zu verwandeln (Lowell National History Park). Die Gebäude und Fabriken wurden zu diesem Zweck restauriert, und das Industriemuseum wurde zu einem Zentrum weitreichender kultureller Aktivitäten gemacht[283]. Finanziert wurde das Museum, das inzwischen 800 000 Besucher pro Jahr anlockt und somit auch Kaufkraft in die Stadt zieht, von der Bundesregierung in Washington, nachdem Vertreter der Region sich für das Projekt stark gemacht hatten. Ein anderer Teil der Gebäude wurde für neue Zwecke aufbereitet; in ihnen sind inzwischen Verwaltungen und neue Unternehmen untergebracht worden, zum Teil dienen sie sogar für Wohnzwecke. Dabei wurde, um den industriegeschichtlichen Rahmen der Stadt nicht in Vergessenheit geraten zu lassen, auf den Erhalt der Fassaden aus dem 19. Jahrhundert Wert gelegt. Darüber hinaus wurde das alte Kanalsystem gereinigt und erneuert und dient heute nicht mehr dem Transport, sondern der Freizeitgestaltung. Durch die genannten Maßnahmen wurde - anknüpfend an die Tradition der Stadt und ohne Zerstörung des Vorhandenen - die Qualität des Standorts Lowell entscheidend aufgewertet.

6.4.2. Weitere, den Anpassungsprozeß bestimmende Faktoren

Von der Angebotsseite her betrachtet waren die Voraussetzungen für die Revitalisierung Lowells entweder von vornherein günstig (z.B. Lohnhöhe, Arbeitskräftequalifikationen), oder es gelangen in jüngerer Zeit entscheidende Verbesserungen (z.B. Industriebrachensanierung, Infrastruktur, Image). Ein wesentlicher, den gesamten Staat Massachusetts begünstigender nachfrageseitiger Aspekt kam

---

282 Vgl. J.S. Hekman and J.S. Strong, S. 44ff. Erste Ansätze zeigten sich in Lowell schon in den vierziger Jahren.

283 Vgl. D.A. Schecter, Lowell - Mill Town Renaissance. "Horizon", Washington, D.C., vol. 28 (1985), S. 25f.

hinzu[284]: Der Anteil des US-Staates an den Rüstungsaufträgen ist seit Jahren doppelt so hoch wie sein Bevölkerungsanteil. Die erheblichen Rüstungsanstrengungen der Vereinigten Staaten seit Beginn der achtziger Jahre haben das Auftragsvolumen kräftig steigen lassen und entscheidend dazu beigetragen, daß Massachusetts weit weniger als andere US-Staaten von der Rezession zu Beginn der achtziger Jahre betroffen war. Die Aufträge aus dem Verteidigungsministerium haben insbesondere Hochtechnologiebereiche, z.B. die Luft- und Raumfahrtindustrie sowie die Produzenten von Komponenten und Zubehörteilen für diesen Sektor, begünstigt. Es kam hinzu, daß die ursprünglich für Verteidigungszwecke entwickelten Produkte für Anwendungen im privaten Bereich weiterentwickelt wurden und somit auch indirekte Anstoßeffekte von den Rüstungsaufträgen ausgingen. Selbstverständlich hat Lowell aufgrund der sich dort herausbildenden Industriestruktur in besonderem Maße von diesen Aufträgen profitiert.

Dennoch, neuere Studien[285] für die Vereinigten Staaten zeigen, daß hohe Rüstungsaufträge nicht zwangsläufig solche Entwicklungen wie in Massachusetts zur Folge haben, so daß weitere Faktoren bestimmend gewesen sein müssen. Hier ist an erster Stelle die Forschungsinfrastruktur zu nennen - vermutlich war gerade die Kombination hervorragender Forschungseinrichtungen und staatlicher Aufträge entscheidend für die Entwicklungen in Massachusetts. Insbesondere die akademischen Einrichtungen in Boston und Umgebung - allen voran das Massachusetts Institute of Technology (MIT) - genießen einen hervorragenden Ruf. Bereits relativ früh war daneben an der "Route 128" - einer Fernstraße in der Nähe von Boston - ein dichtes Netz von High-Tech-Firmen entstanden. Lowell ist sowohl von Boston als auch von der "Route 128" nicht allzu weit entfernt und hat deshalb von den von dort ausgehenden "spillover-Effekten" profitiert. Dies gilt nicht zuletzt hinsichtlich der Verfügbarkeit von Arbeitskräften, die moderne Ausbildungsgänge absolviert haben.

6.5. Revitalisierungsbestrebungen

6.5.1. Der politische Rahmen

Bereits bei den Ausführungen zur Region Pittsburgh ist auf den politischen Rahmen für die Revitalisierungsbestrebungen altindustrieller Gebiete in den Vereinigten Staaten eingegangen worden. Die folgenden Ausführungen werden zeigen, daß es zwischen Pittsburgh und Lowell hinsichtlich des Rahmens und des Anpassungswegs Gemeinsamkeiten, aber auch beachtliche Unterschiede gibt. Unterschiede bestehen insbesondere zwischen der in Massachusetts und der in Pennsylvania betriebenen Wirtschaftspolitik.

---

284 Vgl. U. Heilemann, S. 217; R.F. Ferguson and H.F. Ladd, S. 37f.

285 Vgl. L.E. Browne, Defense Spending and High Technology Devolopment: National and State Issues. "New England Economic Review", Sept./Oct. 1988, S. 3ff.

Die Wende bei den wirtschaftlichen Entwicklungen in Massachusetts wird etwa auf das Jahr 1975 datiert, und sie wird insbesondere als Verdienst der Wirtschaft selbst angesehen[286]. Der Staat hat zwar dazu beigetragen, die Lebensqualität und das wirtschaftliche Klima zu verbessern, seine Möglichkeiten waren jedoch zu begrenzt, seine Aktivität kam zu spät, um die Wende zu bewirken. Dennoch, die Politik der Klimaverbesserung hat einen verläßlichen Rahmen für unternehmerische Entscheidungen geschaffen, und eine kreative Politik, in der neue Ideen willkommen sind, in der man sich um die Verkürzung von Entscheidungsprozessen bemüht und bei der man zur Übernahme finanzieller Risiken bereit ist, hat sicherlich zum wirtschaftlichen Wiederaufstieg beigetragen. Vier Ideen sind kennzeichnend für die Politik des US-Staates Massachusetts[287]:

- Förderung eines gleichgewichtigen regionalen und urbanen Wachstums (geographic targeting);

- staatliche Interventionen zur Schließung von Lücken im Kapital- und Arbeitsmarkt;

- Verbesserung des wirtschaftlichen Klimas und

- Unterstützung der interstaatlichen und internationalen Wettbewerbsfähigkeit der Wirtschaft.

Der Politik des "geographic targeting" liegt eine spezielle Einschätzung der Probleme altindustrieller Gebiete zugrunde[288]: die räumliche Konzentration der "declining industries" führe zu einer räumlich konzentrierten Unterauslastung vorhandener Infrastruktureinrichtungen, während gleichzeitig - im Zuge der durch den strukturellen Wandel bedingten Verlagerungen - diese Infrastruktur andernorts erst neu zu schaffen sei. Außerdem bestünde die Gefahr negativer externer Effekte im Zuge von industriellen Schwerpunktverlagerungen im Raum. Die Konsequenz, die in Massachusetts hieraus gezogen wurde, ist eine bewußte Politik zur Revitalisierung der alten urbanen Zentren, um eine gleichmäßigere Entwicklung aller Teile des Staates zu fördern. Lowell wird in diesem Zusammenhang als Paradebeispiel dafür zitiert, daß öffentliche Investitionen als Katalysator für private Investitionen und Stadterneuerung wirken können[289].

Die Wirksamkeit öffentlicher Hilfen zur Förderung privater Investitionen in Sach- und Humankapital wird angesichts des meist geringen Mittelaufwands häufig bezweifelt; immerhin können sie die Wahrscheinlichkeit, daß wichtige Expansionsmöglichkeiten übersehen werden, verringern[290]. Sie haben in Lowell auch zur Verbesserung der Beziehung zwischen Staat und Privaten beigetragen, und zwar

---

286 Vgl. R.F. Ferguson and H.F. Ladd, S. 154.

287 Vgl. R.F. Ferguson and H.F. Ladd, S. 144f.

288 Vgl. R.F. Ferguson and H.F. Ladd, S. 72ff.

289 Vgl. R.F. Ferguson and H.F. Ladd, S. 80.

290 Vgl. R.F. Ferguson and H.F. Ladd, S. 146f.

dadurch, daß der Staat immer mehr das Expertenwissen der Privaten bei Finanzierungsfragen genutzt hat und so "public-private partnerships" entstanden. Genau dies war auch das Ziel von Maßnahmen zur wirtschaftlichen Klimaverbesserung. Ausgangspunkt war ein Vorschlag von Seiten der Unternehmen, sie würden bei einer Senkung der Vermögensteuer neue Arbeitsplätze bereitstellen[291]. Bei dieser - weitgehend verwirklichten - Maßnahme sind die direkten und die indirekten Folgewirkungen zu unterscheiden. Steuerkürzungen sind, je nachdem inwieweit sie zur Kürzung des staatlichen Leistungsangebots führen, nicht unbedingt immer ein Ansiedlungsvorteil. Wichtig waren in Massaschusetts die von der Maßnahme ausgehenden "klimatischen" Veränderungen - gerade in einem Staat, der wegen seiner Steuerhöhe auch "Taxachusetts"[292] genannt wurde. Von Bedeutung ist die Zuverlässigkeit und die Vorhersehbarkeit der Politik, damit nicht unternehmerische Entscheidungen für einen Standort durch Regulierungen, Steuererhöhungen oder ein sich verschlechterndes Verhältnis zwischen Arbeitnehmern und Unternehmern wieder hinfällig werden. Genau dies ist in Massachusetts offenbar erreicht worden. Repräsentanten der Wirtschaft spielen bei Fragen der Politikgestaltung eine aktive Rolle und arbeiten in vielen Institutionen mit staatlichen Vertretern zusammen.

Nachdem unter dem Slogan "Creating a better climate" in den siebziger Jahren erste Erfolge erzielt wurden, erkannte man außerdem, daß Wettbewerbsvorteile nicht statisch sind, und versucht inzwischen unter dem neuen Slogan "Creating the Future" die Innovations- und Wettbewerbsfähigkeit zu erhalten[293]. Maßnahmen im Bereich der Ausbildung, eine Politik für die Zukunft der "mature industries" (die jedoch weniger auf den Erhalt der Wettbewerbsfähigkeit als auf eine freiwillige Beteiligung der Unternehmer an Hilfen für freigesetzte Arbeitskräfte zielte) und die Gründung sogenannter "Centers of Excellence" gehören zu diesem Politikansatz. Die "Centers of Excellence" sind Technologieparks, die - mit unterschiedlichen industriellen Schwerpunkten - in verschiedenen Regionen gegründet wurden. Schwerpunkt in Lowell ist die Photovoltaik - nicht ohne Kritik, weil Lowell auf anderen Gebieten wohl eher komparative Vorteile aufzuweisen hatte[294].

Zusammenfassend läßt sich feststellen, daß nicht alle Einzelmaßnahmen der politischen Seite von Erfolg gekrönt waren, die Wirksamkeit wird in manchen Fällen in Frage gestellt. Aber die Politik war in der Summe in der Lage, für ein Umfeld zu sorgen, das nach der vor allem durch unternehmerische Entscheidungen ausgelösten Wende die Weiterentwicklung nicht hinderte, sondern förderte.

---

[291] Zu Einzelheiten vgl. R.F. Ferguson and H.F. Ladd, S. 92ff.

[292] O.V., New England Survey. "The Economist", London, August 1987, S. 8.

[293] Vgl. zum folgenden R.F. Ferguson and H.F. Ladd, S. 135ff.

[294] Vgl. C.F. Sabel u.a., S. 9.

6.5.2. Wege zur Revitalisierung

Sowohl von der Entwicklung im US-Staat Massachusetts als auch vom politischen Umfeld her betrachtet waren die Anpassungsvoraussetzungen in Lowell günstig. Allein dies erklärt jedoch noch nicht den raschen Wiederaufstieg der Stadt und die im Vergleich zu Massachusetts günstigen Entwicklungen. Vielmehr kommt hinzu, daß in Lowell nicht nur die Unternehmer, sondern auch die kommunalen Vertreter Kreativität und eine glückliche Hand bei der Wahl ihrer Konzepte bewiesen haben. Dies gilt - wie bereits erwähnt - für das Industriemuseum, die damit verbundenen kulturellen Aktivitäten und die Maßnahmen zur Innenstadterneuerung. Daneben ist der "Lowell-Plan"[295] entstanden - eine Koalition von Unternehmensleitungen und leitenden Vertretern des öffentlichen Sektors. Ziel ist weiterhin die Imageverbesserung und die Revitalisierung der Stadt. In regelmäßigen Sitzungen wird über eine möglichst effiziente Verwendung der verfügbaren Mittel (350 000 $) in den Bereichen Ausbildung, Wirtschaftsförderung sowie Kunst und Kultur entschieden, wobei die Ergänzung öffentlicher durch private Mittel oberstes Gebot ist.

Besonders hervorgehoben wird aber auch die Fähigkeit der kommunalen Vertreter bei der Einwerbung zentralstaatlicher und staatlicher Mittel für die Region[296]. So wurden zwischen 1975 und 1980 rund 250 Mill. US-Dollar für die Schaffung von Arbeitsplätzen, Wohnumfeldverbesserungen, aber auch an Hilfen für einzelne Unternehmen aufgewendet. Bestes Beispiel für derartige Zusammenführungen staatlicher und privater Mittel ist ein Großkredit für einen Computerhersteller, der auf diese Weise zur Verlagerung seiner Produktion in die Stadt bewegt wurde. Das Ergebnis dieser Maßnahme sind heute beträchtliche Steuereinnahmen. Außerdem bildet der inzwischen zurückgezahlte Kredit die Basis für einen revolvierenden Fond zum Zweck der Wirtschaftsförderung. Der Erfolg der Aktivität im öffentlichen Bereich hat schließlich auch dazu geführt, daß die Privaten im Bereich der Wirtschaftsförderung aktiv wurden. So haben sich z.B. private Banken in Lowell zur Development und Financial Corporation zusammengeschlossen, um Darlehen zur Innenstadterneuerung bereitzustellen.

6.5.3. Bisherige Anpassungserfolge

Die bisherigen Ausführungen haben bereits hinreichend deutlich gemacht, daß sich der strukturelle Wandel in Lowell erfolgreich vollzogen hat. Ausschlaggebend hierfür dürfte kaum ein einzelner Faktor allein gewesen sein, sondern - auch dies haben die Ausführungen gezeigt - eine in sehr vielen Belangen günstige Ausgangssituation: preiswerte, qualifizierte Arbeitskräfte, eine nahegelegene, breit angelegte Forschungsinfrastruktur, die Nähe zu anderen High-Tech-Zentren

---

295 Vgl. D.A. Schecter, S. 33.

296 Vgl. o.V., Lowell: From Riches to Rags and Back Again. "Dun's Review", vol. 116, July 1980, S. 38, und o.V., "High Tech" Ends a Long Slump in an Old Mill Town. "US News & World Report", New York, April 1981, S. 64f.

wie Boston und der "Route 128", die im Jahr 1975 einsetzende Trendwende bei den wirtschaftlichen Entwicklungen im US-Staat Massachusetts, die politischen Aktivitäten des Staates zur Gestaltung eines wirtschaftsfreundlicheren Klimas und sein regionalpolitisches Anliegen zur Revitalisierung altindustrieller Gebiete, die Kreativität der kommunalen Vertreter bei der Einwerbung öffentlicher Mittel, beim Erkennen von Schwächen im Bereich der Industriebrachen und obsoleter Infrastruktur und bei der Beseitigung dieser Schwachstellen. Ganz besonders wichtig für die Revitalisierung Lowells dürfte die Tatsache gewesen sein, daß eine Mischung von traditionellen und neu entstandenen Industriebetrieben die sich durch private und kommunale Impulse bietenden Chancen genutzt hat.

Einige dieser Voraussetzungen lagen bereits vor dem steilen Wiederaufstieg Lowells vor, so daß sich die Frage stellt, warum 30 bis 40 Jahre vergehen mußten, bevor die regionale Revitalisierung gelang. Ein Grund hierfür dürfte die Tatsache sein, daß auch in Lowell erst der Widerstand des Alten, Etablierten überwunden werden mußte. "You have to revitalize the spirit of the people ... everything else follows from that"[297]. Dieser Satz des aus Lowell stammenden Senators Tsongas macht die damit verbundenen Probleme deutlich. Ein zweiter Grund kommt hinzu: Offensichtlich ist die Existenz eines einzelnen positiv zu bewertenden Anpassungsfaktors (z.B. niedrige Löhne) für eine Revitalisierung alter Industriegebiete allein nicht hinreichend. Einzelne Standortfaktoren - wie früher z.B. die Rohstoffvorkommen - reichen heute kaum noch aus, um eine standortbindende Kraft zu entwickeln, die hinreichend für die wirtschaftliche Erneuerung wäre.

Es soll bei aller Würdigung der erfolgreichen Anpassung Lowells nicht unterschlagen werden, daß in dem Erfolg auch Gefahren verborgen sind. Die in Lowell entstandene Unternehmensstruktur setzt sich nicht nur aus heimischen Betrieben zusammen, vielmehr gehören international tätige Großunternehmen ebenso dazu. Dies erhöht die Anfälligkeit ebenso wie die starke Spezialisierung auf Hochtechnologieerzeugnisse, bei denen der wirtschaftliche Erfolg entscheidend von der kontinuierlichen Innovationsfähigkeit abhängt. Die Zukunft Lowells wird entscheidend davon abhängen, ob es gelingt, erworbene Wettbewerbsvorteile zu erhalten und Innovationen auch in breite industrielle Anwendungen umzusetzen.

6.6. Zusammenfassende Bewertung

Ein qualifiziertes Potential verfügbarer Arbeitskräfte, das Kapital der Bostoner Kaufleute sowie risikobereite Unternehmer und Konstrukteure bildeten die Voraussetzungen für den wirtschaftlichen Aufstieg Lowells. Für das Entstehen eines textilindustriellen Zentrums mit Schwerpunkt in der Baumwollverarbeitung wirkte sich außerdem die Verfügbarkeit von Wasserkraft begünstigend aus. Die Wirtschaft Lowells expandierte solange, wie qualifizierte Arbeitskräfte einen entscheidenden Standortvorteil darstellten. Als im Zuge steigender Maschinisierung weniger qualifizierte Arbeitskräfte ausreichten und diese im Süden der Vereinigten

---

297 Zitiert nach o.V., Lowell: A Town is Reborn. "Newsweek", New York, September 1981, S. 38.

Staaten preiswerter waren, kam es zu räumlichen Verlagerungen der Textilindustrie. Der Aufstieg Lowells war beendet, der wirtschaftliche Abstieg, der mehr als vierzig Jahre dauern sollte, begann.

Erst in den späten sechziger Jahren begann der Revitalisierungsprozeß, der sich seit Mitte der siebziger Jahre verstärkte. Lowell erlebte eine Renaissance seiner Industrie, die Beschäftigtenzahlen im Verarbeitenden Gewerbe stiegen allein zwischen 1975 und 1982 um mehr als 50 vH. Der Schwerpunkt der industriellen Fertigung hat sich dabei völlig verändert: Die Textilindustrie ist inzwischen nahezu unbedeutend, Lowell ist zu einer High-Tech-Region geworden.

Das Zusammenwirken einer Vielzahl von Faktoren dürfte für die industrielle Erneuerung Lowells ausschlaggebend gewesen sein: die wirtschaftliche Entwicklung im Umfeld und der wirtschaftspolitische Rahmen ebenso wie Standortvorteile, die seit jeher existierten (z.B. ein niedriges Lohnniveau und ein qualifiziertes Arbeitskräftepotential). In den Bereichen, in denen die Region Nachteile besaß, wurden sie rechtzeitig von den kommunalen Vertretern erkannt, und es wurden entsprechende Gegenmaßnahmen eingeleitet. Entscheidend war aber wohl die Lage Lowells in der Nähe des Finanzplatzes Boston, der High-Tech-Agglomeration "Route 128" und von hervorragenden Forschungseinrichtungen. Neu entstehende Unternehmen und traditionell in der Region ansässige Betriebe haben es verstanden, die sich daraus ergebenden Chancen zu nutzen und Lowell zu einem Beispiel für erfolgreich bewältigte Strukturanpassung zu machen.

7. Roubaix-Tourcoing

7.1. Lage, Größe und Bevölkerung

Die in unmittelbarer Nachbarschaft zueinander liegenden Städte Roubaix und Tourcoing sind Teil der französischen Programmregion Nord-Pas-de-Calais[298] (vgl. Karte 8), die sich vom Ärmelkanal aus entlang der belgischen Grenze erstreckt. Diese Region besteht aus den Départements Nord und Pas-de-Calais. Weil sie auch einen wichtigen montanindustriellen Standort in Frankreich darstellt, ist sie häufig als Ganzes Gegenstand von Studien zur strukturellen Anpassung alter Industriegebiete. Die Städte Roubaix und Tourcoing liegen im Département Nord unmittelbar an der Grenze zu Belgien und gehören zur Agglomeration um die Départementhauptstadt Lille.

Wie Tabelle 36 zeigt, leben in Roubaix-Tourcoing 0,7 vH der französischen Bevölkerung. Die Bevölkerungsdichte in diesem Raum übersteigt den französischen Durchschnitt erheblich, sie liegt auch noch über dem Vergleichswert für die Agglomeration Lille, dem viertgrößten Ballungsraum in Frankreich. Gemessen an

---

298 Die Region Nord-Pas-de-Calais ist vom Institut Nationale de la Statistique et des Etudes Economiques (INSEE) in Analysebezirke ("Zones d'Etude") unterteilt; eine hiervon ist Roubaix-Tourcoing.

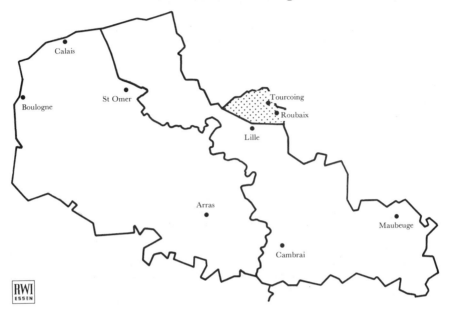

Karte 8

Nord-Pas-de-Calais
mit Roubaix-Tourcoing

der Zahl der Einwohner haben die Städte Roubaix und Tourcoing einen Anteil von mehr als 40 vH an der nach ihnen benannten Agglomeration.

7.2. Abriß der Wirtschaftsgeschichte[299]

Von den beiden Hauptaktivitäten (Kohle und Textil), die die wirtschaftlichen Strukturen und Entwicklungen im Gesamtraum Nord-Pas-de-Calais in der Vergangenheit geprägt haben, soll im Rahmen dieser Analyse ausschließlich der textile Bereich interessieren. Ausgangspunkt für das Entstehen eines bedeutenden Textilzentrums in der Region war die Landwirtschaft. Die fruchtbaren Böden in diesem Raum erlaubten eine ausreichende Versorgung einer relativ großen Bevölkerung und ermöglichten die Bildung von Kapital. Im landwirtschaftlichen Nebenerwerb wurden bereits seit dem 9. Jahrhundert Wolle, seit dem 14. Jahrhundert Leinen verarbeitet, so daß die Basis für eine textile Tradition geschaffen war. Die Industriefamilien, die zum Entstehen der Textilindustrie beitrugen, ka-

---

299 Die folgenden Ausführungen orientieren sich an J.H. Clapham, The Economic Development of France and Germany 1815-1914. 4th Edition, Cambridge 1951; S. Dormard [I], One Century and a Half of Industrial Activities in the Nord-Pas-de-Calais Region: 1800-1950. In: J.J. Hesse (Ed.), S. 327ff.; M. Battiau [I] Raison et Effets de la Concentration Spatiale de Nombreux Emplois Textiles dans l'Agglomeration de Roubaix-Tourcoing. "Hommes et Terres du Nord", Lille, vol. 1984, no. 2, S. 73ff.

Tabelle 36

Roubaix-Tourcoing und die Agglomeration Lille - Fläche und Bevölkerung		
	Roubaix/Tourcoing	Agglomeration Lille
Fläche		
in km^2	218	387
Anteil an Frankreich (in vH)	0,04	0,07
Bevölkerung (1986)[1]		
in 100	404	936
Anteil an Frankreich (in vH)	0,7	1,7
Bevölkerungsdichte		
Einwohner je km^2	1853	2420
Frankreich = 100	1835	2396

Nach Angaben des Institut National de la Statistique et des Etudes Economiques (Ed.), Annuaire Statistique de la France 1987. 92^e volume. Paris 1987; Institut National de la Statistique et des Etudes Economiques (Ed.), Panorama des Zones d'Etude du Nord-Pas-de-Calais, Zone 10-Roubaix-Tourcoing. (Les dossiers de PROFILS, no. 7.) Lille 1987; Institut National de la Statistique et des Etudes Economiques (Ed.), La France et ses Régions. Edition 1988. Paris 1988. - [1]Angaben für die Agglomeration Lille von 1982.

RWI ESSEN

men aus der Landwirtschaft; sie setzten ihr in der Landwirtschaft verdientes Vermögen ein und konnten auf textilerfahrene Arbeitskräfte zurückgreifen.

Kristallisationspunkt der Textilindustrie waren zunächst nicht Roubaix und Tourcoing, sondern die jetzige Départementshauptstadt Lille. Nach dem französischen Recht war die Aufnahme einer industriell ausgerichteten Produktion nur in den Städten erlaubt. Lille hatte dieses Privileg und konnte es lange Zeit erfolgreich gegen die beiden Nachbarorte verteidigen. Erst gegen Ende des 18. Jahrhunderts konnte Roubaix die besondere Stellung Lilles durchbrechen. Trotzdem gab es 1824 in Roubaix weder eine Post noch eine ausreichende Wasserversorgung; die Verkehrsverbindung nach Lille bestand aus einer Straße, die im Winter nahezu unpassierbar war. Die Zahl der Einwohner in Roubaix stieg von 5 000 im Jahre 1789 auf 15 000 im Jahre 1830 und auf 30 000 im Jahre 1850. Grundlage des raschen Bevölkerungswachstums war der Aufstieg der Textilindustrie. Dieser war im frühen 19. Jahrhundert zunächst nicht durch technische oder organisatorische Weiterentwicklungen, sondern durch Verbesserungen bei der Rohstoffversorgung bedingt: Die zuvor verarbeitete Wolle war von schlechter Qualität, durch Erfolge bei der Züchtung von Merino-Schafen konnte die Rohstoffqualität entscheidend verbessert werden. Roubaix wurde eine aufstrebende Industriestadt; Schwerpunkt der wirtschaftlichen Betätigung waren in erster Linie die Kammgarnwaren, daneben wurden aber auch Erzeugnisse aus Mischgeweben (z.B. Kammgarn mit Seide) und Baumwolle (für Kleidung, Vorhänge und Möbel) hergestellt und gehandelt.

Die industrielle Revolution führte zur Expansion der Textilindustrie in großen Teilen der Region Nord-Pas-de-Calais. Kapital und Arbeitskräfte waren verfügbar, die Transportmöglichkeiten für Rohstoffe und Fertigwaren waren durch das bestehende System von Wasserstraßen gut und wurden durch das expandierende Eisenbahnsystem noch verbessert. Mit dem Aufkommen von Maschinen ging der textilindustrielle Nebenerwerb deutlich zurück. Teilgebiete des Gesamtraumes suchten sich unterschiedliche Schwerpunkte innerhalb des Textilgewerbes. Die damit verbundene regional konzentrierte, spezialisierte Produktion hatte für die Kunden den Vorteil, daß sie an einem Ort stets mehrere Produzenten fanden.

Im Rahmen dieser Spezialisierung legten Roubaix und Tourcoing - nach einigen Versuchen, im Bereich der Baumwollerzeugnisse aktiv zu werden bzw. zu bleiben - ihr Schwergewicht auf Woll- und Kammgarnwaren, während Lille die Baumwoll- und Leinenproduktion an sich zog. Auch zwischen Roubaix und Tourcoing erfolgte im Laufe der Zeit eine Differenzierung: Tourcoing befaßte sich mit der Produktion reinwollener Waren und mit dem Wollhandel, Roubaix spezialisierte sich auf Kammgarnwaren (Kämmen, Spinnen, Weben). Roubaix wurde nach 1860 zum führenden französischen Zentrum der Kammgarnspinnerei - mehr als die Hälfte aller französischen Spindeln befand sich in der Stadt. Die Industrie wurde mit modernsten Maschinen ausgestattet, die z.T. im Elsaß, zum Teil aber auch vom entstehenden regionalen Textilmaschinenbau gebaut wurden, der insbesondere von angeworbenen englischen Konstrukteuren entwickelt wurde. Dabei profitierte die Region von ihrer Nähe zu den Kohlegruben, weil Kohle für die dampfbetriebenen Maschinen benötigt wurde. Vorteile gab es durch die Küstennähe, aber auch bei der Versorgung mit Rohstoffen, denn der Anteil der aus Übersee gelieferten Wolle nahm erheblich zu. Die Einführung von Jacquart-Webstühlen ermöglichte das Motivweben, Qualität und Vielfalt in diesem engen Marktsegment führten die Region zum Erfolg. In Tourcoing verlief der Übergang zu mechanischen und maschinellen Verfahren etwas langsamer, was jedoch im wesentlichen durch die Art der Produktion bedingt war - Tweed und Flanell für Kleider und Mäntel waren dort die wichtigsten Produkte.

Die bis zum Beginn des 20. Jahrhunderts stetige Verbesserung der Ausrüstungen in der Textilindustrie von Roubaix und Tourcoing ermöglichte den Ausbau der erreichten Vormachtstellung, so daß die Jahrhundertwende als Höhepunkt der textilindustriellen Entwicklung sowohl in dem betrachteten Teilgebiet als auch in der Gesamtregion Nord-Pas-de-Calais angesehen werden kann. Mehr als 225 000 Beschäftigte waren zu jener Zeit in den beiden Départements in der Textilindustrie beschäftigt. Vertreter der Textilindustrie waren an der Gründung von Banken beteiligt, und sie übernahmen in immer größerem Maße auch politische Verantwortung auf lokaler und nationaler Ebene. In Roubaix und Tourcoing waren zeitweilig Textilindustrielle Bürgermeister. Der überwiegende Teil der wirtschaftlichen Aktivität in Roubaix und Tourcoing war unmittelbar oder mittelbar auf Textil ausgerichtet.

Die Region Nord-Pas-de-Calais ist vom Ersten Weltkrieg durch Zerstörungen, Bevölkerungsverluste und Arbeitslosigkeit zum Kriegsende hart betroffen worden. Trotzdem gelang ein relativ rascher Wiederaufbau bei gleichzeitiger Modernisierung der Textilindustrie, so daß 1930 die Region - und mit ihr auch der Raum Roubaix-Tourcoing - innerhalb Frankreichs eine Vormachtstellung im textilen Bereich einnahm: Mehr als 90 vH der Kammgarnwolle, 40 vH der Wollfadenproduktion, 30 vH der Woll- und Baumwollerzeugung kamen aus den nördlichen Landesteilen. Da aber keine Diversifizierungen erfolgten, blieb auch die Verwundbarkeit gegenüber sektoralen Schwierigkeiten bestehen. Von der Ende der zwanziger Jahre beginnenden Depression war die Textilindustrie besonders hart betroffen. Die Produktion halbierte sich zwischen 1928 und 1938, mehr als 10 000 Menschen waren in Roubaix und Tourcoing ohne Arbeit; erstmals machte sich eine Tendenz, die Region zu verlassen, bemerkbar.

Der Zweite Weltkrieg brachte wiederum Zerstörungen, wenngleich diese wohl im Vergleich zu denen des Krieges von 1914 bis 1918 geringer ausfielen. Ein weiteres Mal baute die Textilindustrie ihre Produktion wieder auf und versuchte gleichzeitig ihre Anlagen zu modernisieren. Es wurden mehr Arbeitskräfte benötigt, als in der Region verfügbar waren, so daß 1949 in Roubaix und Tourcoing etwa 24 000 belgische Arbeitskräfte im Textilgewerbe tätig waren.

Trotz der Modernisierungsbemühungen wuchs die Konkurrenz für die regionale Textilindustrie - zunächst im Ausland, später sogar im Inland. Der Niedergang hing einerseits - wie in anderen Ländern auch - mit dem Vordringen der Schwellen- und Entwicklungsländer zusammen. Spezifisch französische Ursachen kamen hinzu, z.B. die Anpassung an veränderte Absatzmärkte durch den Verlust der Kolonien und durch die Mitgliedschaft in der Europäischen Gemeinschaft. Schließlich waren die Maschinen der regionalen Textilproduzenten für eine Verarbeitung der an Bedeutung gewinnenden Kunstfasern nicht geeignet. Die Folge war ein drastischer Beschäftigungsrückgang in der französischen Textilindustrie - von 1968 bis 1981 ist die Zahl der Beschäftigten von 400 000 auf 225 000 gesunken. Die Auswirkungen dieser ausgeprägten Branchenkrise auf die hier interessierende Teilregion werden im folgenden Abschnitt untersucht.

7.3. Empirischer Befund der Wirtschaftsstruktur

7.3.1. Demographische Entwicklung

In Tabelle 37 sind die Bevölkerungsentwicklung in Roubaix-Tourcoing und Frankreich insgesamt einander gegenübergestellt; zum Vergleich enthält die Tabelle auch Angaben für die Region Nord-Pas-de-Calais und den Agglomerationsraum Lille, der Roubaix-Tourcoing einschließt. Von 1962 bis 1986 ist die Zahl der Einwohner in Frankreich und im Raum Roubaix-Tourcoing gestiegen - allerdings war die Zuwachsrate in Frankreich doppelt so hoch wie in der Stadtregion an der belgischen Grenze. In der Programmregion Nord-Pas-de-Calais war der Anstieg der Bevölkerungszahl sogar noch niedriger als im Gebiet um Roubaix; es kann mithin davon ausgegangen werden, daß die montanindustriell geprägten Gebiete stärker als die textilorientierten Problemräume durch Fortzüge von Einwohnern betroffen waren.

Tabelle 37

Bevölkerungsentwicklung in Roubaix-Tourcoing, der Agglomeration Lille, der Region Nord-Pas-de-Calais und Frankreich

1962 bis 1986

| | Bevölkerung | | | | | Veränderung der Bevölkerungszahl | | | | | | | |
| | 1962 | 1968 | 1975 | 1982 | 1986 | 1962 bis 1968 | | 1968 bis 1975 | | 1975 bis 1982 | | 1982 bis 1986 | |
	in 1000					in 1000	in vH	in 1000	in vH	in 1000	in vH	in 1000	in vH
Roubaix-Tourcoing	370	394	411	409	404	25	6,7	17	4,3	-3	-0,7	-4	-1,0
Agglomeration Lille	831	881	936	936	-	51	6,1	55	6,2	0	0,0	-	-
Nord-Pas-de-Calais	3660	3815	3914	3933	3927	155	4,2	99	2,6	19	0,5	-6	-0,1
Frankreich	46520	49779	52656	54335	55278	3259	7,0	2877	5,8	1679	3,2	944	1,7

Eigene Berechnungen nach Angaben des Institut National de la Statistique et des Etudes Economiques (Ed.) Annuaire Statistique de la France. Paris, verschiedene Jahrgänge; Institut National de la Statistique et des Etudes Economiques (Ed.), Panorama des Zones d'Etudes du Nord-Pas-de-Calais, Zone 10 - Roubaix-Tourcoing. (Les dossiers de Profils, no. 7.) Lille 1987.

RWI ESSEN

Bereits vor 1962 überstiegen die Fortzüge aus der Region Nord-Pas-de-Calais die Zuzüge, und zwischen 1962 und 1968 stieg der negative Wanderungssaldo auf über 30 000 Personen an[300]. Durch die außerordentlich hohe Geburtenrate konnten diese Verluste jedoch mehr als ausgeglichen werden; in Roubaix-Tourcoing und im Ballungsraum Lille scheint der Wanderungssaldo noch positiv gewesen zu sein, jedenfalls war dort die Zuwachsrate der Bevölkerung annähernd genauso hoch wie im französischen Durchschnitt.

Von 1968 bis 1975 nahmen die Wanderungsverluste der Region Nord-Pas-de-Calais zu, so daß der Bevölkerungszuwachs deutlicher hinter dem französischen Durchschnitt zurückblieb. Die Entwicklung in Roubaix und Tourcoing war dabei etwas günstiger als in der Region.

In der Zeit von 1975 bis 1982 nahm die Bevölkerungszahl in Roubaix-Tourcoing zum ersten Male ab; in der Zeit nach 1982 setzte sich der Rückgang verstärkt fort. Die Zahl der Fortzüge überstieg in diesem Zeitraum die Zahl der Zuzüge um fast 15 000, wobei der negative Wanderungssaldo bei den besser qualifizierten Gruppen erheblich über dem Durchschnitt lag. Die verfügbaren Vergleichswerte zur Bevölkerungsentwicklung in der Region Nord-Pas-de-Calais zeigen auch dort inzwischen stagnierende Einwohnerzahlen. Nach wie vor sind diese Ergebnisse geprägt durch negative Wanderungssalden (-126 100 zwischen 1975 und 1982) bei einer über dem französischen Durchschnitt liegenden Geburtenrate[301].

7.3.2. Beschäftigung und Arbeitslosigkeit

Die Entwicklung der Beschäftigung ist in Roubaix-Tourcoing erheblich ungünstiger verlaufen als im französischen Durchschnitt[302] (vgl. Tabelle 38). Während von 1962 bis 1986 die Zahl der Beschäftigten dort um mehr als 11 vH gestiegen ist, ist sie in der Textilregion um 9 vH gesunken. Auch in der Region Nord-Pas-de-Calais hat sich die Beschäftigungssituation verschlechtert, allerdings fiel der Rückgang geringer aus als in Roubaix-Tourcoing. Auffällig ist, daß bis 1975 der Abstand der nordfranzösischen Gebiete gegenüber dem Durchschnitt kleiner ausfiel als in der Zeit danach - in der Agglomeration Lille konnte die Entwicklung bis 1975 sogar annähernd mit der Gesamtentwicklung Schritt halten. Die Beschäftigtenzahlen sind in Roubaix-Tourcoing zwischen 1962 und 1975 noch gestiegen, in der Zeit danach waren sie jedoch stark rückläufig; fast 9 vH der Arbeitsplätze gingen von 1980 bis 1986 verloren.

---

300 Vgl. S. Dormard [II], Industrial Decline and Conversion Policy; 1950-1985. In: J.J. Hesse (Ed.), S. 366.

301 Vgl. S. Dormard [II], S. 383f.

302 Die Angaben für Frankreich weichen von den im Abschnitt über Lothringen verwendeten Werten ab. Dies ist darauf zurückzuführen, daß jeweils Quellen verwendet wurden, die eine Vergleichbarkeit mit den Regionsergebnissen gestatten.

Tabelle 38

Langfristige Beschäftigungstendenzen in Roubaix-Tourcoing, der Agglomeration Lille, der Region Nord-Pas-de-Calais und Frankreich 1962 bis 1986; Veränderung der Beschäftigtenzahl in vH			
	Roubaix-Tourcoing	Agglomeration Lille	Nord-Pas-de-Calais	Frank-reich
1954 bis 1962	-	-	-1,3	1,1
1962 bis 1968	0,1	3,2	1,4	4,8
1968 bis 1975	1,4	5,7	2,7	5,1
1975 bis 1980	-5,3	-3,9	-0,4	2,8
1980 bis 1986	-9,4	-	-6,4	-1,5
1962 bis 1986	-12,8	-	-3,0	11,4

Eigene Berechnungen nach Angaben des Institut National de la Statistique et des Etudes Economiques (Ed.), Annuaire Statistique de la France. Paris, verschiedene Jahrgänge; Institute National de la Statistique et des Etudes Economiques (Ed.), Panorama des Zones d'Etudes du Nord-Pas-de-Calais, Zone 10 - Roubaix-Tourcoing. (Les dossiers de Profils, no. 7.) Lille 1987; S. Dormard, [II], S. 396ff.; U. auf der Heide, Strukturwandel im Wirtschaftsraum als Folge industriewirtschaftlicher Wachstums-, Stagnations- und Schrumpfungsprozesse untersucht in ausgewählten Agglomerationen Mittel- und Westeuropas. (Europäische Hochschulschriften, Bd. 196.) Frankfurt u.a. 1988, S. 244.

Steigende Einwohner- und Erwerbspersonenzahlen bei rückläufigen Beschäftigungsmöglichkeiten haben zweierlei Folgen: Zum ersten führen sie dazu, daß Bevölkerungsteile auf der Suche nach Arbeitsplätzen die Region verlassen, die erwähnten Wanderungsdefizite der Programmregion sind Beleg hierfür. Auch das zeitliche Zusammenfallen von verschlechterten Beschäftigungschancen und Verschlechterung der Bevölkerungsbilanz (1975) in Roubaix-Tourcoing und der Agglomeration Lille bringen dies zum Ausdruck. Zweite Folge ist ein Ansteigen der Arbeitslosenzahlen und -quoten. Die Angaben der Tabelle 39 machen deutlich, daß - ausgehend von fast gleichen Quoten im Jahr 1975 - der Anstieg in Roubaix-Tourcoing deutlich stärker ausgefallen ist als im französischen Durchschnitt. Seit 1979 lag die Arbeitslosenquote in Roubaix-Tourcoing stets um etwa 20 vH über dem Durchschnitt Frankreichs. Während die Arbeitslosenquote bis 1980 in der Teilregion niedriger war als in Nord-Pas-de-Calais insgesamt, ist sie danach etwa genauso hoch, in einzelnen Jahren lag sie sogar darüber.

22 000 Personen waren im Jahre 1986 allein in Roubaix-Tourcoing arbeitslos, wobei - wegen der hohen Geburtenzahlen in den sechziger Jahren - die Jugendarbeitslosigkeit und - wie in anderen altindustriellen Gebieten - die Langzeitarbeitslosigkeit in Roubaix und Tourcoing überdurchschnittlich hoch sind.

Tabelle 39

Entwicklung der Arbeitslosenquoten in Roubaix-Tourcoing, der Region Nord-Pas-de-Calais und Frankreich

1975 bis 1987

	Roubaix-Tourcoing	Nord-Pas-de-Calais	Frankreich
1975	3,5	3,8	3,8
1976	4,4	5,1	4,2
1977	4,4	5,5	4,8
1978	5,4	6,3	5,2
1979	7,2	7,6	6,0
1980	7,8	8,2	6,4
1981	9,6	9,4	7,7
1982	10,9	10,6	8,7
1983	10,9	10,7	8,9
1984	11,9	11,9	10,0
1985	12,7	13,7	10,5
1986	13,4	13,1	10,7
1987	13,8	14,0	11,2

Nach Angaben des Institut National de la Statistique et des Etudes Economiques (Ed.), Les Taux de Chomage dans les Zones du Nord-Pas-de-Calais. 1975-1988, Lille 1988; Statistisches Amt der Europäischen Gemeinschaft (Hrsg.), Beschäftigung und Arbeitslosigkeit. Luxemburg 1988.

RWI
ESSEN

7.3.3. Sektorale Beschäftigungsentwicklung und -struktur

Um das Ausmaß der strukturellen Veränderungen deutlich werden zu lassen, soll im Fall der Region Roubaix-Tourcoing, ähnlich wie bei der später folgenden Analyse der Entwicklung in Mönchengladbach, die Beschäftigungsentwicklung nicht ausschließlich am aktuellen Rand betrachtet werden. Tabelle 40 enthält deshalb neben Angaben für die Jahre 1980 und 1986 auch solche für 1962[303].

Betrachtet man zunächst die Verschiebungen zwischen sekundärem und tertiärem Sektor - die Landwirtschaft ist in einer Stadtregion wie Roubaix-Tourcoing erwartungsgemäß von untergeordneter Bedeutung -, so fällt auf, daß der Anteil des Produzierenden Gewerbes 1962 noch fast 70 vH betrug, danach aber kontinuierlich zurückgegangen ist. Bereits 1980 hatten der sekundäre und der tertiäre Sektor etwa gleiche Anteile an der Gesamtbeschäftigung in Roubaix-Tourcoing, und 1986 war der tertiäre Sektor mit einem Anteil von 58 vH klar dominierend. Ganz ähnliche Entwicklungen sind im Großraum Lille festzustellen[304]; allerdings deu-

---

303 Sektoral tiefer disaggregiertes Material lag für die Region Roubaix-Tourcoing aus den verwendeten Quellen nicht vor. Die Verschiebungen zwischen den Wirtschaftsbereichen und innerhalb der Industrie werden jedoch hinreichend deutlich.

304 Vgl. U. auf der Heide, S. 244.

Tabelle 40

Beschäftigungsstruktur in Roubaix-Tourcoing
1962, 1980 und 1986

	1962		Veränd. 1962 bis 1980 in vH	1980		Veränd. 1980 bis 1986 in vH	1986	
	in 1000	Anteil in vH		in 1000	Anteil in vH		in 1000	Anteil in vH
Landwirtschaft	3,2	2,0	-40,6	1,9	1,2	-15,8	1,6	1,1
Energie	1,3	0,8	-23,1	1,0	0,6	0,0	1,0	0,7
Verarbeitendes Gewerbe	100,5	61,7 = 100,0	-33,1	67,2	42,9 = 100,0	-27,4	48,8	34,3 = 100,0
davon:								
Grundstoff- und Produktionsgüter	9,2	9,2	-3,3	8,9	13,2	-30,0	6,5	13,3
Investitionsgüter	8,8	8,8	-5,7	8,3	12,4	-31,3	5,7	11,7
Verbrauchsgüter	82,5	82,1	-39,4	50,0	74,4	-26,8	36,6	75,0
Bauindustrie	7,8	4,8	25,6	9,8	6,3	-16,3	8,2	5,8
Handel	17,0	10,4	57,6	26,8	17,1	0,0	26,8	18,9
Nicht-handelsfähige Dienstleistungen	14,5	8,9	36,6	19,8	12,6	12,1	22,2	15,6
Handelsfähige Dienstleistungen	18,7	11,5	62,0	30,3	19,3	10,6	33,5	23,6
Insgesamt	163,0	100,0	-3,8	156,8	100,0	-9,4	142,1	100,0

Eigene Berechnungen nach Angaben des Institut National de la Statistique et des Etudes Economiques (Ed.), Panorama des Zones d'Etudes du Nord-Pas-de-Calais, Zone 10 - Roubaix-Tourcoing. (Les dossiers de Profils, no. 7) Lille 1987.

RWI ESSEN

tet der höhere Anteil des tertiären Sektors im Jahr 1962 darauf hin, daß in Lille der Dienstleistungsbesatz bereits in den sechziger Jahren deutlich höher war. Sowohl Lille als auch Roubaix-Tourcoing haben ihre stark industriell geprägten Wirtschaftsstrukturen im Lauf der Jahre aber mehr und mehr dem französischen Durchschnitt angenähert.

Die Industrie hatte in Roubaix-Tourcoing 1962 noch einen Anteil von mehr als 60 vH an der Gesamtbeschäftigung, 1980 war er auf 43 vH gesunken. Die Zahl der Industriebeschäftigten ist in diesem Zeitraum um mehr als 33 vH zurückgegangen. Dabei fällt auf, daß von diesem Beschäftigungsrückgang in der Industrie die Verbrauchsgüterindustrien mit Abstand am stärksten betroffen waren; allein in dieser Industriegruppe gingen 32 500 Arbeitsplätze verloren. Hierin drückt sich insbesondere der Beschäftigungsrückgang in der Textil- und Bekleidungsindustrie aus; von 1960 bis 1982 wurden in der Textilindustrie von Roubaix-Tourcoing 40 000 Arbeitsplätze abgebaut[305]. Diese Entwicklung spiegelt sich in ganz ähnlicher Weise in den Angaben für den Ballungsraum Lille wider[306]: In der Textilindustrie ging die Beschäftigtenzahl zwischen 1962 und 1980 um etwa 50 vH zurück, in der Bekleidungsindustrie betrug der Rückgang mehr als 45 vH. Im Vergleich zum Beschäftigungseinbruch bei den Verbrauchsgüterindustrien sind die Beschäftigungsrückgänge in der Grundstoff- und Produktionsgüterindustrie und im Investitionsgüterbereich zwischen 1962 und 1980 moderat ausgefallen. Trotz dieser Entwicklungsdifferenzen zwischen den Industriehauptgruppen behielt die Verbrauchsgüterindustrie mit einem Anteil von fast 75 vH an der Zahl der Industriebeschäftigten eine dominierende Rolle.

In jüngerer Zeit sind Unterschiede bei den Entwicklungen der Industriebereiche nicht mehr feststellbar. In allen drei Industriehauptgruppen lag der Beschäftigungsrückgang von 1980 bis 1986 in der Größenordnung von ungefähr 30 vH. Der Beschäftigungsanteil der Industrie ist auf kaum mehr als ein Drittel gesunken, wobei nach wie vor jedoch die Verbrauchsgüterindustrie dominiert. Nach den für 1983 vorliegenden Angaben[307] hatte die Textilindustrie etwa 30 700 Beschäftigte - die meisten davon in der Wollspinnerei; die Bekleidungsindustrie mit 1 800 Beschäftigten und der Textilmaschinenbau mit 600 Beschäftigten waren zumindest indirekt von den Entwicklungen im Textilbereich abhängig.

Die nichtindustriellen Wirtschaftsbereiche - insbesondere Handel und Dienstleistungen, aber auch die Bauwirtschaft - konnten von 1962 bis 1980 noch deutliche Beiträge zur Kompensation der Arbeitsplatzverluste in der Industrie leisten. Diese reichten zwar nicht aus, um einen Rückgang der Gesamtbeschäftigung zu verhindern, immerhin hielten sie diesen aber in Grenzen. In den letzten Jahren hat neben

---

305 Vgl. M. Battiau [I], S. 75.

306 Vgl. U. auf der Heide, S. 244.

307 Vgl. Institut National de la Statistique et des Etudes Economiques (Ed.) [IV], Panorama des zones d'étude du Nord-Pas-de-Calais, Zone 10 Roubaix-Tourcoing. (Les dossiers de Profils, no. 7.) Lille 1987, S. 28.

der Industrie auch das Baugewerbe Arbeitskräfte freigesetzt, die Beschäftigtenzahl im Handel stagniert. Folge ist, daß sich der Rückgang der Gesamtbeschäftigung erheblich beschleunigt hat.

Zusammenfassend läßt sich festhalten, daß in Roubaix-Tourcoing eine erhebliche Verlagerung vom sekundären in den tertiären Sektor stattgefunden hat. Die Veränderungen der industriellen Strukturen waren jedoch gering. Roubaix-Tourcoing ist (noch) eine textilindustriell geprägte Region geblieben.

7.4. Regionale Anpassungsvoraussetzungen

Aufbauend auf einer textilen Tradition im landwirtschaftlichen Nebenerwerb und dem in der Landwirtschaft erworbenen Vermögen sind die Städte Roubaix und Tourcoing in der zweiten Hälfte des vorigen Jahrhunderts zu einem wichtigen textilindustriellen Zentrum in Frankreich herangewachsen. Die durch die unmittelbare Nachbarschaft der heutigen Départementhauptstadt Lille erforderlich gewordene Spezialisierung auf Kammgarnproduktion, -verarbeitung und -handel erlaubten der Region eine prosperierende Entwicklung. Diese wurde mit dem Vordringen der Schwellenländer auf den Textilmärkten beendet, es kam zu Beschäftigungsverlusten, die auch in jüngerer Zeit anhielten. Gegenstand der folgenden Abschnitte ist die Diskussion der Faktoren, die die regionale Anpassung bislang erschwert haben.

7.4.1. Anpassungshemmnisse bei den Produktionsfaktoren

In keiner der vorliegenden Studien zur Region Nord-Pas-de-Calais oder zum Teilgebiet Roubaix-Tourcoing werden ein zu hohes Lohnniveau oder mangelnde regionale bzw. sektorale Differenzierung der Löhne als anpassungshemmende Faktoren erwähnt. Die für die Region verfügbaren Daten zur Einkommenssituation[308] zeigen, daß die Einkommen in Nord-Pas-de-Calais unter dem französischen Durchschnitt liegen. Weit größere Bedeutung wird dem Qualifikationsniveau der Arbeitskräfte beigemessen[309]: Da früher Arbeitsplätze für un- und angelernte Arbeitskräfte in der Textilindustrie stets in ausreichendem Umfang vorhanden waren - zeitweilig mußte die Textilindustrie in Roubaix-Tourcoing in großem Umfang auf Grenzpendler aus Belgien zurückgreifen -, war die Notwendigkeit für eine gute Ausbildung nicht besonders dringend. Mit dem Beginn der Krise in der Textilindustrie änderten sich die Bedingungen in mehrfacher Hinsicht: Erstens stiegen durch die Modernisierung und Automatisierung die Anforderungen an die Arbeitskräfte im Textilgewerbe, zweitens reichte das Qualifikationsniveau der Arbeitskräfte nicht für einen Einsatz in anderen modernen Industriebranchen und

---

308 Vgl. S. Dormard [II], S. 400.

309 Vgl. z.B. Y. Mény, J. Hayward and V. Hoffmann-Martinot, Politics and Policies of Industrial Adjustment: The Case of Lille and Valenciennes in the Nord Region. In: J.J. Hesse (Ed.), S. 453ff.; P. Garcette, Nord- Pas de Calais de 1975 à 1985. Paris 1976, S. 129f.

drittens war das Einkommensniveau aufgrund des unterdurchschnittlichen Ausbildungsstands ebenfalls nur unterdurchschnittlich hoch, so daß Handel und Dienstleistungen für den gehobenen Bedarf keine hinreichende Nachfrage fanden und sich entsprechende Anbieter deshalb in Roubaix und Tourcoing kaum niederließen.

Auf unternehmerischer Seite scheinen drei Faktoren für den Verlauf des strukturellen Wandels in Roubaix-Tourcoing von besonderer Bedeutung zu sein. Zum ersten wurde wie in anderen altindustriellen Regionen das Erfordernis des sektoralen Wandels zu spät erkannt. Hinzu kam, daß die unternehmerischen Stärken der Region im Handel und im praktischen Einsatz von Erfindungen, die andernorts gemacht wurden, lagen[310]. Die Tatsache, daß in Roubaix-Tourcoing zwar eine wichtige Terminbörse für Wolle sowie textilorientierte Transport- und Versicherungsdienstleistungen angesiedelt sind, der Textilmaschinenbau aber von untergeordneter Bedeutung geblieben ist, belegt diese Aussage. Die Ausgangssituation für eine Bewältigung des Wandels durch technische Innovationen war somit ungünstig. Schließlich scheinen auch Qualifikationsdefizite auf unternehmerischer Seite zu bestehen. Die Textilindustrie in Roubaix-Tourcoing wurde von einzelnen regionsverwurzelten Familien aufgebaut. Die Leitung dieser Familienunternehmen wurde seit Generationen vom Vater auf den Sohn übertragen, Eigentümer und Unternehmensleitung waren zumeist identisch; die Anforderungen an die Ausbildung bzw. die Qualifikation der Nachfolger waren selten hoch[311]. Möglicherweise trägt auch dieser Aspekt zu der nicht hinreichenden Bewältigung des Anpassungsdrucks bei.

Angesichts der hohen Besiedelungsdichte - in den Städten Roubaix und Tourcoing liegt die Zahl der Einwohner je km^2 deutlich über 6 000 - ist es nicht verwunderlich, daß Flächenengpässe als ein entscheidendes Hemmnis im Prozeß des strukturellen Wandels angesehen werden. Dieses Hemmnis wird durch das enge Nebeneinander von Wohn- und Industriebebauung noch verstärkt. Hinzu kommen Altlasten, insbesondere in Form alter, nicht mehr genutzter Fabrikanlagen, die vor einer neuen Nutzung entweder beseitigt oder restauriert werden müssen[312]. Für die Region Roubaix-Tourcoing sind diese Schwierigkeiten von besonderer Bedeutung, da sie wegen der unmittelbaren Nähe zur belgischen Grenze so gut wie keine räumlichen Expansionsmöglichkeiten besitzt. Maßnahmen zur Verbesserung des Flächen- und Industriegebäuderecyclings sind somit zur Aufrechterhaltung eines ausreichenden Angebots an Gewerbeflächen notwendig.

Die Infrastrukturausstattung der Gesamtregion Nord-Pas-de-Calais kann inzwischen als gut bezeichnet werden. Insbesondere von der Départementhauptstadt Lille aus existieren gute Verkehrsverbindungen nach Paris, nach Belgien und zur

---

310 Vgl. M. Battiau [I], S. 74.

311 Vgl. Y. Mény, J. Hayward and V. Hoffmann-Martinot, S. 454.

312 Vgl. Y. Mény, J. Hayward and V. Hoffmann-Martinot, S. 423; M. Duchene, Roubaix, Ville de contrastes, I - Le temps des pionniers. "Horizon", no. 149, 1985, S. 11.

Küste. Der in Angriff genommene Tunnel durch den Ärmelkanal wird den Standort zusätzlich aufwerten. Bei guter überregionaler Verkehrsanbindung existieren jedoch Schwächen im innerregionalen Verkehrsnetz. Von diesen ist auch das Grenzgebiet um Roubaix-Tourcoing betroffen - noch immer ist es an überregionale Verbindungen nur schlecht angeschlossen[313]. Dies trägt unter anderem dazu bei, daß Flächen, die als Industriegelände erschließbar wären, bislang noch nicht genutzt werden. Auch hinsichtlich der Wohnbebauung existieren Defizite. Abgesehen von der erwähnten Gemengelagenproblematik ist die Wohnbebauung in Roubaix-Tourcoing überaltert, es haben sich heruntergekommene Gebiete herausgebildet. Die Wohnungsleerstände sind mit der Krise gestiegen, so daß zu der industriellen die urbane Brache hinzukommt, und es fehlen Grünanlagen.

Die Ausführungen zur Infrastruktur und zur Flächenproblematik machen verständlich, daß die Region Roubaix-Tourcoing als wenig attraktiv gilt. Dies außerhalb der Region gültige Image wird beispielsweise durch die Berichterstattung über das alljährliche Radrennen Paris-Roubaix verstärkt, wenn alte Kopfsteinpflasterstraßen und industriell geprägte Stadtgebiete als Kulisse gezeigt werden. Das Image der Gesamtregion Nord-Pas-de-Calais ist ähnlich; die Region gilt als landschaftlich wenig reizvoll und industriegeprägt, mit einem allerdings belastbaren Arbeitskräftepotential. Interessant ist, daß sich die Bevölkerung in Nord-Pas-de-Calais Meinungsumfragen zufolge sehr stark mit ihrer Region identifiziert; stärker als die Bewohner anderer französischer Gebiete hat sie aber auch Befürchtungen um die Zukunft der Region[314].

7.4.2. Sonstige, den Anpassungsprozeß bestimmende Faktoren

Die grenznahe Lage der Städte Roubaix und Tourcoing und das belgische Arbeitskräftereservoir sind Faktoren gewesen, die entscheidend zum Entstehen des textilindustriell geprägten Agglomerationsraums beigetragen haben. In Zeiten einer prosperierenden Entwicklung kamen in großer Zahl belgische Arbeitskräfte im Textilbereich zum Einsatz. Diese waren zeitweilig auch wegen der größeren Stabilität der französischen Währung gern zur Arbeitsaufnahme im französischen Grenzgebiet bereit, sie besaßen das erforderliche textile Fachwissen und stellten wegen ihres Ausländerstatus ein flexibler einsetzbares Arbeitskräftepotential dar als die französischen Arbeitnehmer[315]. Roubaix und Tourcoing haben somit zunächst davon profitiert, daß im Norden, Westen und Osten der Region die belgische Grenze verläuft. Mit dem Niedergang der Textilindustrie und daraus resultierend steigendem Niveau der Arbeitslosigkeit wurden die Grenzpendler mehr und mehr überflüssig; bereits das regional verfügbare Arbeitskräftepotential war mehr als ausreichend. Der Anteil der Grenzpendler an einer ohnedies erheblich sinkenden Zahl von Textilbeschäftigten ist deshalb deutlich zurückgegangen. Während

---

313 Vgl. M. Duchene, S. 11ff.

314 Vgl. Y. Mény, J. Hayward and V. Hoffmann-Martinot, S. 457ff.

315 Vgl. M. Battiau [I], S. 74.

die vorteilhaften Effekte der belgischen Grenze an Bedeutung verloren, wurden die nachteiligen mehr und mehr sichtbar: Die Ausdehnungsmöglichkeiten für neue Aktivitäten werden beschränkt, eine industrielle Expansion im Raum wird verhindert[316].

Die Bedeutung der Grenze als anpassungshemmender Faktor kommt um so mehr zum Tragen, als die Expansionsmöglichkeiten von Roubaix-Tourcoing im Süden durch die Départementshauptstadt Lille begrenzt sind, die Region sich mithin in einer wirtschaftsgeographischen Enklavenlage befindet. Die Nachbarschaft zu Lille hat bereits in der Vergangenheit die wirtschaftlichen Entwicklungen in Roubaix und Tourcoing geprägt: zunächst negativ, weil Lille über lange Zeit durch seine Privilegien den wirtschaftlichen Aufstieg der beiden anderen Städte verhindern konnte; später eher positiv, weil die Konkurrenz mit Lille zur Spezialisierung in Roubaix-Tourcoing geführt hat und diese Spezialisierung Basis des wirtschaftlichen Aufstiegs gewesen ist. Dieser historische Gegensatz zwischen den beiden Teilgebieten des Agglomerationsraums Lille hat sich über lange Zeit hinweg erhalten; bis vor wenigen Jahren bestanden so gut wie keine Beziehungen zwischen den Unternehmen in Lille und Roubaix-Tourcoing. Bis heute ist die Rivalität nicht ausgeräumt[317].

Um die Wirkungen, die aus der Nähe zu Lille resultieren, zu verstehen, ist eine knappe Beschreibung der wirtschaftlichen Strukturen der Stadt erforderlich: Lille war in der Vergangenheit der traditionell bedeutendste Ort der Region und ist mit der wachsenden Industrie schnell groß geworden. Die Stadt hat zwar bis heute nicht die herausgehobene Metropolfunktion wie etwa Paris oder Lyon erreicht, aber dadurch, daß Lille Départementhauptstadt wurde, wurden Verwaltungsdienstleistungen, höherwertige Dienstleistungsfunktionen, ein attraktives Angebot im Handel und andere urbane Funktionen für die Region immer mehr von dort wahrgenommen. Auch im industriellen Bereich - bei den Hochtechnologien - kann die Stadt auf gewisse Erfolge verweisen. Die Dynamik im Prozeß des strukturellen Wandels reichte jedoch nur für die Eigenentwicklung, nicht aber auch noch für eine Revitalisierung der Schwesterregionen aus. Allenfalls im HighTech-Bereich ist ein Übergreifen der positiven Entwicklungen auf Roubaix-Tourcoing festzustellen[318].

Roubaix und Tourcoing haben unter der Nachbarschaft der dynamischeren Départementhauptstadt in der Summe eher zu leiden. Bei der Suche nach einer neuen

---

316 Vgl. M. Battiau [I], S. 74.

317 Hierzu und zum folgenden vgl. M. Battiau [I], S. 75f.; M. Battiau [II], Quelques remarques sur l'evolution de l'emploi au cours de vingt dernières années dans une vieille région industrielle: Le Nord-Pas-de-Calais. In: Milieux, Villes et Régions. 112e Congrés National des Soiciétés Savantes, Section de Geographie. Lyon 1987, S. 134f.; Y Mény, J. Hayward and V. Hoffmann-Martinot, S. 421ff.

318 Zu den High-Tech-Entwicklungen in Nord-Pas-de-Calais und den Teilgebieten vgl. F. Cunat, Activités de pointe et mutations de tissu industriel du Nord - Pas-de-Calais, "Hommes et Terres du Nord", vol. 1987, no. 1, S. 39ff.

Funktion im Raum scheiden bestimmte Funktionen von vornherein aus. Höherwertige Dienste, Verwaltungsdienste und der Handel mit Gütern des gehobenen Bedarfs dürften sich in Roubaix-Tourcoing kaum in größerem Umfang niederlassen, weil das Angebot von Lille für die Region hinreichend ist. Die Wahrnehmung dieser Aufgaben durch Lille macht die Stadt selbst aber auch attraktiver. So fließt die Kaufkraft von den Bewohnern der grenznahen belgischen Gebiete und der Region Roubaix-Tourcoing nach Lille und nicht in die benachbarten Städte. Auch als Standort für Industrieansiedelungen ist Lille durch das Dienstleistungsangebot interessanter. Schließlich hatte die Nähe zu Lille für Roubaix- und Tourcoing selbst im Rahmen der französischen Regionalförderung Nachteile: Staatliche Hilfen zur Schaffung industrieller Arbeitsplätze werden nicht gewährt, obwohl die Probleme mit denen der Bergbauregionen vergleichbar sind. Ursache dafür ist die Behandlung der Agglomeration Lille-Roubaix-Tourcoing als eine Raumeinheit, in der die relativ positiven Entwicklungen Lilles die negativen in Roubaix-Tourcoing kompensieren. Von daher ist es nicht unverständlich, wenn die Spannungen zwischen beiden Gebieten bestehen bleiben, obwohl gerade in jüngerer Zeit z.B. durch die Zusammenlegung der Industrie- und Handelskammern und durch die Bildung der Communauté Urbaine einiges getan wurde, um die Zusammenarbeit zu verbessern.

Ein anderer Faktor, der die Anpassungsmöglichkeiten der Region einschränkt, ist die starke Ausrichtung der regionalen Wirtschaft auf die noch immer dominierende Textilindustrie. Sowohl Bereiche der übrigen Industrie als auch weite Bereiche des Handels und der Dienstleistungen nehmen Zulieferfunktionen bzw. Aufgaben für die Textilbranche wahr, die übrige Wirtschaft dient hauptsächlich der Erfüllung von Elementarbedürfnissen der Bevölkerung[319]. Eine derart spezialisierte Wirtschaftsstruktur, noch dazu wenn ihr die technischen Sektoren - wie z.B. Textilmaschinenbau - fehlen, kann sich kaum noch durch weitere Spezialisierung wandeln, sie ist auf grundlegende Veränderungen angewiesen.

7.5. Revitalisierungsbestrebungen

7.5.1. Der politische Rahmen

Die Region Roubaix-Tourcoing ist Teil der Communauté Urbaine de Lille, diese wiederum ist im französischen Département Nord gelegen, das zur Region Nord-Pas-de-Calais gehört. Politische Zuständigkeiten für die beiden Städte existieren damit außer bei der französischen Zentralregierung noch beim Regionalrat, beim Départementsrat, bei der Städtegemeinschaft (communauté urbaine) und bei den Kommunen selbst. Soweit es die nationalstaatlichen und regionalen Kompetenzen auf Ebene der Départements und Regionen betrifft, kann hier auf die Ausführungen zu Lothringen verwiesen werden. Einzugehen ist auf die Rolle der Kommunen und der Städtegemeinschaft.

---

319 Vgl. M. Battiau [I], S. 75.

Bereits vor der Dezentralisierungsreform des Jahres 1982 hatten Roubaix und Tourcoing - wie alle französischen Kommunen - Aufgaben im Bereich der Selbstverwaltung wahrzunehmen, sie unterlagen dabei aber einer Staatsaufsicht. Mit der Dezentralisierung ist diese Staatsaufsicht auf eine ausschließliche Rechtsaufsicht reduziert worden. Gleichzeitig fand in einer Reihe von Aufgabenfeldern eine Dezentralisierung auf kommunale Träger statt. Während die kommunale Planungshoheit bis zur Reform lediglich auf eine Mitwirkung in der Bauleitplanung beschränkt war, wirken die Städte - gemeinsam mit Départements und Regionen - inzwischen auch bei der Erarbeitung von Flächennutzungs- und Bebauungsplänen mit, und sie haben eine höhere Entscheidungs- und Durchführungskompetenz im Verkehrs- und Schulbereich. Mit den Aufgaben hat sich auch die Finanzausstattung der Gemeinden verändert - wenn auch nicht unbedingt verbessert; denn der Aufgabentransfer erfolgte zu einer Zeit, als die Gemeinden ohnehin mit Problemen steigender Verschuldung, steigender Ausgaben im Verwaltungshaushalt und rückläufigen Investitionsausgaben zu kämpfen hatten[320].

Die Stadtgemeinschaft Lille umfaßt insgesamt 87 Kommunen, unter ihnen natürlich die großen Städte Lille, Roubaix und Tourcoing, die im Rat der Stadtgemeinschaft ihrer Größe entsprechend vertreten sind. Ziel der per Gesetz durch die Zentralregierung veranlaßten Gründung der Stadtgemeinschaft war es, die Stadtplanung den Eigeninteressen einzelner Kommunen teilweise zu entziehen, um ein effizienteres und besser koordiniertes Vorgehen zu erreichen[321].

In Zusammenhang mit dem politischen Umfeld ist eine Besonderheit erwähnenswert, die eine Parallele zur Stadt Mönchengladbach darstellt: Roubaix und Tourcoing sind in einer Großregion gelegen, die nicht nur aufgrund der Probleme im Textilbereich inzwischen als Problemregion gilt, sondern ebenfalls durch die Krisen im Bergbau und in der Stahlindustrie betroffen ist. In der Region Nord-Pas-de-Calais ist den Schwierigkeiten der beiden zuletzt genannten Sektoren stets größere Aufmerksamkeit geschenkt worden als der Textilindustrie[322]. Anders als in der Bundesrepublik ist die Textilindustrie aber nicht nur durch das Welttextilabkommen vor Anpassungsdruck geschützt worden, sondern auch - insbesondere zwischen 1978 und 1981 und durch den Textilplan von 1982 - mit Darlehen und Steuererleichterungen für Modernisierungszwecke durch die Zentralregierung bedacht worden[323].

320   Vgl. J.W. Hidien, Die französische Kommunalverfassung nach der Dezentralisation. "Archiv für Kommunalwissenschaften", Jg. 27 (1988), S. 218ff.

321   Vgl. Y. Mény, J. Hayward and V. Hoffmann-Martinot, S. 426f.

322   Die regionalen Vertreter der Textilindustrie beklagen denn auch die im Vergleich zum Bergbau unzureichenden staatlichen Hilfen und die Subventionspraxis anderer Länder. Vgl. Groupement Regional des Industries Textiles (Ed.), Textile du Nord, no. 13. Lille 1980.

323   Vgl. S. Zukin, S. 50.

7.5.2. Wege zur Revitalisierung

Die Revitalisierungsbestrebungen in Roubaix-Tourcoing und die dabei verfolgten Ziele können kaum losgelöst von den Aktivitäten in der Region Nord-Pas-de-Calais betrachtet werden. Im folgenden soll deshalb zunächst auf die für die Gesamtregion angestrebten Ziele und Wege zur Erreichung eingegangen werden. Die dabei angesprochenen Akteure sind für die Gestaltung des Strukturwandels in Roubaix-Tourcoing ebenfalls zuständig. Erst danach werden die spezifischen Besonderheiten des Teilgebiets dargestellt.

Die allgemeinen Ziele der französischen Regional- und Raumordnungspolitik wurden bereits erläutert: Verringerung der Bedeutung des Pariser Beckens, Förderung der wirtschaftsschwachen, ländlich strukturierten Räume und Förderung monostrukturierter Gebiete mit einem Übergewicht von Krisensektoren. Dabei hatten zunächst die beiden zuerst genannten Ziele eindeutige Priorität, so daß zwar kleinere Teile der Region Nord-Pas-de-Calais gefördert wurden, die Region als Ganzes jedoch für prosperierend gehalten wurde und somit nicht in den Genuß der Förderung kam[324]. Als Mitte der sechziger Jahre die sektoralen Probleme - insbesondere im Bergbau - deutlich wurden, erfolgte eine Ausweitung der Fördergebiete in Nord-Pas-de-Calais. Eingesetzt wurde im wesentlichen das übliche finanzielle Anreizinstrumentarium der Regionalpolitik. Daneben wurden Maßnahmen zur Verbesserung der Infrastruktur in der Region ergriffen. Seit Beginn der siebziger Jahre wurde außerdem versucht, durch gezielte Maßnahmen dem Strukturwandel eine bestimmte Richtung zu geben. Die Stahlindustrie und der Automobilbau wurden mit staatlicher Unterstützung im Norden Frankreichs angesiedelt. Der im Fall Lothringens erwähnte Widerspruch zwischen allgemeiner Industriepolitik und Regionalpolitik hatte damit für die Region Nord-Pas-de-Calais keine negative Bedeutung, da sie von den industriepolitischen Maßnahmen profitierte. Die Ansiedlung von Stahl und Fahrzeugbau hat sicherlich dazu beigetragen, daß die regionalen Probleme in Nord-Pas-de-Calais nicht noch weiter anstiegen, die in sie gesteckten Erwartungen hat sie jedoch nicht erfüllt[325].

So ist es nicht verwunderlich, daß sich die sektoralen Zielvorstellungen in der Region inzwischen geändert haben und nun moderne Hochtechnologien im Mittelpunkt der Überlegungen stehen. Die Rolle des Zentralstaates im Rahmen der Regionalförderung hat sich dabei aus mehreren Gründen gewandelt: Aufgrund der gesamtwirtschaftlich geringeren Wachstumsdynamik ist die regionale Umverteilung schwieriger geworden, die verfügbaren Mittel sind gekürzt worden. Gleichzeitig konkurrieren die unterentwickelten ländlichen Regionen und die altindustriellen Räume mehr und mehr um diese Mittel. Daneben hat die Dezentralisierungsreform von 1982 Aufgaben und somit auch Ausgaben auf regionale und lokale politische Instanzen verlagert. Die Dezentralisierungstendenz wird teilweise dadurch konterkariert, daß mit der letzten Kürzung der regionalen Fördermittel (1986) die Vergabe der zentralstaatlichen Regionalförderung (Prime

---

324   Vgl. S. Dormard [II], S. 368.

325   Vgl. S. Dormard [II], S. 374.

d'amenagement territoire) ohne Mitspracherecht der Regionen wieder eingeführt wurde[326]. Da eine zentralstaatliche Regionalförderung in der Agglomeration Lille-Roubaix-Tourcoing nur sehr eingeschränkt möglich ist - nur Arbeitsplätze im tertiären Bereich und in der Forschung sind förderungswürdig[327] -, hatte diese im Anpassungsprozeß in der Vergangenheit eine nur untergeordnete Bedeutung. Ähnliches dürfte für die in jüngerer Zeit von der französischen Regierung erlassenen nationalen Programme (Mauroy-Plan, Fabius-Plan) gelten.

Mit der Dezentralisierungsreform wurde im Grunde genommen die faktisch bereits früher von der Region Nord-Pas-de-Calais betriebene aktive Strukturpolitik legalisiert[328] - die Region erhielt wesentliche Kompetenzen für die regionale Wirtschaftsförderung. Leitmotiv der Wirtschaftspolitik des Regionalrates war die Kooperation aller lokalen Akteure; so waren denn auch die Gebietskörperschaften, die Unternehmen, die regionalen Vertreter des Zentralstaates, die Kammern und die Universitäten an der Ausarbeitung und Umsetzung des Planvertrages von 1984 beteiligt. Schwerpunkt in diesem Planvertrag ist die Förderung von Forschung und Technologie durch eine Weiterentwicklung des Forschungspotentials, durch die Verbesserung des Technologietransfers, insbesondere zugunsten kleiner und mittlerer Unternehmen, sowie durch eine Verbesserung der Ausbildung. Weitere Aktivitäten erstrecken sich auf die Förderung von Unternehmensansiedlungen, aber auch auf die Pflege des bisherigen Bestands durch Beratung und Anregung zu Kooperationen. Wohnumfeldverbesserungen, die Wiedernutzbarmachung von Industriebrachen des Bergbaus, aber auch der Textilindustrie und Maßnahmen im kulturellen Bereich, die insbesondere die Metropolfunktion Lilles deutlicher machen sollen, vervollständigen die Vorschläge. Auch wenn all diese Überlegungen von den Akteuren auf kommunaler Ebene angestellt wurden, so bleibt die Abhängigkeit von zentralstaatlichen Instanzen durch die Finanzierung hoch - 62 vH des Gesamtvolumens müssen von nationaler Seite aufgebracht werden. Positiv zu beurteilen ist die Koordinatorenrolle, die die Region bei Aufstellung des Planvertrages übernommen hat.

Nahezu unüberschaubar ist die Zahl von Institutionen, die an der Erarbeitung und späteren Umsetzung der Vorschläge beteiligt sind[329]. Ausschließlich auf die wohl wichtigsten unter ihnen sei daher im folgenden kurz eingegangen: Die Regionale Entwicklungsbank (SDR) in Nord-Pas-de-Calais hat die Aufgabe, die Finanzierungsmöglichkeiten der Unternehmen zu verbessern. An ihr sind die Region, private Unternehmen und Kreditinstitute beteiligt. Die Gesellschaft für Wirtschaftsentwicklung (APEX) ist im Grunde Beispiel für eine "Public-Private Partnership"; sie soll die potentiellen Investoren bei der Standortwahl beraten, ihnen erste Kon-

---

326 Vgl. P. Engels u.a., S. 40.

327 Vgl. P. Engels u.a., S. 39.

328 Vgl. zu den folgenden Ausführungen P. Engels u.a., S. 36ff., und Y. Mény, J. Hayward and V. Hoffmann-Martinot, S. 429ff.

329 Dies verdeutlicht beispielsweise das in der Arbeit von Engels u.a., (allerdings nur in der Manuskriptfassung) enthaltene 3 1/2-seitige Verzeichnis derartiger Institutionen.

takte zu Kunden und Lieferanten beschaffen und bei Finanzierungsfragen helfen. Die Industrie- und Handelskammern - als Körperschaften des öffentlichen Rechts finanziert aus Beiträgen der privaten Unternehmen - haben neben ihren Aufgaben in der unternehmerischen Interessenvertretung das Recht, bestimmte öffentliche Einrichtungen zu gründen und zu verwalten, und sind darüber im Aus- und Weiterbildungsbereich stark engagiert. Wichtigstes Instrument des Regionalrates für die Umsetzung von Entscheidungen ist die Regionale Entwicklungsagentur (ARD) geworden, die 1982 gegründet wurde und sich mit Fragen der Planung, der Statistik, aber auch mit der Kontrolle der Abwicklung von Programmen und konkreter Wirtschaftsförderung befaßt. Von besonderer Bedeutung für die hier behandelte Textilregion ist das Komitee zur Umstrukturierung der Textil- und Bekleidungsindustrie (CIRITH) gewesen, das unter Beteiligung der Industrieverbände die Verteilung der Umstrukturierungshilfen regelte, die die Verdrängung nicht wettbewerbsfähiger Unternehmen und Investitionsanreize für die verbliebenen Betriebe zum Ziel hatten.

Wie für die Region Nord-Pas-de-Calais zeigen auch die in Roubaix-Tourcoing ergriffenen bzw. noch vorgesehenen Maßnahmen[330] eine enge Verbindung zu den im vorigen Abschnitt erläuterten Anpassungshemmnissen. Ziel der Region ist es, auf die vorhandenen Stärken zu setzen und unübersehbare Schwächen zu beseitigen. Man hofft auf einer breiten textilindustriellen Basis durch die Verbindung mit der Informatik den strukturellen Wandel zu bewältigen. Auch in Roubaix-Tourcoing wird versucht, alle für die wirtschaftliche Entwicklung Verantwortlichen in die Aktivitäten einzubeziehen. So ist eine Gesellschaft (C.R.E.E.R.)[331] entstanden, mit der man auf kooperativer Basis versucht, Existenzgründern zu helfen, das Geflecht von Gesetzen und Fördermöglichkeiten zu überschauen, und den Wissenstransfer zu fördern. Auf Anregung der Industrie- und Handelskammer entstand - ebenfalls als Kooperation privater und öffentlicher Träger - eine Gesellschaft, die Industriebrachen aufkauft und mit staatlicher Unterstützung saniert, sich aber auch um eine Wiedernutzung der Flächen und Gebäude bemüht. Es besteht die Hoffnung, damit möglicherweise auch eine preiswerte Alternative zur Neuerschließung von Flächen und zum Neubau von Gebäuden gefunden zu haben. Daneben ist man bemüht, die Region attraktiver zu machen: Die Sanierung der Innenstadt, der Ausbau von Bildungseinrichtungen (z.B. der Bau einer Textilschule), die Verbesserung der Verkehrsverbindungen zwischen Roubaix und Tourcoing und der Ausbau der Kommunikationsinfrastruktur sind vorgesehen bzw. bereits in Angriff genommen. Zu den Aktivitäten gehört auch der Kampf gegen das schlechte Image durch eine intensive Werbung für "Roubaix - Hauptstadt der Wolle".

Als Fazit der Aktivitäten läßt sich festhalten, daß in der nordfranzösischen Region ein umfassendes System von Hilfen existiert, das z.T. jedoch wegen seiner die Marktergebnisse verzerrenden Effekte, insbesondere aber wegen seiner zeitrau-

---

330 Vgl. hierzu M. Duchene, S. 10f.; Y. Mény, J. Hayward and V. Hoffmann-Martinot, S. 423ff.

331 Die in der Arbeit von Duchene erwähnte Abkürzung wird leider nicht erläutert.

benden und kaum noch überschaubaren Verwaltung, nicht ohne Kritik bleibt[332].
Die Dezentralisierung hat einen teilweisen Rückzug des Zentralstaates aus der regionalen Wirtschaftsförderung zur Folge gehabt. Kooperationen von privaten und öffentlichen Trägern sind entstanden, in denen aber die öffentlichen Träger stärker als z.B. in Pittsburgh den Ton angeben und die wegen des historisch stärker ausgeprägten Gegensatzes zwischen Staat und Wirtschaft nicht immer effektiv operieren können.

7.5.3. Bisherige Anpassungserfolge

Bereits die Ausführungen im empirischen Teil zu Roubaix-Tourcoing haben die Veränderungen der Wirtschaftsstruktur deutlich werden lassen. Bei insgesamt rückläufiger Beschäftigtenzahl ist der Anteil des Verarbeitenden Gewerbes erheblich zurückgegangen, der des tertiären Sektors ist gestiegen. Dieser allgemein festzustellende Trend wäre nicht sonderlich bemerkenswert, wenn sich dahinter nicht unter anderem eine regionsspezifische Entwicklung verbergen würde, die die Richtung, in die der Wandel verläuft, deutlich macht: Von den 13 größten Unternehmen des tertiären Sektors in der Region Roubaix-Tourcoing sind allein sieben im Versandhandel tätig, das größte von ihnen hat fast 5 000, die übrigen zumindest jeweils noch mehrere Hundert Beschäftigte[333]. Ausgehend von der Textilindustrie und dem Textilhandel hat sich Roubaix-Tourcoing - aufgrund der im Textilhandel erworbenen Kenntnisse - zur Metropole des französischen Versandhandels entwickelt[334].

Auf dem Gebiet der höherwertigen Dienstleistungen sind ähnliche Erfolge nicht zu verzeichnen. Ein zwischen den beiden Städten Roubaix und Tourcoing errichtetes Dienstleistungszentrum, das der Region im Bereich dieser Wirtschaftsaktivitäten größere Bedeutung bringen sollte, muß sich mit weniger ambitiösen Projekten zufrieden geben, um nicht leer zu stehen ("Mercure stands in solitary splendid, a commercial cathedral in an urban desert"[335]). Ursache für diesen Mißerfolg war nicht zuletzt die von zentralstaatlicher Seite geförderte Entscheidung für eine neue Industrie- und Dienstleistungsstadt im Osten von Lille (Villeneuve d'Ascq).

Auch innerhalb der Textilbranche hat sich in den vergangenen Jahren einiges geändert[336]. Seit den fünfziger Jahren ist aus dem ehemals relativ arbeitsintensiven

---

332 Es ist bezeichnend, daß als eine der wesentlichen Aufgaben der erwähnten Fördergesellschaft C.R.E.E.R. die Hilfe beim Überschauen der Fördermöglichkeiten genannt wird.

333 Vgl. Institut National de la Statistique et des Etudes Economiques (Ed.) [IV], S. 29.

334 Die Abwanderung des Branchenführers in die benachbarte Départementhauptstadt konnte 1975 durch ein großzügiges Flächenangebot verhindert werden. Vgl. Y. Mény, J. Hayward and V. Hoffmann-Martinot, S. 423.

335 Y. Mény, J. Hayward and V. Hoffmann-Martinot, S. 425.

336 Vgl. hierzu J.C. Rabier et B. Boussemart, Evolution des characteristiques de la main-d'oeuvre et transformations du processus de production dans l'industrie textile du Nord-Pas-de-Calais.

ein kapitalintensiver Sektor geworden. Die Anlagen sind vollständig umgerüstet und automatisiert worden, die Elektronik hat mehr und mehr Einzug gehalten. Die Struktur der verbliebenen Arbeitskräfte hat sich gewandelt, das Qualifikationsniveau ist gestiegen, der Anteil weiblicher Arbeitskräfte ist zurückgegangen. Das geringe Arbeitsplatzangebot der Branche drückt sich in kürzeren Pendlerentfernungen und einer stärkeren Zentralisierung der Textilarbeitnehmerschaft aus. Automatisierung und Verdichtung der Arbeitsschritte haben zu hohen Produktivitätszuwächsen geführt. Daneben hat sich die Produktpalette teilweise geändert. Zwar dominiert noch immer die Kammgarnspinnerei - in diesem Segment der Branche hat Roubaix-Tourcoing einen Anteil von über 80 vH an der französischen Gesamtproduktion -, aber neben der Qualitätssteigerung bei diesen Erzeugnissen sind durch die Einbeziehung von Kunstfasern und durch die Produktion von Industriegarnen neue Produkte hinzugekommen. Dies zeigt, daß in der Textilindustrie nicht allein eine passive Anpassung durch Betriebsschließungen und Beschäftigungsabbau erfolgt ist, sondern eine aktive Erneuerung angestrebt wurde. Die Perspektiven der Textilindustrie in Roubaix-Tourcoing werden - als Folge dieser Entwicklungen - zuversichtlich beurteilt; man ist optimistisch, sich gegen weltweite Konkurrenz durchsetzen zu können.

Während im tertiären Sektor und auch innerhalb der Textilindustrie Anpassungen zu erkennen sind, sind die strukturellen Verschiebungen in der Industrie relativ gering. Nach wie vor ist die Textilindustrie die alles dominierende Branche geblieben. Die Entwicklungen in den Investitionsgüterindustrien deuten bislang nicht darauf hin, daß neue sektorale Wachstumspole für die Region entstehen, auch wenn der - absolut sehr kleine - Anteil der mit der Produktion von High-Tech-Erzeugnissen beschäftigten Arbeitnehmer im Raum Lille-Roubaix-Tourcoing mit den höchsten Wert unter den Teilräumen der Region Nord-Pas-de-Calais aufweist[337]. So kann man heute kein anderes Ergebnis konstatieren, als daß die "alten" industriellen Monostrukturen noch weitgehend erhalten sind.

Die bisherigen Erfolge der Infrastrukturverbesserungen, des Industriegebäuderecyclings und der Imagepolitik sind offenbar gering, jedenfalls finden sich keine Äußerungen über sichtbare Erfolge. Allenfalls ist die Rede davon, daß in einigen Fällen weitere Abwanderungen von Industrieunternehmen verhindert werden konnten.

7.6. Zusammenfassende Bewertung

Roubaix-Tourcoing ist in der zweiten Hälfte des vorigen Jahrhunderts zu einem bedeutenden textilindustriellen Zentrum in Frankreich herangewachsen. Die Konkurrenz mit der Nachbarstadt Lille führte zur Spezialisierung im Bereich der Kammgarnerzeugnisse. Da die Fähigkeiten der Unternehmer in dieser Region auf

---

"Hommes et Terres du Nord", vol. 1984, no. 2, S. 66ff.; o.V., Textile-Habillement, un nouveau visage. (Supplément à la Chronique du Nord-Pas-de-Calais, no. 234.) Lille 1987, S. 4ff.

337 Vgl. F. Cunat, S. 43.

technischem Gebiet weniger stark ausgeprägt waren als im Handel, kam eine intensive Aktivität im Textilhandel hinzu, während der Textilmaschinenbau von untergeordneter Bedeutung blieb. Bis zum Beginn der Probleme des Textilsektors ermöglichten Textilproduktion und -handel - von den Kriegsunterbrechungen abgesehen - eine prosperierende Entwicklung.

Durch die starke Konzentration auf die Textilindustrie und auf die mit dieser Branche in engem Zusammenhang stehenden Dienstleistungsaktivitäten wurde die Branchenkrise zur Krise der Region Roubaix-Tourcoing. Der niedrige Ausbildungsstand der Arbeitskräfte, eine schlechte Infrastrukturausstattung und ein Mangel an Industriegelände bzw. das Problem der Industrieruinen erschweren der Region den Wandel. Durch die Nähe zur Départementhauptstadt Lille sind wesentliche Funktionen in der räumlichen Arbeitsteilung bereits besetzt. Folglich setzt man auf Erhalt einer teils durch passive, teils durch aktive Umstrukturierung erneuerten Textilindustrie und auf eine breite Palette des zu diesem Industriezweig gehörigen tertiären Sektors. Die unternehmerischen Bemühungen wurden durch regionale und lokale Aktivitäten in den Bereichen Infrastrukturausstattung und Wirtschaftsförderung ergänzt, während sich die Begünstigung durch zentralstaatliche Maßnahmen für Roubaix-Tourcoing offenbar in engen Grenzen hielt.

Deutlicher Ausdruck der noch immer andauernden Probleme in der Region sind überdurchschnittlich hohe Arbeitslosenquoten, Beschäftigungsrückgänge und Wanderungsverluste bei der Bevölkerung. Die Zukunftsperspektiven der Region hängen entscheidend davon ab, ob die an den Tag gelegte Zuversicht für die regionale Textilindustrie gerechtfertigt ist oder nicht. Die bisherige Entwicklung dieses Gewerbezweigs in den Industrieländern legt eine eher skeptische Beurteilung nahe. Unabhängig davon aber bleibt die Region wegen ihrer sehr einseitig ausgerichteten Wirtschaftsstruktur anfällig für Probleme dieses Industriezweigs.

8. Mönchengladbach

8.1. Lage, Größe und Bevölkerung

Die kreisfreie Stadt Mönchengladbach (vgl. Karte 9) liegt im Bundesland Nordrhein-Westfalen. Sie ist Teil der Region Linker Niederrhein, zu der im Norden der Kreis Kleve, die Stadt Krefeld sowie der an Mönchengladbach grenzende Kreis Viersen und im Osten der Kreis Neuss gehören. Mönchengladbach ist jeweils etwa 25 km von den Niederlanden und vom Rhein mit der Landeshauptstadt Düsseldorf entfernt.

Nach den Ergebnissen der Volkszählung von 1987 leben in Mönchengladbach rund 250 000 Einwohner, was einem Anteil an der Gesamtbevölkerung der Bundesrepublik von 0,4 vH entspricht (vgl. Tabelle 41). Da der Flächenanteil Mönchengladbachs am Bundesgebiet deutlich niedriger ist, übersteigt die Bevölkerungsdichte der Stadt den Bundesdurchschnitt, und zwar um etwa das Fünffache.

Karte 9
**Nordrhein-Westfalen
mit Mönchengladbach und Ruhrgebiet**

Ruhrgebiet

Mönchengladbach

RWI
ESSEN

8.2. Abriß der Wirtschaftsgeschichte[338]

Günstige klimatische Voraussetzungen und eine entsprechende Bodenbeschaffen-
heit gestatteten es dem Wirtschaftsraum Mönchengladbach bereits früh, durch den
Flachsanbau den Grundstein für eine textilindustrielle Entwicklung zu legen. Aus

---

338 Die folgenden Ausführungen orientieren sich an P. Quack, Wandernde Akzente - Das
Textilschaffen im Mönchengladbacher Kammerbezirk. In: Industrie- und Handelskammer zu
Mönchengladbach (Hrsg.), Lebendige Wirtschaft im Wandel zum Morgen - 125 Jahre IHK zu
Mönchengladbach. Mönchengladbach 1963, S. 94ff.; J. Busch, Der textilwirtschaftliche
Niederrhein. Dissertation, Köln 1934; W. Fränken, Die Entwicklung des Gewerbes in den Städ-
ten Mönchengladbach und Rheydt im 19. Jahrhundert. (Schriften zur Rheinisch-Westfälischen
Wirtschaftsgeschichte, Band 19.) Köln 1969.

Tabelle 41

Mönchengladbach - Fläche und Bevölkerung	
Fläche	
in km^2	171
Anteil am Bundesgebiet	0,06
Bevölkerung (1987)	
in 1000	249,6
Anteil am Bundesgebiet	0,4
Bevölkerungsdichte	
Einwohner je km^2	1460
Bundesgebiet = 100	593

Nach Angaben des Landesamtes für Datenverarbeitung und Statistik Nordrhein-West-falen.

RWI ESSEN

dem Flachs wurde Leinen hergestellt, erst nur für den Hausgebrauch, später im Nebengewerbe und schließlich im selbständigen Hauptgewerbe. Im 16. und 17. Jahrhundert war die Region schon über ihre Grenzen hinaus bekannt für die hervorragende Qualität des dort hergestellten Leinens. Die Spezialisierung führte zur Ausweitung des Absatzgebietes in den holländischen Raum hinein, wo die Ware gebleicht und als "holländisches Leinen" in alle Welt geliefert wurde.

Durch die so entstandenen intensiven Handelskontakte mit Holland gelangte ein neuer Rohstoff nach Mönchengladbach: die Baumwolle. Die Verarbeitung der Baumwolle in Webereien bereitete keine größeren Probleme, da eine textile Tradition in der Region vorhanden war; zum Ende des 18. Jahrhunderts war der Übergang vom Leinen zur Baumwolle bewältigt.

Zur Wende vom 18. ins 19. Jahrhundert prägte das politische Geschehen die wirtschaftliche Entwicklung der Region: 1794 kam der linke Niederrhein unter französische Herrschaft und wurde ebenso wie das übrige Frankreich durch Einführung eines Außenzolls gegen Importe geschützt. Dies hatte zur Folge, daß eine Reihe von Textilunternehmen im Bergischen Land ihre Produktionsstätten an den linken Niederrhein verlagerten, um die Einfuhrzölle zu umgehen und sich die angestammten Absatzmärkte zu sichern. Die Errichtung der Kontinentalsperre durch Napoleon im Jahre 1807 war ein weiterer prägender Faktor der Gladbacher Wirtschaftsentwicklung. Durch Ausschaltung der englischen Konkurrenz wurde der Absatz der Webereien erweitert. Zugleich führte das Einfuhrverbot für englische Baumwollgarne dazu, daß neben den Baumwollwebereien nun auch Baumwollspinnereien entstanden.

Im Jahre 1813 erfolgte die Wiedereingliederung der linksrheinischen Gebiete in das preußische Zollgebiet. Dadurch wuchs der Konkurrenzdruck insbesondere der preiswerteren schlesischen Webereien. Mönchengladbach hatte in diesem Wettbewerb durch seine Nachbarschaft zu Krefeld ungünstige Voraussetzungen: In

Krefeld hatte man sich auf die Herstellung hochwertiger Stoffe (Seide, Samt) spezialisiert und erfolgreich versucht, die zahlungskräftigeren Nachfrager anzusprechen. Dementsprechend konnte man in Krefeld auch relativ hohe Löhne zahlen. Um die Abwanderung qualifizierter Arbeitskräfte in die Nachbarstadt Krefeld zu verhindern, war die Gladbacher Textilindustrie gezwungen, sich den dort gezahlten Löhnen anzupassen, was die Wettbewerbsfähigkeit gegenüber Baumwollwebereien in anderen Gebieten ungünstig beeinflußte. Dies hat wesentlich dazu beigetragen, daß sich die Gladbacher Textilindustrie auf die Produktion hochwertigerer Hosenstoffe spezialisierte und gleichzeitig die Herstellung von Woll- und Halbwollwaren aufnahm, die später für die Stadt entscheidende Bedeutung erlangen sollte.

Die Mechanisierung der Textilindustrie im Mönchengladbacher Raum setzte erst relativ spät und langsam ein, weil die Ausfuhr der in England entwickelten Textilmaschinen bis zum Jahre 1842 verboten war. So erfolgte die Mechanisierung der Spinnereien seit etwa 1848, die der Webereien sogar erst nach 1860. Eine eigenständige Textilmaschinenindustrie entstand dann zunächst in der Umgebung von Mönchengladbach (Grevenbroich), während in der Stadt Zubehörteile produziert und Reparaturaufgaben übernommen wurden.

In der zweiten Hälfte des 19. Jahrhunderts sind es wiederum politische Faktoren, die die Aufwärtsentwicklung der Textilindustrie unterbrechen. Anfang der sechziger Jahre führen der amerikanischen Bürgerkrieg und in seinem Gefolge die sogenannte "Baumwollhungersnot" zu Rohstoffengpässen. 1871 vergrößerte die Einbeziehung elsässischer und lothringischer Gebiete ins Reich den Wettbewerbsdruck. Nach Überwindung der damit verbundenen Schwierigkeiten setzte jedoch bis zum Beginn des Ersten Weltkrieges eine kontinuierliche Aufwärtsentwicklung ein, von der nicht allein die Textilindustrie, sondern auch die Zuliefer- und Weiterverarbeitungssektoren profitierten: Die Produktion von Textilien zog das Entstehen einer Bekleidungsindustrie nach sich, durch den Bedarf an Verpackungsmaterial kamen papier- und pappeverarbeitende Unternehmen hinzu. Gleichzeitig wuchs die Maschinenbauindustrie, die sich auf die Produktion von Dampf- und Kraftübertragungsmaschinen (insbesondere für den Einsatz in der Textilindustrie) spezialisierte und der es frühzeitig gelang, über den lokalen Bedarf hinaus zu fertigen. Mit der Ausbreitung der Elektrizität wurde die Herstellung von Lampen und Leuchten sowie textilisolierter Kabel aufgenommen.

Obwohl die Produktion von Tuchen (Buckskin) wegen der Konkurrenz elsässischer Anbieter bei Baumwollerzeugnissen ausgeweitet wurde und dieser Zweig der Textilindustrie zur Jahrhundertwende in Gladbach ein nicht unerhebliches Gewicht erlangt hatte, erlebte die Baumwollindustrie in Mönchengladbach zwischen 1900 und 1910 ihre "Blütezeit"; Mönchengladbach wurde als "rheinisches Manchester" bezeichnet. Die damals noch voneinander unabhängigen Städte Mönchengladbach und Rheydt konnten ihre Einwohnerzahl von 1870 (50 000 Einwohner) bis 1910 (120 000 Einwohner) mehr als verdoppeln. Im Jahre 1913 waren in der Textilindustrie mehr als 55 000 Personen beschäftigt - eine Zahl, die nicht wieder erreicht wurde.

Der Erste Weltkrieg brachte zwar kaum Kriegszerstörungen, aber doch eine Unterbrechung der Marktentwicklungen und die Rohstoffbewirtschaftung. Die Weltwirtschaftskrise trieb die Arbeitslosenzahlen zwischen 1928 und 1935 auch in Mönchengladbach hoch. Ab 1930 beginnt die Textilwirtschaft wieder zu wachsen. Der staatlicherseits erhobenen Forderung nach Verwendung heimischer Rohstoffe kommt die Gladbacher Textilindustrie durch den Einsatz von Zellwolle und Reißwolle nach. Es entstehen vollstufige Betriebe, in denen alle Arbeitsprozesse der Produktion - Reißen, Spinnen, Weben und Färben - abgewickelt werden.

Der Zweite Weltkrieg stellte eine erneute Unterbrechung der Gladbacher Wirtschaftsentwicklung dar: 58 vH aller Spindeln waren durch den Krieg zerstört, die Webereien waren zur Hälfte vernichtet, die andere Hälfte war z.T. stark beschädigt. Trotzdem wurde versucht, die Tuchproduktion schnell wieder aufzunehmen. Nach der Währungsreform stieg zunächst die Nachfrage nach einfachen Qualitäten. In der Folgezeit führten steigende Löhne, aber auch die wachsenden Ansprüche der Nachfrager zur Umstellung der Gladbacher Tuchindustrie von Halbwollwaren und Buckskin-Stoffen auf reinwollene Kammgarnware. Der Wandel der Ansprüche verlief parallel zum Einsatz neuer Produktionstechniken. Neue Maschinen und Anlagen waren entwickelt worden und fanden in der vom Krieg her stark zerstörten Gladbacher Textilindustrie unmittelbar Einsatz, was ohne die Zerstörungen wohl nicht so schnell der Fall gewesen wäre. Auf diese Weise wurde Mönchengladbach in den fünfziger Jahren zum Zentrum der deutschen Tuchproduktion, die Baumwolle spielte nur noch eine untergeordnete Rolle.

Die Probleme der Textilindustrie begannen Ende der fünfziger Jahre, und sie waren nicht auf den Raum Mönchengladbach begrenzt, sondern erfaßten das gesamte Bundesgebiet ebenso wie andere hochentwickelte Industrieländer. In der Bundesrepublik hatte die Textilindustrie nach dem Ende des Zweiten Weltkriegs zunächst einen raschen, auf dem Nachholbedarf der Bevölkerung beruhenden Aufschwung genommen. Der höchste Beschäftigungsstand wurde im Jahr 1957 erreicht; 670 000 Personen waren damals im Textilgewerbe der Bundesrepublik tätig. 1958 ging die Produktion zum ersten Mal in der Nachkriegszeit zurück[339]. In der Folgezeit nahm zwar die Produktion bis Ende der sechziger Jahre noch zu, die Beschäftigtenzahlen waren jedoch bereits seit Anfang der sechziger Jahre rückläufig. Ein Problem mit dauerhaften negativen Effekten auf das regionale Arbeitsplatzangebot im Mönchengladbacher Raum wurde hierin jedoch damals noch nicht gesehen. Zwar wurde das Ansteigen der Textilimporte sorgenvoll bemerkt, aber die Beurteilung der Zukunftsaussichten der Branche fiel mit Blick auf den EG-Markt noch positiv aus: "Die Textilindustrie des Mönchengladbacher Raumes (wird) auch im größeren Markt ihren Platz haben[340]."

Die Entwicklung seither hat jedoch gezeigt, daß dieser Platz sehr viel kleiner ist als damals vermutet. Der Wandel der Nachfragestruktur in bezug auf Qualität, die

---

339 Vgl. M. Breitenacher, Die Textilindustrie in der Bundesrepublik Deutschland. (Wirtschafts- und gesellschaftspolitische Grundinformationen, Heft 54.) Köln 1984, S. 10.

340 P. Quack, S. 120.

sinkende Einkommenselastizität der Textilnachfrage und Änderungen der internationalen Arbeitsteilung haben die Textilindustrie zur Problembranche werden lassen, die zum Wandel gezwungen war. Insbesondere der Aufbau von Textil- und Bekleidungsindustrien in den Schwellen- und Entwicklungsländern als Startpunkt ihrer Industrialisierung und der lohnkostenbedingte Preisvorteil ihrer Erzeugnisse haben den Importdruck steigen lassen[341]. Mit dem Importdruck stieg für die Textilbetriebe der Zwang zum technologischen Wandel und zur Rationalisierung - und dies bedeutete erhebliche Beschäftigungsverluste: die Produktivitätssteigerungen der Textilindustrie lagen trotz stagnierender oder sogar rückläufiger Produktion über dem Industriedurchschnitt[342].

Im Mönchengladbacher Raum ging die Zahl der Beschäftigten in der Textilindustrie und im nachgelagerten Bekleidungsgewerbe erheblich zurück, neue Wachstumsindustrien entstanden zunächst nicht und haben sich erst in jüngster Zeit herauskristallisiert.

8.3. Empirischer Befund der Wirtschaftsstruktur

8.3.1. Demographische Entwicklung

Die Einwohnerzahl der Stadt Mönchengladbach ist zwischen 1961 und 1985 geringfügig zurückgegangen (vgl. Tabelle 42); sowohl im Bundesland Nordrhein-Westfalen als auch im gesamten Bundesgebiet hat die Bevölkerung dagegen deutlich zugenommen. Bei Betrachtung der Teilzeiträume fällt auf, daß die Bevölkerungsentwicklung der Stadt seit 1980 nicht mehr hinter den Bundes- und Landesentwicklungen zurückbleibt, von 1970 bis 1980 war die Zahl der Einwohner dagegen schon rückläufig, während bundes- und landesweit noch Zuwächse zu verzeichnen waren.

8.3.2. Beschäftigung und Arbeitslosigkeit

Die Möglichkeiten für eine längerfristige Betrachtung der Beschäftigungsentwicklung in der Stadt Mönchengladbach sind wegen statistischer Probleme begrenzt. Veränderungen der räumlichen Abgrenzung (Gebietsreform, Neugliederung der Arbeitsamtsbezirke) und Lücken in den amtlichen Statistiken haben zur Folge, daß für Mönchengladbach kaum Datenmaterial vorliegt, das im Zeitablauf analysiert werden könnte. Die in Tabelle 43 ausgewiesenen Änderungsraten basieren daher ausschließlich auf den Ergebnissen der Volkszählungen von 1961, 1970 und 1987.

Ähnlich wie schon bei der Bevölkerungsentwicklung schneidet die Stadt auch bei der Beschäftigungsentwicklung im Vergleich zu Nordrhein-Westfalen und dem

---

341   Vgl. M. Breitenacher, S. 28ff.

342   Vgl. M. Breitenacher, S. 18.

Tabelle 42

Bevölkerungsentwicklung in Mönchengladbach, Nordrhein-Westfalen und der Bundesrepublik
1961 bis 1985

| | Bevölkerung | | | | Veränderung der Bevölkerungszahl | | | | | |
| | in 1000 | | | | 1961 bis 1970 | | 1970 bis 1980 | | 1980 bis 1985 | |
	1961	1970	1980	1985	in 1000	in vH	in 1000	in vH	in 1000	in vH
Mönchen-gladbach	258	264	258	255	6	2,2	-5	-2,0	-4	-1,5
Nordrhein-Westfalen	15912	16914	17058	16674	1002	6,3	144	0,8	-384	-2,3
Bundesrepublik	56175	60651	61658	61020	4476	8,0	1007	1,7	-638	-1,0

Eigene Berechnungen nach Angaben des Landesamtes für Datenverarbeitung und Statistik Nordrhein-Westfalen (Hrsg.), Statistisches Jahrbuch Nordrhein-Westfalen. Düsseldorf verschiedene Jahrgänge; Statistisches Bundesamt (Hrsg.), Statistisches Jahrbuch für die Bundesrepublik Deutschland. Wiesbaden, verschiedene Jahrgänge.

RWI ESSEN

Tabelle 43

Langfristige Beschäftigungstendenzen in Mönchengladbach, **Nordrhein-Westfalen und der Bundesrepublik** 1961 bis 1987; Veränderung der Beschäftigtenzahl in vH		
	Mönchengladbach	Nordrhein-Westfalen	Bundesrepublik
1961 bis 1970	-8,8	-2,9	0,8
1970 bis 1987	-6,6	-0,3	1,6
1961 bis 1987	-14,8	-3,2	0,7

Eigene Berechnungen nach Angaben des Landesamtes für Datenverarbeitung und Statistik Nordrhein-Westfalen (Hrsg.), Statistisches Jahrbuch Nordrhein-Westfalen. Düsseldorf, verschiedene Jahrgänge, Statistisches Bundesamt (Hrsg.), Statistisches Jahrbuch der Bundesrepublik Deutschland. Wiesbaden, verschiedene Jahrgänge; sowie nach Auskunft des Landesamtes für Datenverarbeitung und Statistik Nordrhein-Westfalen.

Bundesgebiet ungünstig ab. Der Beschäftigungsrückgang seit 1961 beträgt fast 15 vH, die Vergleichswerte für Land und Bund liegen bei -3,3 vH und bzw. 0,7 vH. Den stärksten Beschäftigungsrückgang mußte Mönchengladbach in den sechziger Jahren hinnehmen, als fast jeder zehnte Arbeitsplatz verloren ging, während im Bundesgebiet die Beschäftigung geringfügig stieg und die Abnahmerate im Landesdurchschnitt erheblich niedriger ausfiel. Von 1970 bis 1987 war der Rückgang der Beschäftigung in Mönchengladbach zwar niedriger als im Zeitraum davor, weiterhin war die Entwicklung im Vergleich zu Bund und Land aber ungünstig.

Als Fazit aus Bevölkerungs- und Beschäftigungsentwicklung der Stadt Mönchengladbach läßt sich festhalten, daß sich die Probleme der Region zwar in der Beschäftigungsentwicklung widerspiegeln, daß aber die Einwohnerzahlen keinesfalls in gleichem Umfang zurückgegangen sind. Neben den im Laufe des betrachteten Zeitraums eingetretenen Verschiebungen in der Altersstruktur der Bevölkerung dürften hierfür im wesentlichen zwei Faktoren verantwortlich sein: Zum ersten ist die Pendlermobilität der Erwerbstätigen seit 1960 gestiegen; stärker als früher nehmen die Arbeitskräfte längere Anfahrtzeiten zum Arbeitsplatz in Kauf, so daß auch Arbeitsplätze außerhalb des Stadtgebiets akzeptiert werden. Zum zweiten ist gerade für Regionen, die von der Textil- und Bekleidungsindustrie geprägt sind und in denen die Frauenerwerbstätigkeit relativ hoch ist, festzustellen, daß freigesetzte weibliche Arbeitskräfte in der "Stillen Reserve" verbleiben und auf Erwerbstätigkeit (zunächst) verzichten.

Erst mit der bundesweit stark gestiegenen Arbeitslosigkeit seit Mitte der siebziger Jahre finden die wirtschaftlichen Probleme der Stadt Mönchengladbach ihren Ausdruck in den Arbeitslosenquoten (vgl. Tabelle 44). Während 1970, als die Krise der Textilindustrie schon eine Reihe von Jahren andauerte, die Arbeitslosenquote in der Stadt kaum über dem Bundesdurchschnitt lag, im Arbeitsamtsbezirk - zu dem neben Mönchengladbach im wesentlichen der Kreis Neuss gehört - sogar niedriger war, ist nach 1975 eine Auseinanderentwicklung zu erkennen. Im

Tabelle 44

Entwicklung der Arbeitslosenquoten in Mönchengladbach und der Bundesrepublik

1970 bis 1987

	Stadt Mönchengladbach	Arbeitsamtsbezirk Mönchengladbach	Bundesrepublik
1970	0,8	0,5	0,7
1975	6,5	4,9	4,7
1976	5,9	4,7	4,6
1977	5,4	4,6	4,5
1978	5,2	4,5	4,3
1979	5,1	4,3	3,8
1980	5,4	4,5	3,8
1981	6,9	5,7	5,5
1982	10,1	8,6	7,5
1983	13,0	10,8	9,1
1984	12,1	10,2	9,1
1985	12,2	10,1	9,3
1986	12,0	9,8	9,0
1987	11,7	9,7	8,9

Nach Angaben des Arbeitsamtes Mönchengladbach.

RWI ESSEN

Jahre 1983 lag die Quote der Stadt um mehr als 40 vH über dem Bundesdurchschnitt. Die niedrigeren Werte für den Arbeitsamtsbezirk verdeutlichen, daß die Arbeitsmarktsituation in der näheren Umgebung günstiger ist als in der Stadt selbst. Auffällig ist, daß sich der Abstand zwischen der Arbeitslosenquote in Mönchengladbach und dem Bundesdurchschnitt nach 1983 wieder leicht verringert hat. Die Quote der Stadt bleibt mit 11,7 vH aber noch immer überdurchschnittlich hoch; mehr als 12 000 Personen waren 1987 arbeitslos gemeldet.

8.3.3. Beschäftigungsentwicklung und -struktur

Anders als bei den meisten der in dieser Arbeit verglichenen Regionen sind die strukturellen Veränderungen im Raum Mönchengladbach und die Art und Weise, wie sie zustande kamen, so gut wie gar nicht in der Literatur dokumentiert. Deshalb muß stärker als sonst auf primärstatistisches Material zurückgegriffen werden. Tabelle 45 gibt Auskunft über die Zahl der Industriebeschäftigten in der Stadt seit 1964 und somit auch über die Industriestruktur.

Obwohl die Zahl der Beschäftigten in der Textilindustrie bereits zwischen 1956 und 1964 erheblich zurückgegangen war[343], hatte dieser Industriezweig 1964

---

343 Nach Angaben des Statistischen Landesamtes in Nordrhein-Westfalen waren in den beiden damals noch unabhängigen Städten Mönchengladbach und Rheydt 1956 zusammen mehr als 30 000 Personen in der Textilindustrie beschäftigt.

Tabelle 45

Die Struktur der Industriebeschäftigung in Mönchengladbach
1964 bis 1987

	1964		1974		1979		1987	
	in 1000	Anteil in vH	in 1000	Anteil in vH	in 1000	Anteil in vH	in 1000	Anteil in vH
Verarbeitendes Gewerbe	54542	100,0	41470	100,0	34734	100,0	28970	100,0
davon: Grundstoff- und Produktionsgüter	827	1,5	693	1,7	539	1,6	1043	3,6
Investitionsgüter	19318	35,4	19830	47,8	17285	49,8	17875	61,7
darunter: Maschinenbau	11847	21,7	12628	30,5	10162	29,3	11372	39,3
Elektrotechnik	6093	11,2	5386	13,0	5651	16,3	4581	15,8
Verbrauchsgüter	33759	61,9	20643	49,8	15704	45,2	8620	29,8
darunter: Textilindustrie	21606	39,6	11735	28,3	8750	25,2	3927	13,6
Bekleidungsindustrie	8466	15,5	5601	13,5	4082	11,8	2417	8,3
Nahrungs- und Genußmittel	638	1,2	304	0,7	1206	3,5	1432	4,9

Nach Angaben des Landesamtes für Datenverarbeitung und Statistik Nordrhein-Westfalen und in Prognos AG (Hrsg.), Die wirtschaftliche Entwicklung Mönchengladbachs als Unternehmensstandort. Untersuchung im Auftrag der Stadt Mönchengladbach. Basel 1976, S. 5

RWI ESSEN

noch immer das mit Abstand höchste Gewicht, sein Anteil an der Zahl der Industriebeschäftigten betrug fast 40 vH. Daneben waren der Maschinenbau (22 vH), die Bekleidungsindustrie (16 vH) und die Elektrotechnik (11 vH) die wichtigsten Arbeitgeber in der Region. Der Anteil von fast 90 vH an der Beschäftigung im Verarbeitenden Gewerbe, den diese Sektoren in Mönchengladbach damals hatten, belegt die starke Konzentration auf einzelne Industriezweige und die hohe Abhängigkeit von der Textilindustrie, weil die Bekleidungsindustrie als Abnehmer und weite Teile des Maschinenbaus als Zulieferer mit dem Textilgewerbe eng verflochten waren.

Bis 1974 ging die Zahl der Industriebeschäftigten um fast ein Viertel zurück, wobei dieser Verlust an Beschäftigungsmöglichkeiten fast ausschließlich die Textil- und Bekleidungsindustrie betraf. Entsprechend verloren diese beiden Sektoren an Gewicht, während der expandierende Maschinenbau an Bedeutung zunahm - sein Anteil lag 1974 bei etwa 30 vH. Auch in der Zeit danach nahm die Zahl der Beschäftigten in der Textilindustrie weiter ab; etwa 3 000 Arbeitsplätze gingen zwischen 1974 und 1979 und nochmals fast 5 000 in der Zeit von 1979 bis 1987 verloren. Mehr als 3 000 Arbeitsplatzverluste im Bekleidungsgewerbe kamen zwischen 1974 und 1987 hinzu. Obwohl auch die elektrotechnische Industrie und der Maschinenbau in dieser Zeit die Beschäftigung reduzierten, sind die Entwicklungen in diesen beiden Sektoren doch noch relativ günstig ausgefallen, im Maschinenbau zeigt die Beschäftigung in jüngerer Zeit wieder steigende Tendenz.

Im gesamten Zeitraum von 1964 bis 1987 hat sich die Beschäftigtenzahl im Verarbeitenden Gewerbe nahezu halbiert, mehr als 25 500 Arbeitsplätze gingen verloren, davon fast 24 000 in der Textil- und Bekleidungsindustrie. Auffällig ist, daß der Beschäftigungsabbau in den beiden genannten Branchen in Mönchengladbach deutlich höher ausgefallen ist als im Bundesdurchschnitt. Gleichzeitig blieb der Gesamtumsatz nahezu unverändert, so daß der Umsatz je Beschäftigten, der in der Stadt bereits in der Vergangenheit den Bundesdurchschnitt überstieg, weiterhin überdurchschnittlich stark gestiegen ist. Der Gesamtumsatz blieb nahezu unverändert. Die Wettbewerbsposition der regionalen Produzenten hat sich also verstärkt. Der Anteil der Textilindustrie an der Beschäftigtenzahl im Verarbeitenden Gewerbe ist in Mönchengladbach von etwa 50 vH gegen Ende der fünfziger Jahre auf unter 14 vH gesunken, der des Maschinenbaus hat sich zwischen 1964 und 1987 fast verdoppelt. Die Ergebnisse machen zum ersten deutlich, in welch hohem Maße ein Wandel im Verarbeitenden Gewerbe stattgefunden hat. Sie sprechen aber auch für die Stärke der übrigen Industrie in der Region, da es ihr annähernd gelungen ist, ihren Beschäftigungstand von 1964 zu halten. Dies ist um so bemerkenswerter als sich der heute wichtigste Industriezweig in Mönchengladbach - der Maschinenbau - stark auf die Produktion von Textilmaschinen konzentriert hat. Problematisch erscheint, daß die eingetretenen Veränderungen der Industriestruktur kaum zu einer sektoralen Diversifizierung, sondern zu einer erneuten Schwerpunktbildung geführt haben, so daß die Anfälligkeit der Region für Sektorkrisen kaum verringert werden konnte.

Tabelle 46

Beschäftigungsstruktur in Mönchengladbach
1979 und 1987

	1979		1987		Veränd. 1979 bis 1987 in vH
	in 1000	Anteil in vH	in 1000	Anteil in vH	
Landwirtschaft, Fischerei, Forstwirtschaft	0,3	0,4	0,4	0,5	33,3
Energie und Wasser	1,6	1,9	1,6	1,9	0,0
Bergbau					
Verarbeitendes Gewerbe	39,3	44,7	34,9	41,0	-11,2
davon:		= 100,0		= 100,0	
Chemie	0,3	0,8	0,4	1,1	33,3
Kunststoff, Gummi	0,4	1,0	0,5	1,4	25,0
Steine, Erden, Feinkeramik, Glas	0,3	0,8	0,3	0,9	0,0
Metallerzeugung und -bearbeitung	0,8	2,0	1,0	2,9	25,0
Stahlbau	1,5	3,8	1,2	3,4	-20,0
Maschinenbau	9,0	22,9	9,7	27,8	7,8
Fahrzeugbau	1,0	2,5	1,3	3,7	30,0
Elektrotechnik, Feinmechanik, EBM-Waren	6,6	16,8	7,3	20,9	10,6
Holz, Papier, Druck	3,7	9,4	3,2	9,2	-13,5
Textil	8,8	22,4	4,4	12,6	-50,0
Bekleidung, Leder	4,7	12,0	3,3	9,5	-29,8
Nahrung und Genuß	2,0	5,1	2,2	6,3	10,0
Baugewerbe	5,4	6,1	4,3	5,0	-20,4
Handel	14,5	16,5	13,8	16,2	-4,8
Verkehr u. Nachrichten	3,2	3,7	3,8	4,5	18,8
Banken u. Versicherungen	2,5	2,8	2,6	3,0	4,0
Sonstige Dienstleistungen	13,1	14,9	15,5	18,2	18,3
Organisationen ohne Erwerbscharakter	0,8	0,9	1,2	1,4	50,0
Staat	7,1	8,0	6,9	8,1	-2,8
Insgesamt	87,9	100,0	85,0	100,0	-3,3

RWI ESSEN

Eigene Berechnungen nach Angaben des Landesamtes für Datenverarbeitung und Statistik Nordrhein-Westfalen.

Neben diesen Strukturveränderungen innerhalb der Industrie waren in der Vergangenheit in Mönchengladbach Verschiebungen zwischen dem sekundären und dem tertiären Sektor festzustellen. Früher als im Bundesgebiet stieg der Beschäftigtenanteil von Handel und Dienstleistungen an, so daß der überdurchschnittlich hohe Anteil des Produzierenden Gewerbes abgebaut wurde. Mitte der achtziger Jahre hat das Produzierende Gewerbe in der Region einen ungefähr gleich hohen Anteil an der Gesamtbeschäftigung wie im Bundesgebiet, der Dienstleistungsanteil liegt leicht über dem Bundesdurchschnitt.

Tabelle 46 zeigt die jüngeren Beschäftigungsentwicklungen in Mönchengladbach. Die Gesamtbeschäftigung ist zwischen 1979 und 1987 um 3,3 vH gesunken[344]. Deutlich ungünstiger ist die Entwicklung der Industriebeschäftigung verlaufen. Mehr als jeder zehnte Arbeitnehmer mußte seinen Arbeitsplatz in der Industrie aufgeben. Außer in der Textil- und Bekleidungsindustrie gingen insbesondere im Stahlbau und im Sektor Holz, Papier und Druck Beschäftigungsmöglichkeiten verloren. Von den gewichtigeren Sektoren konnten der Maschinenbau, die Elektrotechnik - inklusive EBM-Warenherstellung und Feinmechanik - und das Nahrungs- und Genußmittelgewerbe ihre Beschäftigung steigern.

Außerhalb der Industrie war die Beschäftigungsentwicklung im Baugewerbe und im Handel ungünstiger als im Durchschnitt der regionalen Wirtschaft. Auch die Zahl der im öffentlichen Sektor Beschäftigten ist zurückgegangen. Beschäftigungszuwächse sind dagegen bei den Dienstleistungen und im Verkehrsbereich zu verzeichnen, während der Bankensektor nur in geringem Umfang expandierte.

8.4. Regionale Anpassungsvoraussetzungen

Über ein Jahrhundert hinweg waren die Textilindustrie und das Bekleidungsgewerbe die dominierenden Wirtschaftszweige in der Stadt Mönchengladbach. In diesem Zeitraum wurde der intrasektorale Wandel vom Leinen zur Baumwolle, von der Baumwolle zu den regionstypischen Buckskin-Stoffen und vom Buckskin zu höherwertigen Wollwaren je nach den Erfordernissen des Marktes und nach der Rohstoffverfügbarkeit bewältigt. Stets konnte sich der textile Sektor seine Vorrangstellung erhalten. Erst erhebliche Verschiebungen der internationalen Arbeitsteilung und die im Zuge steigender Einkommen nur unterproportional wachsende Nachfrage nach Textilprodukten zwangen die Region zu grundlegenden Veränderungen ihrer wirtschaftlichen Strukturen, der sektorinterne Wandel war nicht mehr ausreichend, um den entstandenen Anpassungsdruck zu bewältigen.

---

344 Die Abweichungen gegenüber den Resultaten in den Tabellen 44 und 45 erklären sich aus der Verwendung unterschiedlicher Beschäftigtenzahlen (Erwerbstätige, sozialversicherungspflichtig Beschäftigte).

8.4.1. Anpassungshemmnisse bei den Produktionsfaktoren

Da Angaben über die regionalen Lohnstrukturen für Kreise und kreisfreie Städte nicht vorliegen, ist es schwierig, Aussagen über die Position der Stadt Mönchengladbach in bezug auf die Lohnkosten zu machen. Anhaltspunkte lassen sich allenfalls aus der Bruttolohnsumme je geleisteter Arbeitsstunde ableiten. In den siebziger Jahren lag der auf diese Weise ermittelte durchschnittliche Bruttostundenlohn in den vier für die Stadt wichtigsten Industriezweigen - Maschinenbau, Elektrotechnik, Textilindustrie und Bekleidungsindustrie - über den für Nordrhein-Westfalen ermittelten Vergleichswerten. Für die Textilindustrie war das höhere Lohnniveau wohl nicht zuletzt Ergebnis der Umstrukturierung auf höherwertige Tuchprodukte und damit verbundener Lohnsteigerungen[345]. Stellt man neuere Daten gegenüber, so fällt auf, daß die Löhne im Durchschnitt der Industrie recht deutlich unter dem Niveau Nordrhein-Westfalens oder des Bundesgebiets liegen. Dies ist jedoch ein im wesentlichen durch den noch immer hohen Anteil der - im Vergleich zu anderen Branchen - schlecht bezahlenden Textil- und Bekleidungsindustrie bedingtes Resultat. Vergleicht man wiederum die wichtigsten Branchen Mönchengladbachs, so fällt auf, daß im Maschinenbau (leicht über dem Durchschnitt), aber auch in der Textil- (leicht darunter) und Bekleidungsindustrie das Lohnniveau in der Stadt kaum von den vergleichbaren Landes- und Bundesgrößen abweicht. In der Elektrotechnischen Industrie ist die Bruttolohnsumme je Arbeiterstunde dagegen in Mönchengladbach höher als in Bund und Land.

Ob das in einzelnen Sektoren feststellbar höhere Lohnniveau die Anpassungen der Stadt verzögert hat, ist exakt nicht zu beurteilen, erscheint jedoch fraglich. Die in der Textil- und Bekleidungsindustrie freigesetzten Arbeitskräfte hatten durch das niedrige Niveau in diesen Branchen kaum allzu hohe Ansprüche; ein Hemmnis für Industrieansiedelungen in anderen Sektoren kann demnach eigentlich nicht bestanden haben, vielmehr stand ein verhältnismäßig preiswertes Arbeitskräftereservoir in der Stadt bereit.

Ein anderes Problem dürfte weit größeres Gewicht haben, nämlich die Qualifikation der Arbeitskräfte. Zum einen sind die Qualifikationsanforderungen an die im Textilsektor verbliebenen Arbeitskräfte im Zuge der sektorinternen Umstrukturierung gestiegen[346]. Zum anderen wichen die Qualifikation der in der Textilindustrie freigesetzten Arbeitskräfte und die Anforderungen, die von anderen Wirtschaftszweigen gestellt wurden, voneinander ab. Da in der Textil- und Bekleidungsindustrie im Zuge der Rationalisierung insbesondere die einfachen Tätigkeiten mit geringer Qualifikation weggefallen sind, ist es wenig verwunderlich, daß bereits 1974 bei einer Befragung von Mönchengladbacher Unternehmen in Teil-

---

345 Vgl. Prognos AG (Hrsg.), Die wirtschaftliche Entwicklung Mönchengladbachs als Unternehmensstandort. Untersuchung im Auftrag der Stadt Mönchengladbach. Basel 1976, S. 13.

346 Vgl. M. Breitenacher, S. 52f.

bereichen der Industrie ein Mangel an Facharbeitern festgestellt wurde[347]. Durch das negative Image, das der Textilindustrie aufgrund des langen Schrumpfungsprozesses inzwischen anhaftet, ist es gerade in diesem Industriezweig heute schwierig, die angebotenen Ausbildungsplätze zu besetzen.

Die im wirtschaftlichen Abriß der Stadt Mönchengladbach zitierte Äußerung aus dem Jahr 1963, daß die Gladbacher Textilindustrie einen Platz im europäischen Markt behaupten werde, verdeutlicht, daß zu jener Zeit noch allgemein die Vorstellung vorherrschte, die Krisenerscheinungen im Textil- und Bekleidungsbereich seien nur eine temporäre Erscheinung. Diese Annahme erklärt zumindest zum Teil das Verhalten der Textilindustrie, die bis etwa zu Beginn der siebziger Jahre - also zu einer Zeit, als das Ansiedelungspotential deutlich höher war als heute - versuchte, Neuansiedelungen negativ zu beeinflussen[348]. Dem lagen insbesondere lohnpolitische Überlegungen zugrunde: Eine stärkere Differenzierung der Industriestruktur durch Ansiedelung von außen hätte vermutlich einen Anstieg des (niedrigen) Lohnniveaus zur Folge gehabt. Die Chancen der traditionellen Sektoren zur Rekrutierung qualifizierter Arbeitskräfte hätten sich verschlechtert. Diese Einflußnahme ist dadurch erleichtert worden, daß Vertreter der dominanten Industrie in den kommunalen Entscheidungsgremien hohes Gewicht hatten. Entsprechend hat es die Stadt versäumt, frühzeitig Entwicklungskonzeptionen zu erarbeiten. Lange Zeit hat sich die Stadt aber auch mehr als Hoheitsträger denn als Betroffener und Partner der Wirtschaft verstanden und sich in ihren Denkweisen zu wenig auf die neue Problemsituation eingestellt[349].

Ein Hemmnis für die Erweiterung bzw. innerstädtische Umsiedlung ortsansässiger Unternehmen, aber auch für Neuansiedelungen sind in der Vergangenheit Engpässe im Grundstücksangebot gewesen. In einer Untersuchung für die Stadt Mönchengladbach macht die Prognos AG einerseits objektive Gründe hierfür verantwortlich - Flächen in der gewünschten Größe und Lage waren nicht verfügbar. Andererseits wird aber auch hervorgehoben, daß die Stadt Gestaltungsspielräume, die in diesem Bereich bestanden hätten, nur unzureichend genutzt und ihre Verhandlungsposition in Konkurrenz zu benachbarten Kommunen überschätzt habe[350]. Auch in jüngerer Zeit wird die Bedeutung einer vorausschauenden Bodenvorratspolitik hervorgehoben. In einer Bestandsaufnahme der wirtschaftlichen Strukturen plädierte die Industrie- und Handelskammer Mittlerer Niederrhein, zu deren Zuständigkeitsbereich neben Mönchengladbach die Stadt Krefeld sowie die Kreise Neuss und Viersen gehören, für eine Ausdehnung des Grundstücksfonds Ruhr auf das übrige Nordrhein-Westfalen[351]. Inzwischen kann der Grundstücks-

---

347 Vgl. Prognos AG (Hrsg.), S. 65.

348 Vgl. Prognos AG (Hrsg.), S. 58.

349 Vgl. Prognos AG (Hrsg.), S. 89f.

350 Vgl. Prognos AG (Hrsg.), S. 59f.

351 Vgl. Industrie- und Handelskammer Mittlerer Niederrhein (Hrsg.), Wirtschaft am Mittleren Niederrhein in den 80er Jahren, Strukturen - Analysen - Perspektiven. Krefeld u.a. 1981, S. 32.

fond, dessen Tätigkeit im Ankauf, in der Aufbereitung und in dem Bemühen um die Wiederverwendung ehemaliger Industrieflächen besteht, auch außerhalb des Ruhrgebiets tätig werden und hat dies im Einzelfall in Mönchengladbach bereits getan. In Anbetracht der Tatsache, daß Flächen, die ehemals von der Textilindustrie genutzt wurden, häufig mit Altlasten verunreinigt sind (insbesondere Bleich- und Färbchemikalien), sind derartige Aktivitäten - bei begrenztem Angebot von Freiflächen - notwendig und erfolgversprechend.

Auch hinsichtlich der Infrastruktur haben in Mönchengladbach zumindest zum Zeitpunkt, als die Krise der Textilindustrie begann, erhebliche Engpässe bestanden. So erfolgte der Anschluß an das Autobahnnetz erst relativ spät, die Schienenverbindungen mit anderen Teilen des Bundeslands Nordrhein-Westfalen und die Anbindung an das nationale und internationale Fernzugnetz waren ungenügend, und es bestanden Probleme in der Wasserversorgung[352]. Inzwischen sind in diesen Bereichen Verbesserungen eingetreten[353] - z.B. ist die Autobahnanbindung der Stadt sehr gut, eine Ost-West-S-Bahnlinie wurde eingerichtet, und der Flugplatz Mönchengladbach hat für den regionalen und privaten Flugverkehr Entlastungsfunktionen für Düsseldorf übernommen.

Das Bildungsangebot war lange Zeit stark auf die dominanten Wirtschaftszweige ausgerichtet; die Fachhochschule Niederrhein - mit Standorten in Krefeld und Mönchengladbach - ist noch heute Beleg dafür. Die technischen Fachbereiche sind in Krefeld angesiedelt, in Mönchengladbach ist neben den Wirtschafts- und Sozialwissenschaften der Bereich Textil und Bekleidung untergebracht, der einer der wenigen deutschen textilen Hochschulausbildungsstätten ist. Mönchengladbach dürfte von der Existenz der Fachhochschule in der Region profitiert haben. Sie hat sich insbesondere bemüht, durch kooperative Studiengänge eine bessere Integration von Studium und beruflicher Praxis zu erreichen, und unterhält enge Kontakte zur regionalen Wirtschaft.

8.4.2. Sonstige, den Anpassungsprozeß bestimmende Faktoren

An dieser Stelle sollen Besonderheiten angesprochen werden, die aus der geographischen Lage der Stadt Mönchengladbach resultieren. Die Ausführungen zur Wirtschaftsgeschichte haben gezeigt, daß Grenzziehungen ein wesentlicher Faktor dafür waren, daß gerade Mönchengladbach als ein Zentrum der Textilindustrie entstanden ist. Heute sind die Grenzziehungen andere, die Stadt liegt in der Peripherie der Bundesrepublik, nahe der Grenze zu den Niederlanden. Ähnlich wie im Falle des Saarlandes gilt auch hier, daß die in beiden Staaten unterschiedlichen rechtlichen Regelungen die Möglichkeiten, jenseits der Grenze aktiv zu werden, im Handwerks- und Dienstleistungsbereich begrenzen. Dies ist um so bedeutender, als auf niederländischer Seite keine Stadt vergleichbarer Größenordnung

---

352   Vgl. Prognos AG (Hrsg.), S. 68ff.

353   Vgl. M. Nieland, Wirtschaftsraum Mönchengladbach - Oberzentrum mit Tradition und Erfolg. "Wirtschaft und Standort", Düsseldorf, 8. Themenheft 1988, S. 19ff.

existiert, so daß ohne die Staatsgrenze der Einzugsbereich Mönchengladbachs möglicherweise größer sein könnte[354].

Ein zweiter Gesichtspunkt ist, daß auf deutscher Seite in unmittelbarer Nähe weitere Städte ähnlicher Größenordnung gelegen sind, mit denen Mönchengladbach in Konkurrenz stand und steht. Insbesondere die Stadt Krefeld ist in diesem Zusammenhang zu erwähnen. Auch Krefeld ist eine Stadt mit textiler Tradition - aufgrund der Nachbarschaft beider Städte aber mit einer anderen Spezialisierung (Samt und Seide). Krefeld war mithin in ähnlicher Weise wie Mönchengladbach von der sektoralen Krise betroffen, was sich heute dort in noch höheren Arbeitslosenquoten ausdrückt, obwohl Krefeld sehr früh eine stärker differenzierte Industriestruktur aufwies als Mönchengladbach. Das Problem der Umstrukturierung ist also hier wie dort noch nicht voll bewältigt, so daß beide Städte bei Industrieansiedlungen als mögliche Konkurrenten zu betrachten sind.

Schließlich ist die Nähe zur nordrhein-westfälischen Landeshauptstadt Düsseldorf von in jüngerer Zeit wohl eher positiver Bedeutung für die Entwicklungen im Mönchengladbacher Raum. Während lange Zeit die unmittelbare Zentrallage Düsseldorfs bei Ansiedlungsfragen den Ausschlag gegen Mönchengladbach gegeben haben dürfte und bei höherwertigen Dienstleistungsfunktionen die Landeshauptstadt ohnehin dominiert, profitiert Mönchengladbach inzwischen von der Nachbarschaft. Da viele Unternehmen in die peripheren Lagen Düsseldorfs drängen (Neuss, Mettmann, Ratingen), weil sie zwar die gute Infrastruktur nutzen möchten (z.B Flughafen), aber die unmittelbare Zentrumslage zu teuer oder zu eng geworden ist, kommt auch der Gladbacher Raum zunehmend als Standortalternative in Frage.

8.5. Revitalisierungsbestrebungen

8.5.1. Der wirtschaftspolitische Rahmen

Mönchengladbach ist eine kreisfreie Stadt im größten Bundesland der Bundesrepublik, in Nordrhein-Westfalen. Der ordnungspolitische Rahmen, der für die Stadt gültig ist, entspricht mithin dem, der in den Ausführungen über das Saarland bzw. über das Ruhrgebiet etwas ausführlicher dargestellt wurde. Zuständig für die Regionalpolitik und für die Raumplanung ist demnach das Land Nordrhein-Westfalen. Einige zusätzliche Anmerkungen scheinen jedoch erforderlich.

Zum ersten gehören zu Nordrhein-Westfalen weitere Industrieregionen, die ebenfalls mit dem Attribut altindustrialisiert zu versehen sind. Dies gilt beispielsweise für die textilindustriell geprägten Teile des Westmünsterlands oder für die Bergbauregion im Aachener Raum, es gilt insbesondere jedoch für das Ruhrgebiet. Da im Ruhrrevier die Probleme alter Industrieregionen noch offener zu Tage treten

---

354 Vgl. Grenzregio Rhein-Maas-Nord (Hrsg.), Grenzüberschreitendes Aktionsprogramm. Mönchengladbach 1986, S. 33.

und da allein aufgrund der Größe dieses Raumes das Ausmaß der Schwierigkeiten dort eine ganz andere Dimension besitzt als in der Stadt Mönchengladbach, ist es verständlich, daß sich die regionalpolitischen Aktivitäten Nordrhein-Westfalen insbesondere auf das Ruhrgebiet konzentrieren. Die Folge war in der Vergangenheit - und in naher Zukunft dürfte sich hieran nur wenig ändern -, daß die Region am linken Niederrhein keine besondere Aufmerksamkeit der Landespolitik genossen hat. Allerdings gehörte die Stadt Mönchengladbach von 1981 bis 1986 zu den im Rahmen der Gemeinschaftsaufgabe "Verbesserung der regionalen Wirtschaftsstruktur" geförderten Gebiete. Als Begründung der Förderung wird die schwache Entwicklung der Wirtschaftskraft wegen der unter internationalem Anpassungsdruck stehenden Textil- und Bekleidungsindustrie genannt[355]. Mönchengladbach gehörte zum Normalfördergebiet der Gemeinschaftsaufgabe, d.h. die zur Abgrenzung benutzten Indikatoren haben eine Förderbedürftigkeit des Gebietes angezeigt, wohl nicht zuletzt aufgrund der relativ niedrigen Einkommen.

Zum zweiten ist erwähnenswert, daß die Textilindustrie - anders als z.B. der Bergbau oder die Stahlindustrie - kaum in den Genuß von fiskalischen sektoralen Hilfen gekommen ist. Zwar sind in der Textilindustrie zwischen 1960 und 1985 bundesweit mehr Arbeitsplätze abgebaut worden als im Bergbau, aber diese Beschäftigungsverluste waren zum einen regional stärker gestreut, zum anderen sind die durchschnittlichen Betriebsgrößen im Textil- und Bekleidungsgewerbe geringer, so daß der Abbau von Arbeitsplätzen weniger spektakulär ist als etwa im Bergbau. Es soll allerdings nicht unterschlagen werden, daß mit dem Welttextilabkommen (WTA) eine internationale Maßnahme zur Abfederung des Anpassungsdrucks in dieser Branche ergriffen wurde. Das WTA soll den Wandel in den Industrieländern erleichtern und gleichzeitig den Entwicklungsländern Expansionsmöglichkeiten im Textil- und Bekleidungsbereich belassen. Aus diesem Grund sind die Ausfuhren von textilen Erzeugnissen aus den Schwellen- und Entwicklungsländern in die Industrieländer limitiert, eine schrittweise Liberalisierung des damit verbundenen Verstoßes gegen die Freihandelsprinzipien ist inzwischen z.T. erfolgt. Eine Voraussetzung für das Zustandekommen des WTA war ein Verbot nationalstaatlicher Eingriffe zur Verbesserung der Wettbewerbssituation des Sektors. Diesem Verbot wird zwar nicht durchgängig entsprochen, es erklärt aber das weitgehene Fehlen sektoraler Interventionen zugunsten der Textilindustrie in der Bundesrepublik. Die Vorteile des Abkommens werden darin gesehen, daß es die Anpassungsprozesse der Branche verlangsamt, aber nicht überflüssig gemacht hat, und daß es möglicherweise dazu beigetragen hat, einen stärker ausgeprägten nationalen Protektionismus zu verhindern[356].

---

355   Vgl. Unterrichtung durch die Bundesregierung [II], 15. Rahmenplan der Gemeinschaftsaufgabe "Verbesserung der regionalen Wirtschaftsstruktur". Deutscher Bundestag, Drucksache 10/5910. Bonn 1986, S. 80.

356   Vgl. M. Breitenacher, S. 37ff. Die Regelungen des WTA sind ausführlich dargestellt bei K. Neundörfer, Das vierte Welttextilabkommen. (Schriften zur Textilpolitik, Heft 4.) Frankfurt 1987. Auf die struktur- und handlungspolitische Problematik des WTA soll an dieser Stelle nicht eingegangen werden.

Drittens schließlich sind die Möglichkeiten einer einzelnen Kommune zur Beeinflussung des strukturellen Wandels andere, als z.B. die eines Bundeslands (wie z.B. im Fall des Saarlandes). Zwar können die Städte Finanzhilfen gewähren und über die Steuerpolitik (z.B. Gewerbesteuerhebesätze) die wirtschaftlichen Entwicklungen beeinflussen. Über Infrastrukturverbesserung, Gewerbeflächenerschließung, Liegenschaftspolitik und Bauleitplanung können sie ihre eigene Standortattraktivität steigern und den Rahmen für ansiedlungs- oder expansionswillige Unternehmen schaffen. Schließlich können sie durch Werbung und Imagepolitik ihre Vorzüge publik machen und durch unbürokratisches Verhalten unternehmerische Entscheidungen erleichtern[357]. Sie unterliegen aber auch einer ganzen Reihe von Einschränkungen: So sind sie zu bundes- und landestreuem Verhalten verpflichtet, und sie sind aufgefordert, mit ihren Aktivitäten nicht der staatlichen Wirtschaftspolitik entgegenzuwirken. Daneben stehen sie in ständigem Wettbewerb mit anderen Kommunen, denen die genannten Möglichkeiten zur Wirtschaftsförderung ebenso offenstehen, so daß allein die Tatsache, daß Maßnahmen aus den aufgezählten Bereichen ergriffen werden, noch keine Garantie für den Erfolg ist. Schließlich stellen die Finanzierungsmöglichkeiten eine Einschränkung der Aktivitäten dar. Die finanzielle Ausstattung der Kommunen ist teilweise von deren wirtschaftlicher Entwicklung abhängig. Geraten wichtige Sektoren der kommunalen Wirtschaft in Probleme, so verschlechtert sich die Mittelausstattung der Städte und daher auch ihre Möglichkeit, aus eigener Kraft an der entstandenen Problemlage etwas zu ändern. Die Tatsache, daß die Stadt Mönchengladbach unter den 65 deutschen Städten mit mehr als 100 000 Einwohnern nach dem Schuldenstand je Einwohner die Position 10, nach den Steuereinnahmen je Einwohner die Position 41 einnimmt, deutet an, daß ihre Finanzierungsmöglichkeiten zumindest begrenzt sind. Allerdings sind seit Mitte der siebziger Jahre nicht nur die Schulden, sondern auch die Steuereinnahmen Mönchengladbachs stärker als im nordrhein-westfälischen Durchschnitt gestiegen[358].

8.5.2. Anpassungsweg und bisherige Erfolge der Revitalisierungsmaßnahmen

Da es für die Stadt explizit formulierte wirtschaftspolitische Zielvorgaben nicht gibt, soll hier insbesondere erläutert werden, auf welche Weise die Anpassungen abgelaufen sind und welche Erfolge bislang festzustellen sind.

Bereits die Beschreibung der Beschäftigungsentwicklung im Stadtgebiet von Mönchengladbach hat deutlich gemacht, daß Umstrukturierungen vom sekundären in den tertiären Sektor und innerhalb des industriellen Bereichs in großem Umfang erfolgt sind. Es hat sich aber auch gezeigt, daß diese Entwicklungen mit einem Rückgang der insgesamt verfügbaren Beschäftigungsmöglichkeiten und mit

---

357 Zu den Möglichkeiten kommunaler Wirtschaftsförderung vgl. H. Heuer, Instrumente kommunaler Gewerbepolitik. (Schriften des Deutschen Instituts für Urbanistik, Band 73.) Stuttgart u.a. 1985, S. 50ff.

358 Vgl. o.V., Steuereinnahmen und Schuldenstand 1986 im zwischengemeindlichen und zeitlichen Vergleich. "Dortmunder Statistik", Dortmund, Jg. 1988, Sonderheft 112.

überdurchschnittlich hoher Arbeitslosigkeit verbunden gewesen sind; allerdings ist eine Lösung der Probleme nicht durch größere Abwanderung der Bevölkerung erfolgt.

Da der Wandel vom sekundären zum tertiären Sektor dem bundesweit feststellbaren Trend zu den Dienstleistungen entspricht, sollen hier die strukturellen Verschiebungen innerhalb der Industrie genauer analysiert werden. Drei Aspekte scheinen dabei besonders bedeutsam, erstens der Wandel innerhalb der Textil- und Bekleidungsindustrie, zweitens die Hinwendung zum Maschinenbau und drittens die Ansiedlung von Industrieunternehmen.

Struktureller Wandel fand zunächst innerhalb der Textil- und Bekleidungsindustrie selbst statt. Es war in hohem Maße ein passiver Wandel, d.h. eine Vielzahl von Unternehmen ist aus dem Markt ausgeschieden. Dabei darf jedoch nicht übersehen werden, daß die unternehmerischen Anstrengungen in den noch verbliebenen Unternehmen dieses Sektors zur Folge hatten, daß die Textilindustrie in der Region überhaupt noch existiert und daß die Ansicht vorherrscht, daß die Branche inzwischen auch ein überlebensfähiges Niveau erreicht hat[359]. Die Wege dieses aktiven sektorinternen Wandels verliefen - wie im Bundesgebiet[360] - in dreierlei Richtung: Produktinnovationen, Prozeßinnovationen und Standortinnovationen.

Wesentliches Element der Produktinnovationen, deren Möglichkeiten im Textil- und Bekleidungsgewerbe relativ gering sein dürften, war in Mönchengladbach die Spezialisierung auf ein Marktsegment für höherwertige Qualitäten. Einige der in Mönchengladbach tätigen Betriebe der Bekleidungsindustrie genießen bei den Verbrauchern einen besonders guten Ruf. Unter den Prozeßinnovationen ist die starke Automatisierung in der Textilindustrie hervorzuheben. Zwar haben sich die eigentlichen Arbeitsabläufe nicht allzu stark verändert, aber sie sind schneller, präziser und damit verbunden deutlich kapitalintensiver geworden. Die Kosten für die Einrichtung eines Arbeitsplatzes liegen in der Textilindustrie inzwischen über dem Durchschnitt des Verarbeitenden Gewerbes[361]. Damit sind aber auch die Qualifikationsansprüche an die Arbeitskräfte gestiegen, der Anteil von Ingenieuren und Textiltechnikern an der Gesamtbeschäftigung der Branche hat zugenommen[362]. Die im empirischen Teil enthaltenen Angaben haben gezeigt, daß die Produktivitätsfortschritte der Mönchengladbacher Textilindustrie überdurchschnittlich hoch gewesen sind. Dies unterstreicht die Bedeutung der Prozeßinnovationen, die zwar einerseits zu überdurchschnittlich hohen Arbeitsplatzverlusten geführt haben, die andererseits die Chancen der im Markt verbliebenen Unternehmen aber erhöhen. Unter den Standortinnovationen ist insbesondere die "passive

---

359 Diese Ansicht wird immer wieder von den Vertretern der Industrie- und Handelskammer geäußert.

360 Vgl. M. Breitenacher, S. 45ff.

361 Vgl. M. Breitenacher, S. 51.

362 Vgl. M. Breitenacher, S. 53.

Veredelung"[363] zu nennen, von der insbesondere die Bekleidungsindustrie Gebrauch macht. Bei ihr werden arbeitsintensive Tätigkeiten - z.B. das Zusammennähen zugeschnittener Teile - ins Ausland verlagert, Entwicklung und Vertrieb aber bleiben am alten Standort bestehen. So geht zwar ein Teil der Arbeitsplätze verloren, immerhin bleibt ein anderer Teil erhalten, so daß diese Lösung aus regionaler Sicht einer vollkommenen Aufgabe des alten Standorts vorzuziehen ist.

Der Wandel im Verarbeitenden Gewerbe verlief vom Textil- und Bekleidungsgewerbe hin zum Maschinenbau, und er ist - wie der zuvor geschilderte sektorinterne Wandel - ebenfalls nahezu ausschließlich das Ergebnis unternehmerischer Entscheidungen gewesen. In dem Prozeß, wie er sich in Mönchengladbach vollzogen hat, kommt dem Textilmaschinenbau eine besondere Bedeutung zu. Wie in vielen anderen Textilregionen ist diese Sparte des Maschinenbaus als Zulieferer für die heimische Industrie entstanden. In Mönchengladbach hat sich der Textilmaschinenbau jedoch frühzeitig aus dieser Funktion gelöst und sich durch Spezialisierung und das Eingehen auf Kundenwünsche auf dem Weltmarkt eine starke Position geschaffen. Die Exportquote (Auslands-/Gesamtumsatz) des Maschinenbaus in Mönchengladbach betrug 1987 mehr als 70 vH, die des Textilmaschinenbaus fast 90 vH. An den Umsätzen des Maschinenbaus hat der Textilmaschinenbau einen Anteil von fast 55 vH, der vergleichbare Beschäftigungsanteil liegt mit rund 50 vH knapp darunter.

Ursachen für die Spezialisierung sind zum Teil in der Historie zu finden. Sie begann im zweiten Jahrzehnt des 20. Jahrhunderts, als sich der deutsche Textilmaschinenbau starker Konkurrenz aus Großbritannien gegenüber sah. Da zu jener Zeit Spezialisierungskartelle in Deutschland nicht untersagt waren, wurde der Markt für Textilmaschinen je nach Schwerpunkt der einzelnen Unternehmen aufgeteilt[364]. Dies allein dürfte jedoch nicht den Ausschlag dafür gegeben haben, daß Mönchengladbach heute Sitz des weltweit führenden Produzenten von Spinn- und Spulautomaten ist. Die unternehmerische Leistung, die diesem Resultat zugrunde liegt, ist nicht zu verkennen. Erleichtert wurde sie durch die Existenz einer leistungsfähigen Textilindustrie am selben Standort; denn diese räumliche Nähe zwischen Produzenten und Anwendern der Maschinen stellt sicher, daß Neuerungen und Verbesserungen angeregt und ohne größere zeitliche Verluste in die Produktion eingebracht werden können. Das Überleben einer - wenn auch stark reduzierten - Textilindustrie ist deshalb für den Textilmaschinenbau nicht ohne Bedeutung.

Während der Wandel im textilen Bereich und im Textilmaschinenbau - sieht man einmal von den verzögernden Wirkungen des Welttextilabkommens ab - fast ausschließlich das Ergebnis unternehmerischen Verhaltens ist und ohne unmittelbare staatliche Interventionen erreicht wurde, waren für die insbesondere in der jüngeren Zeit feststellbaren Ansiedlungserfolge andere Faktoren ausschlaggebend. Welche Rolle dabei den Fördermaßnahmen der Gemeinschaftsaufgabe "Verbesse-

---

363   Vgl. M. Breitenacher, S. 58.

364   Vgl. C. F. Sabel u.a., S. 21f.

rung der regionalen Wirtschaftsstruktur", der ergänzenden Förderung durch das Land, den erzielten Verbesserungen im Bereich der Infrastruktur und den städtischen Aktivitäten im Bereich der Wirtschaftsförderung zukommt, ist im einzelnen nicht quantifizierbar, sicherlich haben all diese Faktoren eine gewisse Bedeutung gehabt. Sektorale Schwerpunkte lassen sich bei den Ansiedelungen kaum erkennen; erkennbar ist aber ein Schwerpunkt, was die Herkunft der Unternehmen anbelangt: Eine Reihe von ihnen sind japanische Unternehmen. Bei den Ansiedlungserfolgen dürfte Mönchengladbach daher in mehrfacher Hinsicht von seiner Nähe zu Düsseldorf profitiert haben: Erstens existieren in der Landeshauptstadt schon seit einiger Zeit japanische Unternehmen (Industrieunternehmen, Banken), deren Nähe ganz offensichtlich gesucht wird. Zweitens ist die Infrastruktur Düsseldorfs von Mönchengladbach aus mitzunutzen - dies gilt hier insbesondere für den internationalen Flughafen. Und schließlich bemüht man sich in Düsseldorf - und zunehmend auch in der Umgebung -, auf die speziellen Interessen der Japaner einzugehen.

Während die Nachbarschaft zur Landeshauptstadt Früchte trägt, stellt die Nähe zur niederländischen Grenze noch immer eher ein Hemmnis der wirtschaftlichen Entwicklung dar. Dies dürfte einer der Gründe dafür sein, daß sich Mönchengladbach inzwischen intensiv an grenzüberschreitenden Aktivitäten beteiligt. Ausdruck hierfür ist beispielsweise auch die Arbeit der "Grenzregio Rhein-Maas-Nord", deren Sitz Mönchengladbach ist und die neben einer Reihe von gemeinsamen Initiativen ein grenzüberschreitendes Aktionsprogramm erstellt hat. In diesem Aktionsprogramm wurden Vorschläge erarbeitet, um Engpässe in der grenzüberschreitenden Infrastruktur zu beseitigen, um das gemeinsame Wirtschaftspotential besser zu nutzen und die Kooperation in Fragen der Raumplanung zu verbessern[365].

Zusammenfassend ergibt sich als Urteil, daß hier eine, wenn auch relativ eng abgegrenzte Region ohne größere Hilfe von außen, im wesentlichen auf der Grundlage unternehmerischer Entscheidungen den Zwang zum Wandel relativ erfolgreich umgesetzt hat. Dies drückt sich nicht zuletzt in der Tatsache aus, daß diese Region bei der Neuabgrenzung der Fördergebiete für die Gemeinschaftsaufgabe keine Berücksichtigung mehr fand[366]. Dennoch sind einige kritische Anmerkungen angebracht. Nach den Ergebnissen der Prognos-Untersuchung aus dem Jahr 1976 scheint es sowohl auf Seiten der Unternehmen als auch auf Seiten der Stadt eine größere zeitliche Verzögerung zwischen dem Auftreten der Probleme und dem Erkennen der Probleme gegeben zu haben[367]. Diese Schwachstelle ist auf unternehmerischer Seite inzwischen beseitigt, während die Stadt noch immer bemüht ist, konzeptionelle Defizite aufzuarbeiten. So gibt es noch keine detaillierte

---

365 Vgl. Grenzregio Rhein-Maas-Nord (Hrsg.), S. 89.

366 Es ist schwierig zu beurteilen, ob dies das Resultat einer gestiegenen Wirtschaftskraft oder einer Änderung des verwendeten Indikators zur Abgrenzung der Förderregionen ist. Zu den Indikatoren vgl. D. Hillesheim u.a., Zur Neuabgrenzung des Fördergebiets der Gemeinschaftsaufgabe "Verbesserung der regionalen Wirtschaftsstruktur". Bonn 1988.

367 Vgl. Prognos AG (Hrsg.), S. VIff.

Untersuchung der Stadt zu den wirtschaftlichen Entwicklungen und zur aktuellen Situation. Abhilfe an diesem Zustand könnte die 1987 ins Leben gerufene Arbeitsmarktkonferenz schaffen, in der die örtlichen Parteien, die Wohlfahrtsverbände, die Arbeitsverwaltung, die Handwerkerschaft sowie die Industrie- und Handelskammer, die Gewerkschaften, aber auch die Stadtverwaltung und die Fachhochschule vertreten sind. Ziel ist es, in einer konzertierten Aktion aller zuständigen Stellen vor Ort Vorstellungen über eine lokale Beschäftigungspolitik zu entwickeln. Grundlage hierfür soll eine detaillierte Analyse der Vergangenheitsentwicklung und der Perspektiven der Stadt und der Arbeitsmarktregion Mönchengladbach sein.

8.6. Zusammenfassende Bewertung

Textil- und Bekleidungsindustrie waren die Sektoren, die der Stadt Mönchengladbach den Aufstieg zu einer industriell geprägten Region ermöglichten. Etwa ein Jahrhundert lang waren diese Branchen in der Lage, sich den wechselnden Marktgegebenheiten und unterschiedlichen Rohstoffgrundlagen anzupassen. Mit den seit Ende der fünfziger Jahre eingetretenen Veränderungen im Textilbereich wurden sektorinterne Anpassungen zunehmend schwieriger, das frühere Niveau der Textil- und Bekleidungsindustrie konnte nicht gehalten werden. Die Zahl der Betriebe und damit auch die Zahl der Beschäftigten gingen seither erheblich zurück, die Abnahmeraten in Mönchengladbach lagen sogar über den Durchschnittswerten für das Bundesgebiet.

Die starke Dominanz der Textilindustrie, die beschriebenen Fehleinschätzungen seitens der Unternehmen und der Stadt zu Beginn der Krise und Mängel in der regionalen Infrastrukturausstattung haben die sektoralen Probleme in Mönchengladbach zu einem regionalen Problem werden lassen und eine raschere Anpassung verhindert. Die Erfolgsbilanz der Stadt 30 Jahre nach Beginn der Krise kann sich dennoch sehen lassen. Ohne sektorale Hilfen und ohne allzu starke Unterstützung von der Regionalpolitik sind eine Reihe von Anpassungen bis heute erfolgt: Unternehmerische Leistungen sind verantwortlich dafür, daß ein als überlebensfähig geltender Rest der textilen Branchen erhalten blieb und daß der Textilmaschinenbau im industriellen Bereich die Rolle als Wachstumsmotor übernehmen konnte. Die Nachbarschaft zu Düsseldorf, Infrastrukturverbesserungen in der Region und Wirtschaftsförderungsaktivitäten haben insbesondere in jüngerer Zeit Ansiedlungserfolge ermöglicht, die zur Differenzierung der Wirtschaftsstruktur beitragen. Sichtbarer Ausdruck der Probleme bleiben die Beschäftigungsverluste in der Vergangenheit, auch wenn sie nicht in größerem Umfang zu einer Abwanderung der Bevölkerung geführt haben, und die nach wie vor überdurchschnittlich hohe Arbeitslosigkeit im Stadtgebiet von Mönchengladbach.

Drittes Kapitel

Zusammenfassender Vergleich und Folgerungen

Die Regionsbeschreibungen bilden die Basis für den nun folgenden Regionsvergleich. Ziel ist jedoch nicht die bloße Gegenüberstellung der bereits beschriebenen Fakten, sondern die Verbindung mit analysierenden Überlegungen, um letztendlich zu möglichst allgemeingültigen Schlußfolgerungen zu gelangen. In Anlehnung an den für die Regionsbeschreibungen gewählten Gliederungsrahmen werden interregional die historischen Entwicklungen, die regionalen Anpassungshemmnisse und das Verhalten der Wirtschaftspolitik gegenübergestellt. Abschließend wird geprüft, ob in den Vergleichsregionen zwischen regionaler Tradition, Regionsgröße, sektoralem Schwerpunkt, Anpassungszeitraum, Umfeldbedingungen, der Wahrnehmung urbaner Funktionen sowie der verfolgten Wirtschaftspolitik einerseits und den bislang feststellbaren Erfolgen andererseits Zusammenhänge bestehen.

1. Unterschiede und Gemeinsamkeiten in historischer Entwicklung und aktueller Situation

1.1. Größe und Siedlungsstruktur

Die in den Vergleich einbezogenen Gebiete weisen sowohl hinsichtlich ihrer Größe als auch in bezug auf die Siedlungsstruktur deutliche Unterschiede auf. Zwei der Vergleichsgebiete - Pittsburgh und die West Midlands - sind Regionen mit einem metropolähnlichen städtischen Verdichtungskern. Die Verdichtung dieser Räume nimmt mit wachsender Entfernung vom Zentrum ab, Teilgebiete der Regionen weisen eine Bevölkerungsdichte auf, die unter nationalen Vergleichswerten liegt. Vergleichbare monozentrale Strukturen gibt es im Saar-Lor-Lux-Raum oder im Ruhrgebiet nicht. Das Ruhrgebiet ist ein Großraum mit nahezu durchgängig hoher Verdichtung ohne größere Unterbrechungen durch landwirtschaftlich genutzte oder freie Flächen. Es gibt dort allein drei Städte mit mehr als 500 000 Einwohnern (Duisburg, Essen, Dortmund), weitere sieben Städte haben mehr als 100 000 Einwohner. Der Saar-Lor-Lux-Raum ist ähnlich polyzentral strukturiert, wenngleich die industriellen Zentren bei weitem nicht die Größe wie im Ruhrgebiet erreichen und in erheblich stärkerem Maße von ländlich geprägten

Regionsteilen durchbrochen werden. Es muß offen bleiben, wie weit eine höhere Besiedlungsdichte im Saar-Lor-Lux-Raum durch Randlage, Grenzziehungen und die häufigen Wechsel der politischen Zuständigkeiten verhindert wurde. Zwar sind diese Faktoren sicher von Belang gewesen, entscheidender war wohl aber die transportkostenungünstige wirtschaftsgeographische Lage dieses Gebiets.

Die verglichenen Textilregionen sind allesamt erheblich kleiner als die Montanregionen. Dies ist zu einem geringen Teil allerdings abgrenzungsbedingt: im Fall von Mönchengladbach wird das reine Stadtgebiet betrachtet, in Roubaix-Tourcoing und Lowell wird nur die unmittelbare Umgebung den Regionen zugerechnet. Alle drei Städte nehmen mittel- bis oberzentrale Funktionen wahr und liegen in Nachbarschaft zu den Metropolen Düsseldorf (Hauptstadt des Bundeslandes Nordrhein-Westfalen), Lille (Départementhauptstadt) bzw. Boston (Hauptstadt des US-Staates Massachusetts).

1.2. Entstehung und Entwicklung

Aus der Wirtschaftsgeschichte der Regionen lassen sich gewisse parallele Entwicklungen erkennen. Alle Regionen haben sich in der ersten Hälfte des 19. Jahrhunderts wirtschaftlich herausgebildet, erlebten danach eine steile Aufschwungphase, durchliefen eine Blütezeit, fielen dann relativ im Vergleich zur Aufstiegsphase, aber auch im Vergleich zu anderen Gebieten zurück, bevor sie zu niedergehenden ("declining") Regionen wurden. Mit gewissen regionsspezifischen Modifikationen ist demnach ein regionaler Lebenszyklus erkennbar, wie er aufgrund theoretischer Überlegungen abgeleitet wurde.

Dieser generellen Gemeinsamkeit stehen aber auch deutliche Unterschiede gegenüber, die vor allem mit dem sektoralen Schwerpunkt zusammenhängen. Der Aufstieg der Textilindustrie charakterisiert die Frühphase der Industrialisierung. Ursprüngliche Rohstoffbasis war die regionale Landwirtschaft, wo - häufig zunächst im Nebenerwerb - Flachs angebaut bzw. Schafe gezüchtet und auf dieser Grundlage textile Erzeugnisse für den lokalen Bedarf hergestellt wurden. Dadurch bedingt gab es in den Regionen Arbeitskräfte mit textilspezifischen Kenntnissen. Die erforderliche Kapitalbasis für die Industrialisierung stellte in zwei der Vergleichsregionen, Lowell, Mönchengladbach, der Handel bereit; in Roubaix-Tourcoing kam das erforderliche Kapital aus dem landwirtschaftlichen Bereich. Wichtig für das Entstehen der textilindustriellen Agglomerationen war aber auch die Existenz von durch den Handel erschlossenen, aufnahmefähigen Absatzmärkten und die Verfügbarkeit von Wasser. Bei dem Herausarbeiten dieser rohstoff-, arbeits-, kapital- und absatzorientierten Faktoren darf jedoch nicht übersehen werden, daß es wenige Unternehmerpersönlichkeiten waren, die durch ihr Handeln entscheidende Impulse für das Herausbilden industrieller Schwerpunkte gaben. Dies wird in Lowell am deutlichsten, gilt aber auch für die beiden anderen Textilregionen.

Die weitere Expansion der Textilindustrie vollzog sich vornehmlich durch technologische Innovationen: Die Erfindung mechanischer Spindeln beseitigte den Garn-

RAIVER W.
UND SONST KAINER

engpaß, die Entwicklung leistungsfähiger Webstühle und die spätere Nutzung der Dampfkraft ermöglichten eine rasche Steigerung der Produktion. Die regionsinternen Verbundbeziehungen der Textilindustrie blieben jedoch begrenzt. Als nachgelagerter Produktionsbereich bildete sich häufig das Bekleidungsgewerbe heraus. Auf der Vorleistungsseite entstand als Lieferant von Investitionsgütern der Textilmaschinenbau. Die innovative Funktion der Fabrikanten konzentrierte sich auf einen vergleichsweise engen technischen Bereich; sie war in Lowell und Mönchengladbach stärker ausgeprägt als im Gebiet um Roubaix, wo eher die technischen Verfahren, die anderswo erarbeitet worden waren, adaptiert wurden. Dafür war in Roubaix das kaufmännische Geschick stark ausgeprägt. Die urbanen Funktionen der Textilstädte waren begrenzt, z.T. sogar schwach ausgebildet. Künstlerische, wissenschaftliche oder verwaltungsmäßige Aufgaben waren in den benachbarten Metropolen konzentriert.

Die zweite Welle der Industrialisierung stützte sich auf die Kohle als Energieträger und auf Eisen bzw. Stahl als Rohstoff. Bedeutendster Faktor für die Standortentscheidung der Montanindustrie war somit das Vorkommen von Rohstoffen - historisch waren die Kohlelagerstätten von erstrangiger Bedeutung. Technische Neuerungen, die den Abbau der Kohle erleichterten oder unter ungünstigen Bedingungen erst ermöglichten, und Innovationen in der Verhüttungs- und Verarbeitungstechnik, die eine industrielle Verwertung der Rohstoffe begünstigten, hatten eine zentrale Bedeutung. Die technischen Verbesserungen setzten wiederum Erfinder und Konstrukteure voraus; der Einsatz der Verbesserungen in der Produktion erforderte Unternehmerpersönlichkeiten, die bereit waren, ein hohes Risiko zu übernehmen. Die Entstehungsgeschichte der Montanregionen ist mithin in allen Fällen durch einzelne Namen geprägt, im Ruhrgebiet beispielsweise durch die von Krupp, Harkort oder Dinnendahl. Diese Faktoren - Rohstoffverfügbarkeit, technologische Entwicklung und Unternehmerpersönlichkeiten - waren für die Entstehung der montanindustriellen Gebiete von entscheidender Bedeutung. Andere Standortfaktoren hatten im Vergleich dazu allenfalls ein untergeordnetes Gewicht. Dies gilt beispielsweise auch für den Anschluß an überregionale Verkehrswege. Waren günstige Transportbedingungen vorhanden - wie durch den Rhein im Fall des Ruhrgebiets oder den Ohio in Pittsburgh -, so haben sie den Aufstieg der Region und damit die Größe der sich herausbildenden Agglomeration begünstigt. Fehlten dagegen überregionale Verkehrsverbindungen, so hat dies das Entstehen der industriellen Agglomeration nicht von vornherein verhindert - dazu waren die Rohstoffe Kohle und Erz zu wichtig -, sondern es hat zum Bau von Verkehrsverbindungen (Kanäle, Eisenbahnen) geführt und so allenfalls die Entwicklungsgeschwindigkeit bzw. die Agglomerationsgröße beeinträchtigt. Ganz ähnliches gilt für qualifizierte Arbeitskräfte: In den Regionen, die Tradition in Kohleförderung und Metallerzeugung hatten, gab es Arbeitskräfte mit den erforderlichen Kenntnissen, und dies hat die Entwicklung begünstigt. Dort, wo diese nicht vorhanden waren oder wo ihre Zahl nicht ausreichte, wurden sie von außerhalb angeworben oder durch die um das Rohstoffvorkommen herum entstehenden wirtschaftlichen Gegebenheiten angezogen.

Die Expansion der so entstandenen Montankerne wurde durch eine Reihe von Faktoren begünstigt: Starke, im Entwicklungsprozeß steigende "economies of scale", starke und steigende "foreward and backward linkages", aber auch die Ausweitung der Nachfrage im Zuge des raschen Ausbaus der Infrastruktur sowie die staatliche Förderung durch Militäraufträge sind in diesem Zusammenhang zu nennen. In historisch kurzer Zeit bildeten sich neue Wirtschaftsräume auf einer sektorkomplexen Basis mit allerdings begrenzter Funktion heraus. Die Folge davon war ein Bedeutungsverlust der alten, vorindustriellen Metallregionen und die Entstehung von Industrieagglomerationen, die an Menschenzahl und Wertschöpfung gemessen die traditionellen Zentren rasch ein- und überholten.

Während die Expansion in den Textil- und Montanregionen auf den Sektoren basierte, die sich in der Entstehungsphase herausgebildet hatten, verlief die Entwicklung in den West Midlands in anderer Weise. Zwar verdankt die Region ihr Entstehen den Kohlevorkommen, aber es setzte bereits frühzeitig ein intersektoraler Wandel ein: Der montanindustriell geprägte Teil der West Midlands (Black Country) verlor an Gewicht, da neue Stahlwerke und Kohlegruben in Regionen mit günstigeren Voraussetzungen entstanden. Den West Midlands gelang der Wandel von der Metallerzeugung zur Metallverarbeitung. Dieser frühe Anpassungserfolg ist durch die Flexibilität der Unternehmerschaft, eine durch kleine und mittlere Betriebe gekennzeichnete Unternehmensgrößenstruktur sowie auf qualifizierte Arbeitskräfte mit vielseitigen Fertigkeiten im metallurgischen Bereich zurückzuführen. Genau diese Faktoren waren auch dafür ausschlaggebend, daß sektoraler Wandel das Kennzeichen der regionalen Entwicklung blieb. So gelang die Verlagerung des sektoralen Schwerpunkts von der Metallverarbeitung zum leichten Maschinenbau und von da zur Automobilproduktion. Auf diese Weise hatte die Region an einer Abfolge sektoraler Lebenszyklen teil. Immer blieben Teile der vorherigen Sektoralstruktur erhalten, aber die jeweils neuen Sektoren übernahmen die Funktion des regionalen Wachstumsmotors. Bei keiner der Vergleichsregionen wird in ähnlicher Weise deutlich, wie - zumindest über einen Zeitraum von etwa 100 Jahren - Wachstum als Folge des Wandels zum Aufstieg der Region beitragen kann.

Der Vergleich der Textilregionen mit den Montanregionen hat deutliche Unterschiede in der Regionsgröße offenkundig werden lassen. Die Agglomerationskraft der Montanindustrie scheint zumindest bei günstiger Rohstoff- und Frachtlage erheblich größer gewesen zu sein als die der Textilindustrie. Wesentliche Ursache hierfür dürfte in den unterschiedlichen Entstehungsvoraussetzungen beider Sektoren zu finden sein: Bodenschätze in einer Qualität und Größenordnung, die ihre Ausbeutung rechtfertigt, sind nur an wenigen Orten vorhanden, die klimatischen Voraussetzungen für den Flachsanbau bzw. die Vegetation, die die Schafzucht ermöglicht, sind an sehr viel mehr Orten gegeben. Damit dürften aber auch die Voraussetzungen für die textilindustrielle Entwicklung in weit mehr Gebieten vorhanden gewesen sein. Dies ermöglichte eine absatznähere Produktion und das Entstehen vieler kleinerer "Produktionszentren". Dort, wo sie größer wurden, setzte bald eine regionale Spezialisierung ein. Die "foreward linkages" der Textilindustrie sind deutlich schwächer als die des Montanbereichs, da die Erzeugnisse der Textilindustrie sehr viel näher am Endkonsum, die Weiterverarbeitungsmöglichkeiten mithin begrenzter sind. Schließlich sind die Transportkosten bei textilen Produkten nicht so hoch, daß eine Weiterverarbeitung unbedingt in der Region erfolgen mußte. All dies schränkt die Agglomerationskraft dieses Sektors ein.

Die Sogkraft der Montansektoren war demgegenüber sehr viel höher. Nicht allein, daß ergiebige Rohstoffvorkommen für Regionen eher die Ausnahme sind, auch die Höhe der Transportkosten der Kohle hat eine entscheidende Rolle dafür gespielt, daß sich Sektoren mit hohem Energie(Kohle-)verbrauch in der Nähe der Kohle ansiedelten. Dazu gehörte die Stahlindustrie, die wiederum die Ansiedlung weiterverarbeitender Sektoren nach sich zog: Die Zulieferindustrien suchten einerseits die räumliche Nähe ihrer Abnehmer, andererseits sind sie zum Teil selbst Weiterverarbeiter von Stahl, so daß die Ansiedlung in der Montanregion auch unter diesem Aspekt vorteilhaft war. Die Ausmaße der sich herausbildenden Agglomerationen sind somit vom sektoralen Schwerpunkt, aber auch von den Standortfaktoren, die für die sektorale Prägung entscheidend waren, abhängig.

1.3. Zeitpunkt und Ursachen des Anpassungsdrucks

Die bisherigen Ausführungen stellten vor allem auf die Aufstiegsphase der Regionen ab. Für die Textil- und Montanregionen lag die Blütezeit meist in der Dekade vor dem Ersten Weltkrieg. In der Zwischenkriegszeit zeigten sich je nach Betroffenheit von der Weltwirtschaftskrise deutliche Anzeichen einer regionalen Entwicklungsschwäche; nach dem Zweiten Weltkrieg erfolgte in der Regel eine Reaktivierung der alten Strukturen. Deutliche Niedergangserscheinungen sind jedoch meist erst in jüngerer Zeit festzustellen. Zu erklären ist daher erstens das zeitlich oft starke Auseinanderfallen von wirtschaftlicher Blütezeit und regionaler Schrumpfung. Wie ist es den einzelnen Regionen gelungen, ihre Bedeutung über z.T. relativ lange Zeiträume hinweg zu erhalten und ein früheres Einsetzen des Niedergangs zu verhindern? Einzugehen ist zweitens auf die Ursachen des regionalen Niedergangs.

Die kürzeste Zeitspanne zwischen Blüte und Niedergang zeigt sich in den US-amerikanischen Vergleichsgebieten. Die Textilindustrie in Lowell - und ganz ähnliches gilt für den damit eng verbundenen Textilmaschinenbau der Region - hatte sich in der Aufstiegsphase nicht spezialisiert. Die im Zuge der technologischen Entwicklungen erforderliche Modernisierung der Produktionsprozesse erfolgte vor allem mit dem Ziel, economies of scale zu nutzen, nicht aber mit dem Ziel, Spezialisierungsvorteile zu realisieren. Als die Textilnachfrage und damit auch die Nachfrage nach Erzeugnissen des Textilmaschinenbaus heterogener wurde, wurden die dafür erforderlichen Veränderungen nicht vorgenommen; das regionale Angebot konzentrierte sich weiter auf die preissensible Massenware. Mit dem Bedeutungsverlust seiner Standortvorzüge war deshalb der Niedergang Lowells vorgezeichnet, der dann auch nahezu unmittelbar - seit etwa 1920 - begann. Ähnliches gilt für die Montanregion Pittsburgh, die auch bereits in den zwanziger Jahren im Vergleich zu anderen US-Regionen an Bedeutung verlor. Die Oligopolisierung der Stahlindustrie und das auf Pittsburgh ausgerichtete Basing-Point System (Pittsburgh-Plus) haben dort allerdings zur Verzögerung des Niedergangs beigetragen.

In den in Europa gelegenen Vergleichsregionen sind die ersten Zeichen des Niedergangs ebenfalls früh feststellbar. Allerdings haben die Weltkriege und deren unmittelbare Folgen dazu beigetragen, diesen Niedergang zunächst aufzuhalten: Sowohl die Textilindustrie als auch in noch stärkerem Maße die Montanindustrie waren Industriezweige, die von der Nachfrage nach Rüstungsgütern profitierten. Nach Beendigung der Weltkriege wurden für den Wiederaufbau Kohle und Stahl benötigt. Soweit in diesen Branchen selbst Anlagen zerstört waren, erhielten sie beim Wiederaufbau Priorität. Im Zuge der Beseitigung der Zerstörungen stiegen allmählich auch wieder die Einkommen und mit ihnen die Textilnachfrage. Die durch den Krieg entstandenen Diskontinuitäten und Nachholeffekte haben in den europäischen Vergleichsregionen die Reaktivierung der traditionellen Industriezweige angeregt, wenn nicht sogar erforderlich gemacht. Da dabei gleichzeitig eine durchgreifende Modernisierung der Anlagen erfolgte, stellte sich eine "künstliche" Verlängerung des sektoralen Lebenszyklus ein.

Weitere, den Zeitpunkt des Niedergangs hinausschiebende Aspekte mit regional unterschiedlicher Bedeutung kamen hinzu: So gelang beispielsweise in der Region Mönchengladbach mehrfach ein den Nachfrageentwicklungen und dem Rohstoffangebot angepaßter sektorinterner Wandel, d.h. der textilindustrielle Schwerpunkt wurde zwar erhalten, aber die Produktpalette des Sektors wurde umstrukturiert. Die Erfolge dieser Restrukturierungsform haben aber nur verzögernde Wirkung gehabt, und dies unterscheidet sie von der Entwicklung in den West Midlands, wo sektorexterner Wandel in der Weise stattfand, daß das Neue jeweils auf dem bestehenden Alten aufgebaut wurde.

Die Verzögerung des Wandels hatte zur Folge, daß traditionelle Strukturen erhalten blieben und die ohnehin vorhandenen Verkrustungen in den Regionen verstärkt wurden. Es entstand eine Tendenz, das Alte zu halten und das Neue zu verhindern. Diese Tendenz drückte sich in den europäischen Montanregionen ganz ähnlich wie in Pittsburgh aus (Neigung zur Konzentration und Kartellbildung). Anpassungsinteresse und Anpassungsflexibiltät wurden dadurch eingeschränkt, der Bestand konnte allerdings befristet gesichert werden. Die Textilindustrie war aufgrund der geringeren Unternehmensgröße und der regional stärkeren Zersplitterung für Kartellierungsbestrebungen weit weniger anfällig als der Montanbereich. Sowohl Montan- als auch Textilunternehmen nutzten ihre regionale Dominanz, um Betriebsansiedlungen aus anderen Sektoren zu verhindern. Andererseits gingen die neuen Industrien den alten auch bewußt aus dem Weg, weil die regionalen Faktormärkte in den etablierten Zentren ausgeschöpft und die Faktorpreise hoch waren bzw. weil künstliche Engpaßsituationen aufrecht erhalten wurden (Boden). Begünstigt wurde das Ausweichen neuer Industriezweige dadurch, daß eine leistungsfähige Verkehrsinfrastruktur die Erschließung anderer Regionen für die zunehmend differenzierter werdende industrielle Produktion gestattete: Chemie, Fahrzeugbau, Elektrotechnik, Feinmechanik und Optik entwickelten sich als ergänzende, später treibende Kräfte im Gesamtprozeß der Industrialisierung, und sie wählten andere regionale Schwerpunkte.

Die Ursachen für die Entwicklungswende vom Aufstieg bzw. aus der Blütezeit in den Niedergang können ganz grob danach differenziert werden, ob sie regionalen, nationalen oder internationalen Charakter hatten. Grund für die frühen Niedergangstendenzen in den US-amerikanischen Regionen war die Umbewertung von Standortvorteilen im nationalen Kontext. Dies hängt zum einen mit der Größe der Vereinigten Staaten und den damals existierenden erheblichen Entwicklungsunterschieden zwischen einzelnen Teilen des Staates zusammen, es ist zum anderen auch dadurch zu erklären, daß die Internationalisierung der Wirtschaft noch nicht sehr weit vorangeschritten war. Die Umbewertung von Standortvorteilen hieß im Falle Lowells konkret, daß sich durch die Maschinisierung der Textilindustrie die Bedeutung qualifizierter Arbeitskräfte erheblich verringerte. Eine Anpassung der Produktion in Lowell an das Qualifikationsniveau der Arbeitskräfte, die das Entlohnungsniveau hätte absichern können, gelang nicht. Für die Entwicklung in Pittsburgh war entscheidend, daß die Industrialisierung der Vereinigten Staaten im 20. Jahrhundert weit über den Nordosten des Landes hinausgriff, so daß sich der Stahlbedarf regional differenzierte. Zusammen mit der Erschließung neuer kostengünstiger Kohle- und Erzgruben sowie veränderten Transportbedingungen trug dies zur regionalen Differenzierung der Stahlerzeugung bei.

Die entscheidende Wende im industriellen Lokalisationsmuster der europäischen Regionen - von denen Pittsburgh aber ebenfalls erfaßt wurde - stellte sich erst etwa zu Beginn der sechziger Jahre ein und hatte internationale Ursachen. Die in den Vergleich einbezogenen Gebiete gerieten von mehreren Seiten unter Druck: Die Energiebasis wurde von Kohle auf Öl und Gas umgestellt, in den der Kohle noch verbleibenden Marktsegmenten wurde importierte Kohle durch die Verringerung der Transportkosten zum Konkurrenten der heimischen Förderung, da aufgrund der geologischen Gegebenheiten der Abbau in Übersee erheblich preiswerter ist. Die weltwirtschaftliche Arbeitsteilung erweiterte sich. Die Entwicklungsländer, die zuvor weitgehend Nahrungsmittel- und Rohstofflieferanten waren, übernahmen industrielle Produktionsaufgaben. Dies traf zunächst vor allem die Textil-, später auch die Stahlindustrie. Industrielle Standortfaktoren wurden zunehmend international verglichen, ihre Umbewertung ging zu Lasten der Industrieländer, insbesondere der traditionellen Industrieregionen. Solange den stagnierenden bzw. zurückfallenden Sektoren noch hinreichend viele mit ausgleichendem Wachstum bei Produktion und Beschäftigung gegenüberstanden, wurden Faktorumsetzungen erleichtert, wenngleich bereits in diesem Umfeld manche Regionen keine neuen Produktionen anziehen konnten und den Anschluß verloren. Dramatisch zugespitzt hat sich die Situation seit den siebziger Jahren, als die gesamtwirtschaftliche Entwicklung an Fahrt verlor und der industrielle Bereich in der Summe Arbeitsplätze abbaute. Besonders betroffen hiervon war die Stahlindustrie, die wegen des engen Zusammenhangs von Stahlverbrauch und gesamtwirtschaftlichem Wachstum in eine schwere Absatzkrise geriet.

Zu den internationalen Problemursachen kamen nationale oder regionsspezifische Gesichtspunkte hinzu, die die Niedergangserscheinungen verstärkten. So haben beispielsweise in Frankreich nationale Eingriffe in Preis- und Investitionsentscheidungen zu Lasten Lothringens gewirkt, und im Saarland waren zersplitterte Eigentumsverhältnisse und Infrastrukturmängel Belastungsfaktoren. Insgesamt waren die Ursachen der Anpassungsprobleme der europäischen Regionen aber offenbar ähnlich; sie waren auch nicht deutlich verschieden von denen der US-amerikanischen Gebiete, mit dem Unterschied, daß sich dort eine Umbewertung von Standortvorteilen bereits früher auf nationaler Ebene vollzog. Eine gewisse Sonderstellung nehmen die West Midlands ein. Hier führte die Politik eines hohen Außenhandelsschutzes und einer Bevorzugung des Handels mit den Commonwealth-Ländern dazu, daß sich die Region ihrer Absatzmärkte sicher wähnte und den internationalen Entwicklungen ihrer Schwerpunktsektoren zu wenig Bedeutung schenkte. Die Änderung dieser Politik hat dann zum Beginn des rasch verlaufenen Niedergangsprozesses geführt.

1.4. Aktuelles Bild der Anpassungsprobleme und -erfolge

Für alle Vergleichsregionen kann festgehalten werden, daß die Bevölkerungsentwicklung mit dem Beginn der Probleme ungünstiger als im nationalen Durchschnitt verlaufen ist. Soweit die Ergebnisse regionaler Wanderungsbewegungen ausgewertet werden konnten, waren im zeitlichen Verlauf zunächst Bevölkerungswanderungen aus den Zentren der Agglomeration in peripher gelegene Regionsteile festzustellen, später nahmen auch die Wanderungsverluste des Umlands zu. Es kann davon ausgegangen werden, daß zunächst die Dezentralisierungstendenz der Industrie sowie die Suburbanisierungstendenz der Bevölkerung, danach in zunehmendem Umfang die unbefriedigende ökonomische Situation der Region den Ausschlag für den Wohnsitzwechsel gaben. Auch bezüglich der Arbeitslosigkeit schneiden die Regionen im Vergleich zum nationalen Durchschnitt ungünstig ab. Allerdings ist auffällig, daß das Ausmaß der Abweichungen zwischen regionalem und nationalem Wert stark differiert. Diese Abweichung ist in den deutschen Gebieten sehr viel höher als beispielsweise in den französischen Regionen oder in den West Midlands. Ob dies stets Ausdruck regional stärker differenzierter Arbeitslosigkeit ist, muß jedoch bezweifelt werden. Vielmehr dürften für diese Feststellung auch methodische Unterschiede bei der Berechnung der Quoten und verschiedene Formen versteckter Arbeitslosigkeit mitentscheidend sein. Auffällig ist weiter, daß die Arbeitslosenquoten noch zu Beginn der siebziger Jahre meist gar nicht oder allenfalls geringfügig den nationalen Durchschnitt überstiegen. Erst im Laufe der siebziger Jahre hat sich eine starke Differenzierung herausgebildet, weil die Arbeitslosenquoten in der Rezession stärker zunahmen, in den gesamtwirtschaftlichen Boomphasen aber gar nicht bzw. nur unterproportional zurückgingen (Sperrklinkeneffekt).

Die Verschiebungen der Beschäftigungsstruktur weisen ebenfalls Gemeinsamkeiten auf. So ist mit Ausnahme von Lowell in allen Regionen eine starke Verlagerung von Aktivitäten aus dem sekundären in den tertiären Bereich festzustellen. Dieser Trend hatte in den durch die Industrie geprägten Regionen zur Folge, daß sich die wirtschaftlichen Strukturen dem nationalen Durchschnitt annäherten. Die Industrie war aber nicht nur relativer Verlierer bei der Zahl der Beschäftigten; der absolute Abbau von Arbeitsplätzen im industriellen Sektor hat zum Teil drastische Ausmaße gehabt. Die sektorale Betroffenheit entspricht dabei den Erwartungen: In den Montanregionen war es die Hüttenindustrie, in den Textilregionen das Textil- und Bekleidungsgewerbe, wo die stärksten Einbußen festzustellen waren. Der Beschäftigungsabbau beschränkte sich jedoch in keiner der Vergleichsregionen auf die dominanten Industrien. Stets waren - in regional unterschiedlicher Weise - andere Sektoren mitbetroffen. In einigen Regionen gab es zu Beginn der achtziger Jahre keine Industriezweige bzw. Industriegruppen mit steigenden Beschäftigtenzahlen (Pittsburgh, Lothringen, Ruhrgebiet, West Midlands, Roubaix-Tourcoing). In anderen Gebieten sind dagegen auch expansive Industriesektoren auszumachen (z.B. Luxemburg, Saarland, Mönchengladbach). Die Probleme der dominanten Industrien ziehen in aller Regel Probleme in anderen Gewerbezweigen nach sich - je nachdem, wie hoch die intraregionale Verflechtung der Industrie ist. Das Baugewerbe ist überall, der Handel in den meisten Fällen von den Schwierigkeiten so stark miterfaßt, daß die Beschäftigtenzahl absolut zurückgeht. Schließlich ist auch das Expansionstempo der Dienstleistungen in den Vergleichsregionen meist deutlich niedriger als anderswo.

Stellt man weniger auf die Gemeinsamkeiten als vielmehr auf die Unterschiede ab, so sind Lowell und Luxemburg die Ausnahmeregionen. Lowells Erfolg läßt sich bereits am empirischen Material ablesen: Eine günstige Bevölkerungsentwicklung, eine geradezu unglaubliche Expansion der Beschäftigtenzahl seit Mitte der siebziger Jahre und eine industrielle Renaissance, die zu einem gestiegenen Beschäftigungsanteil der Industrie geführt hat, sind wesentliche Merkmale dieses Erfolgs; die Arbeitslosenquote ist niedriger als in den meisten Vergleichsregionen und im nationalen Durchschnitt. Lediglich Luxemburg weist eine niedrigere Arbeitslosenquote auf, deren Bewertung jedoch wegen besonderer Formen der Beschäftigungspolitik schwer fällt. Damit soll der Erfolg Luxemburgs nicht geschmälert werden; die Einwohner- und Beschäftigtenzahlen haben zugenommen, die industriellen Arbeitsplatzverluste wurden zum Teil durch industrielle Expansion, zum größeren Teil aber durch Beschäftigungssteigerungen in den Dienstleistungsbereichen wettgemacht.

Erfolge lassen sich aber nicht allein am empirischen Bild messen; zum Teil finden sie in den Statistiken noch keinen Niederschlag. Urteile darüber sind von Beobachtern "vor Ort" in der Literatur beschrieben, manchmal auch nur zwischen den Zeilen zu lesen. Die Erfolgsbeurteilung erhält bereits so eine stark subjektive Komponente. Hinzu kommt, daß ein möglichst erfolgreiches Bild Teil einer gezielten Außendarstellung sein kann. Häufig ist schwer zu beurteilen, ob statistisch nicht meßbare Erfolge tatsächlich vorhanden oder Teil einer Strategie sind, wie sie durch den Titel einer Arbeit über Pittsburgh zum Ausdruck kommt: "Nichts ist erfolgreicher als der Erfolg"[1]. Die positiven Seiten - im Beispiel Pittsburgh der Wandel zu Verwaltungs- und Dienstleistungsfunktionen, die Bedeutung als "headquarter-city" und die wachsende Hochtechnologieorientierung - werden unentwegt und überall dokumentiert. Die Probleme - passive Sanierung, hohe Arbeitslosigkeit und drastische Reduzierung öffentlicher Leistungen im Umland - werden dagegen häufig nicht einmal am Rande erwähnt. In der Bundesrepublik liegt der Schwerpunkt der Arbeiten zu altindustriellen Gebieten nicht auf der Erfolgs-, sondern auf der Mißerfolgs- und Ursachenanalyse. Manchmal entsteht der Eindruck, daß mit dem Nachdenken über die Ursachen Kapazitäten gebunden wer-

---

1   K.R. Kunzmann [I].

den, die eigentlich zur Gestaltung von Erfolgen benötigt werden. Das Ruhrgebiet scheint bislang am ehesten von der Pittsburgher Strategie zu lernen. Meldungen über Aufbruchstimmung im Revier nehmen zu; allen voran beginnt die Stadt Dortmund ihre Erfolge zu vermarkten. Die mit der Darstellung regionaler Entwicklungen verfolgten Absichten können also sehr verschieden sein; Verzerrungen bei einer Erfolgsbeurteilung, die im wesentlichen auf Literaturauswertung basiert, können mithin kaum ausgeschlossen werden.

Wenn hier dennoch der Versuch gemacht wird, eine qualitative Beurteilung nach dem Kriterium Anpassungserfolg vorzunehmen, so sind diese Vorbehalte zu beachten. Die erfolgreichste Vergleichsregion ist wohl Lowell, nicht allein aufgrund der empirischen Ergebnisse, sondern auch, weil hier eine völlige Umstrukturierung der Wirtschaft auf eine neue Basis gelungen ist. Wie dauerhaft dieser Erfolg ist und ob die Region sich noch in der Aufstiegsphase befindet oder bereits auf neuen sektoralen Grundlagen ihre Blütezeit durchläuft, ist schwer zu beantworten. Erste Probleme scheinen sich anzudeuten: Es gibt Engpässe auf dem Arbeitsmarkt, die Verkehrsinfrastruktur ist zum Teil überlastet, und das größte Unternehmen am Ort hat erste Entlassungen vornehmen müssen und erklärt, daß eine etwaige Expansion kaum in Lowell, sondern in Fernost erfolgen würde[2]. Man ist in Lowell dazu gezwungen, im innovativen Bereich ständig Spitzenleistungen zu erbringen, um erfolgreich zu bleiben. In Luxemburg laufen die Anpassungsprozesse zwar noch, aber sie vollziehen sich in der Industrie über Aufbau und Schrumpfung und von der Industrie in den tertiären Bereich, ohne daß dabei bisher erhebliche Friktionen aufgetreten wären. Sozialpolitisch flankierende Maßnahmen haben die Anpassungen für die Arbeitnehmer erträglich gestaltet. Der Wandel hin zu Dienstleistungen (insbesondere Banken) birgt aber auch hier das Problem der erneuten Monostrukturierung und der damit verbundenen Gefahren. Ähnlich wie Luxemburg hat sich auch Mönchengladbach von der alten Industriebasis weitgehend gelöst; neue industrielle Schwerpunkte haben sich herausgebildet, der verbleibende Textilsektor wird als wettbewerbsfähig, aber auch als erforderlich für Aktivitäten des Textilmaschinenbaus eingestuft. Nach wie vor ist die Arbeitslosigkeit aber hoch, und es wird offensichtlich, daß die Stadt weder die Finanzausstattung noch die Entscheidungsautonomie von Luxemburg hat, um die in analoger Weise zu handeln und zur Linderung der Probleme beizutragen. In der Region Pittsburgh hat die Stadt selbst über aktive und passive Sanierung den Anpassungsdruck weitgehend verarbeitet. In den Regionsteilen des Umlands besteht er aber fort und schlägt sich negativ im empirischen Bild nieder.

An der Saar ist der bereits in den siebziger Jahren zu verzeichnende Wandel, der sehr stark auf der Gründung von Zweigwerken basierte, durch die Stahlkrise und das niedrige gesamtwirtschaftliche Wachstums ins Stocken geraten. Dennoch zeigt der statistische Befund, daß selbst im Industriebereich expandierende Zweige existieren. Das empirische Bild der Ruhrwirtschaft weist demgegenüber kaum positive Elemente auf, die Montanabhängigkeit ist allerdings inzwischen stark gesunken. Einige Anzeichen sprechen dafür, daß man die momentane Auf-

---

2   Vgl. B. Solomon, New England - Has the Boom Ended? "National Journal", vol. 1986, S. 3002ff.

bruchstimmung nutzt, um Neues zu planen und in die Realität umzusetzen. Der statistische Niederschlag dürfte mit Verzögerung folgen, wenngleich in der noch ungelösten Frage der künftigen Fördermenge des Bergbaus eine schwere Hypothek besteht. Die Beurteilung des Erfolgs der West Midlands ist schwierig. Strukturwandel hat sich zunächst weitgehend über Abwanderung vollzogen. Trotz der in jüngerer Zeit steigenden Beschäftigtenzahlen sind Sektoren, die die Rolle der traditionellen Industriezweige übernehmen könnten, kaum zu erkennen. Ähnliches gilt für Lothringen. Teilerfolge konzentrieren sich hier auf die größeren Städte der Region, auf Metz und Nancy. Beschäftigungsentwicklung, aber auch die Stimmung in der Region, wie sie die verfügbare Literatur vermittelt, sind ungünstig. In der Textilregion Roubaix-Tourcoing ist der Wandel im Rahmen traditioneller Strukturen bei gleichem sektoralen Schwerpunkt erfolgt. Ob die Textilindustrie auf so breiter Basis wettbewerbsfähig ist und bleibt, erscheint sehr zweifelhaft, und nur wenn dies der Fall wäre, könnte man von Erfolg sprechen. Erfolgreich waren die Anpassungsbestrebungen immerhin beim Aufbau eines neuen Schwerpunkts, im Versandhandel.

1.5. Zusammenfassende Schlußfolgerungen

Die bisherigen Ausführungen gestatten einige allgemeingültige Schlußfolgerungen:

- Regionale Lebenszyklen lassen sich in allen Vergleichsgebieten im Verlauf ihrer Industriegeschichte nachzeichnen. Sie entsprechen im Normalfall der als "carrier-Typ" bezeichneten Verlaufsform: Entstehungsphase, Aufstiegsphase, Blütezeit, Niedergang. Dabei sind zwischen der Blütezeit und dem Beginn des Niedergangs z.T. erhebliche Zeitunterschiede zwischen den Regionen festzustellen. Die West Midlands weichen von dieser Verlaufsform insofern ab, als die Aufstiegsphase durch eine Abfolge von "carrier"-Sektoren gekennzeichnet ist (replacement-Typ mit sektoral begrenzten, aber nicht die gesamte regionale Wirtschaft betreffenden Niedergangserscheinungen). In einigen der Vergleichsregionen ist ein "replacement" des dominanten Sektors erfolgt (Lowell) bzw. abzusehen (Mönchengladbach); ihm vorausgegangen ist zumeist eine längere Phase des Niedergangs.

- Zentrales Element für das Entstehen der Industrieagglomerationen waren in allen Fällen Unternehmerpersönlichkeiten, häufig ausgestattet mit einem hohen Maß an technischem Sachverstand. Der Aufstieg der Regionen wurde durch die wachsende Nachfrage nach ihren Erzeugnissen und durch die Verbesserung des technologischen Kenntnisstands ermöglicht. Regionale Unterschiede in der Größe der sich herausbildenden Agglomerationen hängen u.a. vom sektoralen Schwerpunkt ab. Die klimatischen Voraussetzungen der Textilindustrie sind im Raum gleichmäßiger verteilt als Vorkommen von Kohle und Erz. Dies und die Nähe der Textilindustrie zum Endverbraucher begünstigten das Entstehen mehrerer kleinerer Textilzentren. Die Transportkostenintensität von Kohle und Stahl und die nach heutigen Maßstäben schlechten Transportmöglichkeiten im vorigen Jahrhundert lösten eine Sogwirkung auf ein breites Spektrum von energie- und stahlverwendenden Weiterverarbeitern aus, so daß die Montanregionen meist größere Ausmaße annahmen.

- Die Textil- und Montanregionen erreichten etwa zeitgleich die Phase wirtschaftlicher Blüte. Die Abfolge von "carrier-Sektoren" verlängerte die Aufstiegsphase der Region West Midlands gegenüber den übrigen Vergleichsgebieten. Umbewertungen von Standortfaktoren zunächst auf nationaler, später auf internationaler Ebene führten zur Beendigung der Blütezeit. Wenn die Umbewertung von Standortfaktoren nicht unmittelbar zum Niedergang führte, so lag dies einerseits daran, daß durch sektorinternen Wandel, durch Produkt- und Prozeßinnovationen der Zeitpunkt des Niedergangs hinausgeschoben werden konnte. Andererseits gelang verschiedentlich auch ein Hinausschieben des Niedergangs durch das Aufstauen des Anpassungsdrucks. Konzentrationsbestrebungen und Kartellierungstendenzen sind Ausdruck hierfür. Hinzu kamen in Europa kriegsbedingte Verwerfungen.

- Das Ausmaß der Betroffenheit ist zwar unterschiedlich, die Art der Betroffenheit jedoch ähnlich: Wanderungsverluste, sektoral konzentrierter, aber auch auf andere Wirtschaftsbereiche übergreifender Beschäftigungsabbau, rückläufige regionale Gesamtbeschäftigung und hohe Arbeitslosigkeit sind typische Ausdrucksformen des Niedergangs. Die Aufstellung einer "Rangfolge der Regionen" nach dem Kriterium Anpassungserfolg ist kaum möglich, weil die Erfolgsbeurteilung stets subjektive Elemente enthält. Zu unterscheiden sind allerdings die bislang erfolgreichen (Lowell, Luxemburg), die Regionen mit Teilerfolgen (Pittsburgh, Mönchengladbach) und Regionen mit noch immer hohem Anpassungsdruck (übrige Vergleichsgebiete).

2. Die Bedeutung von Anpassungshemmnissen im Umstrukturierungsprozeß

Anpassungshemmnisse sind ein wesentliches Erklärungselement mangelnder Umstrukturierungserfolge und somit des Niedergangs: Inflexibilitäten bei den Produktionsfaktoren, Innovationsdefizite und unzureichende Reaktion der Unternehmen auf veränderte Marktgegebenheiten sowie Engpässe in der Faktor- und Infrastrukturausstattung führen zu einer Blockade der endogenen Regenerationskraft. In den Regionsbeschreibungen wurde versucht, die regionale Bedeutung einzelner Hemmnisse herauszuarbeiten. Hier soll untersucht werden, wie die Bedeutung der behandelten Hemmnisse im Umstrukturierungsprozeß generell einzuschätzen ist. Eingegangen wird auf die Rolle von Lohnhöhe und -strukturen, auf die Qualifikation der Arbeitskräfte, auf die Beziehung zwischen Arbeitnehmern und Arbeitgebern, auf die Bedeutung von Innovationsschwächen und Mangel an Risikokapital, auf Flächen- und Infrastrukturengpässe sowie auf regionsspezifische Einflüsse. Diesen Anpassungshemmnissen kann keine spezielle Gewichtung zugeordnet werden; dazu sind sie zu wenig quantifizierbar. Im folgenden geht es daher vor allem um einen Überblick über die für altindustrialisierte Regionen offenbar typischen Anpassungshemmnisse.

In einigen der Vergleichsregionen (Saarland, Ruhrgebiet, West Midlands, Pittsburgh) werden die Lohnhöhe bzw. die Lohnstrukturen als Faktoren erwähnt, die die Anpassungsprozesse verhindern oder zumindest erschweren. Besonders intensiv wird die Diskussion um die Rolle der Löhne für die Beschäftigung und die strukturelle Entwicklung in der Bundesrepublik geführt, und zwar insbesondere mit Blick auf das Ruhrgebiet. In der Tat dürfte es richtig sein, daß in der Vergangenheit - gemessen am Qualifikationsniveau - nirgendwo so hohe Entlohnungen zu erzielen waren wie in den Montanregionen. Sicherlich hat dies die Diversifizierung der Branchenstrukturen in diesen Regionen auch behindert. Dennoch weisen die jüngeren Diskussionen dieses Themenbereichs noch empirische und theoretische Schwachpunkte auf:

- Die empirische Schwäche besteht darin, daß häufig ein Vergleich der regionalen mit den nationalen Durchschnittslöhnen (in der Industrie) als Basis der Erörterungen gewählt wird[3]. Damit wird die Bedeutung der Lohnstrukturen auf eine ausschließlich regionale Dimension verkürzt, die sektorale und qualifikatorische Besonderheiten außer Betracht läßt. Damit erfolgt aber auch die Wahl des Vergleichsgebietes in einer nicht problemadäquaten Weise.

- Die theoretische Schwäche besteht darin, daß z.T. unterstellt wird, das Zusammenspiel von Lohnhöhe und Lohnstrukturen - in regionaler, sektoraler und qualifikatorischer Hinsicht - einerseits und Beschäftigung andererseits sei theoretisch eindeutig geklärt. Bei den Überlegungen spielt meist die Marktlenkungsfunktion der Löhne die zentrale Rolle. Außer Betracht bleiben andere Lohnfunktionen, wie sie z.B. von der Effizienzlohntheorie herausgestellt werden; ebenso außer Betracht bleiben langfristige Effekte der Lohnstrukturen, aber auch das Zusammenwirken von Lohnstrukturen und regulativen Eingriffen.

Im folgenden soll einem Teil dieser Einwände Rechnung getragen werden. Zwar lagen nicht für alle in den Vergleich einbezogenen Regionen Informationen zur regional-sektoralen Lohnstruktur vor. Die Tatsache, daß die Durchschnittsentlohnungen zum Teil über (Ruhrgebiet, Saarland, Pittsburgh, West Midlands), zum Teil aber auch unter (Mönchengladbach, Roubaix-Tourcoing, Lowell, Lothringen) dem nationalen Durchschnitt liegen, spricht aber bereits dafür, daß die Höhe der durchschnittlichen Entlohnung kaum in einem eindeutigen, monokausalen Zusammenhang mit den regionalen Problemen steht.

Soweit Informationen darüber vorlagen, wie die sektoralen Entlohnungen in der Region von denen im Gesamtstaat differierten, ergibt sich ein komplexes Bild. So ist beispielsweise im Saarland die Durchschnittsentlohnung höher als im Bundesgebiet, die sektoralen Entlohnungen sind jedoch an der Saar mit Ausnahme weniger Produktionsbereiche niedriger als im Bundesdurchschnitt. In Mönchen-

---

3   Vgl. z.B. Sachverständigenrat zur Begutachtung der gesamtwirtschaftlichen Entwicklung (Hrsg.)[I], Ziffer 390.

gladbach und Lowell sind die Durchschnittsentlohnungen dagegen niedriger als im nationalen Durchschnitt; in beiden Regionen zahlt die Textilindustrie aber höhere Löhne als im Gesamtstaat. Während in Lowell die übrigen Industriezweige (z.B. Maschinenbau, Elektrotechnik) weniger Lohn bezahlen als im US-Durchschnitt, liegen die Entlohnungen der gleichen Sektoren in Mönchengladbach über den Bundeswerten. Da alle erwähnten Regionen ihre Anpassungsprobleme hatten bzw. noch haben, scheint die These, daß hohe Löhne dafür ausschlaggebend sind, zumindest in der allgemeinen Formulierung nicht haltbar. Dies gilt um so mehr, als in einigen der Regionen in der Vergangenheit (relative) Anpassungen der Löhne nach unten feststellbar sind (Ruhrgebiet, West Midlands), ohne daß merkliche Beschäftigungseffekte verzeichnet werden können. Dies läßt sich zwar auch derart begründen, daß die Löhne noch nicht in hinreichendem Umfang gesunken sind, theoretische Überlegungen legen jedoch anders geartete, differenziertere Zusammenhänge nahe.

Dies soll am Beispiel der erfolgreichsten Vergleichsregion, Lowell, erläutert werden: Die in Lowell von Anpassungsproblemen betroffene Textilindustrie zahlt dort höhere Löhne als anderswo in den Vereinigten Staaten. Sie zahlt aber gleichwohl weniger als "moderne" Industriezweige, und diese zahlen in Lowell wiederum schlechter als im US-Durchschnitt. Diese lohnstrukturellen Bedingungen haben verschiedene Effekte zur Folge. Erstens besteht ein überdurchschnittlich hoher Kostendruck in der "Altindustrie"; zweitens besteht ein lohnkosteninduziertes Ansiedlungsinteresse von regionsexternen Firmen aus Branchen, die regional schlechter entlohnen als im übrigen Raum (Maschinenbau, Elektrotechnik). Die im Textilbereich freigesetzten Arbeitskräfte haben bei dieser Konstellation grundsätzlich drei Möglichkeiten: Sie verlassen die Region, aber nicht den Sektor, mit der Folge, daß sie Lohneinbußen und Umzugskosten[4] zu tragen haben. Oder sie verlassen die Region und den Sektor, wobei ihnen Umzugskosten entstehen, sie aber Lohnsteigerungen realisieren können. Oder aber sie verlassen den Sektor, aber nicht die Region; sie können dabei dennoch, ohne daß Umzugskosten anfallen, Lohnsteigerungen erzielen. Insbesondere die dritte Möglichkeit dürfte für die meisten Arbeitskräfte interessant sein, so daß der regionale Wandel lohnseitig unterstützt wird, ohne daß die Qualifiziertesten der Region den Rücken kehren. Die Lohnkonstellation in Lowell war also besonders günstig; die Tatsache, daß Lowell dennoch über Jahrzehnte Stagnation und Niedergang erlebte, deutet darauf hin, daß günstige Lohnstrukturen allein den Erfolg noch nicht garantieren.

Es stellt sich die Frage, ob die Lowell'sche Lohnkonstellation auf andere Regionen - insbesondere auf Montangebiete wie das Ruhrgebiet - übertragbar ist, welche Änderungen eintreten müßten und welche Effekte zu erwarten wären. Die derzeitige Konstellation im Revier - relativ hohe, dem Bundesdurchschnitt etwa entsprechende Entlohnung in den Montansektoren, damit verglichen niedrigere Entlohnungen in anderen Sektoren, die ebenfalls etwa dem Bundesdurchschnitt entsprechen - bewirkt nur Anpassungsdruck in den traditionellen Indu-

---

4   Zu den Umzugskosten gehören dabei auch die nicht quantifizierbaren "sozialen Kosten".

striezweigen, ein lohninduzierter Ansiedlungsanreiz für andere Sektoren ist dagegen nicht gegeben. Die für Lowell festgestellte regional-sektorale Lohnstruktur würde erreicht, wenn die Löhne in den Montansektoren sinken - in der Region allerdings stärker als im Bundesgebiet -, in den übrigen Bereichen dagegen steigen würden - im Ruhrgebiet jedoch weniger stark als in anderen Teilgebieten. Insgesamt müßten die Anpassungen einen Umfang haben, daß danach die Montansektoren in der Lohnhierarchie hinter expansivere Wirtschaftszweige zurückfallen. Das Ausmaß der erforderlichen Umstrukturierungen der Lohnhierarchie wäre hoch, so daß sich sofort die Frage der Realisierbarkeit stellt. Zum zweiten - und dies scheint ein wesentlicher Aspekt - würde die Geschwindigkeit des Strukturwandels im Bundesgebiet insgesamt verringert werden, da relative Lohnkostenentlastungen in den Montansektoren eine strukturerhaltende Wirkung hätten.

Eine solche Verzögerung struktureller Anpassungsprozesse ist offenbar Ziel der Überlegungen, wie sie in der Bundesrepublik vom Sachverständigenrat zeitweilig angestellt wurden[5]. Begründet wurde der Vorschlag damit, daß eine Differenzierung der Löhne die im Laufe der Zeit aufgetretenen Standortnachteile der betroffenen Regionen kompensieren könne. Für eine Beurteilung des Arguments im hier interessierenden Zusammenhang ist entscheidend, daß die Wirkungsweise der Differenzierung der Löhne ganz ähnlich derjenigen von strukturerhaltenden sektoralen Subventionen ist. Unterschiede zwischen beiden Maßnahmen ergeben sich hinsichtlich der Anreizeffekte auf die Arbeitskräfte und hinsichtlich der Trägerschaft für die entstehenden Kosten: Der Anreiz für die Arbeitskräfte, den niedergehenden Sektor zu verlassen, dürfte bei einer Lohnsenkung höher sein als bei der Erhaltungssubvention. Die Kosten für die den Wandel verzögernden Maßnahmen müssen bei der Lohnsenkung von den Beschäftigten der Problemsektoren - entweder in Form geringerer Einkommen (dies betrifft vor allem die weniger Qualifizierten) oder aber in Form von Mobilitätskosten (dies betrifft vor allem die qualifizierten Kräfte) - getragen werden; die Kosten der Erhaltungssubventionen trägt die Allgemeinheit.

Daraus folgt zwar, daß der Anreiz, über Mobilität der Arbeitskräfte den strukturellen Wandel zu fördern, bei relativen Lohnsenkungen höher wäre als bei Subventionen; der Anreiz zum Wandel dürfte jedoch ebenso bestehen, wenn weder Lohnkürzungen vorgenommen noch Subventionen gezahlt würden. In diesem Fall würden nämlich drohende Freisetzungen - als ultima ratio Arbeitslosigkeit - den Anreiz zur Weiterqualifikation bilden. Will man den strukturellen Wandel aber in der Tat - trotz der möglichen langfristigen negativen Folgen - verzögern, so ist nicht einzusehen, warum die Arbeitskräfte der niedergehenden Sektoren für eine finanzielle Kompensation anderer Standortnachteile aufzukommen hätten. Naheliegender erscheint es, die Standortnachteile zu beseitigen. Selbstverständlich dürfen diese Ausführungen nicht so verstanden werden, als wären beliebige Lohnabschlüsse ohne Auswirkungen auf das Beschäftigungsvolumen. Gerade bei

---

5   Vgl. Sachverständigenrat zur Begutachtung der gesamtwirtschaftlichen Entwicklung (Hrsg.)[III], Ziffer 287ff.

Sektoren unter Anpassungsdruck sollten lohnseitig nicht noch zusätzliche Belastungen vereinbart werden.

Für die Flexibilität im Prozeß des strukturellen Wandels scheint in der Bundesrepublik - ähnlich wie in Frankreich - das Zusammenspiel relativ inflexibler Lohnstrukturen mit einem hohen Umfang institutioneller Hemmnisse (Regulierungen) auf dem Arbeitsmarkt wichtiger zu sein als die Lohnhöhe[6]. Geht man - wie üblich - davon aus, daß die Gewinne der entscheidende Anreiz für unternehmerische Aktivität sind, so gibt es im Grunde zwei offensive und zwei defensive Strategien der Unternehmen, um auf eine Verschlechterung ihrer Umsätze zu reagieren. Die erste offensive Möglichkeit besteht darin, den Produktpreis zu erhöhen. Wenn die Umsatzeinbußen durch verschlechterte Absatzmöglichkeiten ausgelöst sind, kommt diese Strategie nicht in Frage. Die Preissetzungsspielräume der hier relevanten Sektoren sind nicht ausreichend, um so eine Erlösstabilisierung zu erreichen, im Gegenteil hätten Preissteigerungen vermutlich weitere Absatzeinbußen zur Folge. Die offensive Alternative hierzu besteht darin, über Innovation oder Differenzierung die Qualität der Erzeugnisse zu steigern oder das Produktionsprogramm so zu verändern, daß neue Absatzchancen erschlossen werden, d.h. die Erlössituation wird durch Veränderungen des Produktionsprogramms den gegebenen Kosten angepaßt. Diese Strategie setzt ein innovatives Potential voraus, dessen Existenz in altindustriellen Regionen aber gerade bezweifelt wird. Während die offensiven Strategien auf Erlössteigerung bzw. -stabilisierung zielen, setzen die defensiven Strategien bei den Kosten an. Die erste Möglichkeit ist die Anpassung der Entlohnung, um die Kosten bei gleichem Produktionsprogramm zu reduzieren. Der zweite defensive Weg besteht darin, die Produktivität der Arbeitskräfte zu steigern, so daß Arbeitskräfte freigesetzt werden können und auf diesem Wege der entsprechende Kostenrückgang erreicht wird. Die beiden defensiven Strategien setzen ein flexibles Lohnniveau bzw. eine Flexibilität des Arbeitseinsatzes voraus. Beides ist in der Realität nur teilweise gegeben: Die Anpassungsmöglichkeiten bei den Löhnen sind durch die tariflichen Regelungen, die Flexibilität des Arbeitseinsatzes ist durch institutionelle Regelungen - z.B. Kündigungsschutz, Sozialplanregelungen, Rechtssprechung - eingeschränkt. Es ist somit das Zusammenwirken von Innovationsschwäche, Lohnhöhe, Lohnstrukturen und regulierenden Eingriffen in den Arbeitsmarkt, das die Anpassungen erschwert.

Ein in nahezu allen Vergleichsgebieten erwähntes Hemmnis für die strukturellen Anpassungen besteht in der Qualifikation der Arbeitskräfte. Defizite in diesem Bereich führen dazu, daß die ohnehin meist geringe unternehmerische Innovationsaktivität rasch an Grenzen stößt. Dabei sind zwei Problembereiche voneinander zu unterscheiden: Zum ersten führt struktureller Wandel zu einer Verände-

---

6 Der Umfang von Arbeitsmarktregulierungen ist nach neueren Untersuchungen in der Bundesrepublik und in Frankreich höher als in Großbritannien und den Vereinigten Staaten. Vgl. Rheinisch-Westfälisches Institut für Wirtschaftsforschung (Hrsg.), Analyse der strukturellen Entwicklung der deutschen Wirtschaft - RWI-Strukturberichterstattung. Schwerpunktthema 1988: Standortqualität der Bundesrepublik Deutschland und Veränderungen der Standortfaktoren im sektoralen Strukturwandel. Gutachten im Auftrag des Bundesministers für Wirtschaft. Essen 1989, S. 110ff.

rung der Art der nachgefragten Qualifikationen. Arbeitskräfte werden in den niedergehenden Sektoren Kohle, Stahl, Textil oder Automobilbau freigesetzt. Diese Arbeitskräfte haben - unabhängig vom Qualifikationsniveau - einen in erheblichem Umfang sektorspezifischen Kenntnisstand. Dieses durch Ausbildung oder "learning on the job" für eine bestimmte Branche erworbene Wissen verliert im Wandel an Wert, weil die expandierenden Wirtschaftsbereiche anders geartete Fertigkeiten benötigen. Damit werden Qualifikationen obsolet, es tritt ein Verlust an Humankapital ein, der mit für den festgestellten Sperrklinkeneffekt mitverantwortlich sein dürfte. Dieser Verlust wird aus regionaler Sicht noch dadurch verschärft, daß Erwerbstätigenwanderungen nach der Qualifikation differenziert erfolgen. Gerade die besser qualifizierten Arbeitskräfte haben Chancen, außerhalb der Region einen neuen Arbeitsplatz zu finden. Die Bereitschaft, diese Chance zu nutzen, wird ebenfalls mit dem Qualifikationsniveau zunehmen.

Zum Teil wird in einzelnen Regionen nicht nur die Sektorspezifik, sondern auch das Niveau der Qualifikation als Hindernis betrachtet. So wurden in der Textilindustrie lange Zeit in relativ hohem Umfang wenig qualifizierte Arbeitskräfte eingesetzt. In den Montanregionen und auch in den West Midlands hatte anhaltender wirtschaftlicher Erfolg es den Arbeitskräften lange Zeit leicht gemacht, auch ohne Ausbildung relativ gut zu verdienen. Der unmittelbare Übergang in ein Beschäftigungsverhältnis - verbunden mit Einkünften - wurde von den Schulabgängern einer beruflichen Ausbildung vorgezogen. Die durch Wettbewerbsdruck erzeugten Modernisierungsbestrebungen haben aber zu steigenden Anforderungen an das Qualifikationsniveau geführt. Besonders deutlich wird dies in der Textilindustrie: Die Betreuung hochmoderner Anlagen erfordert in starkem Maße technische und ingenieurwissenschaftliche Kenntnisse. Diese steigenden Anforderungen konnten regional nicht ohne weiteres erfüllt werden, weil die Qualifikationen der vorhandenen Arbeitskräfte nicht ausreichten und außerdem das Interesse an einer textilen Ausbildung wegen der anhaltenden Probleme der Branche geringer wurde. Ganz ähnliches gilt für die metallverarbeitenden Sektoren in den West Midlands - auch dort fehlen selbst in den niedergehenden Branchen die Facharbeiter.

Das Qualifikationsniveau ist aber auch noch unter einem anderen Aspekt von Bedeutung. Es kann davon ausgegangen werden, daß die Fähigkeit und Bereitschaft zu Umschulung und Weiterqualifikation mit dem Qualifikationsniveau wächst. Wer bereits in jungen Jahren wenig Interesse an der Ausbildung hatte, wird mit zunehmendem Alter wohl nur im Einzelfall aufgeschlossener für Weiterbildungsmaßnahmen sein. Der mit Strukturwandel verbundene Wandel der Qualifikationsanforderungen setzt Weiterbildungsbereitschaft und -fähigkeit voraus. Umschulungen kosten Geld und Zeit - Zeit, die den Anpassungsprozeß verlängert. Der Zeitbedarf wird durch ein anderes Problem möglicherweise noch vergrößert, nämlich durch die Bereitstellung entsprechender Weiterbildungsangebote. Zunächst sind Bildungseinrichtungen erforderlich; in einigen der Vergleichsregionen sind und waren diese in quantitativ und qualitativ ausreichendem Umfang vorhanden (z.B. Lowell), in anderen Gebieten wurden noch vor ein paar Jahren Mängel konstatiert, und man war bemüht, diese zu beseitigen (Saarland). Parallel dazu stellt sich aber auch die Frage, welche Qualifikationen vermittelt werden sollen. Da sich die meisten altindustriellen Regionen noch im Prozeß des Suchens nach neuen sektoralen Schwerpunkten befinden, sind Aus- und Weiterbildung mit Unsicherheiten behaftet. Das Risiko läßt sich nicht beseitigen, es läßt sich allenfalls verringern: Wichtig ist es, moderne Ausbildungsgänge anzubieten, die zu Qualifikationen führen, die in anderen Regionen ebenfalls gesucht sind. Wichtig ist auch die Vielseitigkeit von Qualifikationen. Der Grad der Sektorspezifität der Qualifikation ist bei den einzelnen Berufen unterschiedlich hoch, es gibt Berufsgruppen, die in vielen Sektoren der Wirtschaft eingesetzt werden können, und es gibt welche, die einen sehr engen sektoralen Bezug haben. Die erfolgreiche Verarbeitung des Anpassungsdrucks in Lowell wird unter anderem damit begründet, daß Arbeitskräfte mit gehobenen technischen Qualifikationen verfügbar waren und diese eine größere Bedeutung als Standortfaktor hatten als die Spitzenqualifikationen.

Insbesondere in den Montanregionen ist der gewerkschaftliche Organisationsgrad hoch. Zwar sagt ein hoher Organisationsgrad für sich genommen nichts über die Fähigkeit oder Bereitschaft zum Wandel aus, da es dafür entscheidend auf die Zielsetzung der Organisation ankommt. Theoretische Überlegungen und praktische Erfahrungen deuten aber darauf hin, daß tendenziell die Wandlungsfähigkeit einer Region davon eher negativ berührt wird. Zum einen werden vermutlich die durch unternehmerische Verkrustungen und Innovationsschwächen hervorgerufenen strukturerhaltenden Tendenzen verstärkt, denn gerade die dominierenden Altindustrien sind durch starke Gewerkschaften vertreten, und diese haben meist ein größeres Interesse an dem Erhalt bestehender Arbeitsplätze als an der mit Unsicherheiten und Organisationsschwierigkeiten behafteten Schaffung neuer Beschäftigungsmöglichkeiten. Ein hoher gewerkschaftlicher Organisationsgrad wird aber häufig auch assoziiert mit Arbeitskämpfen und Auseinandersetzungen zwischen Arbeitnehmerschaft und Unternehmensleitung. Diese gedankliche Verbindung ist von unterschiedlicher Berechtigung - sie mag für Pittsburgh in der Vergangenheit richtig gewesen sein, sie wurde in den West Midlands, wo Arbeitsniederlegungen meist nur einzelne Unternehmen betrafen, überbewertet -, sie hatte aber möglicherweise zur Folge, daß Ansiedlungen in diesen Regionen unterblieben. Obwohl neu entstehende Unternehmen gewerkschaftlich nur schwer zu organisieren sind, so daß Betriebsgründer sich eigentlich wenig Gedanken um den vorhandenen Organisationsgrad machen müssen, befürchten sie dennoch offenbar Einschränkungen der für sie so wichtigen Entscheidungsfreiheit. Von größerem Gewicht kann der Organisationsgrad bei Zweigwerken mit z.T. großen Beschäftigtenzahlen sein.

Gerade in jüngerer Zeit sind die Proteste der Arbeitnehmer gegen Werksschließungen und Belegschaftsabbau massiver geworden, die Art der Proteste bewegte sich am Rande oder sogar jenseits der Legalität (z.B. Lothringen, Ruhrgebiet). Einerseits haben diese Proteste die Öffentlichkeit wachgerüttelt, sie haben zu politischen Reaktionen, zum Handeln herausgefordert; sie tragen aber andererseits auch dazu bei, das regionale Image zu verschlechtern oder existierende Vorurteile über einzelne Regionen zu verstärken. Die Folge kann sein, daß ansiedlungswillige Unternehmen diese Gebiete meiden. Diese Aspekte dürften zwar im Rahmen von Standortentscheidungen kaum ausschlaggebende Bedeutung besitzen. Sie sind aber Element des wirtschaftlichen Klimas. Je besser dieses ist, um so eher werden Anpassungserfolge zu erzielen sein. Im Fall der beiden erfolgreichsten Vergleichsregionen (Lowell, Luxemburg) dürfte daher auch die Tatsache, daß im ersten Beispiel der gewerkschaftliche Organisationsgrad niedrig war, im zweiten Beispiel der Staat mit Erfolg alles daran setzte, den sozialen Frieden trotz raschen Strukturwandels zu erhalten, eine Bedeutung für die Bewältigung der Anpassungsprobleme gehabt haben.

2.2. Produktionsfaktor Disposition/Kapital

Struktureller Wandel vollzieht sich im marktwirtschaftlichen Ordnungsrahmen durch unternehmerisches Handeln; struktureller Wandel einer Region kann die Folge der Neuansiedlung bislang regionsextern aktiver Unternehmen sein, er kann aber auch Ergebnis der unternehmensinternen Innovationen und Anpassungen der bislang schon regionsansässigen Betriebe sein, und schließlich kann er sich über das Entstehen neuer Unternehmen in der Region einstellen. Für die altindustriellen Regionen existieren auf allen drei Anpassungswegen Hindernisse, die mit dem Produktionsfaktor Kapital bzw. dem dispositiven Produktionsfaktor (Unternehmensleitung) in Verbindung zu setzen sind. Nach den Ergebnissen der Regionsbeschreibungen behindert die Dominanz der traditionellen Industrien in der Regel für lange Zeit das von außen kommende Neue. Verkrustungen und Innovationsschwäche haben den unternehmensinternen Wandel verzögert bzw. verhindert. Schließlich haben verschiedentlich Schwächen bei der Verfügbarkeit von Risikokapital dazu beigetragen, Existenzgründungen in der Region zu erschweren. Die einzelnen Argumente sollen im folgenden detaillierter untersucht werden.

Die Möglichkeiten, das Neue von außen zu verhindern, dürften für die traditionell dominierende Branche um so größer sein, je länger die Dominanz währt und je ausgeprägter sie ist. Die Vertreter des dominierenden Sektors nutzten in vielen Fällen politische Einflußnahme. Sie sorgten bei Planungen und Entscheidungen für die Stärkung der eigenen Position und behinderten die Ansiedlung möglicher Konkurrenten um knappe Produktionsmittel. Sie besaßen aber auch ökonomische Möglichkeiten zur Ansiedlungsverhinderung. In den Montanregionen gab es ein durch die Schwere der Arbeit im Kohlenbergbau und in der Stahlindustrie zu rechtfertigendes hohes Lohnniveau. Expandierende Wirtschaftszweige mit niedrigem Lohndurchschnitt hatten unter diesem Aspekt kein Interesse zur Ansiedlung in Montanrevieren. Sie hätten die Entlohnung bei Kohle und Stahl überbieten müssen, um Arbeitskräfte zu attrahieren. Daneben ist in einigen der Vergleichsregionen festzustellen, daß ungenutzte Flächen der dominanten Sektoren spät, zu spät oder gar nicht für andere Zwecke zur Verfügung gestellt worden sind. Die Gründe hierfür werden regional differieren. Sicher sah man es zeitweilig für erforderlich an, Reserveflächen für Expansionsphasen vorzuhalten. Für das lange Fortdauern des beschriebenen Verhaltens dürften jedoch andere Aspekte ausschlaggebend sein: Erstens die Hoffnung auf Spekulationsgewinne, zweitens unrealistische Preisvorstellungen, die sich z.T. in den Bilanzen der Unternehmen widerspiegeln und so auch eine Bedeutung als Sicherheiten für die Kreditaufnahme erhalten;

drittens schließlich Befürchtungen, im Fall eines Verkaufs die Sanierungskosten möglicher Altlasten übernehmen zu müssen.

Innovationsschwächen sind bzw. waren in allen Vergleichsregionen festzustellen. Die Unternehmen hatten ihre innovativste Phase in der Zeit, in der sich die Agglomerationen herausbildeten. Die Innovationen waren Ausgangspunkt von Erfolgen, die wiederum imitierende Unternehmen nach sich zogen, die zur Breite des Erfolgs beitrugen. Die Innovationsneigung schwächte sich meist schon in der Blütezeit ab, und als der Erfolg nachließ und erster Anpassungsdruck festzustellen war, wurde zwar reagiert, aber die Innovationskraft war für die Kreation grundsätzlich neuer Dinge zumindest über einen längeren Zeitraum nicht hinreichend. In den Montanregionen kam hinzu - und für die West Midlands, die sich zunächst davon unterschieden, galt später ähnliches -, daß große Unternehmenseinheiten entstanden waren. Sie waren Folge der Nutzung der Vorteile der Kostendegression bei rasch wachsender Nachfrage, sie begünstigten das Kosten- und Tonnendenken, und dies führte zur Abschwächung kreativer unternehmerischer Verhaltensweisen, zum Verlust von Anpassungsflexibilität. Kurz gesagt, der (nach Heuss) immobile Unternehmertyp war begünstigt. Die Abfolge von Innovation über Imitation, Verlust an Reaktionsfähigkeit bis hin zur zeitweiligen Immobilität wird in den West Midlands deutlich: Innovationen führten zum Erfolg, eine hohe Anpassungsflexibilität blieb zunächst erhalten und erlaubte es, weitere Innovationschancen wahrzunehmen. Begünstigend dabei war die gemischte Unternehmensstruktur, die sich jedoch aus den genannten Gründen, aber auch als Folge kriegsbedingter Rüstungsaufträge und Materialbewirtschaftung völlig veränderte. Verstärkt durch die staatlichen Maßnahmen zum Schutz der heimischen Wirtschaft trat die verringerte Reaktionsfähigkeit nach Aufhebung dieses Schutzes um so offener zu Tage. Verantwortlich für den Verlust der Dynamik waren somit drei Faktoren: Innovationsschwäche als Folge des Erfolgs, Verlust an Anpassungsfähigkeit durch große Unternehmenseinheiten und das staatliche, auf Schutz und Erhalt gerichtete Verhalten.

Die jeweilige Bedeutung dieser drei Faktoren ist schwer zu quantifizieren; offenbar ist ihr Zusammenwirken besonders häufig und hinderlich. Eine Betrachtung der Textilregionen Mönchengladbach und Roubaix-Tourcoing deutet an, daß die Möglichkeiten zur Reaktion auf den entstandenen Anpassungsdruck beim Vorherrschen kleinerer Betriebe und bei geringeren staatlichen Hilfen zum Schutz der Problembranchen eher zunehmen. In den Textilregionen sind die Produktionseinheiten normalerweise nicht so groß wie in den Montanregionen; sieht man vom Welttextilabkommen ab, sind staatliche Hilfen in größerem Umfang nicht erfolgt. Soweit in den Textilregionen die Anpassungsfähigkeit verloren ging, hat dabei die Tradition der Familienbetriebe eine Rolle gespielt. Diese Betriebe wurden vererbt, und somit kam der Erbfolge bei der Weitergabe der Geschäftsleitung eine größere Bedeutung zu als der Qualifikation für diese Tätigkeit. Es gibt Einzelbeispiele dafür, daß durch den Rückzug der Eigentümerfamilien und die Einsetzung von Geschäftsführern die Reaktionsfähigkeit gesteigert wurde, manchmal sogar neue Innovationskraft erreicht wurde. Gerade der Wunsch der Eigentümer nach Festhalten an der Familientradition hat häufig das Ende des betreffenden Unternehmens bedeutet.

Auch in den Montanregionen sind Reaktionen unter Anpassungsdruck in den dominanten Branchen festzustellen. Versuche zur Produktdifferenzierung und Steigerung der Qualität sowie zur Modernisierung der Produktionsverfahren hat es gegeben, allerdings mit unterschiedlicher Intensität. Dort, wo diese Anpassungen weniger erfolgreich waren (Lothringen, Saarland), werden die stark zersplitterten Eigentumsverhältnisse oder (falsche) staatliche Schwerpunktsetzungen hierfür verantwortlich gemacht. Dort, wo sie erfolgreich waren, ließen sich Schrumpfung und weniger arbeitsintensive Produktionsverfahren nicht verhindern. Die insbesondere im Ruhrgebiet und in den West Midlands festgestellten weitreichenden Verflechtungsbeziehungen verstärkten diese Tendenzen. Das Gewicht der dominanten Branchen und das Ausmaß ihrer Nachfrage hat Zulieferer eng an sie gebunden. Diese hielten ihre Absatzmärkte für sicher und schränkten ihre Aktivitäten im innovatorischen Bereich, aber auch ihre Bemühungen zur Erschließung alternativer Absatzmärkte ein. Dies führte in Teilen der übrigen Wirtschaft zur innovatorischen Schwäche und hatte im Extrem (West Midlands) sogar zur Folge, daß die dominanten Sektoren nach Modernisierung der eigenen Produkte Lieferanten in anderen Regionen oder im Ausland suchen mußten, weil die regionalen Anbieter die abrupt wechselnden technologischen Ansprüche nicht mehr erfüllen konnten. Der Zeitfaktor spielt auch für die dominanten Branchen eine große Rolle. Die zu späte Reaktion erfordert aus Sicht der Unternehmen rasches Handeln. Dieses Handeln erfolgte in vielen Fällen durch Zukauf moderner Unternehmensteile; die unternehmensinterne Innovation wurde durch Eingliederung innovativer Unternehmen ersetzt. Dabei ist die Frage danach, was produziert wird, entscheidender als die, wo produziert wird. Dies führte dazu, daß in vielen Fällen regionsexterne Unternehmensteile zugekauft wurden. Unternehmensinterner Wandel durch Zukauf bewirkte meist keinen regionalen Strukturwandel. Auch diese Tendenz wird durch eine großbetriebliche Unternehmensstruktur verstärkt. Zum ersten haben diese Unternehmen das Kapital bzw. bessere Möglichkeiten zur Kapitalbeschaffung außerhalb der Region, um regionsextern investieren zu können. Zum zweiten haben die Konzentrationsbestrebungen in einigen Fällen dazu geführt, daß Unternehmensleitungen ihren Sitz in andere Regionen verlagerten. Damit verringert sich das Interesse an der regionalen Wirtschaftsentwicklung. Standortentscheidungen fallen unter Kostenaspekten, wobei sich die Bewertungsmöglichkeiten alternativer Standorte - auch im internationalen Rahmen - durch die modernen Informationsmedien erheblich verbessert haben.

Der Weg, den Wandel über die Gründung des Neuen zu erreichen, ist durch die allgemeine Tendenz, am Alten festzuhalten, ohnehin erschwert. Als konkretes Hemmnis auf diesem Weg kommen aber in einigen Regionen Inflexibilitäten in der Bereitstellung von Risikokapital hinzu. Diese sind zumeist im jeweiligen Bankensystem begründet - in Frankreich hält man die Verstaatlichung der Banken für den Grund, in Großbritannien wird vermutet, daß die Banken zu sehr auf die Existenz von Sicherheiten bedacht sind. Wie weit diese Einschätzung zutrifft, ist schwer zu beurteilen. Auf jeden Fall gehören in dem hier angestellten Vergleich die Regionen, in denen die Verfügbarkeit von Risikokapital am wenigsten problematisch sein dürfte (Luxemburg, Lowell), zu denen, die relativ erfolgreich im Wandel waren.

Insbesondere in der deutschen und britischen Literatur wird die Bedeutung von Flächenengpässen für den wirtschaftlichen Niedergang altindustrieller Agglomerationsräume hervorgehoben. Zwei Entwicklungstrends werden hierfür verantwortlich gemacht: Zum ersten ist der Gewerbeflächenbedarf je Beschäftigten in der Industrie gestiegen, zum zweiten hat die Nachfrage nach Gebäudeflächen im Dienstleistungsbereich stark zugenommen. Unter beiden Gesichtspunkten haben altindustrielle Agglomerationsräume Nachteile. Gewerbeflächen sind knapp, der verfügbare Gebäudebestand ist überaltert, und Raum für Neubauvorhaben fehlt. Wirtschaftliche Entwicklungsmöglichkeiten und Revitalisierungsbestrebungen werden dadurch beschränkt. Es erfolgen Unternehmensverlagerungen in Gebiete, in denen Flächen in hinreichendem Umfang verfügbar sind, und bereits existierende Unternehmen bleiben dort, wo sie unter räumlichen Aspekten Expansionsmöglichkeiten besitzen.

Die vorliegenden Beschreibungen der hier verglichenen Regionen machen zwar deutlich, daß überall Flächenprobleme oder Probleme mit Industriebrachen und Altlasten bestehen bzw. bestanden haben, sie erfordern dennoch gewisse Relativierungen: Flächenengpässe mit anpassungshemmender Wirkung sind im wesentlichen in den höher verdichteten Agglomerationsräumen (Ruhrgebiet, Roubaix-Tourcoing-Lille) bzw. in den Verdichtungszentren der anderen Vergleichsregionen auszumachen. In den peripheren Regionsteilen und in den Gebieten, in denen Agglomerationen von weniger dicht besiedelten Gegenden durchbrochen werden (Saarland, Lothringen, Luxemburg), bestehen dagegen keine grundsätzlichen Flächenengpässe. In diesen Regionen existieren jedoch brachliegende Industriegebäude und ehemalige Industrieflächen, die noch dazu häufig die Gefahr von Altlasten in sich bergen. Dies kann zur Abwertung des Standorts führen. Dort, wo Flächenengpässe auszumachen sind, sind diese häufig ebenfalls nicht quantitativer, sonder qualitativer Art. Meist ist das Gewerbeflächenangebot statistisch gesehen ausreichend, wird aber den Ansprüchen der potentiellen Nachfrager, z.B. hinsichtlich der Lage in der Region und der Erschließung, nicht gerecht. Ein anderes Problem kommt hinzu: Häufig sind vorhandene Flächen in privatem Besitz, die Bereitschaft, diese durch Verkauf für andere Nutzungen verfügbar zu machen, fehlt jedoch.

Die Regionen sind mithin von Flächenengpässen unterschiedlich betroffen, nicht immer ist das Gewerbeflächenangebot per se ein Faktor, der die Anpassungen erschwert. In den Regionen, die trotz des bisherigen Landschaftsverbrauchs noch Expansionsräume besitzen, wird die Flächennachfrage manchmal aus ökologischen Gesichtspunkten heraus limitiert (Saarland, Massachusetts). Die vorgetragenen ökologischen Bedenken sind wohl auch stichhaltig. Es empfiehlt sich längerfristig gesehen nicht, daß immer neue Landschaftsteile zum Industriegebrauch umgewidmet werden, während in den altindustriellen Gebieten die Hinterlassenschaften früherer Nutzung immer mehr Flächen prägen. Außerdem sind in den bereits industrialisierten Gebieten Infrastrukturelemente vorhanden, die sonst erst geschaffen werden müßten. Aus diesen Überlegungen heraus sind die Diskussionen über ein Flächenrecycling, d.h. die Wiederverwendung nicht mehr genutzter Industrieflächen in den letzten Jahren lebhafter geworden. In allen Vergleichsregionen existieren Flächen mit Industrieruinen und Fabrikgebäuden, z.T. mit Altlasten kontaminiert oder von Bergschäden betroffen. In dem geschilderten Zustand sind sie in zweifacher Hinsicht von Nachteil für die Regionen: Zum ersten verhindern sie alternative Nutzungen, zum zweiten stellen sie einen negativen Imagefaktor dar.

Allein die Erkenntnis der Vorteile des Flächenrecyclings - und ähnliches gilt für die Wiederverwendung alter Fabrikgebäude - ist jedoch nicht hinreichend. Die Sanierungsarbeiten und die Vorbereitung einer neuen Nutzung verursachen z.T. erhebliche Kosten, und es stellt sich die Frage, wer diese Kosten zu tragen hat. Im Grunde sind Altlasten und Industriebrachen die Folgen falscher Produktionsentscheidungen in der Vergangenheit[7]. Die Fehler der Vergangenheit lassen sich nicht rückgängig machen; ihre Folgen ließen sich allerdings beheben. Die dabei entstehenden Kosten sind dem Verursacher kaum noch anzulasten, die Kommunen und Regionen dürften damit finanziell überfordert sein, so daß ein staatlicher Beitrag zur Altlastensanierung die sinnvollste Lösung wäre. Um ähnliche Fehler in der Zukunft zu vermeiden und damit auch dem Entstehen derartiger Anpassungshemmnisse in den altindustrialisierten Regionen der Zukunft vorzubeugen, scheint eine Modifikation des Nutzungs- und Haftungsrechts für gewerblich genutzte Böden sinnvoll.

2.4. Produktionsfaktor Infrastruktur

Die Existenz einer produktionsbezogenen Infrastruktur ist für unternehmerische Standortentscheidungen von unmittelbarer Bedeutung; die haushaltsbezogene Infrastruktur ist wie der Wohnwert, das Image oder die Umweltbedingungen einer Region von mittelbarer Relevanz, weil Unternehmer, Management und Arbeitskräfte bestimmte Anforderungen an ihr Wohnumfeld stellen. Sowohl hinsichtlich der produktionsbezogenen Infrastruktur als auch hinsichtlich der Umfeldbedingungen für die Bewohner war die Situation in den altindustriellen Gebieten bei Beginn der Anpassungsprobleme meist schlecht; trotz vielfältiger Bemühungen, diesen Zustand zu ändern, ist dies bis heute in den meisten Vergleichsregionen zumindest teilweise immer noch der Fall. Die in den altindustriellen Gebieten existierende produktionsnahe Infrastruktur war zumeist parallel zum dominierenden Sektor entstanden und ausgebaut worden. Es verwundert daher nicht, wenn in einigen Regionen Überalterung und Reparaturbedarf der Infrastruktur konstatiert werden. Die Infrastruktur wurde aber in weiten Bereichen auch auf die spezifischen Interessen der dominierenden Industrie hin ausgerichtet. Bei Verlagerung der sektoralen Schwerpunkte verlieren diese Teile der Infrastruktur - ähnlich wie die Qualifikation der Arbeitskräfte - an Wert. So ist die in den Montanregionen feststellbare starke Orientierung auf den Transport von Massengütern (Gleisanlagen, Kanalsysteme) heute nur noch von geringem Nutzen. Wichtiger für viele der derzeitigen Wachstumsindustrien - und hieran dürfte sich in Zukunft wenig

---

7   Vgl. dazu die späteren Ausführungen.

ändern - ist das Vorhandensein einer forschungsnahen Infrastruktur. Diese wiederum existierte in altindustriellen Regionen zunächst ebenfalls nur mit engem Bezug zur dominanten Branche. Die Bedeutung von Forschungseinrichtungen in größerer Breite wurde meist zu spät erkannt, so daß trotz offensichtlicher Aufhol- bestrebungen in den meisten Vergleichsgebieten die Rückstände bislang noch nicht wettgemacht werden konnten bzw. die Effekte des Ausbaus noch nicht in vollem Umfang eingetreten sind. Ähnliches gilt für die Ausstattung der altindu- striellen Regionen mit höherwertigen Dienstleistungen. Insbesondere in den Montanregionen hat das Vorherrschen von Großunternehmen, die entsprechende Dienste unternehmensintern erbrachten, dazu geführt, daß höherwertige Dienst- leistungsunternehmen häufig unterrepräsentiert sind. Da von diesen Dienstlei- stungen in zunehmendem Umfang Impulse auf den industriellen Sektor ausgehen, hat auch dieses Ausstattungsdefizit die Anpassungen der alten Industrieregionen erschwert.

Daneben gab es aber auch in einigen der Vergleichsgebiete Defizite in der Grundausstattung mit Infrastruktur (z.B. Verkehrsanbindung, Ausbildungseinrich- tungen) - so im Saarland, in Lothringen, in Mönchengladbach und in Roubaix- Tourcoing. Seit Beginn der Anpassungsschwierigkeiten wurde in diesen Regionen zwar einiges getan, um diese Defizite abzubauen; dennoch bestehen in einigen Gebieten (Lothringen, Roubaix-Tourcoing) Lücken. Die Verbesserungen der Infrastrukturausstattung in den übrigen Regionen sind zwar sicher positiv zu beurteilen, sie haben andererseits aber lediglich Voraussetzungen geschaffen, die heute fast überall gegeben sind. Man hat somit vielleicht gegenüber anderen Regionen aufgeholt, aber kaum einen Standortvorteil geschaffen. Wichtiger als die Ausstattung mit ubiquitärer Infrastruktur sind inzwischen spezielle moderne Infrastrukturelemente, wie z.B. die Kommunikations- und Informationstechnolo- gien. Die in diesen Bereichen sukzessiv erfolgende Ausstattung der Regionen beginnt zumeist aber nicht in den altindustriellen Gebieten, sondern in solchen, die als moderne Wachstumsregionen angesehen werden. Damit ist das Entstehen neuer Rückstände zumindest für die alten Industrieregionen in peripherer Lage nicht auszuschließen.

Altindustrielle Regionen haben naturgemäß wenig touristischen Reiz. Die Um- weltbelastung war lange Zeit hoch und ist sicher noch immer höher als in weniger dicht besiedelten Räumen; die Industrieorientierung hat in der Regel auch die Her- ausbildung eines breiten kulturellen Angebots nicht gerade gefördert. Zusammen- gefaßt haben diese Regionen somit nur eine geringe Wohnattraktivität. Die zu- meist gute Ausstattung mit sozialer Infrastruktur kann dieses Manko nur bedingt ausgleichen. Die geringe Attraktivität stellt sicherlich ein Hemmnis bei der Ansiedlung von Unternehmen dar, weil diese berücksichtigen müssen, ob die als Standort in Frage kommenden Regionen auch auf die erforderlichen Arbeitskräfte Anziehungskraft ausüben. Erschwerend kommt hinzu, daß die außerhalb der alt- industriellen Gebiete lebenden Menschen häufig von Vorurteilen über diese Re- gionen geprägt sind.

2.5. Sonstige Faktoren

Anpassungshemmnisse bei den Produktionsfaktoren bzw. im Bereich der Infrastruktur sind bzw. waren in allen hier verglichenen Regionen feststellbar. Es überwogen die Gemeinsamkeiten. Den eher generellen Aspekten stehen Regionsspezifika gegenüber, die in einzelnen bzw. wenigen Regionen anzutreffen sind und die für die Bewältigung oder Nicht-Bewältigung von Anpassungsprozessen relevant sind. Zu den regionsspezifischen Aspekten gehören die besonderen Nachfrageimpulse durch Rüstungsaufträge für die strukturellen Anpassungen in Lowell oder die Beschränkungen durch kommunale Zersplitterung und intraregionale Interessengegensätze in Pittsburgh (Umgebung) und Lothringen (Nancy und Metz) sowie z.T. auch im Ruhrgebiet. Dazu gehören auch die Nachteile, die durch die Grenzlage im Saarland oder in Lothringen entstanden sind, oder die Unterbrechungen der wirtschaftlichen Entwicklungen im Saar-Lor-Lux-Raum durch Verschiebungen der Grenzen. Diese Gesichtspunkte sind im Detail in den einzelnen Regionsbeschreibungen hinsichtlich ihrer Bedeutung für die Problembewältigung gewürdigt worden.

2.6. Zusammenfassende Schlußfolgerungen

Die bisherigen Aussagen gestatten verschiedene Schlußfolgerungen zur Bedeutung von Anpassungshemmnissen:

- Regional niedrige Löhne und günstige Lohnstrukturen sind keine hinreichende Voraussetzung für die Bewältigung der Anpassungsprobleme, sie erleichtern jedoch die Lösung der Probleme. Dabei ist aber nicht das Durchschnittslohnniveau in der Region die analyserelevante Größe, sondern die regional-sektoralen Lohnstrukturen. Es ist gezeigt worden, daß eine ganz bestimmte Konstellation der Lohnstrukturen die Anpassungsprozesse begünstigt. Diese Konstellation ist in den Textil-, nicht aber in den Montanregionen gegeben. Sie herzustellen würde enorme Verschiebungen in der Lohnhierarchie erfordern, und die Lohnanpassungen wären von kaum erwünschten Nebeneffekten begleitet. Ein wichtigeres Hemmnis als die Lohnhöhe und Lohnstruktur dürfte im Zusammenwirken von Inflexibilitäten der Löhne und regulativen Eingriffen auf dem Arbeitsmarkt zu sehen sein. Erst das Zusammenwirken beider Faktoren mit Innovationsdefiziten verstellt den Unternehmen die Anpassungsmöglichkeiten.

- Ein zu niedriges bzw. auf die Altindustrien ausgerichtetes spezifisches Qualifikationsniveau erschwert die Anpassungsprozesse. Weiterbildungsbereitschaft ist daher eine Voraussetzung für erfolgreichen Wandel; die andere ist ein entsprechendes Angebot zur Weiterqualifikation, wobei nicht zu verkennen ist, daß in diesem Bereich Entscheidungen unter Unsicherheit getroffen werden müssen, da die Anpassungsrichtung im Vorhinein häufig unbekannt ist. Unternehmerischer Sachverstand sollte deshalb verstärkt genutzt werden, weil es die Unternehmen sind, die die Anpassungsrichtung wesentlich bestimmen.

- Die Reaktion der Arbeitnehmerschaft kann den Zeitbedarf für Anpassungsprozesse mitbeeinflussen. Je nachdem, wie sehr Gewerkschaften nach dem Erhalt des Traditionellen streben, und je nachdem, welche Mittel sie dabei einsetzen, können sich unmittelbare oder mittelbare Wirkungen auf den Zeitbedarf der Anpassungsprozesse, ergeben.

- Verzögerungen sind aber in weit größerem Ausmaß durch unternehmerisches Verhalten eingetreten. Das Festhalten am Traditionellen - durchgesetzt durch Einflußnahme in politischen Entscheidungsprozessen, aber auch durch eine lange Zeit starke Position auf den regionalen Faktormärkten - ist hierfür verantwortlich. Theoretisch plausibel und für alle Regionen in der Literatur konstatiert ist eine - empirisch kaum abzuschätzende - Schwächung der unternehmerischen Innovationskraft in altindustriellen Regionen. Zum Teil erfolgten sektorinterne Reaktionen auf den Anpassungsdruck, zum Teil blieben selbst diese unzureichend. Dies hat den Handlungsdruck auf die Unternehmen erhöht. Unternehmensinterner Wandel erfolgte daher häufig durch regionsexternen Zukauf von Unternehmensteilen, um so weitere Verzögerungen zu verhindern. Diese Tendenz wird in vielen Regionen durch ein geringes Interesse der Unternehmen an der Region und durch weltweit verfügbare Informationen über Standortalternativen begünstigt. Inflexibilitäten in der Risikokapitalbereitstellung erschweren schließlich den Strukturwandel über Existenzgründungen.

- Qualitative Engpässe im Gewerbeflächenangebot und wachsende Bedenken gegen den mit dem Wandern der Industrie im Raum verbundenen Landschaftsverbrauch lassen den Faktor Boden in altindustriellen Regionen zum Engpaßfaktor im Wandlungsprozeß werden. Konsequentes Recycling von Gewerbeflächen und Industriegebäuden vermag hier Abhilfe für die Fehler der Vergangenheit zu schaffen. Für die Zukunft erscheint eine Orientierung der Bodenpreise an den sozialen Kosten, d.h. die Berücksichtigung möglicher Folgekosten, unabdingbar.

- Die stark auf die Belange der dominanten Industriezweige ausgerichtete Infrastruktur der altindustriellen Regionen ist z.T. obsolet geworden. Ein ursprünglicher Standortvorteil hat damit bestenfalls noch neutrale Wirkung. Die anpassungserleichternde moderne Infrastruktur, in einigen Regionen auch Teile einer inzwischen fast ubiquitären Infrastruktur, fehlten dagegen. Dadurch bestehen Nachteile im Wettbewerb um das ansiedlungsbereite Unternehmenspotential.

3. Die Rolle der regionalen Wirtschaftspolitik

3.1. Zur Begründung einer Revitalisierung altindustrieller Regionen

In allen Vergleichsgebieten wurden wirtschaftspolitische Maßnahmen ergriffen, um den Prozeß der wirtschaftlichen Erneuerung zu beeinflussen. Bevor auch hinsichtlich der politischen Aktivitäten der Versuch gemacht wird, aus den Regionsbeschreibungen Gemeinsamkeiten und Unterschiede herauszuarbeiten, die gewisse verallgemeinernde Schlußfolgerungen gestatten, ist jedoch auf die Frage einzugehen, inwieweit ökonomische Gründe oder gesellschaftspolitische Wertvorstellungen eine Revitalisierung überhaupt als erstrebenswert erscheinen lassen.

Die wirtschaftliche Erneuerung eines alten Industriegebiets im Rahmen einer Volkswirtschaft bedingt das Entstehen von Opportunitätskosten an anderen Punkten des Gesamtraumes. Entwicklungsalternativen, die in anderen Regionen bestehen, werden möglicherweise nicht genutzt. Ein ökonomischer Nutzen der Revitalisierung entsteht also nur, wenn es Hinweise darauf gibt, daß die Opportunitätskosten der alternativen Faktorverwendung höher sind als die Revitalisierungskosten[8]. Zu den Opportunitätskosten der Revitalisierung gehören unter anderem die sozialen Kosten eines weiteren Landschaftsverbrauchs. Ökonomische und ökologische Aspekte sprechen gegen die bisher feststellbare Entwicklung, bei der auf der einen Seite alte Industrieflächen ungenutzt zur Brache werden, auf der anderen Seite zur Befriedigung des Flächenbedarfs neue Flächen für die industrielle und gewerbliche Nutzung erschlossen werden. Ursache dieser Fehlentwicklung ist die Tatsache, daß die Ablagerung von Stoffen im Boden (ausgenommen kriminelle Akte) und das Hinterlassen von Industriebrachen und -ruinen in der Vergangenheit zum Nulltarif möglich war[9]. Dadurch können Kosten entstehen, die dem Verursacher nicht angelastet werden; soziale und private Grenzkosten fallen auseinander.

Richtgröße für die unternehmerischen Produktionsentscheidungen war - und ist noch immer - der Preis des Faktors Boden ohne Berücksichtigung der Kosten der Wiedernutzbarmachung, falls die Flächen für den bisherigen Verwendungszweck nicht mehr benötigt werden. Die (nicht mit Notwendigkeit, aber doch mit Wahrscheinlichkeit auftretende) Differenz zwischen privaten und sozialen Kosten wurde externalisiert und aus der Vergangenheit auf die heute lebende Generation übertragen, weil sich jetzt die Frage nach der Finanzierung der erforderlichen Sanierungsarbeiten stellt. Allokationstheoretische Folge einer Orientierung an den Marktpreisen beim Vorliegen negativer externer Effekte ist im dargestellten Fall zunächst eine zu intensive und damit nicht mehr effiziente Nutzung des Produktionsfaktors Boden[10]. Die mangelnde Berücksichtigung der sozialen Kosten bei der Güterpreisbildung führt aber auch - bei sektoral unterschiedlichem Umfang und bei unterschiedlichen Möglichkeiten zur Externalisierung der Kosten - zu einer nicht mehr effizienten Produktionsstruktur; die Produktion und der Konsum bodenbelastender Güter fallen (relativ) zu hoch aus.

Die zunächst durch diesen externen Effekt verursachten Ineffizienzen der Faktorallokation und Produktionsstruktur haben auch räumliche Konsequenzen, weil

---

8   Im Grunde wäre eine umfassende Gegenüberstellung der Kosten und Nutzen des Niedergangs mit denen der Revitalisierung erforderlich. Vgl. N. Vanhove und L.H. Klaassen, S. 264.

9   Vgl. H. Karl, Altlastensanierung - Ansätze zur Deckung des Finanzbedarfs. Bochum 1987, S. 10.

10   Vgl. H. Karl, S. 11ff., bzw. in allgemeiner Form E. Sohmen, Allokationstheorie und Wirtschaftspolitik. Tübingen 1976, S. 228ff.

einzelne Regionen - je nach sektoralem Schwerpunkt - unterschiedliche Phasen ihres regionalen Lebenszyklus erreicht haben. In den Teilräumen, in denen die niedergehenden Sektoren dominieren - also in den altindustriellen Regionen -, werden Flächen "freigesetzt", die ohne aufwendige Sanierungsarbeiten anderweitig nicht nutzbar sind. Das Angebot an alternativen Gewerbeflächen ist zudem in diesen Gebieten meist begrenzt. In den altindustriellen Regionen stellt sich damit zum jetzigen Zeitpunkt das Problem der Internalisierung der externen Kosten. Gleichzeitig werden in anderen Teilräumen noch immer vergleichsweise kostengünstig neue, bislang ungenutzte Flächen erschlossen, ohne daß eine Orientierung an den (langfristig zu erwartenden) sozialen Kosten erfolgt. Die im Zeitablauf feststellbaren unterschiedlichen räumlichen Entwicklungen und die damit verbundenen Unterschiede in der Intensität der Bodennutzung haben dazu geführt, daß in altindustriellen Regionen bei der Wiederverwendung von Flächen die sozialen Kosten angelastet werden, in anderen Regionen aber nach wie vor nur die privaten Kosten anfallen. Die Existenz des beschriebenen externen Effektes hat somit Verzerrungen der Faktorpreise zur Folge, die zu Fehlallokationen und Ineffizienzen im Raum führen.

Bei sonst gleichen Voraussetzungen bedeutet dies eine relative Verteuerung des Standorts in altindustriellen Regionen. Unabhängig davon, ob die Sanierungskosten dem Anbieter der Fläche oder dem potentiellen Nachfrager angelastet werden, wird eine Verschiebung von Standortentscheidungen im Raum eintreten. Wird der Anbieter mit den Sanierungskosten belastet, so wird er sein Flächenangebot reduzieren. Der Umfang dieser Angebotsreduzierung wird um so höher ausfallen, je höher die Sanierungskosten, je geringer die Kosten des Besitzes ungenutzter Flächen und je günstiger die zukünftigen Preiserwartungen sind[11]. Insbesondere die Erwartung, daß z.B. die Kommune zu einem späteren Zeitpunkt die Fläche für ihre Planungen benötigt und kaufen wird, oder auch die bilanztechnische Erfassung von Flächen zu nicht realisierbaren Preisen können zu gravierenden Verminderungen des Angebots führen. Davon gehen weitere negative Effekte aus, weil auch das Interesse an Flächen, die in unmittelbarer Nachbarschaft zu Industriebrachen und kontaminierten Böden gelegen sind, abnimmt. Sanierungsbedürftige Flächen führen zu einer Imageverschlechterung für andere Produktionsaktivitäten. Versucht man hingegen die potentiellen Nachfrager mit den Kosten der Sanierung zu belasten, so werden diese sich für andere Standorte entscheiden. In jedem Fall wäre zusätzlicher, ökologisch nicht erwünschter Landschaftsverbrauch die Folge.

Es sprechen jedoch nicht allein die Folgen des beschriebenen externen Effektes für die Revitalisierung altindustrieller Regionen. Es kommt hinzu, daß in diesen Gebieten eine - wenngleich stark sektoral geprägte - produktionsnahe und eine relativ gut ausgebaute klassische Infrastruktur (Bildung, Soziales, Verkehr) existiert. Ohne Revitalisierung würde diese im Laufe der Zeit immer weniger ausgelastet. An den sich bietenden Standortalternativen müßten diese Infrastruktur-

---

11   Vgl. D. Henckel, Recycling von Gewerbeflächen. Zum Problem von Umnutzung und Wiedernutzung gewerblicher Flächen. "Archiv für Kommunalwissenschaften", Jg. 21 (1982), S. 250f.

elemente dagegen erst ausgebaut bzw. geschaffen werden (periphere Regionen), oder aber es wächst die Gefahr der Überauslastung und der Staukosten (moderne Verdichtungsräume). Die durch die Existenz des externen Effektes begünstigte Standortentscheidung gegen altindustrielle Regionen führt mithin im Infrastrukturbereich möglicherweise zu höheren Kosten als eine Revitalisierung.

Die bisherigen Überlegungen zeigen, daß die volkswirtschaftlichen Kosten der Revitalisierung niedriger sein können als die des Neuentstehens weiterer Verdichtungsregionen. Ein weiterer Aspekt ist weniger aus ökonomischen Gründen als aus gesellschaftlichen Wertvorstellungen heraus von Interesse: Es ist die Frage, ob Arbeitsplätze zu den Erwerbstätigen oder die Erwerbstätigen zu den Arbeitsplätzen wandern sollten. Soll bis zu einem bestimmten Grad die heimatliche Verbundenheit der Bevölkerung gefördert werden[12], so sind Arbeitskräftewanderungen eher unerwünscht, und folglich wäre eine Revitalisierung altindustrieller Problemregionen anzustreben.

3.2. Altindustrielle Regionen und regionalpolitische Zielsetzungen

Die bisherigen Ausführungen haben gezeigt, daß die Revitalisierung altindustrieller Regionen ökonomisch sinnvoll und auch aus den gesellschaftlichen Wertvorstellungen heraus erwünscht sein kann. Der Marktmechanismus kann nur dann zur Lösung des Problems beitragen, wenn es um die Erreichung von Effizienzzielen geht und keine externen Effekte vorliegen. Werden auch gesellschaftspolitische Ziele verfolgt bzw. existieren Externalitäten, so wird staatliches Handeln erforderlich. Ein wirtschaftspolitischer Handlungsbedarf zugunsten altindustrieller Regionen ist folglich ableitbar, und es ist zu klären, inwieweit dieser durch die Zielsetzungen der regionalen Wirtschaftspolitik abgedeckt ist.

Regionale Wirtschaftspolitik versucht, durch eine bewußte Beeinflussung von Teilgebieten bzw. durch Berücksichtigung regionaler Besonderheiten zur besseren Durchsetzung gesamtwirtschaftlicher Ziele beizutragen[13]. Entsprechend können die als gebräuchlich anzusehenden regionalpolitischen Zielsetzungen - Ausgleich, Wachstum und z.T. Stabilisierung[14] - als Regionalisierung gesamtwirtschaftlicher Zielsetzungen aufgefaßt werden[15]. Das Ausgleichsziel wäre demnach die regionale Form eines gesamtwirtschaftlichen Verteilungs- und Gerechtigkeitszieles; es

---

12 Für die Bundesrepublik gibt es die Forderung, im Rahmen der Raumordnung die landsmannschaftliche Verbundenheit zu berücksichtigen. Vgl. Raumordnungsgesetz § 2, Abs. 1, Satz 8.

13 Vgl. D. Fürst, P. Klemmer, K. Zimmermann, S. 3.

14 Diese Ziele können auch international als weitgehend akzeptiert angesehen werden. Vgl. z.B. D. Pinder, S. 12ff.; N. Vanhove and L.H. Klaassen, S. 263ff.

15 Vgl. H.K. Schneider, Über die Notwendigkeit regionaler Wirtschaftspolitik. In: H.K. Schneider (Hrsg.), Beiträge zur Regionalpolitik. (Schriften des Vereins für Socialpolitik, N.F. Bd. 41.) Berlin 1968, S. 4.

ist keine Zielsetzung im engen ökonomischen Sinn, vielmehr liegt ihm die normative Forderung nach der Schaffung einheitlicher Lebensverhältnisse zugrunde. Regionalpolitische Implikation dieser Forderung ist die Vermeidung bzw. der Abbau regionaler Disparitäten. Diese regionalpolitische Zielsetzung wird zumindest in den betrachteten europäischen Ländern verfolgt. So hat die französische Dezentralisierungspolitik den Abbau von Disparitäten zum Ziel, wie sie am extremsten zwischen dem Pariser Becken und den landwirtschaftlich geprägten Regionen zum Ausdruck kamen bzw. noch immer kommen; in Großbritannien wird eine Angleichung der Verhältnisse in den Ballungsgebieten und den übrigen Teilgebieten angestrebt, und in der Bundesrepublik ist die raumordnungspolitische Vorstellung einer Vereinheitlichung der wirtschaftlichen Verhältnisse bzw. der Lebensbedingungen gleichfalls festgeschrieben.

Eine unmittelbare Verletzung des Ausgleichszieles ist in den altindustriellen Regionen aber nur teilweise feststellbar. So sind z.B. in den Montanregionen hinsichtlich der Einkommenshöhe Disparitäten gegenüber den Durchschnittswerten kaum feststellbar, wohl aber bei der Einkommensentwicklung oder der Höhe der Arbeitslosenquote. Ähnliches ergibt sich bei der Infrastruktur: Die Ausstattung mit klassischer Infrastruktur ist häufig gut, Defizite bestehen dagegen bei den modernen produktionsnahen Infrastrukturelementen und im Naherholungsbereich. Ausgleichspolitisch läßt sich ein Handlungsbedarf demnach meist nur insofern rechtfertigen, als man bei fortdauernden Entwicklungsunterschieden davon ausgehen kann, daß Disparitäten in den Niveaugrößen folgen werden.

Neben dem Ausgleichsziel verfolgt die Regionalpolitik wie erwähnt wachstums- und stabilisierungspolitische Zielsetzungen. Unter Wachstumsaspekten sollen die in den Regionen latent vorhanden Produktionsreserven in optimaler Weise, d.h. allokationseffizient in bezug auf das gesamtwirtschaftliche Wachstum genutzt werden bzw. es besteht zumindest der Anspruch, daß Regionalpolitik die gesamtwirtschaftliche Wachstumspolitik unterstützen soll[16]. Unter stabilisierungspolitischen Aspekten soll die konjunkturelle und strukturelle Krisenanfälligkeit von Regionen verringert werden, d.h. es sollen besonders diejenigen Regionen gefördert werden, in denen Wirtschaftszweige vorherrschen, die vom strukturellen Wandel betroffen oder bedroht sind[17].

Werden die möglichen Wachstumsbeiträge alter Industrieregionen, die im Falle der Revitalisierung zu erzielen wären, als Folge externer Effekte nicht genutzt, so kann der Zielerreichungsgrad beim Wachstumsziel durch wirtschaftspolitische Interventionen gesteigert werden. Ein Handlungsbedarf der Regionalpolitik muß sich in diesem Fall nicht zwingend ergeben; solange über die Internalisierung oder Korrektur externer Effekte die Marktkräfte korrigierend gelenkt werden können, ist dieser Weg regionalpolitischen Interventionen sogar vorzuziehen. Die Verrin-

---

16 Vgl. z.B. H.K. Schneider, S. 4; Unterrichtung durch die Bundesregierung [I], S. 7, sowie N. Vanhove and L.H. Klaassen, S. 265.

17 Vgl. z.B. H.K. Schneider, S. 4; Gesetz über die Gemeinschaftsaufgabe "Verbesserung der regionalen Wirtschaftsstruktur", § 1, Abs. 2.

gerung der strukturellen Krisenanfälligkeit ist schließlich in altindustriellen Regionen anzustreben, um Friktionen im Anpassungsprozeß zu verringern und damit verbundene Effizienzverluste (z.B. durch Sperrklinkeneffekte) zu vermeiden.

3.3. Umsetzung der regionalpolitischen Ziele

Eine politische Unterstützung der Revitalisierungsprozesse ist damit einerseits durch ökonomische und gesellschaftliche Ziele zu rechtfertigen, sie ist andererseits durch die regionalpolitischen Zielsetzungen - wie sie für die Bundesrepublik im besonderen, in den anderen Staaten aber in ähnlicher Weise formuliert sind - auch abgedeckt. Frage ist, inwieweit die praktische Politik den zum Teil anspruchsvollen Zielen Rechnung getragen hat.

Regionale Wirtschaftspolitik war zunächst durch Problemlagen geprägt, die sich bereits in den fünfziger Jahren herausgebildet hatten[18]: Wirtschaftsschwache, ländlich periphere Regionen und expandierende Ballungsräume standen sich bei weitgehend ausgeglichenem gesamtwirtschaftlichen Arbeitsmarkt gegenüber. In den sechziger und mehr noch in den siebziger Jahren hat sich das räumliche Disparitätsmuster gewandelt; bei insgesamt hoher Arbeitslosigkeit sind die altindustriellen Regionen neben den ländlich geprägten Räumen zusätzlich zu Problemregionen geworden. Die damit eingetretene Verschiebung der Problemstellung wurde jedoch von der Wirtschaftspolitik erst mit zeitlicher Verzögerung erkannt bzw. in Handlungskonzepte umgesetzt. Dies drückt sich beispielsweise darin aus, daß die West Midlands auch nach Einsetzen der Probleme nicht zur Förderregion wurden und daß durch Ansiedlungskontrollverfahren eine frühzeitige Diversifizierung der Wirtschaftsstruktur sogar erschwert wurde. Ganz ähnlich gehörten das Saarland bzw. das Ruhrgebiet lange Zeit nicht zum Normalfördergebiet der deutschen Regionalpolitik. Hier wurde - zwar nicht explizit, aber durch die Wahl der zur Fördergebietsabgrenzung verwendeten Indikatoren[19] - dem Ausgleichsziel eindeutige Priorität einräumt. Obwohl in der Bundesrepublik bereits relativ frühzeitig ein regionalpolitischer Handlungsbedarf zugunsten von einseitig strukturierten Räumen mit Problemen im dominierenden Sektor erkannt wurde[20], wurde dieser Handlungsbedarf nur unzureichend und nur schlecht koordiniert in die Praxis umgesetzt.

---

18   Vgl. N. Vanhove and L.H. Klaassen, S. 264.

19   Vgl. P. Klemmer [V], Die Gemeinschaftsaufgabe "Verbesserung der regionalen Wirtschaftsstruktur." Zwischenbilanz einer Erscheinungsform des kooperativen Föderalismus. In: F. Schuster (Hrsg.), Dezentralisierung des politischen Handelns (III) - Konzeptionen und Handlungsfelder. (Forschungsberichte der Konrad-Adenauer-Stiftung, Nr. 61.) Melle und St. Augustin 1987, S. 318. Zur Begründung vgl. R. Thoss, M. Strumann und H.M. Bölting, Zur Eignung des Einkommensniveaus als Zielindikator der regionalen Wirtschaftspolitik. (Beiträge zum Siedlungs- und Wohnungswesen und zur Raumplanung, Bd. 15.) Münster 1974, S. 50ff.

20   Vgl. Der Bundesminister für Wirtschaft (Hrsg.), S. 4f.

Nach dem Erkennen der veränderten Problemlage erfolgte zunächst keine Gewichtsverlagerung in der Weise, daß man nach neuen Wegen gesucht hätte, sondern man versuchte, das Problem altindustrieller Regionen im Rahmen vorhandener Möglichkeiten zu behandeln. Die altindustriellen französischen Gebiete wurden z.B. in die Dezentralisierungspolitik einbezogen, in der Bundesrepublik wurde das zuvor eingesetzte Instrumentarium zur Verringerung der Peripherie-Ballungsraum-Disparitäten weitgehend übernommen und erst im Laufe der Zeit weiterentwickelt. Eine systematische Regionalpolitik zugunsten altindustrieller Regionen wurde in den europäischen Regionen - mit Ausnahme von Luxemburg, wo man eigentlich nicht von Regionalpolitik sprechen kann - kaum betrieben. Etwas anders stellt sich die Situation im US-Staat Massachusetts dar, wo eine derartige Politik (geographical targeting) - wenn auch ebenfalls erst mit Verzögerung - verfolgt wird.

All dies deutet darauf hin, daß es im politischen Bereich Erkenntnis- und Handlungsverzögerungen gegeben haben muß, die eine frühzeitige Unterstützung der Revitalisierungsprozesse altindustrieller Regionen durch die Wirtschaftspolitik verhindert haben. Die Ursachen dieser "Time-Lags" sind ein spätes Erkennen der Probleme, Widerstände bzw. Inflexibilitäten bei der Umverteilung des für regionale Wirtschaftspolitik verfügbaren Finanzvolumens, der lange Zeit und noch immer fortdauernde Versuch, durch defensive, auf Strukturerhaltung zielende Politik in Verbindung mit Elementen einer sozial orientierten Arbeitsmarktpolitik die Probleme zu lösen, und eine zu geringe Flexiblität bzw. Kreativität hinsichtlich des Instrumenteneinsatzes.

Die meisten der hier verglichenen altindustriellen Regionen waren nach dem Ende des Zweiten Weltkrieges zunächst erfolgreich: Regionen wie Lothringen, das Saarland oder das Ruhrgebiet profitierten vom Wiederaufbau, die West Midlands von ihren günstigen industriellen Strukturen; sie partizipierten z.T. überdurchschnittlich vom starken allgemeinen Wirtschaftswachstum bei zunächst hohem Beschäftigungsstand. Als sich erste strukturelle Schwierigkeiten einstellten, glaubten die Politiker (wie die Unternehmer) zunächst an vorübergehende Probleme, und sie unterschätzten das Ausmaß des Anpassungsdrucks.

Als die Probleme und der Handlungsbedarf offensichtlicher wurden, wurde eine Umorientierung der Regionalpolitik dadurch erschwert, daß bei unverändertem Finanzvolumen den Nutznießern der Gewichtsverlagerung auch mögliche Verlierer gegenüberstanden. Regionen, die Förderstatus hatten, waren kaum bereit, ihn wegen der sich abzeichnenden andersgearteten Probleme wieder abzugeben. Änderungen der Regionalpolitik hätten mithin ein Maß von Konsens erfordert, das kaum zu erreichen war. Deutlich wird dies z.B. in der Bundesrepublik an der - über die "Gemeinschaftsaufgabe zur Verbesserung der regionalen Wirtschaftsstruktur" - praktizierten Regionalpolitik. Entscheidungen im Rahmen der Gemeinschaftsaufgabe erfordern zwar nur Mehrheitsbeschlüsse des Bundes und der Bundesländer, faktisch wurde aber Einstimmigkeit der Beschlüsse angestrebt.

Dies bedeutet, daß Mehrheiten für eine Umorientierung in der Regionalpolitik kaum zustande kommen[21].

Die Handlungsverzögerungen im regionalpolitischen Bereich wurden durch eine sektorale Politik verstärkt, die in vielen Fällen einen stark defensiven, auf den Erhalt bestehender Strukturen zielenden Charakter trug und bis heute trägt. Dies gilt für die Montanregionen in noch stärkerem Maße als für die Textilregionen. Aufgrund der höheren räumlichen Konzentration der Montansektoren und der damit verbundenen Konzentration der Probleme, war die Fühlbarkeit für eine breite Öffentlichkeit weitaus höher als im Falle der Textilindustrie. Die Problemkonzentration erleichterte die Koordination der Gruppeninteressen. Damit war aber auch der Handlungsdruck auf die politischen Entscheidungsträger größer. Die strukturkonservierende Sektoralpolitik verstärkte die Innovationsschwäche der Unternehmen, sie führte z.T. zur Subventionsmentalität und nahm den Anreiz, offensive Anpassungsmöglichkeiten zu verfolgen. Auf Arbeitnehmerseite war es die verständliche Befürchtung, den angestammten Arbeitsplatz zu verlieren, die die Forderung nach staatlichen Interventionen laut werden ließ. Die Hoffnung, der Staat könne auf diese Weise unrentabel gewordene Beschäftigungsmöglichkeiten erhalten, wurde durch das entsprechende Verhalten der Politik genährt; sie wurde meist bitter enttäuscht. Die Folge dieser Politik war eine Schwächung des Anreizes zum Wandel und damit eine Verzögerung im Anpassungsprozeß. Diese Zusammenhänge werden in den deutschen Montanregionen besonders deutlich, sie gelten aber auch z.B. für die West Midlands. In Frankreich war die Industriepolitik von ihren Zielsetzungen her stärker auf Modernisierung ausgerichtet; sie lief in ihrer praktischen Ausführung aber an den altindustrialisierten Regionen vorbei.

Die Forderung nach strukturerhaltenden Hilfen und der damit auf mittlere Sicht verbundene Mißerfolg beim Erhalt der traditionellen Strukturen war häufig begleitet von der Forderung nach sozialpolitischen Flankierungsmaßnahmen. Sozialplanregelungen, Maßnahmen zum Vorruhestand und Beschäftigungsgesellschaften sind arbeitsmarktpolitische Maßnahmen mit deutlich sozialpolitischem Bezug. Daß solche Maßnahmen die sozialverträgliche Umstrukturierung erleichtern können, zeigt das Beispiel Luxemburgs. Eine offensive, auf Diversifizierung der industriellen Strukturen zielende sektorale Politik wurde mit der Modernisierung des traditionellen Industrieschwerpunkts und mit sozialpolitischen Maßnahmen kombiniert. Dabei wurden freigesetzte Arbeitskräfte in Beschäftigungsgesellschaften übernommen, um sie so schnell wie möglich wieder in ein normales Beschäftigungsverhältnis zu entlassen. Erfolge bei der Diversifizierung der Wirtschaft haben zum Funktionieren dieses Konzepts beigetragen. Ganz ähnlich war der politische Ansatz in Lothringen, der Erfolg blieb aber weitgehend aus. Probleme ergaben sich, weil einerseits die neuen Beschäftigungsmöglichkeiten fehlten, andererseits die finanziellen Mittel für eine gleichzeitige Förderung der Qualifizierung immer weniger ausreichten. Die sozialpolitische Flankierung erhielt praktisch nur eine Alibi- oder Beruhigungsfunktion, und sie verringerte die

---

21 Vgl. P. Klemmer [V], S. 336f.

Motivation der Arbeitskräfte, selbst zur Problemlösung beizutragen. Der Erfolg von arbeitsmarktpolitischen Maßnahmen mit sozialem Charakter hängt also entscheidend vom Erfolg oder Mißerfolg der regionalen und sektoralen Strukturpolitik ab.

3.4. Das regionalpolitische Instrumentarium

Wie in der Bundesrepublik war die regionale Wirtschaftspolitik auch in den anderen in den Vergleich einbezogenen Regionen im wesentlichen angebotsorientiert. Besonderes Augenmerk wird auf die Beeinflussung der das Produktionspotential bestimmenden Faktoren gelegt[22], also auf die regionale Realkapitalbildung, das Arbeitskräftevolumen, das Flächenangebot und den regionalen technischen Fortschritt. Die Relevanz der einzelnen Faktoren als Ansatzpunkt der Regionalpolitik war in der Vergangenheit unterschiedlich. Klassischer Ansatzpunkt der regionalen Wirtschaftspolitik ist die Realkapitalbildung. Man ging von der Überlegung aus, daß durch Immobilitäten des Produktionsfaktors Kapital die Ballungsräume begünstigt und die peripheren Regionen benachteiligt würden[23]. Zwei Wege zur Förderung der Realkapitalbildung wurden zunächst verfolgt: Der indirekte Weg versuchte durch Verbesserung der Infrastruktur einen Anreiz für private Investoren zu schaffen. Der Ausbau von Verkehrswegen, Verbesserung der Energie- und Wasserversorgung und die Errichtung von Aus- und Weiterbildungsstätten sind beispielhaft genannte Einzelmaßnahmen. Der direkten Weg bestand in Hilfen an Unternehmen, deren Gewährung an die Durchführung von Investitionen oder die Schaffung von Arbeitsplätzen gebunden war. Diese Hilfen waren regional differenziert; sie waren als teilweiser Ausgleich einer aus anderen Gründen regional niedrigeren Kapitalrendite gedacht, d.h. als Kompensation für Kostenunterschiede in anderen Teilbereichen[24]. Ihre Aufgabe war einerseits die Mobilisierung von Grenzinvestitionen, sie hatten durch die regionale Differenzierung der Fördersätze aber auch eine räumlich lenkende Funktion. Die Investitionszulagen wurden in einigen Staaten (Großbritannien und Frankreich) durch Instrumente ergänzt, die die Industrieansiedlung in den Ballungsräumen erschweren sollten.

Dieses stark auf die Ballungs-Peripherie-Disparitäten ausgerichtete Instrumentarium wurde zunächst für die altindustriellen Regionen übernommen. Eine Gegenüberstellung mit den festgestellten Anpassungshemmnissen macht deutlich, daß es zur Förderung einer Revitalisierung altindustrieller Regionen kaum geeignet ist. Zum ersten zielt das Instrumentarium auf Wirkungen (schwache Realkapitalbildung) und nicht auf Ursachen; zum zweiten waren wesentliche Faktoren, die als Hemmnis im Anpassungsprozeß identifiziert wurden, nicht in die regionalpolitische Aktivität einbezogen, und drittens sollte das Ziel einer auf Revitalisierung

---

22   Vgl. P. Klemmer [V], S. 322.

23   Vgl. P. Klemmer [V], S. 323.

24   Vgl. J.J. Hesse and A. Schlieper, Structural Change and Regional Policies - An Attempt to Compare Different National Approaches. In: J.J. Hesse (Ed.), S. 584.

gerichteten Politik nicht sein, die Kostennachteile eines Standorts zu kompensieren, sondern diese Nachteile zu beseitigen - dies zumindest dann, wenn davon auszugehen ist, daß es keine dauerhaften Standortnachteile sind. Nur dadurch ist sicherzustellen, daß altindustrielle Regionen nicht auf Dauer zu Förderregionen werden.

Das regionalpolitische Instrumentarium ist in jüngerer Zeit in vielfacher Hinsicht ergänzt worden[25]. So wurde der Begriff der Infrastruktur in den meisten Ländern erweitert und umfaßt inzwischen beispielsweise auch technologie- und dienstleistungsbezogene Einrichtungen oder die Wiedernutzbarmachung von Brachflächen und die Wiederverwendung von Industriegebäuden. Bei den Produktionsfaktoren Kapital und Arbeit treten die qualitativen Aspekte etwas mehr in den Vordergrund. Zwar bleiben Investitionszulagen und -zuschüsse wichtige Instrumente der Kapitalmobilisierung, aber ein Teil dieser Fördermittel wird inzwischen gezielter für moderne Technologien eingesetzt; außerdem bemüht man sich verstärkt um eine Verbesserung der Risikokapitalbereitstellung. Die auf den Produktionsfaktor Arbeit bezogenen Maßnahmen zielen einerseits auf die Verbesserung der Arbeitskräftequalifikation (Umschulung, Aus- und Weiterbildung), sie sind zum Teil aber auch auf eine Reduzierung des Arbeitskräfteangebots gerichtet (Vorruhestandsregelungen, Beschäftigungsgesellschaften, Verlängerung der Ausbildungszeiten). Neben diesen an Infrastruktur und Produktionsfaktoren anknüpfenden Veränderungen ist man immer stärker bemüht, Einfluß auf den regionalen technischen Fortschritt zu nehmen und die regionale Innovationskraft zu stärken. Der Bau von Technologie- und Gründerzentren - verbunden mit der Hoffnung, diese könnten die Rolle von Inkubatoren übernehmen -, der Ausbau von Lehr- und Forschungseinrichtungen, die Bemühungen um eine Verbesserung des Wissenstransfers zwischen Wissenschaft und Wirtschaft, aber auch Existenzgründungsprogramme und Bemühungen um Erweiterung der Hochtechnologiebereiche sind Ausdruck dieser Entwicklung.

Diese instrumentellen Verschiebungen sind in allen verglichenen Regionen in ganz ähnlicher Weise feststellbar. Der regionalpolitische Instrumentenkasten weist in den Vergleichsregionen kaum Unterschiede auf[26]. Der festgestellte Wandel des Instrumentariums zeigt durchaus Bezüge zu den Problemen altindustrieller Regionen: Er verlief von der Beeinflussung der quantitativen Bestimmungsgründe des Produktionspotentials hin zur stärkeren Beeinflussung der qualitativen und flexibilitätsrelevanten Determinanten. Gerade die Bewältigung des Qualitäts- und Flexibilitätsproblems ist für eine Revitalisierung altindustrieller Regionen von entscheidender Bedeutung[27]. Der in verschiedenen Regionen feststellbare Versuch einer innovationsorientierten Regionalpolitik zielt auf die Verringerung der privatwirtschaftlichen Innovationsschwäche. Unternehmerische Innovationsschwäche ist eine empirisch kaum zu bestimmende und politisch

---

25 Vgl. J.J. Hesse and A. Schlieper, S. 582ff.

26 Vgl. auch J.J. Hesse and A. Schlieper, S. 591.

27 Vgl. P. Klemmer [V], S. 322.

schwer zu beeinflussende Größe. Es kommt in erster Linie darauf an, Einstellungen zu verändern und mentale Verkrustungen aufzubrechen. Diese Aufgabe kann kaum allein dem politischen Bereich zugewiesen werden. Die Politik kann jedoch durchaus einen Beitrag zu diesem Prozeß leisten. Wie das Beispiel des Staates Massachusetts und der Region Lowell zeigt, kann sie ein Umfeld begünstigen, das die unternehmerische Initiative und Risikobereitschaft stärkt. Angesprochen ist damit die Bedeutung des kaum exakt zu definierenden "wirtschaftsfreundlichen Klimas" und stabiler wirtschaftspolitischer Rahmenbedingungen. Dies ist der indirekte Weg einer innovationsorientierten Regionalpolitik[28]. Beim direkten Weg dagegen wird gezielt die Entstehung und Anwendung bestimmter Technologien gefördert.

In den hier verglichenen Regionen werden zumeist Elemente beider Strategien miteinander kombiniert. Mit Ausnahme von Mönchengladbach wird überall (mehr oder weniger direkt) das Entstehen eines Hochtechnologiebereichs angestrebt, dessen Schwerpunkte zwar gewisse regionale Unterschiede, vor allem aber eine Reihe von Ähnlichkeiten (z.B. Mikroelektronik, Informatik) aufweisen. Die regionalen Voraussetzungen für das Entstehen eines High-Tech-Sektors sind jedoch sehr unterschiedlich. Studien für die Vereinigten Staaten haben versucht, diese Voraussetzungen detaillierter zu analysieren[29]. Sie kommen zu dem Ergebnis, daß die Qualifikation der Arbeitskräfte, das regionale Steuerklima und die Unternehmerfreundlichkeit der Kommunen weit wichtigere Standortvoraussetzungen für Hochtechnologieunternehmen sind als beispielsweise Transportkosten oder die Energie- und Rohstoffversorgung. Die altindustriellen Regionen sind deshalb als Hochtechnologiestandort in der Regel nicht gerade prädestiniert. Aus den Befragungsergebnissen läßt sich zugleich ableiten, daß der indirekte Weg der Förderung recht aussichtsreich sein kann. Allerdings ist fraglich, ob das Marktsegment der Hochtechnologien ausreicht, um in allen altindustriellen Regionen eine industrielle Revitalisierung zu ermöglichen. Bei allen Bemühungen um das Entstehen von High-Tech-Sektoren sollten Chancen, die in der Integration von Hochtechnolgien in das bisherige Produktionsprogramm und in der Anwendung dieser Technologien bestehen, nicht übersehen werden. Das Beispiel des Textilmaschinenbaus in Mönchengladbach oder (ansatzweise) der Umweltschutztechnologien im Ruhrgebiet zeigen eine Alternative zum Entstehen einer High-Tech-Region, wie Lowell sie heute ist, auf.

3.5. Zentrale oder dezentrale Regionalpolitik

Die Diskussion des regionalpolitischen Instrumentariums und seiner Relevanz für altindustrielle Regionen hat die Frage nach den regionalpolitischen Zuständigkeiten bislang ausgeklammert. Hinsichtlich der Zuständigkeitsverteilung steht die regionale Wirtschaftspolitik vor der Fragestellung: Soll sie zentralisiert oder

---

28   Vgl. J. Genesko, Die innovationsorientierte Regionalpolitik: Eine wirksame Handlungsalternative. "Raumforschung und Raumordnung", Köln u.a., Jg. 44 (1986), S. 109f.

29   Die Ergebnisse derartiger Studien sind beschrieben bei U. Heilemann, S. 215f.

dezentralisiert sein? Im ersten Fall wird Regionalpolitik von einer zentralen Instanz (Zentralstaat) geplant und durchgeführt. Dies setzt voraus, daß diese zentrale Institution alle planungs- und entscheidungsrelevanten Informationen besitzt. Im Falle einer dezentralisierten Regionalpolitik wird eine mögliche "Überlastung der Informationsverarbeitungskapazität"[30] vermieden; dafür entstehen aber möglicherweise Koordinationsschwierigkeiten. Die in den einzelnen Staatswesen realisierten Aufgabenverteilungen zeigen, daß real existierende Lösungen zumeist zwischen den Extremen angesiedelt sind. Unterschiede im Dezentralisierungsausmaß werden dennoch deutlich.

Stark zentralistische Züge hatte die Aufgabenverteilung in Frankreich vor der Kommunalreform von 1982/83. Die gesamte französische Wirtschaftspolitik war durch ein hohes Maß an zentralstaatlichen Interventionen und Regulierungen gekennzeichnet. Kommunen, Départements und Regionen hatten nur sehr eng begrenzte Selbstverwaltungsmöglichkeiten. Auch in Großbritannien ist Regionalpolitik Aufgabe des Zentralstaates. Die Kommunen besitzen nur übertragene Befugnisse, d.h. sie dürfen eigentlich nur mit Ermächtigung durch das Parlament wirtschaftsfördernde Maßnahmen ergreifen[31].

Probleme scheint es in beiden Ländern mit der stark zentralisierten Zuständigkeitsverteilung zu geben bzw. gegeben zu haben. In Großbritannien weichen die faktischen Gegebenheiten deutlich von den institutionellen Vorgaben ab. Die Kommunen haben im Bereich der regionalen Wirtschaftsförderung vielfältige Aktivitäten übernommen. Von zentralstaatlicher Seite wird dies aus der Erkenntnis heraus toleriert, daß die Mitwirkung der Kommunen eine Voraussetzung für die Wirksamkeit der zentralisierten Politikelemente ist[32]. In Frankreich hat eine ähnliche Konstellation, d.h. Unterschiede zwischen der institutionellen und faktischen Aufgabenverteilung, zur Kommunalreform 1982/83 geführt. Die Zuständigkeitsverteilung wurde stärker dezentralisiert, die Kompetenzen für Regionen, Départements und Kommunen wurden erweitert.

Die Aufgabenverteilung in Frankreich hat sich damit der in der Bundesrepublik angenähert, wenngleich die deutschen Regionen immer noch ein etwas stärkeres Maß an Autonomie haben. Dennoch wird in Deutschland - in jüngerer Zeit sogar verstärkt - ein weiterer Abbau der zentralistischen Elemente gefordert[33]. Die Kritik richtet sich insbesondere gegen das Institut der Gemeinschaftsaufgabe -

---

30   P. Klemmer [V], S. 341.

31   Vgl. G. Zill, Kommunale Wirtschaftsförderung in Großbritannien und in der Bundesrepublik Deutschland. In: R. Mayntz (Hrsg.), Kommunale Wirtschaftsförderung. Ein Vergleich: Bundesrepublik Deutschland - Großbritannien. (Schriften des Deutschen Instituts für Urbanistik, Bd. 69.) Berlin 1981, S. 67.

32   Vgl. G. Zill.

33   Vgl. z.B. P. Klemmer [V], S. 332ff.; G. Rüter, Regionalpolitik im Umbruch. "Wirtschaftsdienst", Jg. 67 (1987), S. 315; U. v. Suntum, S. 133ff.; Sachverständigenrat zur Begutachtung der gesamtwirtschaftlichen Entwicklung (Hrsg.)[II], Ziffer 414ff.

ihre Anpassungsflexibilität gegenüber neuen Problemstellungen sei zu gering, ihre Lenkungseffizienz habe sich wegen der Ausweitung des Fördergebietes verschlechtert. Gefordert wird eine Regionalisierung der Regionalpolitik, bei der Einfluß- und Verantwortungsbereich für Entscheidungen, aber auch der Kreis von Nutznießern und Kostenträgern zu größtmöglicher Deckung zu bringen seien. Begründet wird dies damit, die regionalen Instanzen seien besser als der Zentralstaat in der Lage, regionsspezifische Engpaßfaktoren zu erkennen und zu beseitigen. Weiter ließen sich so Erfahrungen über Kosten und Wirksamkeit verschiedener Konzepte und Instrumente sammeln und für andere Regionen erschließen. Angestrebt wird ein System konkurrierender Regionen und die Übertragung wettbewerblicher Organisationsprinzipien. Da die Startpositionen der Regionen aufgrund natürlicher Gegebenheiten, ihres unternehmerischen Potentials, aber auch wegen ihrer unterschiedlichen Finanzkraft sehr verschieden sind, wären eine den Aufgabenstellungen adäquate Finanzausstattung und wirksame Regelungen gegen den unlauteren Wettbewerb von Regionen Voraussetzungen für das Funktionieren des Konzepts.

Den Vorstellungen der Befürworter einer weitergehenden Dezentralisierung der Regionalpolitik dürfte die Zuständigkeitsverteilung in den Vereinigten Staaten eher entsprechen als die in den europäischen Ländern. Dort betreibt der Zentralstaat nur in sehr begrenztem Umfang Regionalpolitik. Die Bundesstaaten ergreifen in unterschiedlicher Weise regionalpolitische Maßnahmen - in Pennsylvania erfolgte keine gezielte Förderung einzelner Regionen, in Massachusetts wird eine Regionalpolitik zugunsten altindustrieller Regionen praktiziert. Die Kommunen haben ein hohes Maß an Gestaltungsspielräumen; die Vergabe von "block grant funds", die von den Kommunen flexibel einsetzbar sind, soll den Wettbewerb der Gebietskörperschaften fördern. Alle Maßnahmen sind weder vertikal noch horizontal (instrumentell) koordiniert; man setzt somit auf das freiwillige Koordinationsbemühen.

Die Frage ist, ob die Entwicklungen in den hier verglichenen Regionen einen Zusammenhang zwischen regionalem Anpassungserfolg und Dezentralisierungsgrad vermuten lassen. In der Tat schneiden die beiden US-Regionen im Vergleich relativ gut ab, während Anpassungsprobleme in den französischen Regionen noch sehr offenkundig sind. Als empirischer Beleg für die Überlegenheit einer dezentralisierten Aufgabenverteilung reicht dies jedoch bei weitem nicht aus. Zum ersten ist der Umfang der "Stichprobe" für gesicherte Erkenntnisse zu gering; zum zweiten existieren zu viele andere Faktoren, von denen die Verarbeitung des Anpassungsdrucks abhängt. Schließlich lassen sich auch in Lowell und Pittsburgh Argumente gegen eine ausschließlich dezentralisierte Regionalpolitik finden: In Massachusetts wurden ergänzende regionalpolitische Maßnahmen zugunsten altindustrieller Regionen ergriffen, d.h. es existiert auch ein zentralistisches Element der Regionalpolitik. In Pittsburgh - insbesondere im Umland der Stadt - hat die Zersplitterung von Zuständigkeiten zu horizontalen Koordinierungsproblemen und Effizienzverlusten und damit möglicherweise zu Anpassungsverzögerungen geführt. Es scheint so etwas wie eine "optimale Dezentralisierung" zu geben[34]. Ein Überschreiten dieses Punktes führt zu Problemen der horizontalen Koordination, der Abstimmungsbedarf der Gebietskörperschaften untereinander wird zum Problem. Die Frage nach einer optimalen Dezentralisierungsebene kann im Rahmen dieses Gutachtens nicht beantwortet werden. Die Antwort hängt ganz offensichtlich auch von den verfolgten Zielen ab. Geht man von den Zielsetzungen Ausgleich, Wachstum, Stabilisierung, die für die altindustriellen Regionen alle drei von Relevanz sind, aus, so erscheint es unmittelbar plausibel, daß ausgleichspolitische Zielsetzungen nicht in dezentralisierter Form verfolgt werden können. Die Übertragung von Entscheidungs- und Handlungskompetenz auf regionale oder kommunale Einheiten hat zur Folge, daß vor allem die eigene Entwicklung von Interesse ist. Der einzelnen regionalen Einheit dürfte es weitgehend gleichgültig sein, welche regionalen Disparitäten dabei entstehen. Sie verfolgt eigenständig ein regionalisiertes Wachstumsziel und trägt auf diese Weise sicherlich auch zu höherer gesamtwirtschaftlicher Effizienz bei. Gemessen an Effizienzkriterien ist mithin eine Übertragung marktmäßiger Mechanismen auf Regionen sicherlich die vorzuziehende Alternative.

Wie aus der Wohlfahrtstheorie bekannt, können effiziente, allokationsoptimale Lösungen mit extremen Ungleichverteilungen verbunden sein. Auf Regionen übertragen bedeutet dies, daß die höhere Effizienz der Dezentralisierung zu offenen Konflikten mit dem Ausgleichsziel führen kann. Eine Lösung dieses Konflikts kann darin bestehen, als Preis für höhere Effizienz auf einen Ausgleich zu verzichten oder zentralisierte regionalpolitische Elemente beispielsweise in Form "regionaler Sozialtransfers" einzubeziehen. Eine Übertragung von Instrumenten, die im individuellen Bereich wegen ihrer demotivierenden Begleiteffekte kritisiert werden, dürften allerdings den Anreiz zur regionalen Eigeninitiative verringern und die Gefahr der regionalen Dauersubventionierung erhöhen. Ein anderes Argument gegen eine vollständige Dezentralisierung kommt hinzu: Die höhere Effizienz der Dezentralisierung ist nur solange gewährleistet, wie Marktergebnisse nicht durch externe Effekte beeinflußt werden. Wie bereits erläutert, sind derartige externe Effekte im Falle altindustrieller Regionen im Bereich von Altlasten und Industriebrachen von Bedeutung. Zur Korrektur dürfte in einer Vielzahl der Fälle nur das Gemeinlastprinzip zur Anwendung kommen. Hier stellt sich die Frage, ob die regionale Gemeinschaft heranzuziehen ist oder ob über zentralstaatliche Beiträge die Gesamtheit aller Bürger zu belasten wäre. Unabhängig davon, daß Kommunen und Regionen in vielen Fällen mit der Finanzierung des Flächenrecyclings überfordert sein dürften, sprechen Argumente für eine gesamtstaatliche Kostenübernahme bzw. -beteiligung: Zum ersten haben in der Vergangenheit alle Konsumenten davon profitiert, daß durch die Kostenexternalisierung die Güterpreise vergleichsweise zu niedrig waren. Zum zweiten sind zwar die Bewohner der Region unmittelbare Nutznießer der regional saubereren Umwelt; die durch das Recycling zu erreichende Einschränkung im Landschaftsverbrauch für industrielle Zwecke erhöht jedoch den Nutzen der gesamten Gesellschaft. Der ge-

---

34 Vgl. hierzu die Überlegungen von D. Biehl u.a., Konzeption eines dezentralisierten Föderalismus. In: F. Schuster (Hrsg.), S. 416ff.

samtstaatliche Finanzierungsbeitrag würde jedoch nur die nachträgliche Schadensbeseitigung betreffen. Um ähnlichen Problemen für die Zukunft vorzubeugen, war eine konsequente Korrektur bzw. Internalisierung des externen Effektes erforderlich. Die Möglichkeiten dafür bestehen einerseits im Bereich gesetzlicher Regelungen (Wiederverwendungsgebote, Sanierungsauflagen) andererseits im Bereich der Preisbildung (Steuer-Transfer-Lösungen, Fondslösungen).

3.6. Zur Lösung von Koordinationsproblemen

Will man stärker als bisher die Wachstums- und Effizienzziele betonen, so ist eine stärkere Dezentralisierung erforderlich[35]. Damit wächst der Koordinationsbedarf. Eine horizontale Koordination kann z.B. dazu beitragen, daß bei der Revitalisierung großer Regionen wie dem Ruhrgebiet, die kaum wieder auf einem sektoralen Schwerpunkt basieren kann, eine Doppelbesetzung von Funktionen im Raum vermieden wird. Allerdings darf man die Koordinationsansprüche nicht allzu hoch ansetzen, da sonst der durch die Dezentralisierung erhoffte Effekt unterlaufen wird. Neben der Koordination zwischen den verschiedenen interregionalen Trägern der Wirtschaftspolitik ist eine intraregionale Koordination zwischen Politik und Wirtschaft gerade in altindustriellen Regionen von Bedeutung. Trotz einiger Vorbehalte zeigen die Erfolge, die in Pittsburgh und Lowell durch eine Kooperation zwischen Unternehmern und Politikern erzielt wurden, daß "Public-Private Partnerships" erhebliche Beiträge zur Revitalisierung zu leisten vermögen. In den US-Regionen ist das Interesse der Unternehmen an der Region am deutlichsten ausgeprägt. Dies drückt sich zunächst darin aus, daß die Initiative für solche Partnerschaften in vielen Fällen von der privaten Seite ausging. Die Unternehmen haben eine positive Einstellung zur Region, sie haben erkannt, daß das Wohlergehen des Unternehmens mit dem Wohlergehen der Region verbunden ist. Zweifellos hängt diese Einsicht auch mit den in den Vereinigten Staaten typischerweise geringeren kommunalen Leistungen zusammen. Auf jeden Fall hat dies dazu geführt, daß sich Unternehmen aktiv, d.h. sowohl durch finanzielle Beiträge als auch durch ihr Expertenwissen an den regionalen Revitalisierungsbestrebungen beteiligt haben. Von besonderer Bedeutung im Rahmen dieser Kooperationen ist die Zusammenführung öffentlicher und privater Finanzierungsmittel. Häufig ging man von einer Relation aus, bei der auf einen Dollar öffentlicher Mittel ein Dollar privater Mittel kam.

Public-Private Partnerships gibt es, wenn auch nicht unter dieser Bezeichnung, in fast allen Vergleichsgebieten. Dennoch bestehen Unterschiede zu den Kooperationen in den Vereinigten Staaten. In vielen Fällen geht die Initiative in Europa von öffentlicher Seite aus, die Privaten beteiligen sich eher notgedrungen denn aus eigener Überzeugung. In Frankreich wird sogar ein tief verwurzeltes gegenseitiges Mißtrauen konstatiert. In den deutschen Regionen - insbesondere im Ruhrgebiet - ist ein wachsendes Interesse der Privaten an der regionalen Revitalisierung erst in jüngster Zeit festzustellen. Gemeinschaftsaktionen großer deutscher Unternehmen

---

35   Vgl. dazu D. Biehl u.a., S. 427f.

zugunsten des Reviers und die Kooperationen, wie sie z.B. in der Stadt Dortmund erkennbar sind, sind Ausdruck dieser Tendenz. Kooperationen zwischen Vertretern der privaten und der öffentlichen Seite können ein Instrument der intraregionalen Koordination sein, und sie können dazu beitragen, den Sachverstand der Unternehmer, aber auch der Arbeitnehmer im Interesse der Region zu nutzen. In einigen Vergleichsgebieten bedarf es jedoch offenbar noch harter Überzeugungsarbeit, um auf privater Seite ein regionales Interesse, eine Identifikation mit der Region zu erreichen, wie sie in den Vereinigten Staaten bereits existiert.

3.7. Zusammenfassende Schlußfolgerungen

Insgesamt bleibt folgendes festzuhalten:

- Die wirtschaftspolitische Anregung der Revitalisierung altindustrieller Regionen kann unter Effizienzgesichtspunkten sinnvoll sein; sie ist zur Minimierung der passiven Sanierung auch gesellschaftspolitisch zu rechtfertigen.

- Das regionalpolitische Instrumentarium war lange Zeit auf die Förderung der Realkapitalbildung in peripheren Regionen ausgerichtet. Es dominierten ausgleichspolitische Ziele. Eine allmähliche Erweiterung des Instrumentariums ist überall feststellbar. Man ist stärker als früher bemüht, die qualitativen Determinanten des Produktionspotentials zu beeinflussen und wird so dem Flexibilitätsproblem altindustrieller Regionen besser gerecht.

- Die vor Ort besseren Informationen über die Engpaßsituationen sprechen für eine stärkere Dezentralisierung der Entscheidungs- und Durchführungskompetenz regionalpolitischer Maßnahmen. Die damit mögliche Effizienzsteigerung muß jedoch nicht zur völligen Vernachlässigung des regionalpolitischen Ausgleichsanliegens führen.

- Ergänzt werden sollte ein stärker dezentralisiertes Konzept der regionalen Wirtschaftspolitik durch das Bemühen, die Ineffizienzen zu vermeiden, die durch externe Effekte im Bereich der Bodennutzung entstehen. Um die Fehler der Vergangenheit zu beheben, ist ein gesamtstaatlicher Finanzbeitrag zur Altlasten- und Industriebrachensanierung begründbar und unvermeidlich.

4. Faktoren des Erfolgs

4.1. Industrielle Tradition und Erfolg

Eine erste Vermutung über den Zusammenhang zwischen industrieller Tradition und erfolgreicher Anpassung könnte dahin gehen, daß im Wandlungsprozeß traditionell erfolgreiche Regionen auch erfolgreich bleiben. Zum zweiten stellt sich ganz allgemein die Frage, inwieweit in den traditionellen Strukturen, vielleicht auch in ihren Besonderheiten, eine Basis für den Erfolg (oder Mißerfolg) von Regionen angelegt ist.

Geographisches Institut
der Universität Kiel
Neue Universität

299

Zur ersten Vermutung kann festgehalten werden, daß die britische Region West Midlands in der Vergangenheit die größten Erfolge im sektorübergreifenden Strukturwandel unter den verglichenen Gebieten vorzuweisen hat. Dies war durch ein hohes Maß an Anpassungsflexibilität auf Seiten der Unternehmen, aber auch der Arbeitskräfte möglich. Der über Jahrzehnte hinweg während Aufstieg dieser Region durch Strukturwandel hat sie aber nicht davor geschützt, daß Anpassungsprobleme in erheblichem Umfang auftraten, nachdem sich die Anpassungsfähigkeit verringert hatte. Lowell ist die Region mit der wohl am schwächsten ausgeprägten Tradition im erfolgreichen Strukturwandel. Auch hier war mangelnde Anpassungsfähigkeit, also eine regionsinterne Schwäche, die entscheidende Ursache dafür, daß der Niedergang nicht verhindert werden konnte. Dennoch erlebt die Region derzeit eine Renaissance. Dies deutet darauf hin, daß Tradition im Erfolg weder hinreichend noch notwendig für zukünftigen Erfolg ist. Die Tatsache, daß eine Region mehrfach im Zeitablauf in der Lage war, den Anpassungsdruck friktionsarm zu verarbeiten, ist kein Garant dafür, daß dies auch beim jeweils nächsten Mal gelingen wird - entscheidend ist offenbar die Fähigkeit, die Anpassungsflexiblität zu erhalten.

Offensichtliche Unterschiede der Anpassungsrichtungen in den Textilregionen tragen zur Beantwortung der Frage nach dem allgemeinen Zusammenhang von industrieller Tradition und Art des Wandels bei: Mönchengladbach hat es im Zeitablauf verstanden, seinen sektoralen Schwerpunkt durch sektorinternen Wandel zu höherwertigen Produkten beizubehalten. Erst als der Anpassungsdruck zu groß wurde und ein sektorinterner Wandel nicht mehr ausreichte, ihn zu verarbeiten, erfolgte eine Umorientierung zum Maschinenbau hin, der jedoch noch immer engen Bezug zur traditionellen Basis hat. In Roubaix-Tourcoing versucht man dagegen bis heute, durch Modernisierungen die traditionellen Strukturen zu erhalten und wieder wettbewerbsfähig zu machen. Als neues Element wurde aus den traditionellen Betätigungsfeldern heraus der Versandhandel entwickelt. Lowell schließlich hat seine Strukturen vollkommen geändert; der Aufbau der High-Tech-Industrien hatte zur Folge, daß fast kein Bezug zur früheren industriellen Basis mehr gegeben ist.

So erstaunlich die Unterschiede in den Anpassungsrichtungen zunächst erscheinen, sie sind dennoch entscheidend durch Tradition und historische Voraussetzungen geprägt: In Mönchengladbach hatte sich der Textilmaschinenbau bereits relativ frühzeitig spezialisiert; man versuchte, Kundenwünschen entgegenzukommen. Ebenfalls verhältnismäßig früh erkannten die Maschinenbauer, daß der regionale Markt nicht genügend Expansionsmöglichkeiten bot, und sie versuchten, außerhalb der Region gelegene Absatzmärkte zu erschließen. Dies waren Voraussetzungen, die die späteren Anpassungen entscheidend geprägt haben. Anders in Roubaix-Tourcoing; hier überwog das kaufmännische Element seit jeher das technisch-innovative. Ein Textilmaschinenbau, der eine ähnlich tragende Rolle wie in Mönchengladbach hätte übernehmen können, fehlte. Umstrukturierungen in völlig andere Industriebereiche wurden durch die Nähe zu Lille behindert. Es blieb der Weg, das im kaufmännischen Bereich akkumulierte know-how einzusetzen - der Textilhandel wurde um den Versandhandel ergänzt. In Lowell existierte - wie in Mönchengladbach - ein zunächst leistungsfähiger Textilmaschinenbau. Dieser hat sich jedoch nicht auf kundennahe Fertigung spezialisiert, sondern er versuchte die Vorteile der Großserienfertigung standardisierter Maschinen zu nutzen. Einer heterogener werdenden Textil- und Maschinenbaunachfrage konnte man sich nicht mehr anpassen; es fehlte die sektorinterne Anpassungsfähigkeit oder -bereitschaft. Im weiteren Umfeld der Region zeigte man sich dagegen flexibler: Die Nähe einer hervorragenden Forschungsinfrastruktur und die allgemeine Hochtechnologieorientierung im Raum Boston haben dann die Anpassungsrichtung für Lowell angeregt.

Während die Textilregionen neue Aufgabenfelder, die aus der jeweiligen Tradition heraus z.T. erklärbar sind, gefunden haben, ist ähnliches in den Montanregionen nur eingeschränkt der Fall. In diesen Regionen gibt es zum Teil eine widersprüchliche Strategie, einerseits möglichst viel der traditionellen Struktur zu erhalten, andererseits aber ohne direkte traditionelle Anknüpfungspunkte möglichst viel Hochtechnologien in die Region zu ziehen bzw. in der Region zu entwickeln. An dieser Strategie erscheinen Zweifel angebracht. Der Erhalt eines möglichst großen Montansektors verspricht kaum dauerhaften Erfolg. Ob die Hochtechnologien als Basis tragfähig sind, um - ähnlich wie in Lowell - zur Revitalisierung großer Agglomerationen (West Midlands, Ruhrgebiet) beizutragen, erscheint angesichts der Diskrepanz von Standortanforderungen und Standortprofil fraglich. Aussichtsreicher ist wohl, daß auch die Montanregionen positive Voraussetzungen, die sich zum Teil aus der Tradition ergeben, im Anpassungsprozeß nutzen. Dies ist in Pittsburgh geschehen. Die Stadt war bereits früher Sitz von Unternehmensleitungen; dieser Vorteil wurde weiter ausgebaut, neue urbane Funktionen wurden übernommen, und so konnte ein Teil der Anpassungslasten verarbeitet werden. Auch im Ruhrgebiet versucht man - in diesem Fall aus einer negativen Tradition - zu neuen Aufgabenfeldern zu kommen: In der Region, die früher stark unter Umweltverschmutzungen zu leiden hatte, hat man frühzeitig mit der Suche nach technischen Lösungsmöglichkeiten für dieses Problem begonnen. Ein wachsender Teil der Industrie ist heute mit der Produktion von Umweltschutzgütern befaßt. Bedingt durch den technologischen Vorsprung könnte sich daraus bei international steigendem Problembewußtsein durch Steigerung der Exportaktivitäten ein sektoraler Entwicklungspol ergeben.

So logisch sich bestimmte Entwicklungen im Nachhinein aus den regionalen Traditionen und Gegebenheiten begründen lassen, so schwierig ist es, auf dieser Basis Vorschläge zu erarbeiten, die über Allgemeinheiten wie "vorhandene Stärken nutzen, neue Stärken herausarbeiten" hinausgehen. In Marktwirtschaften wird es stets Aufgabe der privaten Unternehmer sein, diese allgemeine Forderung zu präzisieren und die Stärken, auf denen das Neue aufbauen kann, im Detail herauszuarbeiten. Der eher staatsgeleitete Erfolgsweg in Luxemburg ist wegen der fehlenden staatlichen Autonomie für andere Regionen nicht gangbar.

4.2. Erfolg und Zeitbedarf

Umstrukturierungen von Regionen können - die Geschichte der West Midlands zeigt dies - kontinuierlich erfolgen. Dennoch erfordern sie Zeit; der Zeitbedarf stellt jedoch kein Problem dar, wenn sich Aufbau des Neuen und Schrumpfung des Alten ungefähr die Waage halten. Treten Diskontinuitäten auf - wie dies für altindustrielle Regionen typisch ist -, so entsteht ein dynamisches Ungleichgewicht von Abbau und Aufbau. Dieses führt zu Faktorfreisetzungen und gravierenden regionalen Entwicklungsstörungen. Die Beseitigung dieser Ungleichgewichte über Umstrukturierung ist schwierig, in der Regel auch zeitintensiv. Die Frage ist, ob sich die Erfolgsaussichten im Zeitablauf verbessern, d.h. ob sie um so größer sind, je mehr Zeit seit dem Feststellen der ersten Niedergangserscheinungen verflossen ist.

Erste Erscheinungen des Niedergangs waren in allen Vergleichsregionen in allerdings unterschiedlicher Deutlichkeit schon früh feststellbar. Am deutlichsten wurden sie in Lowell und in Pittsburgh, wo nahezu unmittelbar nach dem Ende der Blütezeit ein starker regionaler Bedeutungsverlust eintrat. Auf der anderen Seite wurden die Niedergangserscheinungen in einigen der Vergleichsregionen lange Zeit überdeckt. Nahezu generell ist ein "Recognition-Lag" feststellbar; die Notwendigkeit zur Umstrukturierung wurde erst mit zeitlicher Verzögerung erkannt. Die Ursachen hierfür waren unterschiedlich. In den europäischen Regionen wurden Niedergangstendenzen z.T. durch andere Entwicklungen - Autarkiebestrebungen, Kriege und Kriegsfolgen, aber auch konjunkturelle Boomphasen - überlagert, d.h. sie waren nur schwer auszumachen. Zum Teil wurde aber auch bewußt versucht, die Niedergangserscheinungen zu kaschieren, d.h. die Notwendigkeit zur Umstrukturierung war zwar eigentlich erkannt, diese Erkenntnis löste jedoch kaum entsprechendes Handeln aus. Im Gegenteil: private und staatliche Instanzen versuchten, die Umstrukturierungen aufzuhalten. Im privaten Bereich - d.h. insbesondere auf Unternehmerseite, oft genug aber auch auf Arbeitnehmerseite - war man bestrebt, am Traditionellen festzuhalten und das Neue zu verhindern. Die starke Stellung der regional dominanten Industrien auf den regionalen Faktormärkten begünstigte diese Bestrebungen. Konzentrationsprozesse und Versuche zur Kartellbildung verstärkten insbesondere in den Montanregionen diese Tendenzen. Oft genug hat aber auch der Staat durch strukturerhaltende Interventionen oder durch Handelsbeschränkungen zur Verzögerung von Anpassungen beigetragen.

Die einzelnen Regionen liefern Beispiele für das Zusammenwirken der verzögernden Elemente: Hauptproblem der Renaissance in Lowell dürfte die Veränderung der durch die lange Niedergangsphase bewirkten passiven Einstellung gewesen sein. Umstrukturierungen erfolgten erst lange nach dem Beginn der Probleme. Die Impulse dazu kamen von außerhalb der Region, wurden dann aber in der Region aktiv aufgegriffen und waren deshalb relativ schnell erfolgreich. In anderen Regionen spielten die Konservierungsbestrebungen der Privaten (z.B. Pittsburgh, Ruhrgebiet) bzw. des Staates (z.B. West Midlands, Ruhrgebiet) eine gewichtige Rolle für den Zeitbedarf, aber auch für das Ausmaß des Anpassungsdrucks. Anders in Luxemburg: dort wurde die Notwendigkeit, sich aus den Monostrukturen zu lösen, relativ früh erkannt und dadurch ein fast kontinuierlicher Anpassungsprozeß ausgelöst.

Erfolg ist mithin eine Frage der Zeit, aber nicht der Zeit allein. Das Zusammen-wirken von Recognition-Lag und bewußter Versuche zur Konservierung traditio-neller Strukturen hat in den altindustriellen Regionen zu meist erheblichen Ver-zögerungen und Behinderungen von Umstrukturierungen geführt. Für die europä-ischen Montanregionen wirkte sich verhängisvoll aus, daß die nach den Kriegen erfolgte Reaktivierung des alten Kerns wegen des Wiederaufbaubedarfs notwendig war, in seiner zeitlich begrenzten Tragfähigkeit aber nicht hinreichend erkannt wurde.

4.3. Erfolg und sektoraler Schwerpunkt

Sieht man von der Region Roubaix-Tourcoing, bei der die Erfolgsbeurteilung eher ungünstig ist, einmal ab, so deutet der Regionsvergleich darauf hin, daß die Textilregionen bei der Bewältigung ihrer Probleme mit weniger staatlicher Hilfe mehr Fortschritte gemacht haben als die Montanregionen. Der Anpassungserfolg scheint somit auch vom sektoralen Schwerpunkt abzuhängen. Führen exogene Störungen zu einem sektoralen Anpassungserfordernis, so sind die Folgeerschei-nungen ähnlich: Bestimmte Arbeitskräftequalifikationen verlieren an Bedeutung, Infrastrukturelemente werden obsolet, Innovationsdefizite auf unternehmerischer Seite erschweren offensive Anpassungsstrategien. Das Ausmaß, in dem Qualifi-kationen und Infrastruktur obsolet werden und Innovationsdefizite auftreten, ist allerdings sektoral unterschiedlich. Dies kommt bei der hier getroffenen Sektorauswahl (Textil, Montan) weniger stark zum Ausdruck, als wenn man bei-spielsweise Sektoren wie den Maschinenbau oder die Elektrotechnische Industrie in den Überlegungen berücksichtigt. Diese Sektoren sind weniger von Einprodukt-unternehmen geprägt, die Möglichkeiten zur Differenzierung der Produkte sind breiter, und das Denken in Produktalternativen ist stärker entwickelt. Damit ist die Gefahr der Innovationsdefizite geringer, Qualifikationen der Arbeitskräfte sind vielseitiger einsetzbar, und die Chancen der Revitalisierung dürften für Regionen mit derartigen Sektorschwerpunkten besser sein. Den Charakter eines sektorspezi-fischen Anpassungshemmnisses haben die Höhe und Struktur der Löhne. Die am oberen Ende der sektoralen Lohnhierarchie stehenden Montansektoren machen eine Umstrukturierung in montanindustriell geprägten Regionen schwierig.

Die Revitalisierungschancen von Regionen sind jedoch nicht allein auf diese Weise durch den sektoralen Schwerpunkt bedingt, vielmehr kommen indirekte Zusammenhänge hinzu. Wie bereits herausgearbeitet wurde, hängt die Agglo-merationsgröße vom sektoralen Schwerpunkt ab: Die Textilregionen sind im Normalfall kleiner als die Montanregionen. Frage ist demnach, ob es die kleineren Regionen sind, die die größeren Umstrukturierungserfolge vorzuweisen haben. Die in dieser Arbeit gewählten Vergleichsregionen erlauben eine Bejahung dieser Frage. Neben den beiden Textilregionen Lowell und Mönchengladbach ist es die kleine Montanregion Luxemburg, der die Umstrukturierung weitgehend gelungen ist. Zwei Erklärungen bieten sich hierfür an: Zum ersten ist die absolute Problem-dimension geringer. Das Mißverhältnis zwischen Expansion und Schrumpfung ist - in absoluten Größen ausgedrückt - von geringerem Umfang und deshalb mögli-cherweise auch relativ einfacher abzubauen: Für ein statistisches Gleichgewicht auf dem Arbeitsmarkt benötigte man in Mönchengladbach "nur" etwa 10 000 Arbeitsplätze, im Ruhrgebiet aber über 200 000. Zum zweiten sind kleinere Regionen bei der Wahl neuer sektoraler Schwerpunkte freier als Großregionen, sie haben ein breiteres Feld von Alternativen. So mögen Wirtschaftszweige wie der Textilmaschinenbau, der Versandhandel, die High-Tech-Industrie oder der Bankensektor für die Revitalisierung kleinerer Regionen ausreichen, um diesen Regionen für die Zukunft eine angemessene Partizipation an der allgemeinen Einkommensentwicklung zu ermöglichen. Diese Sektoren stellen aber kaum ein tragfähiges Fundament für Regionen von der Größenordnung des Ruhrgebiets oder der West Midlands dar. Sektoren, die für die großen Montanregionen die motorische Funktion übernehmen könnten, die früher Kohle und Stahl innehatten, sind nicht in Sicht. Die Suche nach neuen sektoralen Schwerpunkten mit motorischer Funktion für die Gesamtregion scheint deshalb auch sehr viel weniger erfolgversprechend als intraregional unterschiedliche Schwerpunktbesetzungen, wie sie sich beispielsweise im Ruhrgebiet andeuten: Dortmund im Hochtechnologiebereich, Essen im Bereich höherwertiger Dienstleistungen, Duisburg bei Umweltschutztechnologien und Bochum im Automobilbau und im kulturellen Bereich.

Ein indirekter Zusammenhang zwischen sektoraler Prägung und regionalem Erfolg im Anpassungsprozeß dürfte aber auch über eine andere Kausalkette bestehen. Der Umfang intersektoraler, aber intraregionaler Verflechtungen dürfte in den Montanregionen sehr viel höher sein als in den Textilgebieten. Die Textilindustrie besitzt weniger foreward- und backward-linkages. Von der Intensität des wirtschaftlichen Verbunds hängt es aber entscheidend ab, inwieweit die übrige Wirtschaft von Problemen der dominanten Industrie mitbetroffen ist. Je mehr Sektoren durch Verbundeffekte erfaßt werden, um so größer werden dynamische Ungleichgewichte ausfallen und um so schwieriger wird ein Ausgleich der Ungleichgewichte durch erfolgreiche Umstrukturierungen. Von Bedeutung ist aber nicht allein die Zahl der Verbundbeziehungen und deren Stärke; ebenso wichtig ist die Frage nach den Chancen, die einzelne Sektoren oder Unternehmen haben, um sich aus diesem Verbund zu lösen. Dabei ist zunächst die technische Seite zu betrachten: Für einen Zulieferer der Textilindustrie z.B. aus der Papierverarbeitenden Industrie dürfte es einfacher sein, sich auf die Produktion anderer Papiererzeugnisse umzustellen, als wenn ein Hersteller technischer Geräte für den Bergbau sein Produktprogramm umzustellen hätte. Unabhängig davon, ob es sich um textilindustrielle oder montanindustrielle Verbundkomplexe handelt, existiert dagegen ein Problem, wenn dieser Verbund über lange Zeit sicheren Absatz geboten hat. Anstrengungen der Zulieferer in den Bereichen Forschung, Entwicklung und Marketing und das Denken in Produktalternativen schienen nicht erforderlich. Beim Zusammenbruch des Verbunds gelingen Anpassungen nur im Einzelfall. Ein zusätzliches Risiko der Zulieferer besteht in "qualitativen Sprüngen" des Hauptabnehmers - in den West Midlands haben die Komponentenhersteller mit dessen Sanierungstempo nicht Schritt halten können.

Revitalisierungserfolg hängt also vom sektoralen Schwerpunkt der Region ab, weil das Ausmaß, aber auch die Art der Anpassungshemmnisse sektoral geprägt sind. Er hängt aber auch von Faktoren ab, die ihrerseits durch die sektoralen Schwerpunkte mitbestimmt werden. Dies ist einerseits die Regionsgröße - kleinere Regionen haben bessere und mehr Chancen -, es ist zum anderen das Ausmaß des Anpassungsdrucks - in großen Verbundkomplexen breiten sich Probleme einzelner Sektoren sehr stark aus, die Lösung des regionalen Problems wird erschwert.

4.4. Erfolg und Umfeldbedingungen

Bei der Frage nach der Bedeutung der Umfeldbedingungen für die regionalen Revitalisierungserfolge ist zwischen den gesamtwirtschaftlichen Bedingungen und den Bedingungen im näheren Umfeld der Region zu unterscheiden. Die Einschätzung der Bedeutung der allgemeinen gesamtwirtschaftlichen Entwicklungen für die von Anpassungsproblemen betroffenen Regionen muß dabei zwiespältig ausfallen. Soweit es das gesamtwirtschaftliche Wachstum anbelangt, erleichtert ein höheres Wachstum den Wandel, trägt aber auch möglicherweise zu illusionärer Einschätzung der längerfristigen Entwicklung bei. Auch die konjunkturelle Entwicklung kann dazu beitragen, daß strukturelle Tendenzen überlagert werden. Insbesondere bei den Sektoren, die im Konjunkturverlauf überdurchschnittlich reagieren, besteht die Gefahr, daß sektorale Anpassungserfordernisse in Boomphasen unterschätzt werden und daraus sowohl auf unternehmerischer als auch auf politischer Seite die falschen Konsequenzen gezogen werden[36].

Positives Beispiel dafür, daß ein höheres gesamtwirtschaftliches Wachstum den Strukturwandel von Regionen erleichtert, ist der Bergbau. Die Bergbaukrise der sechziger Jahre konnte nahezu überall aufgrund des allgemein hohen Wirtschaftswachstums ohne größere Probleme bewältigt werden. Neben dem schrumpfenden Bergbau gab es in hinreichendem Umfang expandierende Wirtschaftszweige, die die freigesetzten Arbeitskräfte aufnehmen konnten. Die Existenz von Alternativen (in der Industrie) trug dazu bei, daß durch eine Kombination von sektoraler und regionaler Arbeitskräftemobilität eine dauerhaft höhere Arbeitslosigkeit vermieden wurde. Die Krise der Stahlindustrie begann dagegen Mitte der siebziger Jahre in einer Phase allgemeiner Wachstumsschwäche. Die Umsetzung der Arbeitskräfte war aufgrund der geringen Zahl expandierender Sektoren (zudem meist im Dienstleistungsbereich) sehr viel schwieriger als in den sechziger Jahren. Wieder verstärktes Wirtschaftswachstum hat in jüngster Zeit dazu beigetragen, daß auch in einigen der altindustriellen Regionen die Beschäftigtenzahlen bei sich verändernden Strukturen gestiegen sind.

Neben den gesamtwirtschaftlichen Bedingungen sind jedoch auch die Bedingungen im regionalen Umfeld für die Revitalisierungschancen mitbestimmend.

---

36   Die Stahlindustrie ist ein gutes Beispiel dafür, daß konjunkturelle Sonderentwicklungen zu Fehleinschätzungen der langfristigen Perspektiven führen können, und zwar insbesondere in Form einer Unterschätzung des Anpassungsbedarfs. Auch die in jüngster Zeit feststellbaren Impulse im Stahlsektor dürften eher Ausdruck einer günstigen Konjunktur sein als Zeichen für die abgeschlossene Verarbeitung des Anpassungsdrucks. Wiederum führen diese Entwicklungen dazu, daß der Zwang zum Wandel unterschätzt und sogar teilweise die Rücknahme von Anpassungsentscheidungen gefordert wird.

Dies gilt einerseits in bezug auf das Handeln der regionalen Wirtschaftspolitik. Liegen altindustrielle Problemregionen - z.B. Mönchengladbach und das Ruhrgebiet oder Roubaix-Tourcoing und das nordfranzösische Steinkohlenrevier - in räumlicher Nähe zueinander, so scheint auf politischer Seite eine Neigung zur Vernachlässigung des vermeintlich kleineren Problems zu bestehen. Je höher der Zentralisierungsgrad der Regionalpolitik ist, um so ausgeprägter dürfte diese Tendenz sein.

Neben diesen indirekten, durch das politische Verhalten bestimmten Zusammenhängen gibt es regionale Umfeldfaktoren, die unmittelbaren Einfluß auf die Revitalisierung haben. Dies wird am Beispiel der Regionen Mönchengladbach und Lowell deutlich. Beide Regionen profitierten in der Vergangenheit von der unmittelbaren Nachbarschaft zu Städten, die in hohem Umfang urbane Funktionen wahrnehmen. Die Industrie sucht einerseits die Nähe dieser (regionalen) Metropolen, weil sie verkehrszentral gelegen sind, Dienstleistungs-, Verwaltungs- und Kulturfunktionen wahrnehmen und häufig auch eine gute Forschungsinfrastruktur besitzen. Die Industrie meidet jedoch die Zentrumslage, weil diese bei wachsendem Flächenbedarf zu teuer geworden ist. Die Folge ist, daß Städte in der Umgebung der Metropolen aus deren urbanen Funktionen Vorteile ziehen. Die Entwicklungen in Roubaix-Tourcoing sind nicht als Ausnahme dieser Feststellung anzusehen; vielmehr ist zu berücksichtigen, daß Lille eine junge Metropole ist, die einen Teil der bislang von Paris ausgefüllten Funktionen übernehmen soll und die in diese Funktion erst hineinwächst. Hinzu kommt aber auch, daß Roubaix-Tourcoing die Flächennachfrage eines solchen "Überschwappeffektes" kaum befriedigen könnte. Da Lille selbst mit Anpassungsproblemen belastet war und neue Funktionen im Raum in Konkurrenz besetzt hat, wurden die Anpassungen in Roubaix-Tourcoing durch die Nachbarschaft zu Lille sogar erschwert.

4.5. Erfolg und urbane Funktionen

Die Regionen, die von Spillover-Effekten profitierten, sind relativ klein. Düsseldorf beispielsweise kann für eine Stadt wie Mönchengladbach Impulse geben. Es ist auch denkbar, daß eine nahegelegene Ruhrgebietsstadt wie Duisburg davon profitiert, aber es ist höchst unwahrscheinlich, daß das gesamte Ruhrgebiet durch die Spillovers von Düsseldorf begünstigt wird. Dies gilt um so mehr, als Mönchengladbach hinsichtlich anderer Faktoren (Image, Flächenverfügbarkeit, Verkehrsanbindung an die Landeshauptstadt) günstigere Voraussetzungen als das Revier zu bieten hat.

Wollen Regionen wie das Ruhrgebiet stärker als bisher von Entwicklungen profitieren, die sich als Folge der Wahrnehmung urbaner Funktionen ergeben können, so müssen diese Regionen selbst für entsprechende Schwerpunktverlagerungen sorgen. Die betrachteten Regionen bezogen ihre ursprüngliche Agglomerationskraft aus einem industriellen Sektor, nicht aus der Wahrnehmung von Dienstleistungs- und Verwaltungsfunktionen. Im Lauf der Zeit haben einige altindustrielle Regionen urbane Funktionen in unterschiedlichem Umfang entwickeln können, und es stellt sich die Frage, inwieweit dies die Umstrukturierungsprozesse erleichtert hat. Die Stadt Pittsburgh ist wohl das beste Beispiel für den Wandel einer industriell geprägten Agglomeration hin zu einer durch urbane Funktionen gekennzeichneten Region. Die Voraussetzungen für diesen Wandel waren in Pittsburgh allerdings günstig: Die Stadt war bereits in den fünfziger Jahren Sitz einer Reihe von Unternehmensleitungen. Pittsburgh hat sich in dieser Richtung weiterentwickelt, ist zur "Headquarter-City" geworden und hat weitere Funktionen im Dienstleistungs-, Verwaltungs- und Forschungsbereich übernommen und dadurch eine neue Agglomerationsbasis gewonnen, wenngleich es nicht gelang, die alte Größe zu halten. Die Zahl der Einwohner ist erheblich gesunken; es ist in deutlichem Umfang auch eine passive Sanierung erfolgt. Ähnlich wie in Pittsburgh - allerdings nicht in der Deutlichkeit - ist auch in einigen der übrigen Vergleichsregionen festzustellen, daß Regionsteile, die sich stärker als die Gesamtregion auf die Wahrnehmung urbaner Funktionen spezialisiert haben, relativ gut abschneiden. Dies gilt für die Stadt Luxemburg und ihre unmittelbare Umgebung, es gilt für die lothringischen Städte Metz und Nancy, es gilt aber auch für die der Region Roubaix-Tourcoing benachbarte Départementshauptstadt Lille.

4.6. Erfolg und Anpassungshemmnisse

Entscheidender Grund dafür, daß regionale Niedergangsprozesse nicht oder nur zögerlich aufgehalten und in wirtschaftliche Erneuerungsprozesse umgekehrt werden können, sind regionale Anpassungshemmnisse und Inflexibilitäten. Die Anpassungshemmnisse sind im weitesten Sinne Folge der erfolgreichen Vergangenheit, die sich heute als belastend für den Umstrukturierungsprozeß erweisen: Die sektorspezifische Infrastruktur war einst ein Standortvorteil, sie hat heute bestenfalls neutrale Wirkung. Die Qualifikationen der Arbeitskräfte sind auf die ehemals dominanten Industriezweige ausgerichtet; sie sind nicht vielseitig genug, um unmittelbar in anderen Bereichen Verwendung finden zu können. Böden weisen Altlasten in Form von Kontaminierungen, Industrieruinen oder nicht mehr verwendbaren Anlagen auf und bedürfen vor der Wiederverwendung einer kostspieligen Sanierung. Selbst die Lohnhöhe und Lohnstrukturen sind geprägt durch frühere Erfolge und erweisen sich - insbesondere in den Montanregionen - als Erschwernis für den strukturellen Wandel. Auch die Inflexibilitäten sind im Grunde eine Folge der Vergangenheit: Erfolge scheinen Flexibilität überflüssig zu machen. Solange man mit dem vorhandenen Produktprogramm am Markt bestehen konnte, wurde über alternative Produktpaletten wenig nachgedacht. Solange mittlere Arbeitnehmerqualifikationen - noch dazu gut bezahlt - gefragt waren, waren eine Weiterqualifikation oder sektorale Mobilität nicht zwingend erforderlich. Staatliche, auf Erhalt der Strukturen zielende Maßnahmen haben diese Inflexibilitäten erhöht, weil sie den irrigen Glauben förderten, daß der Staat für das Fortbestehen dieser Strukturen sorgen könnte.

Eine Beurteilung der einzelnen Hemmfaktoren nach dem Grad ihrer Auswirkungen ist nur schwer möglich. Es wurde gezeigt, daß in den relativ erfolgreichen Teilregionen nahezu alle Hemmnisse reduziert bzw. abgebaut wurden oder von vornherein gar nicht bestanden haben. Die weniger erfolgreichen Vergleichsregionen weisen dagegen in allen oder fast allen diskutierten Punkten Hemmnisse auf. Deshalb kann keiner der Hemmfaktoren als ausschlaggebende Voraussetzung identifiziert werden. Es ist auch a priori wenig wahrscheinlich, daß einer dieser Faktoren eine solche alleinige Bedeutung besitzt. Vielmehr muß davon ausgegangen werden, daß es gerade das kumulative, lange Zeit fortwährende Zusammenwirken aller Anpassungshemmnisse ist, das den Wandlungsprozeß erschwert.

Trotz dieser Einschränkung scheinen gewisse qualitative Differenzierungen der Hemmnisse möglich. Die in den Vergleichsregionen sehr unterschiedlichen relativen Lohnpositionen und -strukturen, insbesondere die Unterschiede zwischen den Montan- und Textilregionen, sprechen dafür, daß niedrige Löhne und günstige Lohnstrukturkonstellationen zwar die Anpassungsbemühungen erleichtern, nicht aber größere Niedergangsprozesse verhindern können. Bedeutsam scheint auch die Feststellung, daß das Zusammenwirken von ungünstigen regional-sektoralen Lohnstrukturen und einer hohen Regelungsdichte auf den Arbeitsmarkt in Verbindung mit Innovationsschwächen der Wirtschaft den strukturellen Wandel sehr viel stärker als jeder einzelne Faktor erschwert.

Besondere Bedeutung kommt den Anpassungshemmnissen zu, die nicht dauerhafter Natur sein müssen, bei denen aber ohne Gegenmaßnahmen die Gefahr besteht, daß sie sich immer weiter verfestigen. Dies gilt in ganz besonderer Weise für das Qualifikationsniveau der Arbeitskräfte, es gilt in hohem Maße für die Qualität der Flächen und der Infrastruktur. Die Gefahr einer Verfestigung ist in diesen Bereichen um so größer, je länger mit der Beseitigung dieser Standortnachteile gewartet wird. Die Verzögerungen haben auch die Folge, daß bestimmte Urteile bzw. Vorurteile in einer breiten Öffentlichkeit entstehen bzw. fortbestehen, so daß letztendlich nicht nur physische, sondern auch mentale Altlasten zu beseitigen sind. Mentale Hemmnisse sind auch im unternehmerischen Bereich zu überwinden. Innovationsschwächen und Verkrustungen sind nicht allein ein Problem der Fähigkeit, sondern auch der Bereitschaft zur Veränderung. Fähigkeiten sind vermittelbar, Bereitschaft muß aus Überzeugung heraus entstehen. Dies macht die Beseitigung dieses Anpassungshemmnisses um so schwieriger. Innovationsfähige und -bereite Unternehmer waren in allen Vergleichsregionen ein zentrales Element für das Entstehen und Heranwachsen der Industrieagglomerationen. Dies legt den Schluß nahe, daß sie im Revitalisierungsprozeß von derselben zentralen Bedeutung sind. Die Resultate der relativ erfolgreichen Regionen unterstützen diese Vermutung und zeigen damit auch, daß die Überwindung der Innovationsschwäche zentrale Voraussetzung für eine Revitalisierung ist.

Wenn die Einschätzung der Bedeutung einzelner Anpassungshemmnisse Probleme bereitet, sind auch Aussagen darüber, in welcher Reihenfolge Hemmnisse zu beseitigen sind, schwierig. Wenn es in der Tat das Zusammenwirken aller Faktoren ist, das Revitalisierungsprozesse erschwert, so wäre eine parallele Beseitigung anzustreben. Altindustrielle Regionen haben hinsichtlich der produktionsbestimmenden Einflußfaktoren nicht die Gestaltungsfreiheiten, wie sie sie einst in der Industrialisierungsphase besaßen oder wie sie heute neu heranwachsende Industrie- bzw. Wirtschaftsregionen besitzen. Das in altindustriellen Regionen Neuentstehende muß von Voraussetzungen und Vorbelastungen ausgehen, die durch den (ehemals) dominanten Industriezweig und durch Entscheidungen der Vergangenheit geprägt sind. Anders formuliert: Das Neue muß erst die "Aufräumarbeiten für das Alte" erledigen und wählt deshalb häufig Regionen aus, in denen solche "Aufräumarbeiten" nicht oder nur in geringem Umfang anfallen.

Daneben ist das Spektrum von Anforderungen, die an Standorte gestellt werden, erheblich breiter geworden. Die hohe standortbindende Kraft, wie sie von Rohstoffvorkommen früher ausging, besitzen die heute relevanten Standortvorteile nicht mehr. Für eine erfolgreiche Revitalisierung von Regionen ist deshalb eine große Breite positiver Standortbedingungen erforderlich; die Rolle einzelner Faktoren ist schwer abzuschätzen. Ein breites Angebot von Standortalternativen, die Verfügbarkeit von genauen Informationen über diese Standorte und das Verdrängen der spontanen, häufig auf persönlichen Präferenzen beruhenden Standortentscheidungen durch solche, die auf Kosten-Ertrags-Denken basieren, lassen bei sonst gleichen Voraussetzungen geringfügige Unterschiede bei einem Standortfaktor entscheidungsrelevant werden. Die Bedingungen der altindustriellen Gebiete im Standortvergleich sind zumeist (noch) schlecht, sie sind aber verbesserungsfähig[37].

4.7. Erfolg und Wirtschaftspolitik

Die Diskussion der anpassungshemmenden Faktoren hat Ansatzpunkte für wirtschaftpolitisches Handeln gezeigt. Für eine Revitalisierung altindustrieller Regionen sind einerseits die Vorbelastungen der Vergangenheit zu beseitigen, andererseits sind die erforderlichen mentalen Voraussetzungen für eine erfolgreiche Anpassung zu schaffen. Konkrete Handlungsanweisungen für die Wirtschaftspolitik lassen sich aus der ersten Forderung leicht ableiten: Anstrengungen im Bereich der Ausbildung, der Weiterbildung und Umschulungsmaßnahmen tragen zur Verbesserung der Arbeitnehmerqualifikationen bei; Flächendekontaminierung und die Sanierung nicht genutzter Anlagen und Gebäude sind Ansatzpunkte zur Lösung quantitativer und qualitativer Engpässe bei Industrie- und Gewerbeflächen; die Umgestaltung der Infrastruktur kann die regionale Attraktivität für sektorale Alternativen steigern; der Ausbau der Forschungsinfrastruktur, die Förderung des Wissenstransfers aus dem Forschungsbereich in die Praxis und die Vermittlung von Fähigkeiten, die erforderlich sind, um aus einer technischen eine marktfähige Innovation zu machen, erhöhen die Innovationsfähigkeit.

Konkrete wirtschaftspolitische Handlungsanweisungen zur Beseitigung mentaler Anpassungshemmnisse sind dagegen kaum zu geben. Wichtig ist, daß die "wirtschaftsklimatischen Voraussetzungen" für die Revitalisierung geschaffen werden, insbesondere müssen Unternehmen von einem stabilen, verläßlichen Rahmen ausgehen können. Änderungen einer einmal gewählten wirtschaftspolitischen Strategie lassen getroffene Unternehmerentscheidungen möglicherweise hinfällig wer-

---

37 In Analogie gilt wohl auch, daß die Bedingungen der "neuen" Zentren zumeist (noch) gut, aber (wachstumsbedingt) verschlechterungsfähig sind. Möglicherweise ergeben sich hieraus längerfristig neue Chancen für "alte" Zentren.

den. Häufige Kurswechsel der Wirtschaftspolitik drängen die Privaten in eine abwartende Position. Die Politik kann aber auch dazu beitragen, daß den privaten Wirtschaftssubjekten die Notwendigkeit der Flexibilität deutlicher wird. Dies geschieht nicht durch staatliche Maßnahmen zum Erhalt gegebener Strukturen. Diese lösen vielmehr einen "circulus vitiosus" aus: Strukturerhaltende staatliche Interventionen nähren die Hoffnung, der Staat könne die Probleme auf diese Weise lösen. Diese Hoffnung dämpft die private Flexibilitätsbereitschaft. Geringe Flexibilität der Privaten führt beim Fortbestehen des Anpassungsdrucks zur Forderung nach weiteren staatlichen Hilfen. Die Politik kann also durch einen entsprechenden ordnungspolitischen Rahmen die Signale richtig setzen. Insbesondere auf regionaler und kommunaler Ebene kann sie auch direkt zu deren Umsetzung beitragen. Zeigt sich die öffentliche Seite selbst flexibel, versucht sie, im politischen Bereich kreativ und innovationsfähig zu sein und ist sie darum bemüht, bürokratische Verkrustungen und lange Entscheidungswege abzubauen, so geht sie den Privaten mit gutem Beispiel voran.

Wichtig ist offenbar auch, daß das gemeinsame Handeln von allen Beteiligten beim Bemühen um eine Revitalisierung in den Vordergrund der Überlegungen gerückt wird. Der Staat allein kann das Umstrukturierungsproblem nicht lösen, er ist auf die private Initiative angewiesen. Die Unternehmen können das Problem ebenfalls nicht allein lösen, wenn sie nicht vom Staat entsprechende Rahmenbedingungen erhalten und wenn sie nicht die Unterstützung der Arbeitnehmerschaft haben, das Neue mitzutragen. Kooperation bei der Erarbeitung von Revitalisierungsstrategien und -maßnahmen erleichtert die Koordination, nutzt den breiten verfügbaren Sachverstand und erleichtert die spätere Kooperation bei der Durchführung.

Die Regionsbeispiele haben gezeigt, daß Revitalisierungserfolge von den drei angesprochenen Elementen abhängen - Beseitigung der physischen, Abbau der mentalen Vorbelastungen und eine nach vorn gerichtete Kooperation der Betroffenen. Regionen, deren institutionelle Voraussetzungen ein flexibles Herangehen an die Probleme erlauben, besitzen bei der Bewältigung des Anpassungsdrucks offenbar Vorteile[38]. Damit sind Überlegungen zu einer Dezentralisierung der Entscheidungs- und Durchführungskompetenz angesprochen. Zwar ist die vollständige Übertragung wettbewerblicher Prinzipien auf Regionen nicht unproblematisch, weil die altindustriellen Regionen in diesem Wettbewerb von einer ungünstigen, stark vorbelasteten Position aus starten müßten. Dennoch hat eine Dezentralisierung der Entscheidungen den Vorteil, daß die vor Ort am besten und unmittelbarsten verfügbaren Informationen über vorhandene Engpässe und Anpassungshemmnisse auch genutzt werden und nicht im Rahmen langwieriger Entscheidungsprozesse Informationsverluste und Verzögerungen auftreten. Die damit verbundene Verlagerung der Verantwortung verbessert außerdem die Kontrollmöglichkeiten der Öffentlichkeit und erschwert die Schuldverlagerung auf andere politische Ebenen im Falle des Mißerfolgs.

---

38   So auch J.J. Hesse and A. Schlieper, S. 592.

Nicht alles läßt sich jedoch in dezentralisierter Form bewältigen; es verbleiben Aufgaben, die von zentraler Seite wahrzunehmen wären. Dies gilt beispielsweise für die Verfolgung ausgleichspolitischer Zielsetzungen, falls diese nicht vollständig einer Höherbewertung von Effizienz- und Wachstumszielen geopfert werden sollen. Dies gilt aber auch für Bereiche, in denen externe Effekte zu Fehlallokationen führen. Von besonderer Bedeutung für die altindustriellen Regionen ist in diesem Zusammenhang die Sanierung von Altlasten und Industriebrachen. In diesem Bereich ist ein finanzieller Beitrag des Zentralstaates ökonomisch durchaus zu rechtfertigen, um Fehler zu korrigieren, die durch die Kostenexternalisierung in der Vergangenheit aufgetreten sind. Um ähnliche Probleme in Zukunft zu vermeiden, sind rechtliche Regelungen im Bereich der Bodennutzung oder eine Orientierung des Bodenpreises an den sozialen Kosten erforderlich.

Literaturverzeichnis

Ahlbrandt, R.S. and Weaver, C., Public Private Institutions and Advanced Technology Development in Southwestern Pennsylvania. "American Planners Association Journal", Washington, D.C., vol. 53 (1987).

Ahlbrandt, R.S., Regional Change: The Impact on People and Places. In: Greenwald, M.A. (Ed.), Perspectives on Pittsburgh. Pittsburgh 1984.

Albrecht, C., Wirtschaftsstruktur, Bevölkerungsstruktur, Struktur der Arbeitslosigkeit im Saarland. (Diskussionspapier des Wissenschaftszentrums Berlin für Sozialforschung IIM/dp 80-76.) Berlin 1980.

Amtsblatt der Europäischen Gemeinschaft, Nr. C. 151 vom 9.6.1988.

Amtsblatt der Europäischen Gemeinschaft, Nr. L 185 vom 15.7.1988.

Armstrong, H. and Taylor, J., Regional Economics and Policy. Oxford 1985.

Augustin, C. u.a., Die wirtschaftliche und soziale Entwicklung im Grenzraum Saar-Lor-Lux. (Schriftenreihe der Regionalkommission Saarland-Lothringen-Luxemburg-Rheinland-Pfalz, Band 6.) Saarbrücken 1978.

Aust, B., Die staatliche Raumplanung im Gebiet der Saar-Lor-Lux-Regionalkommission. (Arbeiten aus dem Geographischen Institut der Universität des Saarlandes, Sonderheft 4.) Saarbrücken 1983.

Bade, F.-J., Die Standortstruktur großer Industrieunternehmen. Eine explorative Studie zum Einfluß von Großunternehmen auf die regionale Wirtschaftsentwicklung. "Jahrbücher für Nationalökonomie und Statistik", Stuttgart, Bd. 196 (1981), S. 341ff.

Bade, F.-J., Regionale Beschäftigungsentwicklung und produktionsorientierte Dienstleistungen. (DIW-Sonderheft, Nr. 143.) Berlin 1987.

Bade, F.-J., Funktionale Arbeitsteilung und regionale Beschäftigungsentwicklung. "Informationen zur Raumentwicklung", Bonn, Jg. 1986, S. 695ff.

Battiau, M. [I], Raison et Effets de la Concentration Spatiale de Nombreux Emplois Textiles dans l'Agglomeration de Roubaix-Tourcoing. "Hommes et Terres du Nord", Lille, vol. 1984, no. 2, S. 73ff.

Battiau, M. [II], Quelques remarques sur l'evolution de l'emploi au cours de vingt dernières années dans une vieille région industrielle: Le Nord-Pas-de-Calais. In: Milieux, Villes et Régions. 112e Congrés National des Soiciétés Savantes, Section de Geographie. Lyon 1987.

Bentley, G. and Mawson, J., Industrial Policy 1972-1983: Government Expenditure and Assistance to Industry in the West Midlands. (Inner Cities in Context Working Papers, no. 6.) Birmingham 1984.

Biehl, D. u.a., Konzeption eines dezentralisierten Föderalismus. In: Schuster, F. (Hrsg.), Dezentralisierung des politischen Handelns (III) - Konzeption und Handlungsfelder. (Forschungsberichte der Konrad-Adenauer-Stiftung, Nr. 61.) Melle und St. Augustin 1987.

Biehl, D., The Contribution of Infrastructure to Regional Development - Final Report. Luxemburg 1986.

Blackaby, F., De-industrialisation. (National Institute of Economic and Social Research, Economic Policy Papers, no. 2.) London 1979.

Bluestone, B. and Harrison, B., The Deindustrialization of America. New York 1982.

Booth, D.E., Regional Long Waves, Uneven Growth, and the Cooperative Alternative. New York 1987.

Bosch, G., "Reconversion" der Beschäftigten in Frankreich. "Sozialer Fortschritt", Berlin, Jg. 38 (1989).

Böventer, E. v., Theorie des räumlichen Gleichgewichts. Tübingen 1962.

Böventer, E. v., Standortentscheidung und Raumstruktur. (ARL-Abhandlungen, Bd. 76.) Hannover 1979.

Böventer, E. v., Raumwirtschaft I: Theorie. In: Albers, W. u.a. (Hrsg.), Handwörterbuch der Wirtschaftswissenschaften, Bd. 6. Stuttgart u.a. 1981.

Böventer, E. v., Hampe, J. und Steinmüller, H., Theoretische Ansätze zum Verständnis räumlicher Prozesse. In: Akademie für Raumforschung und Landesplanung (Hrsg.), Grundriß der Raumordnung. Hannover 1982.

Breitenacher, M., Die Textilindustrie in der Bundesrepublik Deutschland. (Wirtschafts- und gesellschaftspolitische Grundinformationen, Heft 54.) Köln 1984.

Browne, L.E., Defense Spending and High Technology Devolopment: National and State Issues. "New England Economic Review", Boston, Sept./Oct. 1988, S. 3ff.

Bröcker, J., Peschel, K. und Reimers, W., Regionales Wachstum und ökonomische Integration. München 1983.

Brune, R. und Köppel, M., Wachstumssensibilität und Preisempfindlichkeit - Zur wirtschaftlichen Konstitution Nordrhein-Westfalens. "RWI-Mitteilungen", Berlin, Jg. 33 (1982), S. 239ff.

Bundesminister für Wirtschaft (Hrsg.), Strukturbericht 1969 der Bundesregierung. Deutscher Bundestag, Drucksache V/4564. Bonn 1969.

Burtenshaw, D., Saar-Lorraine. (Problem Regions of Europe.) Oxford 1976.

Burns, A., Production Trends in the United States since 1870. New York 1934.

Busch, J., Der textilwirtschaftliche Niederrhein. Dissertation, Köln 1934.

Buttler, F., Gerlach, K. und Liepmann, P., Grundlagen der Regionalökonomie. Reinbek 1977.

Butzin, B., Zur These eines regionalen Lebenszyklus im Ruhrgebiet. In: Mayr A., und Weber, P. (Hrsg.), 100 Jahre Geographie an der Westfälischen Wilhelms-Universität Münster. Paderborn 1987.

Canibol, H.-P. und Porschen, D., Zur regionalen Identifikation sektoraler Anpassungsprozesse. "Informationen zur Raumentwicklung", Bonn, Jg. 1986, S. 715ff.

Cheshire, P. u.a., Urban Problems and Regional Policy in the European Community. Luxemburg 1988.

Chinitz, B., Contrasts in Agglomeration: New York and Pittsburgh, "American Economic Review", Menasha, WI, vol. 51 (1961), Papers and Proceedings", S. 279ff.

Claassen, J., Institutionelle Hemmnisse alter Industriegebiete - Unter besonderer Berücksichtigung der Ruhrgebietsregion. Bochum 1986.

Clapham, J.H., The Economic Development of France and Germany 1815-1914. 4th Edition, Cambridge 1951.

Cunat, F., Activités de Pointe et Mutations de Tissu Industriel du Nord - Pas-de-Calais. "Hommes et Terres du Nord", Lille, vol. 1987, no. 1, S. 39ff.

Daynac, M. und Millien, A., Reconversion des Zones de Tradition Industrielle - Nouvelles Mesures ou Nouveaux Objectifs? "Revue d'Economie Régionale et Urbaine", Paris, Jg. 1984, S. 601ff.

Dormard, S. [I], One Century and a Half of Industrial Activities in the Nord-Pas-de-Calais Region: 1800-1950. In: Hesse, J.J.(Ed.), S. 327ff.

Dormard, S. [II], Industrial Decline and Conversion Policy; 1950-1985. In: Hesse, J.J.(Ed.), S. 361ff.

Dörrenbächer, P., Bierbrauer, F. and Brücher, W., The External and Internal Influences on Coal Mining and Steel Industry in the Saarland/FRG. "Zeitschrift für Wirtschaftsgeographie", Frankfurt, Jg. 32 (1988), S. 209ff.

Duchene, M., Roubaix, Ville de Contrastes, I - Le Temps des Pionniers. "Horizon", no. 149, 1985, S. 9ff.

Duijn, J.J. van, The Long Wave in Economic Life. London u.a. 1983.

Dunning, J.H., International Production and the Multinational Enterprise, Hemel Hempstedt 1981.

Eckey, H.-F., Grundlagen der regionalen Strukturpolitik. Köln 1978.

Eckey, H.-F., Methodische Grundlagen zur Analyse und Prognose des Entwicklungsfaktors "Fläche" im Rahmen des lokalen Informationssystems Arbeitsmarkt. Gutachten im Auftrag des Kommunalverbands Ruhrgebiet. Essen o.J.

Egginton, D.M., Regional Labour Markets in Great Britain. "Bank of England Quarterly Bulletin", London, vol. 28 (1988), S. 367ff.

Engels, P. u.a., Wirtschaftlicher Strukturwandel und regionale Förderpolitik in der Region Nord-Pas-de-Calais. Essen 1988.

Fainstain, N.I. and Fainstain, S.S., Federal Policy and Spatial Inequality. In: G. Sternlieb and J.W. Hughes (Ed.), Revitalizing the Northeast - Prelude to an Agenda. New Brunswick 1978.

Ferguson, R.F. and Ladd, H.F., Economic Performance and Economic Development Policy in Massachusetts. (The State, Local and Intergovernmental Center Discussion Papers, no. D82-2.) Harvard 1986.

Flynn, N. and Taylor, A. [I], Inside the Rust Belt: An Analysis of the Decline of the West Midlands Economy. 1: International and National Conditions, "Environment and Planning A", London, vol. 18 (1986), S. 865ff.

Flynn, N. and Taylor, A. [II], Inside the Rust Belt: An Analysis of the Decline of the West Midlands Economy. 2: Corporate Strategies and Economic Change, "Environment and Planning A", London, vol. 18 (1986), S. 999ff.

Flynn, P.M., Lowell: A High Technology Success Story. "New England Economic Review", Boston, Sept./Oct. 1984, S. 39ff.

Fränken, W., Die Entwicklung des Gewerbes in den Städten Mönchengladbach und Rheydt im 19. Jahrhundert. (Schriften zur Rheinisch-Westfälischen Wirtschaftsgeschichte, Band 19.) Köln 1969.

Fürst, D., Klemmer, P. und Zimmermann, K., Regionale Wirtschaftspolitik. Tübingen und Düsseldorf 1976.

Garcette, P., Nord- Pas de Calais de 1975 à 1985. Paris 1976.

Gendarme, R., Sidérurgie Lorraine - Le Coulées du Futur. Nancy und Metz 1985.

Genesko, J., Die innovationsorientierte Regionalpolitik: Eine wirksame Handlungsalternative. "Raumforschung und Raumordnung", Köln u.a., Jg. 44 (1986), S. 107ff.

Georgi, H., An die Saar und zurück - Verkehrsprobleme und ihre Lösungen. "IHK-SaarWirtschaft", Saarbrücken, Jg. 11 (1988), S. 661ff.

Gerlach, B. und Liepmann, K., Konjunkturelle Aspekte der Industrialisierung peripherer Regionen. "Jahrbücher für Nationalökonomie und Statistik", Stuttgart, Bd. 187 (1972/1973), S. 507ff.

Gerstner, K., RESIDER - Ein Umstrukturierungsprogramm der EG für Stahlreviere. "IHK-SaarWirtschaft", Saarbrücken, Jg. 6 (1988), S. 321ff.

Gesetz über die Gemeinschaftsaufgabe "Verbesserung der regionalen Wirtschaftsstruktur". Bonn 1971.

Giarratani, F., Perspective on Regional Structural Change: Pittsburgh and the United States. In: M.A. Greenwald (Ed.), Perspectives on Pittsburgh. Pittsburgh 1984.

Giarratani, F. and Houston, B.B., Economic Change in the Pittsburgh Region. In: Hesse, J.J.(Ed.), S. 49ff.

Gibson, L.J. and Collins, W.G., Derelict Land in the West Midlands. In: Joyce, F. (Ed.), Metropolitan Development and Change. The West Midlands: A Policy Review. Birmingham 1977.

Giersch, H., Märkte und Unternehmen in der wachsenden Weltwirtschaft. "Kyklos", Basel, vol. 32 (1979), S. 25ff.

Giersch, H., Konjunktur- und Wachstumspolitik in der offenen Wirtschaft - Allgemeine Wirtschaftspolitik, Band 2. Wiesbaden 1977.

Giersch, V., Wachstumsimpulse durch Forschungsausbau und Technologietransfer, "IHK-SaarWirtschaft", Saarbrücken, Jg. 11 (1988), S. 704ff.

Glismann, H.H., Roemer, H. und Wolter, H., Lange Wellen wirtschaftlichen Wachstums. Replik und Weiterführung. (Kieler Diskussionsbeiträge, Nr. 74.) Kiel 1980.

Graff, P., Die Wirtschaftsprognose - Empirie und Theorie, Voraussetzungen und Konsequenzen. Tübingen 1977.

Gräber, H. u.a., Externe Kontrolle und regionale Wirtschaftspolitik. Berlin 1987.

Gräber, H. u.a., Zur Bedeutung der externen Kontrolle für die regionale Wirtschaftsentwicklung. "Informationen zur Raumentwicklung", Bonn, Jg. 1986, S. 679ff.

Grenzregio Rhein-Maas-Nord (Hrsg.), Grenzüberschreitendes Aktionsprogramm. Mönchengladbach 1986.

Groupement Regional des Industries Textiles (Ed.), Textile du Nord, no. 13. Lille 1980.

Gundlach, E., Gibt es genügend Lohndifferenzierung in der Bundesrepublik Deutschland? "Die Weltwirtschaft", Tübingen, Jg. 1986, Heft 1, S. 74ff.

Hamm, R. und Schneider, H.K., Wirtschaftliche Erneuerung im Ruhrgebiet - Zum Umstrukturierungsproblem altindustrialisierter Ballungsräume. "List Forum", Düsseldorf, Bd. 14 (1987/88), S. 169ff.

Hansen, A.H., Economic Progress and Declining Population Growth. "American Economic Review", Menasha, WI, vol. 29 (1939), S. 1ff.

Hansen, S.B., State Governments and Industrial Policy in the United States: The Case of Pennsylvania. In: Hesse, J.J.(Ed.), S. 89ff.

Häußermann, H. und Siebel, W., Neue Urbanität (Edition Suhrkamp, N.F. Bd. 432.) Frankfurt am Main 1987.

Heide, U. auf der, Strukturwandel im Wirtschaftsraum als Folge industriewirtschaftlicher Wachstums-, Stagnations- und Schrumpfungsprozesse untersucht in ausgewählten Agglomerationen Mittel- und Westeuropas. (Europäische Hochschulschriften, Reihe V, Bd. 913.) Frankfurt am Main u.a. 1988.

Heilemann, U., Industrielle Renaissance durch "High Technology" - Das Beispiel von Lowell, Massachusetts. "Archiv für Kommunalwissenschaften", Stuttgart, Jg. 24 (1985), S. 208ff.

Hekman, J.S. and Strong, J.S., The Evolution of New England Industry. "New England Economic Review", Boston, Mar/Apr. 1981, S. 35ff.

Hekman, J.S., The Product Cycle and New England Textiles. "Quarterly Journal of Economics", New York, vol. 94 (1980), S. 697ff.

Henckel, D., Recycling von Gewerbeflächen. Zum Problem von Umnutzung und Wiedernutzung gewerblicher Flächen. "Archiv für Kommunalwissenschaften", Stuttgart, Jg. 21 (1982), S. 236ff.

Hennings, G., Wirtschaftliche Revitalisierung - Das Beispiel der Stadt Dortmund. "Informationen zur Raumentwicklung", Bonn, Jg. 1988, S. 329ff.

Herrmann, H.-W. und Sante, G.W., Geschichte des Saarlands. Würzburg 1973.

Hesp, P., Stöhr, W. and Stuckey, B., Introduction. In: United Nations Industrial Development Organization (Ed.).

Hesse, J.J. and Schlieper, A., Structural Change and Regional Policies - An Attempt to Compare Different National Approaches. In: Hesse, J.J.(Ed.), S. 577ff.

Hesse, J.J. (Ed.), Regional Structural Change and Industrial Policy in International Perspective: United States, Great Britain, France, Federal Republic of Germany. Baden-Baden 1988.

Hesse, J.J., The Ruhr Area: Politics and Policies of Revitalization. In: Hesse, J.J.(Ed.).

Heuer, H., Instrumente kommunaler Gewerbepolitik. (Schriften des Deutschen Instituts für Urbanistik, Band 73.) Stuttgart u.a. 1985.

Heuß, E. [I], Allgemeine Markttheorie. Tübingen und Zürich 1965.

Heuß, E. [II], Wettbewerb. In: Albers, W. u.a. (Hrsg.), Handwörterbuch der Wirtschaftswissenschaften, Bd. 8. Stuttgart u.a. 1980.

Hidien, J.W., Die französische Kommunalverfassung nach der Dezentralisation. "Archiv für Kommunalwissenschaften", Stuttgart, Jg. 27 (1988), S. 216ff.

Hillesheim, D. u.a., Zur Neuabgrenzung des Fördergebiets der Gemeinschaftsaufgabe "Verbesserung der regionalen Wirtschaftsstruktur". Bonn 1988.

Hirsch, S., Location of Industry and International Competitivness. Oxford 1967.

Hirschman, A., The Strategy of Economic Development. New Haven 1958.

Hoover, E.M., The Location of Economic Activity. New York 1948.

Hoppen, H.D., Industrieller Strukturwandel. Eine empirische Untersuchung der sektoralen und regionalen Veränderungen im Sekundärbereich der Bundesrepublik Deutschland 1960-1972. Berlin 1979.

Industrie- und Handelskammer Mittlerer Niederrhein (Hrsg.), Wirtschaft am Mittleren Niederrhein in den 80er Jahren, Strukturen - Analysen - Perspektiven. Krefeld u.a. 1981.

Institut für Raumplanung der Universität Dortmund (Hrsg.), Strukturwandel in Verdichtungsgebieten. (IRPUT-Arbeitspapiere, Nr. 1.) Dortmund 1980.

Institut National de la Statistique et des Etudes Economiques (Ed.) [I], Zoom sur l'emploi. (Supplément à Economie Lorraine, Dossier no. 3.) Nancy 1987.

Institut National de la Statistique et des Etudes Economiques (Ed.) [II], Apercu sur la Situation Economique et Démographique. Nancy, ohne Jahr.

Institut National de la Statistique et des Etudes Economiques (Ed.) [IV], Panorama des zones d'étude du Nord-Pas-de-Calais, Zone 10 Roubaix-Tourcoing. (Les Dossiers de Profils, no. 7.) Lille 1987.

Isard, W., Location and Space-Economy. A General Theory Relating to Industrial Location, Market Areas, Land Use, Trade and Urban Structure. Cambridge MA, 1956.

Jacobsen, L., Labor Mobility and Structural Change in Pittsburgh. "American Planners Association Journal", Washington, D.C., vol. 53 (1987). S. 438ff.

Jakoby, H., Sind die Löhne im Ruhrgebiet zu hoch? "Raumplanung", Dortmund, Jg. 37 (1987), S. 53ff.

Judith, R., Zur Strukturpolitik an der Saar. In: Judith, R. u.a. (Hrsg.), Die Krise der Stahlindustrie - Krise einer Region. Das Beispiel Saarland. Köln 1980.

Junkernheinrich, M., Ökonomische Erneuerung alter Industrieregionen: das Beispiel Ruhrgebiet. "Wirtschaftsdienst", Hamburg, Jg. 69 (1989), S. 28ff.

Karl, H., Altlastensanierung - Ansätze zur Deckung des Finanzbedarfs. Bochum 1987.

Klemmer, P. [I], Regionalpolitik auf dem Prüfstand. Köln 1986.

Klemmer, P. [II], Anpassungsprobleme alter Industriegebiete - eine ökonomische Ursachenanalyse. Erscheint demnächst.

Klemmer, P. [III], Adoption Problems of Old Industrialized Areas: The Ruhr Area as an Example. In: Hesse, J.J.(Ed.), S. 511ff.

Klemmer, P. [IV], Defizite im Wirtschaftsraum Rhein-Ruhr. "Idee-Ruhr", Dortmund, Jg. 4 (1988), S. 18ff.

Klemmer, P. [V], Die Gemeinschaftsaufgabe "Verbesserung der regionalen Wirtschaftsstruktur." Zwischenbilanz einer Erscheinungsform des kooperativen Föderalismus. In: Schuster, F. (Hrsg.), Dezentralisierung des politischen Handelns (III) - Konzeptionen und Handlungsfelder. (Forschungsberichte der Konrad-Adenauer-Stiftung, Nr. 61.) Melle und St. Augustin 1987.

Klemmer, P. unter Mitarbeit von Eckey, H.-F. und Bremicker, B., Zur Bestimmung kommunaler Industrialisierungsbesonderheiten. Bochum 1988.

Klemmer, P. und Schrumpf, H., Die Auswirkungen der Arbeitsmarktpolitik auf das Ruhrgebiet. Gutachten im Auftrag des Kommunalverbands Ruhrgebiet. Essen 1982.

Kneschaurek, F., Wachstum, Innovation und Wettbewerb. "Schweizerische Zeitschrift für Volkswirtschaft und Statistik", Bern, Jg. 123 (1987), S. 249ff.

Kommission der Europäischen Gemeinschaften (Hrsg.), Die europäische Regionalpolitik. Brüssel 1987.

Kommunalverband Ruhrgebiet (Hrsg.), Kurzinformation zur Lohnfrage im Ruhrgebiet. (Bearbeiter: Noll, W.) Essen 1988.

Kommunalverband Ruhrgebiet (Hrsg.), Lokales Informationssystem Arbeitsmarkt (LISA). Essen 1986.

Köppel, M., "Alte" Industrieregionen: Ein internationaler Vergleich. In: Rheinisch-Westfälisches Institut für Wirtschaftsforschung (Hrsg.), Nordrhein-Westfalen in der Krise - Krise in Nordrhein-Westfalen? (Schriftenreihe des Rheinisch-Westfälischen Instituts für Wirtschaftsforschung, N.F. Heft 46.) Essen 1985.

Köppel, M., Die Aktualisierung der Input-Output-Tabelle des RWI für das Ruhrgebiet. "RWI-Mitteilungen", Berlin, Jg. 35 (1984), S. 51ff..

Kraus, A.H.V., Der Europa-Gedanke in der Saar-Politik seit 1945. "IHK-Saar-Wirtschaft", Saarbrücken, Jg. 1988, S. 758ff.

Kunzmann, K.R. [I], Pittsburgh - Nichts ist erfolgreicher als der Erfolg. Kurzfassung einer Studie im Auftrag des Bundesministers für Raumordnung, Bauwesen und Städtebau. Dortmund 1988.

Kunzmann, K.R. [II], Die Chancen des Ruhrgebiets: Ein Vergleich der Regionen North West in Großbritannien und Nord-Pas-de-Calais in Frankreich. "Seminarberichte der Gesellschaft für Regionalforschung", Remagen, Bd. 25 (1988).

Kuznets, S., Secular Movements in Production and Prices - Their Nature and Their Bearing upon Cyclical Fluctuations. Boston 1930.

Lamberts, W., Der Strukturwandel im Ruhrgebiet - eine Zwischenbilanz. 1. Folge: Die Bedeutung des Montankomplexes für die Ruhrwirtschaft. "RWI-Mitteilungen", Berlin, Jg. 23 (1972), S. 169ff.

Lammers, K., Die Bund-Länder-Regionalförderung - Ziele, Ansatzpunkte, ökonomische Problematik. "Die Weltwirtschaft", Kiel, Jg. 1987, Heft 1, S. 61ff.

Landesentwicklungsprogramm Saar, Teil 2: Wirtschaft 1990. Amtsblatt des Saarlandes U 1260 A. Saarbrücken 1984.

Landwehrmann, F., Europas Revier - Das Ruhrgebiet gestern, heute, morgen. Düsseldorf 1980.

Larmann, D., Strukturelle Auswirkungen der Energieverknappung und -verteuerung. Berlin 1984.

Lauschmann, E., Grundlagen einer Theorie der Regionalpolitik. (Taschenbücher zur Raumplanung, Bd. 2.) 2. Auflage, Göttingen 1972.

Liggins, D., The Changing Role of the West Midlands Region in the National Economy. In: Joyce, F. (Ed.), Metropolitan Development and Change. The West Midlands: A Policy Review. Birmingham 1977.

Lindner, H., Die De-Industrialisierungsthese - Eine Analyse ihrer empirisch-statistischen Grundlagen. (Forschungsberichte des Instituts für angewandte Wirtschaftsforschung, Serie A, Nr. 45.) Tübingen 1987.

Löbbe, K., 10 Jahre Strukturberichterstattung - Eine Zwischenbilanz. "RWI-Mitteilungen", Berlin, Jg. 37/38 (1986/87), S. 455ff.

Löbbe, K., Wirtschaftsstrukturelle Bestandsaufnahme für das Ruhrgebiet. "RWI-Mitteilungen", Berlin, Jg. 26 (1975), S. 119ff.

Markusen, A., Neither Ore, nor Coal, nor Markets: A Policy Oriented View of Steel Sites in the USA. "Regional Studies", New York, vol. 20 (1986), S. 449ff.

Marshall, M., Long Waves of Regional Development. London 1987.

Mawson, J. and Taylor, A., The West Midlands in Crisis: A Economic Profile. (CURS/INLOGOV Working Paper, no. 1.) Birmingham 1983.

Mensch, G., Das technologische Patt - Innovationen überwinden die Depression. Frankfurt am Main 1975.

Mény, Y., Hayward, J. and Hoffmann-Martinot, V., Politics and Policies of Industrial Adjustment: The Case of Lille and Valenciennes in the Nord Region. In: Hesse, J.J.(Ed.), S. 409ff.

Miller, D., The Role of the Motor Car Industry in the West Midlands Economy. "Regional Studies", New York, vol. 17 (1983), S. 53ff.

Minister für Wirtschaft, Mittelstand und Technologie des Landes Nordrhein-Westfalen (Hrsg.), Bericht der Kommission Montanregionen des Landes Nordrhein-Westfalen. Düsseldorf 1989.

Ministère de l'équipment, du logement, de l'aménagement du territoire et des transports (Ed.), Les grandes friches industrielles: Rapport du groupe de travail interministériel. Paris 1986.

Ministère de l'économie (Ed.), L'économie industrielle du Luxembourg 1966-1983. (Cahiers économiques, no. 73.) Luxembourg 1987.

Monopolkommission, Zur Neuordnung der Stahlindustrie. (Sondergutachten 13.) Baden-Baden 1983.

Muller, E.K., Historical Aspects of Regional Structural Change in the Pittsburgh Region. In: Hesse, J.J.(Ed.), S. 17ff.

Müller, J., Sektorale Struktur und Entwicklung der industriellen Beschäftigung in den Regionen der Bundesrepublik Deutschland. (Beiträge zur angewandten Wirtschaftsforschung, Bd. 12.) Berlin 1983.

Müller, J.H. unter Mitarbeit von Klemmer u.a. Probleme der Wirtschaftsstruktur des Saarlandes. (Regional- und wirtschaftspolitische Schriftenreihe.) Luxemburg 1967.

Müller, J.H., Wirtschaftliche Grundprobleme der Raumordnungspolitik. Berlin 1969.

Myrdal, G., Economic Theory and Underdeveloped Regions. London 1957.

Neundörfer, K., Das vierte Welttextilabkommen. (Schriften zur Textilpolitik, Heft 4.) Frankfurt 1987.

Nieland, M., Wirtschaftsraum Mönchengladbach - Oberzentrum mit Tradition und Erfolg. "Wirtschaft und Standort", Düsseldorf, 8. Themenheft 1988, S. 19ff.

Nieth, E., Industriestruktur und regionale Entwicklung. Eine theoretische und empirische Untersuchung der Bundesrepublik 1960-1972. Berlin 1980.

Nijkamp, P. und Mills, E.S., Advances in Regional Economics. In: Nijkamp P., (Ed.), Handbook of Regional and Urban Economics, Volume I: Regional Economics. Amsterdam u.a. 1986.

Noll, W., Wirtschaftsentwicklung im Ruhrgebiet - Prognostische Studien bis 2010. Essen 1988, als Manuskript des Kommunalverbandes Ruhrgebiet gedruckt.

Norton, R.D. und Rees, J., The Product Cycle and the Spatial Decentralization of American Manufacturing. "Regional Studies", New York, vol. 13 (1979), S. 141ff.

Norton, R.D., Industrial Policy and American Renewal. "Journal of Economic Literature", Menasha, WI, vol. 24 (1986), S. 1ff.

o.V., Bilan 1987 - Quelques Signes d'Amelioration. "Economie Lorraine", Nancy, no. 69, Juin 1988.

o.V., Drei Wege einer Region. "Wirtschaftswoche", Düsseldorf, Jg. 42 (1988), Heft 4, S. 30ff.

o.V., High Tech Ends a long Slump in an Old Mill Town. "US News & World Report", New York, April 1981, S. 64f.

o.V., Longwy. Une impulsion nouvelle. Le pôle européen de dévelopment dans sa phase active. "Economie Lorraine", Nancy, no. 73 (1988), S. 16ff.

o.V., Lowell: A Town is Reborn. "Newsweek", New York, September 1981, S. 38.

o.V., Lowell: From Riches to Rags and Back Again. "Dun's Review", vol. 116, July 1980, S. 38f.

o.V., New England Survey. "The Economist", London, August 1987.

o.V., Ruhrgebiet - Frischer Putz für den Pütt. "Industriemagazin", München, Jg. 1989, Heft 1, S. 146ff.

o.V., Steuereinnahmen und Schuldenstand 1986 im zwischengemeindlichen und zeitlichen Vergleich. "Dortmunder Statistik", Dortmund, Jg. 1988, Sonderheft 112,

o.V., Textile-Habillement, un nouveau Visage. (Supplément à la Chronique du Nord-Pas-de-Calais, no. 234.) Lille 1987.

Olson, M., The Rise and Decline of Nations: Economic Growth, Stagflation, and Social Rigidities. New Haven and London 1982.

Organisation for Economic Co-operation and Development (Ed.), Economic Surveys - Belgium, Luxembourg. Paris 1986.

Organisation for Economic Cooperation und Development (Ed.), Managing Urban Change. Vol. II, The Role of Government. Paris 1983.

Pasinetti, L. [I], Technical Progress and International Trade. "Empirica", Stuttgart, vol. 15 (1988), S. 139ff.

Pasinetti, L. [II], Structural Change und Economic Growth. Cambridge, N.Y., 1981.

Perroux, F., Note sur la Notion de Pol de Croissance. "Economie Appliquée", Paris, vol. 7 (1965), S. 307ff.

Peschel, K., Der strukturelle Wandel der Industrie in den Regionen der Bundesrepublik Deutschland 1960 bis 1976. In: Müller, J.H. (Hrsg.), Determinaten der räumlichen Entwicklung. (Schriften des Vereins für Socialpolitik, N.F. Bd. 131.) Berlin 1983.

Pinder, D., Regional Economic Development and Policy - Theory and Practice in the European Community. London 1983.

Prognos AG (Hrsg.), Die wirtschaftliche Entwicklung Mönchengladbachs als Unternehmensstandort. Untersuchungen im Auftrag der Stadt Mönchengladbach. Basel 1976.

Quack, P., Wandernde Akzente - Das Textilschaffen im Mönchengladbacher Kammerbezirk. In: Industrie- und Handelskammer zu Mönchengladbach (Hrsg.), Lebendige Wirtschaft im Wandel zum Morgen - 125 Jahre IHK zu Mönchengladbach. Mönchengladbach 1963.

Quasten, H., Die Wirtschaftsformation der Schwerindustrie im Luxemburger Minette. (Arbeiten aus dem Geographischen Institut der Universität des Saarlandes, Band 13.) Saarbrücken 1970.

Rabier, J.C. et Boussemart, B., Evolution des characteristiques de la main-d'oeuvre et transformations du processus de production dans l'industrie textile du Nord-Pas-de-Calais. "Hommes et Terres du Nord", Lille, vol. 1984, no. 2, S. 66ff

Reaves, R.L., Regional Economic Planning Response to Structural Change: The American Approach via Allegheny County, Pennsylvania. Paper presented to the Conference on "Regional Structural Change in International Perspective". Essen 1986.

Regierung des Saarlandes (Hrsg.), Saar-Memorandum 1986. Saarbrücken 1986.

Reitel, F., Krise und Zukunft des Montandreiecks Saar-Lor-Lux. Frankfurt u.a. 1980.

Reimers, W., Produktionswachstum und Raumstruktur. Eine Literaturstudie ökonometrischer Ansätze und empirische Untersuchung für Skandinavien und die Bundesrepublik Deutschland. München 1981.

Rheinisch-Westfälisches Institut für Wirtschaftsforschung (Hrsg.), Analyse der strukturellen Entwicklung der deutschen Wirtschaft - RWI-Strukturberichterstattung, Schwerpunktthema 1988: Standortqualität der Bundesrepublik Deutschland und Veränderungen der Standortfaktoren im sektoralen Strukturwandel. Gutachten im Auftrag des Bundesministers für Wirtschaft. Essen 1989.

Rheinisch-Westfälisches Institut für Wirtschaftsforschung (Hrsg.), Stahlkrise - Ist der Staat gefordert? (Schriftenreihe des Rheinisch-Westfälischen Instituts für Wirtschaftsforschung, N.F. Heft 45.) Berlin 1985.

Rheinisch-Westfälisches Institut für Wirtschaftsforschung (Hrsg.), Wirtschaftsstrukturelle Bestandsaufnahme für das Ruhrgebiet - 1. Fortschreibung. Gutachten im Auftrag des Ministers für Wirtschaft, Mittelstand und Verkehr des Landes Nordrhein-Westfalen, des Siedlungsverbands Ruhrkohlenbezirk und der Industrie- und Handelskammern des Ruhrgebiets. (Bearbeiter: Brune, R., Hennies-Rautenberg H. und Löbbe, K.) Essen 1978.

Richardson, H.W., Regional Growth Theory. London, Basingstoke 1973.

Roberts, P.W., The West Midlands: Decline and Policy Responses. "Revue d'Economie Régionale et Urbaine", Paris, Jg. 1984, S. 635ff.

Rostow, W., The World Economy - History and Prospect. Austin and London 1978.

323

Rüter, G., Regionalpolitik im Umbruch, "Wirtschaftsdienst", Hamburg, Jg. 67 (1987), S. 95ff.

Sabel, Ch.F. u.a., Regional Prosperities Compared: Massachusetts and Baden-Württemberg in the 1980's. (Diskussionspapier des Wissenschaftszentrums Berlin für Sozialforschung, IIM/LMP87-10b.) Berlin 1987.

Sachverständigenrat zur Begutachtung der gesamtwirtschaftlichen Entwicklung (Hrsg.) [I], Arbeitsplätze im Wettbewerb. Jahresgutachten 1988/89. Stuttgart und Mainz 1988.

Sachverständigenrat zur Beurteilung der gesamtwirtschaftlichen Entwicklung (Hrsg.) [II], Chancen für einen langen Aufschwung. Jahresgutachten 1984/85. Stuttgart und Mainz 1984.

Sachverständigenrat zur Begutachtung der gesamtwirtschaftlichen Entwicklung (Hrsg.) [III], Auf dem Weg zu mehr Beschäftigung. Jahresgutachten 1985/86. Stuttgart und Mainz 1986.

Schecter, D.A., Lowell - Mill Town Renaissance. "Horizon", Washington, D.C., vol. 28, (1985), S. 25ff.

Schlieper, A. unter Mitarbeit von Reinecke, H. und Westholt, H.-J., 150 Jahre Ruhrgebiet. Düsseldorf 1986.

Schlieper, A., Regional Economic Responses to Structural Change. Paper Presented to the Conference "Regional Structural Change in International Perspective". Essen 1986.

Schneider, H.K., Über die Notwendigkeit regionaler Wirtschaftspolitik. In: Schneider, H.K. (Hrsg.), Beiträge zur Regionalpolitik. (Schriften des Vereins für Socialpolitik, N.F. Bd. 41.) Berlin 1968.

Schrumpf, H., Der Flächenengpaß im Ruhrgebiet. "Idee Ruhr", Dortmund, Jg. 4 (1988), S. 42ff.

Schumpeter, J. [I], Theorie der wirtschaftlichen Entwicklung. 5. Aufl., Berlin 1952.

Schumpeter, J. [II], Business Cydes: A Theoretical, Historical and Statisstical Analysis of the Capitalist Process. New York 1939.

Schütz, W., Die Saar als Bundesland, "IHK-SaarWirtschaft", Saarbrücken, Jg. 1988, S. 638ff.

Siebert, H., Zur Theorie des regionalen Wirtschaftswachstums. Tübingen 1967.

Singh, V.P., Regionaler Strukturwandel in internationaler Perspektive - Partnerschaften zwischen dem öffentlichen und privaten Sektor sowie den Universitäten zur regionalen Neubelebung. (Diskussionspapiere der Friedrich-Ebert-Stiftung zur Wirtschaftspolitik.) Bonn 1987.

Singh, V.P. und Borzutzky, S., The State of the Mature Industrial Regions in Western Europe and North America. "Urban Studies", Edinburgh, vol. 25 (1988), S. 212ff.

Smith, B.M.D. [I], The Economic and Social History of the West Midlands Region 1966-1986: Experience and Response to Structural Change and Manufacturing Decline. In: Hesse, J.J.(Ed.), S. 197ff.

Smith, B.M.D. [II], The Labour Factor as an Explanation for Economic Decline in the West-Midlands Region and County. I. Earnings in the West Midlands. (Inner Cities in Context Working Papers no. 9.) Birmingham 1984.

Sohmen, E., Allokationstheorie und Wirtschaftspolitik. Tübingen 1976.

Solomon, B., New England - Has the Boom Ended? "National Journal", vol. 1986, S. 3002ff.

Sonnenschein, U., Strukturwandel durch Strukturpolitik? - Der "Fall" des Ruhrgebiets. In: Nienhaus, V. und Suntum, U. v. (Hrsg.): Grundlagen und Erneuerung der Marktwirtschaft. Festschrift für Hans Besters. Baden-Baden 1988.

Spencer, K. u.a., Crisis in the Industrial Heartland - A Study of the West Midlands. Oxford 1986.

Spencer, K.M. [I], Public Policy and Industrial Decline in the West Midlands Region of the United Kingdom. In: Hesse, J.J.(Ed.), S. 271ff.

Spencer, K.M. [II], Changing Fortunes in the Manufacturing Heartland. Birmingham 1985.

Steiner, M., Old Industrial Areas: A Theoretical Approach. "Urban Studies", Edingburgh, vol. 22 (1985), S. 387ff.

Strunz, J., Die Industrialisierung der Oberpfalz in den Jahren 1957-1966. Regensburg 1974.

Suntum, U. v., Regionalpolitik in der Marktwirtschaft. Baden-Baden 1981.

Szwarc, M., La Lorraine mal préparée pour la Crise. "Cahiers Economiques de Nancy", Nancy, no. 11 (1983), S. 1ff.

Tank, H., Public-Private Partnership - ein neuer Weg zur Bewältigung struktureller Probleme und Wandlungen. Unveröffentlichtes Arbeitspapier, Bonn 1988.

Taylor, M., The Product-Cycle Model: A Critique. "Environment and Planning A", London, vol. 18 (1986), S. 751ff.

Thoss, R., Strumann, M. und Bölting, H.M, Zur Eignung des Einkommensniveaus als Zielindikator der regionalen Wirtschaftspolitik. (Beiträge zum Siedlungs- und Wohnungswesen und zur Raumplanung, Bd. 15.) Münster 1974.

Tichy, G. [I], Alte Industriegebiete in der Steiermark - ein weltweites Problem ohne Lösungsansätze. "Berichte zur Raumforschung und Raumplanung", Wien u.a., Bd. 25 (1981), S. 18ff.

Tichy, G. [II], A Sketch of Probalistic Modification of the Product-Cycle Hypothesis to Explain the Problems of Old Industrial Areas. In: United Nations Industrial Development Organization (Ed.).

Treue, W., Die Feuer verlöschen nie. August-Thyssen-Hütte 1890-1926. Düsseldorf 1966.

United Nations Industrial Development Organisation (Ed.), International Economic Restructuring and the Territorial Community. (UNIDO/IS.571, V.85-3367.) Wien 1985.

Unterrichtung durch die Bundesregierung [I], Siebzehnter Rahmenplan der Gemeinschaftsaufgabe "Verbesserung der regionalen Wirtschaftsstruktur". Deutscher Bundestag, Drucksache 11/2362. Bonn 1988.

Unterrichtung durch die Bundesregierung [II], 15. Rahmenplan der Gemeinschaftsaufgabe "Verbesserung der regionalen Wirtschaftsstruktur". Deutscher Bundestag, Drucksache 10/5910. Bonn 1986.

Vanhove, N. and Klaassen, L.H., Regional Policy: A European Approach. 2nd Ed., Aldershot u.a. 1987.

Verein deutscher Eisenhüttenleute (Hrsg.), Gemeinfassliche Darstellung des Eisenhüttenwesens. 17. Auflage, Düsseldorf 1971.

Vernon, R., International Investment and International Trade in the Product Cycle. "Quarterly Journal of Economics", Cambridge, MA, vol. 80 (1966), S. 190ff.

Vondran, R., Erst Bürgersinn aktivierte die brachliegenden Kräfte - Wie das amerikanische "Stahl-Tal" seine Krise zu meistern versucht. "Westdeutsche Allgemeine Zeitung", Essen, Ausgabe vom 19. September 1988.

Wackerbauer, J., Energiepreisinduzierter Strukturwandel und regionale Entwicklung. München 1988

Wallis, J.J. and Oates, W.E., Does Economic Sclerosis Set in with Age? An Empirical Study of the Olson Hypothesis. "Kyklos", Basel, vol. 41 (1988), S. 397ff.

Wardeck, B., Ziele und Konsequenzen der industriellen Dezentralisierung in Ostfrankreich. Dissertation, Heidelberg 1985.

Warnken, J., Löhne und Gehälter in Nordrhein-Westfalen als Krisenfaktor? - Ein interregionaler Vergleich. "RWI-Mitteilungen, Berlin, Jg. 36 (1985), S. 163ff.

Weaver, C. and Dennert, M., Economic Development and the Public-Private-Partnership, "American Planners Association Journal", Washington, D.C., vol. 53 (1987), S. 430ff.

Weides, R. et Weydert, N., Mutations structurelles et politique de diversification économique. "Bulletin du STATEC", Luxemburg, vol. 33 (1987), S. 155ff.

Weides, R., Problemes de l'emploi: Opinions de chefs d'entreprise et des travailleurs sur la politique du marche de l'emploi. "Bulletin du STATEC", Luxemburg, vol. 33 (1987), S. 3ff.

Wiel, P. Wirtschaftsgeschichte des Ruhrgebiets. 2. Auflage, Essen, ohne Jahr.

Wienert, H., Längerfristige Entwicklungstendenzen auf dem Weltstahlmarkt - Bestandsaufnahme, Perspektiven und einige stahlpolitische Folgerungen. "RWI-Mitteilungen", Berlin, Jg. 37/38 (1986/87), S. 65ff.

Wienert, H., Stahlverbrauch und Wirtschaftswachstum - Eine empirische Überprüfung ihres Zusammenhangs von 1950 bis 1984 für die Bundesrepublik Deutschland. "RWI-Mitteilungen", Berlin, Jg. 35 (1984), S. 293ff.

Young, K., Regional Structural Change in the West Midlands: The Historical Aspect. In: Hesse, J.J.(Ed.), S. 161ff.

Zill, G., Kommunale Wirtschaftförderung in Großbritannien und in der Bundesrepublik Deutschland. In: Mayntz, R. (Hrsg.), Kommunale Wirtschaftsförderung. Ein Vergleich: Bundesrepublik Deutschland - Großbritannien. (Schriften des Deutschen Instituts für Urbanistik, Bd. 69.) Berlin 1981.

Zukin, S., Markets and Politics in France's Declining Regions. "Journal of Policy Analysis and Management", New York, vol. 5 (1985), S. 40ff.

Verzeichnis der verwendeten statistischen Quellen

Arbeitskammer des Saarlandes (Hrsg.), Daten zur Lage der Arbeitnehmer 1988. Saarbrücken 1988.

Central Statistical Office (Ed.), Annual Abstract of Statistics. London, verschiedene Jahrgänge.

Central Statistical Office (Ed.), Regional Trends. London, verschiedene Jahrgänge.

Institut National de la Statistique et des Etudes Economiques (Ed.)[I], Zoom sur l'Emploi. (Supplément à Economie Lorraine, Dossier no. 3.) Nancy 1987.

Institut National de la Statistique et des Etudes Economiques (Ed.)[III], Annuaire Statistique de la France. Paris, verschiedene Jahrgänge.

Institut National de la Statistique et des Etudes Economiques (Ed.)[IV], Panorama des Zones d'Etude du Nord-Pas-de-Calais, Zone 10-Roubaix-Tourcoing. (Les dossiers de Profils, no. 7.) Lille 1987.

Institut National de la Statistique et des Etudes Economiques (Ed.), Les Taux de Chomage dans les Zones du Nord-Pas-de-Calais, 1975 bis 1988. Lille 1988.

Institut National de la Statistique et des Etudes Economiques (Ed.), La France et ses Régions. Edition 1988. Paris 1988.

Kommission der Europäischen Gemeinschaften (Hrsg.), Die regionale Entwicklung in der Gemeinschaft. Luxemburg 1971.

Kommunalverband Ruhrgebiet (Hrsg.), Statistische Rundschau Ruhrgebiet. Essen, verschiedene Jahrgänge.

Landesamt für Datenverarbeitung und Statistik Nordrhein-Westfalen (Hrsg.), Statistisches Jahrbuch Nordrhein-Westfalen. Düsseldorf, verschiedene Jahrgänge.

Service Central de la Statistique et des Etudes Economiques (Ed.), Annuaire Statistique du Luxembourg 1987/88. Luxemburg 1987.

Statistisches Amt der Europäischen Gemeinschaften (Hrsg.), Jahrbuch Regionalstatistik. Luxemburg, verschiedenen Jahrgänge.

Statistisches Amt der Europäischen Gemeinschaften (Ed.), Review-Revue 1974-1983. Luxemburg 1985.

Statistisches Amt der Europäischen Gemeinschaft (Hrsg.), Beschäftigung und Arbeitslosigkeit. Luxemburg 1988.

Statistisches Amt der Europäischen Gemeinschaften (Hrsg.), Finanzbeiträge der Gemeinschaft für Investitionen 1985. Luxemburg 1987.

Statistisches Amt des Saarlandes (Hrsg.), Statistisches Handbuch für das Saarland. Saarbrücken, verschiedene Jahrgänge.

Statistisches Bundesamt (Hrsg.), Statistisches Jahrbuch der Bundesrepublik Deutschland. Stuttgart und Mainz, verschiedene Jahrgänge.

Statistisches Landesamt Baden-Württemberg (Hrsg.), Volkswirtschaftliche Gesamtrechnungen der Länder, Heft 15. Stuttgart 1986.

U.S. Department of Commerce, Bureau of the Census (Ed.). County and City Data Book 1956, A Statistical Abstract Supplement. Washington, D.C., 1957.

U.S. Department of Labor, Bureau of Labor Statistics (Ed.), Employment and Earnings. Washington, D.C., verschiedene Jahrgänge.

U.S. Departement of Commerce, Bureau of the Census (Ed.), Statistical Abstract of the United States. Washington, D.C., verschiedene Jahrgänge.

U.S. Department of Labor, Bureau of Labor Statistics (Ed.), Employment, Hours and Earnings, States and Areas, 1939 bis 1982, Volume I: Alabama - Nevada. Washington, D.C., 1984.

U.S. Departments of Commerce, Bureau of the Census (Ed.), State and Metropolitan Area Data Book 1982, A Statistical Abstract Supplement. Washington, D.C., 1982.